Der übernahmerechtliche Squeeze-out gemäß §§ 39a, 39b WpÜG

Schriftenreihe zum Gesellschafts- und Kapitalmarktrecht

Herausgegeben von Lutz Michalski,
Axel Jäger und Klaus-Rudolf Wagner

Band 24

PETER LANG
Frankfurt am Main · Berlin · Bern · Bruxelles · New York · Oxford · Wien

Arne Kießling

Der übernahmerechtliche Squeeze-out gemäß §§ 39a, 39b WpÜG

Analyse eines neuen Instituts zum Ausschluss von Minderheitsaktionären

PETER LANG
Internationaler Verlag der Wissenschaften

Bibliografische Information der Deutschen Nationalbibliothek
Die Deutsche Nationalbibliothek verzeichnet diese Publikation in der Deutschen Nationalbibliografie; detaillierte bibliografische Daten sind im Internet über <http://www.d-nb.de> abrufbar.

Zugl.: Düsseldorf, Univ., Diss., 2008

D 61
ISSN 1619-117X
ISBN 978-3-631-58490-3

www.peterlang.de

Meinen Eltern

Vorwort

Die vorliegende Arbeit wurde im Wintersemester 2007/2008 von der Rechtswissenschaftlichen Fakultät der Heinrich-Heine-Universität Düsseldorf als Dissertation angenommen. Rechtssprechung und Schrifttum entsprechen dem Stand von März 2008.

Danken möchte ich meinem Doktorvater, Herrn Professor Dr. Ulrich Noack, insbesondere, weil er mir völlige Freiheit bei Aufbau und Inhalt meiner Dissertation gelassen hat. Dank schulde ich auch Herrn Professor Dr. Christian Kersting, LL.M. für die zügige Erstellung des Zweitgutachtens.

Die Herren Professor Dr. Lutz Michalski, Professor Dr. Axel Jäger und Dr. Klaus-Rudolf Wagner haben mich in die von ihnen herausgegebene Schriftenreihe aufgenommen, wofür ich ihnen sehr dankbar bin.

Mein Dank gilt ferner den Partnern und Mitarbeitern des Düsseldorfer Büros der Rechtsanwaltssozietät Lovells LLP, bei der ich während des Verfassens dieser Arbeit und darüber hinaus als Wissenschaftlicher Mitarbeiter beschäftigt war und die mich in verschiedenster Weise unterstützt haben. Insbesondere zu nennen sind hier Dr. Christoph Louven und Dr. Christian Eichner, LL.M, M.A.

Hervorzuheben ist die Unterstützung durch Frau Andrea Kirsch, ohne die diese Arbeit nicht entstanden wäre. Sie hat nicht nur durch wertvolle Korrekturarbeiten und fachlichen Rat, sondern insbesondere durch ihren Halt und Zuspruch meine Promotion maßgeblich gefördert.

Großer Dank gebührt schließlich meinen Eltern, die meine gesamte Ausbildung ermöglicht und mich jederzeit großzügig gefördert haben. Ihre Hilfe und Unterstützung während des gesamten Studiums und der Promotion waren für mich von großer Bedeutung. Ihnen ist diese Arbeit deshalb gewidmet.

Düsseldorf, im Juli 2008

Arne Kießling

Inhaltsübersicht

Inhaltsverzeichnis

A. Einleitung

I. Untersuchungsgegenstand und Untersuchungsaufgabe

Die gesetzlichen Regelungen zum übernahmerechtlichen Squeeze-Out sind zum 14. Juli 2006 in Kraft getreten und sind somit ein noch junges Institut des deutschen Rechts. Während die ihm zugrunde liegenden Gesetzgebungsvorhaben sowohl auf europäischer als auch auf deutscher Ebene mit vielfältigen Abhandlungen und Kommentaren begleitet wurden, ist es nach seinem Inkrafttreten verhältnismäßig ruhig um ihn geworden. Zu Unrecht, wie das erste übernahmerechtliche Ausschlussverfahren in der Praxis gezeigt hat, weil wesentliche Gesichtspunkte, beispielsweise bezüglich der Ausschlussvoraussetzungen oder einzelner Verfahrensfragen, ungeklärt sind und zu großen Unsicherheiten geführt haben. Da weder Aufsätze noch Kommentare einen Rahmen für eine umfassende Behandlung der rechtlichen und rechtstatsächlichen Fragen bieten können, will die vorliegende Arbeit diese Lücke füllen und eine umfassende Aufarbeitung des übernahmerechtlichen Squeeze-Out anbieten, die sowohl die europäische als auch die nationale Gesetzgebung analysiert, rechtsvergleichende und empirische Analysen anstellt und den übernahmerechtlichen Squeeze-Out so in ein Gesamtbild einzuordnen versucht. Anliegen dieser Arbeit ist es, trotz des wissenschaftlichen Schwerpunktes nicht die Umsetzbarkeit in der Praxis aus den Augen zu verlieren und Erfahrungen, die der Verfasser als wissenschaftlicher Mitarbeiter im Transaktionsbereich einer internationalen Großkanzlei machen konnte, einfließen zu lassen. Das gilt insbesondere für den Verfahrensteil, in dem darauf geachtet wurde, ein ausgewogenes und für alle Verfahrensbeteiligten interessengerechtes Konzept zu entwerfen.

Dadurch sind bereits die Untersuchungsaufgabe und das Untersuchungsfeld abgesteckt: Es wird darum gehen, die § 39a WpÜG und § 39b WpÜG umfassend zu untersuchen. Entsprechend der Aufteilung beider Normen gliedert sich die Arbeit in einen ersten Teil, dessen Gegenstand die Untersuchung der Ausschlussvoraussetzungen ist, und in einen zweiten Teil, der sich mit den verfahrensrechtlichen Regelungen beschäftigt. Ausgeblendet bleibt dabei § 39b VI WpÜG, der eine Kostenregelung enthält und daher keine Bedeutung für die Analyse des übernahmerechtlichen Squeeze-Out selbst hat. Verzichtet wird auch auf eine Darstellung des mit dem übernahmerechtlichen Squeeze-Out sachlich eng verwandten Sell-Out nach § 39c WpÜG; dies ist unproblematisch möglich, weil die Vorschriften zum Squeeze-Out in sich abgeschlossen sind. Im Verlauf der Arbeit werden regelmäßig Bezüge zum aktienrechtlichen Squeeze-Out nach den §§ 327a ff. AktG hergestellt, weil sich trotz aller Unterschiede Tatbestand und Rechtsfolgen der beiden Ausschlussverfahren in Teilen ähneln. Abgesehen von einer kurzen Darstellung ist aber eine vertiefte Auseinandersetzung mit dem aktienrechtlichen Squeeze-Out nicht möglich und nicht Ziel dieser Arbeit.

Soweit Rechtsvergleiche mit anderen Mitgliedstaaten angestellt werden, kann nicht auf alle nationalen Regelungen eingegangen werden; es werden stattdessen einzelne Ausschlussverfahren dargestellt und verglichen, die exemplarisch für eine bestimmte Umsetzung stehen können.

II. Terminologie

Zur Terminologie ist zu bemerken, dass insbesondere wegen der oftmals zu ziehenden Parallelen zum Squeeze-Out nach den §§ 327a ff. AktG klar abgegrenzte Begriffe verwendet werden müssen. Dabei wird versucht, eng an der Terminologie des WpÜG bzw. des AktG zu bleiben. Die §§ 327a ff. AktG werden als „aktienrechtlicher" bzw. „verbandsrechtlicher" Squeeze-Out bezeichnet, weil diese Bezeichnungen in Rechtswissenschaft und –praxis als anerkannt gelten können. Der in dieser Arbeit zu behandelnde Ausschluss von Minderheitsaktionären wird entsprechend als „übernahmerechtlicher" Squeeze-Out bezeichnet, weil er sich an ein öffentliches Übernahmeangebot anschließt. „Vorausgehendes öffentliches Angebot" meint ausschließlich solche Angebote, die auf den Erwerb der Kontrolle in der zu übernehmenden Gesellschaft gerichtet sind oder sich an diese anschließen (Übernahme- oder Pflichtangebote, §§ 29 ff. bzw. §§ 35 ff. WpÜG); dies entspricht der Beschränkung der Übernahmerichtlinie auf derartige Angebote. Einfache Erwerbsangebote und insbesondere Aufstockungsangebote werden ausdrücklich als solche benannt. Die Bezeichnung „Bieter" entspricht der Begriffsbestimmung aus § 2 IV WpÜG, wobei betont werden soll, dass dies auch dann gilt, wenn das Angebot noch nicht abgegeben worden ist. Im Gegensatz dazu wird der das Ausschlussverfahren nach den §§ 327a ff. AktG betreibende Aktionär immer als „Hauptaktionär" bezeichnet, selbst wenn dieser zuvor ein Übernahmeverfahren nach dem WpÜG durchgeführt hat. „Zielgesellschaften" i.S.d. § 2 III WpÜG werden auch als „target" bezeichnet, weil sich dieser Begriff in der Transaktionspraxis durchgesetzt hat.

III. Art. 15 ÜbRL und §§ 39a, 39b WpÜG: Squeeze-Out

Durch die Umsetzung von Art. 15 ÜbRL in die §§ 39a, 39b WpÜG wurde kein neues Rechtsinstitut in das deutsche Recht eingeführt. Vielmehr wurde bereits mit Inkrafttreten des WpÜG am 1. Januar 2002 mit den §§ 327a – 327f ein neuer Teil mit dem Titel „Ausschluss von Minderheitsaktionären" in das AktG eingefügt. Dieser aktienrechtliche Squeeze-Out wurde zwar seinerseits im Gesetzgebungsverfahren zum WpÜG unter anderem mit verfassungsrechtlichen Bedenken angegriffen, hat sich in der Praxis jedoch bewährt und ist mit Beschluss vom 30. Mai 2007 vom BVerfG für verfassungsgemäß erklärt worden[1]. Im folgenden Abschnitt soll daher nur eine kurze, für beide Ausschlussverfahren gültige Darstellung erfolgen, auf weiterführende Fundstellen wird in Form von Fußnoten hingewiesen.

1. Begriff

Bereits im Gesetzgebungsverfahren zu den §§ 327a ff. AktG wurde für den Ausschluss von Minderheitsaktionären aus Aktiengesellschaften oder Kommanditgesellschaften

[1] *BVerfG*, BB 2007, 1515 ff.; dazu noch ausführlich unten S. 87 ff.

auf Aktien der Ausdruck „Squeeze-Out" verwendet[2]. Dieser entstammt dem amerikanischen Rechtskreis und bedeutet wörtlich „Hinausquetschen", was treffend den Ausschluss der Aktionäre auch gegen deren Willen beschreibt. Diese Bezeichnung ist nicht ohne Kritik geblieben, die sich auch im Gesetzgebungsverfahren zum Übernahmerichtlinie-Umsetzungsgesetz wiederholte. Neben der wohl zu erwartenden üblichen Beanstandung der Verwendung eines englischen Begriffes für die Bezeichnung eines deutschen Rechtsinstituts[3] wurde in sachlicher Hinsicht vorgetragen, der korrekte Begriff habe „Freeze-Out" heißen müssen, weil dies die Bezeichnung sei, die das angloamerikanische Recht für ein solches Ausschlussverfahren gegen den Willen der Aktionärsminderheit wähle[4]. Ein „Squeeze-Out" sei hingegen eine Situation, in der ein Hauptaktionär den Minderheitsaktionären den Verbleib in der Gesellschaft derart unattraktiv gestalte, dass diese sich freiwillig zum Verkauf ihrer Aktien entschieden, z.B. durch Verzicht auf Dividendenausschüttungen[5].

Tatsache ist, dass insbesondere aufgrund der vielen Rechtsquellen (in den USA liegt die Gesetzgebungskompetenz für das Gesellschaftsrecht weitgehend bei den einzelnen Bundesstaaten) eine eindeutige Aussage nicht zu treffen ist. Vielmehr werden beide Begriffe zusammen mit weiteren (z.B. *„compulsory buy-out"*) synonym verwandt, um jeweils ähnliche Ausschlusstechniken und ihre Unterarten zu beschreiben. Weder der amerikanische „Freeze-Out" noch der „Squeeze-Out" bezeichnen aber eindeutig ein Verfahren, durch das Minderheitsaktionäre, gestützt auf eine gesetzliche Legitimation, aus der Gesellschaft ausgeschlossen werden können. Insofern lässt sich nicht feststellen, dass einer der Begriffe inhaltlich „richtiger" sei als der andere. Wenn man aber die Begriffswahl am angloamerikanischen Recht ausrichten will, so ist festzuhalten, dass der reformierte englische Companies Act den Ausschluss der Minderheitsaktionäre, der auf Art. 15 ÜbRL beruht, ebenfalls als „Squeeze-Out" bezeichnet[6]. Gleiches gilt für die Übernahmerichtlinie selbst und die entsprechenden Erwägungen im Bericht der von der Europäischen Kommission eingesetzten Expertengruppe[7]. Weil sich darüber hinaus dieser Begriff für das aktienrechtliche Ausschlussverfahren eingebürgert hat[8] und schließlich auch im Gesetzgebungsverfahren zu den §§ 39a, 39b

---

2 BT-Drs. 14/7034, z.B. S. 28, 31, 56.

3 *Hanau*, NZG 2002, 1040, 1041.

4 *Kossmann*, NZG 1999, 1198, 1199 und Fn. 4; *Baums*, Diss., S. 12 ff.; *ders.*, WM 2001, 1843 Fn. 2; *Wenger/Kaserer/Hecker*, ZBB 2001, 317, 318, Fn. 2; *Drygala*, AG 2001, 291, 291; *Land/Hasselbach*, DB 2000, 1747, 1753 sprechen von *„Minority Squeeze-Out"*.

5 *Merkt/Göthel*, XII, Rn. 1271; anders noch *dies.*, 1. Auflage 1991, Rn. 211; zum englischen Recht *Mayson/French/Ryan*, Takeover Law, Chap. 8.8.2; teilweise findet sich dazu auch die Bezeichnung *„take-out"*: *Burson*, 64th Notre Dame Law Review, 606, 609 in Fn. 25.

6 Vgl. dazu die Überschrift von Part 28, Chapter 3 des englischen Companies Act 2006: „Squeeze-Out and Sell-Out". Ebenfalls in der englischen Terminologie vor Umsetzung der Übernahmerichtlinie gebräuchlich waren die Begriffe *„compulsory acquisition"*, *„compulsory purchase"* und *„compul-sory elimination of shareholders"*, Nachweise bei *Hamann*, S. 12.

7 Sog. *Winter-Kommission*, s. dazu unten S. 9 f.

8 *Rühland*, NZG 2001, 448, 449 bei Fn. 3 weist zu Recht darauf hin, der Begriff „Freeze-Out" habe sich schlicht nicht durchsetzen können. Dies dürfte spätestens seit der Umsetzung der Übernahmerichtlinie nicht nur für Deutschland, sondern für Gesamteuropa gelten; ebenso *Hamann*, S. 13.

WpÜG wie selbstverständlich übernommen wurde[9], soll auch im Weiteren von „Squeeze-Out" gesprochen werden.

2. Sinn und Zweck des Squeeze-Out

Bereits vor Inkrafttreten der §§ 327a ff. AktG bestand in bestimmten Konstellationen das Bedürfnis, Minderheitsaktionäre aus Aktiengesellschaften ausschließen zu können. Es war anerkannt, dass der Umgang mit Aktionärsminderheiten aufwändig ist und zu Schwierigkeiten bei der Unternehmensführung führen kann[10]. Oftmals ist jedoch für einen Hauptaktionär nicht möglich, eine 100%ige Beteiligung an einer Gesellschaft zu erwerben, sei es, weil die Minderheitsaktionäre ihre Anteile nicht veräußern wollen, oder weil sie (z.B. im Erbfall) nichts von ihrem Aktieneigentum wissen[11]. In der Praxis behalf man sich damit, dieses Ziel im Wege verschiedener, teilweise hochkomplizierter Konstruktionen zu erreichen, die zumindest anfangs von einer gewissen Rechtsunsicherheit und großem Aufwand geprägt waren. Zu nennen sind hier z.B. die sog. übertragende Umwandlung oder die sog. übertragende Auflösung (dazu noch unten). Auch durch die Mehrheitseingliederung nach den §§ 319 ff. AktG konnte der Ausschluss von Minderheitsaktionären erreicht werden, jedoch nur unter eingeschränkten Voraussetzungen[12].

Der Gesetzgeber hat sich daher aus mehreren rechts- und wirtschaftspolitischen Aspekten zur Einführung eines eigenständigen Squeeze-Out-Rechts entschlossen: Minderheitsaktionäre verursachen einen erheblichen Verwaltungs- und Kostenaufwand[13],

---

9 BT-Drs. 16/1003, z.B. S. 12, 14, 19, 21; auf weitere Literaturnachweise hinsichtlich des Begriffes „Squeeze-Out" wird an dieser Stelle verzichtet, weil ausnahmslos alle Veröffentlichungen zur Umsetzung der Übernahmerichtlinie diesen Begriff verwenden.

10 *Noack*, AktR, S. 17f.; *Hommelhoff/Hopt/Lutter*, ZGR 1998, 672, 733.

11 *Fleischer*, ZGR 2002, 757, 762.

12 Eine Eingliederung nach den §§ 319 ff. AktG ist z.B. dann nicht möglich, wenn der Hauptaktionär Aktiengesellschaft ist und seinen Sitz im Ausland hat. Außerdem muss die Hauptgesellschaft den ausscheidenden Aktionären im Regelfall als Abfindung eigene Aktien anbieten, was oftmals nicht gewünscht ist, weil der Minderheitenaufwand damit nur auf eine andere (Konzern-)Ebene verlagert wird. Schließlich wird die Eingliederung dann beendet, wenn die Hauptgesellschaft ihre Beteiligung ganz oder teilweise wieder veräußert, was zu erheblichem Aufwand führen kann.

13 *Gampenrieder*, WPg 2003, 481, 484 ff., stellt im Rahmen einer empirischen Untersuchung einen hohen Kostenaufwand für den Verbleib von Minderheitsaktionären in der Gesellschaft fest. Danach betragen die direkten Publizitätskosten einer deutschen börsennotierten Gesellschaft (kapitalmarktrechtliche Publizitätspflichten, freiwillige Informationsleistungen von Eigen- und Fremdkapitalgebern etc.) allein wegen verbleibender Minderheitsaktionäre zwischen 10.000 und 800.000 EUR pro Jahr mit einem rechnerischen Mittel von 139.000 EUR. Hinzu kommen gebundene Personalkapazitäten von sechs bis 770 Manntagen. Diesbezüglich einsparungsfähige Kosten differieren zwischen 12.000 und 807.000 EUR pro Jahr. Eine Gesamtbetrachtung der für Hauptversammlungen erforderlichen Kosten liegt nach dieser Studie zwischen 4.000 und 500.000 EUR pro Jahr mit einem rechnerischen Mittel bei 83.000 EUR zuzüglich der aufzuwendenden Personalkapazitäten von fünf bis 900 Manntagen. Die Quote der diesbezüglich einsparungsfähigen Kosten wird ebenfalls auf einen Umfang von 10.000 bis zu 807.000 EUR beziffert, mit einem rechnerischen Mittelwert von 114.000 EUR.

der der Gesellschaft durch Einhaltung minderheitsschützender Vorschriften entsteht. Exemplarisch ist zu denken an die Vorschriften zur Einberufung und Abhaltung von Hauptversammlungen, die bei einer Splitterbeteiligung von Aktionären einen nicht zu rechtfertigenden Aufwand für das durchführende Unternehmen darstellen, sei es durch das Auskunfts- und Fragerecht der Aktionäre, durch umfangreiche Berichts- oder Erläutungspflichten des Vorstandes oder durch zusätzliche Prüfungspflichten. Obwohl Minderheitsaktionäre in der für den Squeeze-Out maßgeblichen Beteiligungshöhe von höchstens fünf Prozent des Grundkapitals nicht in der Lage sind, eine Sperrminorität aufzubauen und Hauptversammlungsbeschlüsse zu verhindern, kann ein Aktionär, der nur eine Aktie hält, solche Beschlüsse anfechten und damit notwendige Strukturmaßnahmen oder unternehmerische Entscheidungen blockieren. Die Praxis zeigt, dass es den Anfechtungsklägern dabei oftmals nicht um eine inhaltliche Beanstandung der Maßnahmen geht, sondern diese sich vielmehr gegen eine hohe Geldleistung abfinden lassen und die eingelegten Klagen daraufhin zurücknehmen. So ist festzustellen, dass sich in Deutschland Berufsklägergruppen etabliert haben (sog. „aktive" oder treffender: „räuberische" Aktionäre), die mit einer Unternehmensbeteiligung von wenigen Euro Beschlüsse über Millionenwerte verhindern können[14]. Dies hat in dem beschlussorientierten System des deutschen Aktienrechts[15] dazu geführt, dass Hauptversammlungen oftmals kein Dialog zwischen Aktionären und Vorstand bzw. Aufsichtsrat, sondern ein bisweilen bis Mitternacht, bisweilen sogar auf zwei Tage ausgedehntes Rollenspiel mit im einzelnen vorgeschriebenen Texten sind. Der Gesetzgeber hat in jüngerer Zeit durch verschiedene Änderungen des Anfechtungsrechts versucht, die Flut rechtsmissbräuchlicher Anfechtungsklage einzudämmen, ihm wird dabei aber nur wenig Erfolg bescheinigt[16].

Der Squeeze-Out schafft die Möglichkeit, diesen Problemen durch einen sinnvollen Interessenausgleich zwischen den Beteiligten Herr zu werden, indem kleine Restminderheiten in der Gesellschaft gegen eine angemessene Abfindung ausgeschlossen werden können. Sinn und Zweck eines Squeeze-Out ist es also, den durch die Existenz von Minderheitsaktionären in der Gesellschaft entstehenden Kosten- und Verwaltungsaufwand zu reduzieren und unternehmerische Entscheidungen schneller durchsetzen zu können. Das Anlageinteresse des einzelnen Aktionärs kann damit –bereits seit 40 Jahren verfassungsrechtlich abgesichert[17]– hinter die freie Entfaltung der unternehmerischen Initiative zurücktreten, sofern der Aktionär angemessen entschädigt wird.

Mit Einführung des auf börsennotierte Gesellschaften beschränkten übernahmerechtlichen Squeeze-Out tritt ein weiterer Aspekt hervor, der im Gesetzgebungsverfahren zu den §§ 327a ff. AktG nur von untergeordneter Bedeutung war: Dem Bieter, der ein vorausgehendes öffentliches Übernahmeangebot nach dem WpÜG abgegeben hat, soll nach einem erfolgreichen Angebot die Möglichkeit eröffnet werden, auch noch

[14] So plastisch *Noack*, BB 2007, vor 1681, I.
[15] *Noack*, BB 2007, vor 1681, I.
[16] *Noack*, BB 2007, vor 1681, I.
[17] *BVerfGE* 14, 263 ff. (Feldmühle), dazu ausführlich unten S. 81.

diejenigen Aktien zu erhalten, deren Eigentümer das Angebot nicht angenommen hatten. Das Ausschlussverfahren wurde deshalb bereits auf europäischer Ebene in der Weise konzipiert, dass die Möglichkeit zum Squeeze-Out nur in unmittelbarem zeitlichen Zusammenhang mit dem öffentlichen Angebot besteht. Das gegenüber den §§ 327a ff. AktG erleichterte Ausschlussverfahren nach den §§ 39a, 39b WpÜG soll dem Bieter also durch die Möglichkeit eines vollständigen Erwerbs den Anreiz geben, Übernahmeverfahren auch tatsächlich durchzuführen. Dies ist schon aus volkswirtschaftlichen Erwägungen sinnvoll, weil Kapitalströme dorthin gelenkt werden sollen, wo sie den größten Nutzen bringen. Da eine Gesellschaft, deren Management auf Vorstandsebene unwirtschaftlich handelt, in der Regel am Markt unterbewertet sein dürfte, werden bei einer nach einem öffentlichen Übernahmeangebot entstehenden maßgeblichen Beteiligung die Investoren nicht zögern, Führungspersonal auszutauschen und die Gesellschaft so wettbewerbsfähiger zu machen. Dies geschieht nicht zuletzt, um die Übernahme finanzieren zu können (z.B. bei sog. *leveraged buy-outs* durch die Ablösung von Verbindlichkeiten) und Gewinne zu erwirtschaften[18]. Die volks- und betriebswirtschaftliche Bewertung des übernahmerechtlichen Squeeze-Out ist jedoch weder Aufgabe noch Ziel dieser Arbeit. Festzustellen ist aber, dass jüngst auch das BVerfG dem Gesetzgeber das Recht zugebilligt hat, derartige wirtschaftliche Überlegungen dem Interesse der Minderheitsaktionäre am Erhalt ihres Aktieneigentums unter bestimmten Voraussetzungen überzuordnen, solange diese eine volle wirtschaftliche Entschädigung für ihre Beteiligung erhalten[19].

3. Rechtsnatur

Die Rechtsnatur des Squeeze-Out ist umstritten. Oftmals wird er –allerdings bis heute ohne nähere Begründung– in die Kategorie der Grundlagen- oder Strukturgeschäfte der Gesellschaft eingeordnet[20]. Lediglich *Kiem* versucht eine solche zu finden, indem er konstatiert, den Minderheitsaktionären könne durch eine solche Interpretation das gleiche Schutzniveau zukommen, das auch im Fall anderer Grundlagenentscheidungen zu gelten habe[21] (insb. im Hinblick auf die behauptete Notwendigkeit eines Hauptversammlungsbeschlusses).

Dies ist aber eher vom Ergebnis her gedacht; bei einer genaueren Analyse ergibt sich ein anderes Bild: So setzen Grundlagen- oder Strukturentscheidungen nach allgemeiner Meinung voraus, dass Maßnahmen vorgenommen werden, die die Identität (z.B. Verschmelzung, Spaltung), die Rechtsform (Formwechsel), die Kapitalstruktur (z.B. Kapitalerhöhung oder Kapitalherabsetzung), den Gesellschaftszweck (Liquidation, Konzernierung) oder die Organzuständigkeiten (z.B. Gewinnabführungs- und Be-

---

18 Insofern überzogen die ökonomische Kritik von *Bontrup*, Gutachten S. 1 ff.

19 *BVerfGE* 14, 263 ff. (Feldmühle); *BVerfGE* 100, 289 ff. (DAT/Altana); *BVerfG*, NZG 2000, 1117 (Moto Meter); *BVerfG*, NZG 2007, 587 ff. (Edscha) – dazu ausführlich unten, S. 89 ff.

20 *Hasselbach* in: KölnKommWpÜG, § 327a AktG, Rn. 60; *Kubis* in: MünchKommAktG, § 119 AktG, Rn. 14; *Raiser/Veil*, KapGesR, § 16, Rn. 10.

21 *Kiem*, RWS-Forum Gesellschaftsrecht 2001, 330, 338 f.

herrschungsvertrag, Eingliederung) ändern[22]. Der Squeeze-Out stellt aber streng genommen nur einen Wechsel von Aktionären bzw. die Übernahme aller Aktien der Gesellschaft durch einen Aktionär dar. Insofern werden weder die Identität, noch die Rechtsform oder der Gesellschaftszweck der Kapitalgesellschaft berührt, und der Wechsel der Aktionäre ändert nichts an der Kapitalstruktur der Gesellschaft. Durch den Ausschluss unberührt bleiben auch die Organzuständigkeiten, selbst wenn eine Einmann-AG entsteht[23].

Fleischer meint, man könne allenfalls davon sprechen, dass die §§ 327a ff. AktG aufgrund ihrer regelungstechnischen Anlehnung an die Mehrheitseingliederung nach den §§ 319 ff. AktG in das Gewand einer Strukturmaßnahme gekleidet seien[24], aber tatsächlich keine Strukturmaßnahme darstellten. Selbst wenn man diesem durchaus passenden Bild für den aktienrechtlichen Ausschluss folgen will, gilt dies nicht mehr für den übernahmerechtlichen Squeeze-Out. Denn dieser sieht ein völlig anderes Ausschlussverfahren als die §§ 327a ff. AktG vor und ist nicht an die Vorschriften zur Eingliederung angelehnt. Weil den §§ 39a, 39b WpÜG schon in grundlegender Weise keine gesellschaftsrechtliche, sondern vielmehr eine kapitalmarktrechtliche Konzeption zugrunde liegt, passt –um im Bild zu bleiben– der Mantel einer Strukturmaßnahme dem übernahmerechtlichen Squeeze-Out nicht; die erforderlichen Maßnahmen zum Schutz der strukturunterlegenen Minderheitsaktionäre werden auf anderem Wege erreicht, so dass es beim übernahmerechtlichen Squeeze-Out des erhöhten Schutzniveaus von Grundlagengeschäften nicht bedarf[25].

Sofern schließlich geltend gemacht wird, es handele sich wegen des mit dem Squeeze-Out einhergehenden (kalten) Delistings um eine Strukturentscheidung der Gesellschaft, ist dies abzulehnen. Denn das Delisting ist in diesem Fall, ebenso wie die Entscheidung zur Durchführung eines Squeeze-Out, nicht eine Maßnahme der Geschäftsführung. Während der Squeeze-Out auf Initiative des Bieters durchgeführt wird, erlischt die Börsenzulassung von Amts wegen[26]; jedenfalls ist der Rückzug von der Börse aber keine freie eigene Entscheidung, sondern vielmehr Folge des vorausgehenden Ausschlussverfahrens. Schließlich ist ein kaltes Delisting auch nicht zwingende Folge eines Squeeze-Out. So ist es möglich, dass unmittelbar nach dem Ausschluss neue Aktionäre aufgenommen werden. Wie auch *Kiem* zugibt, lässt sich der Squeeze-Out damit in kein bestehendes Rechtsinstitut einordnen[27]. Er ist vielmehr ein Rechts-

---

22 *Fleischer* in: GroßkommAktG, vor §§ 327a-f AktG, Rn. 22; ebenso *Emmerich/Habersack*, § 10a II 1; *Vetter*, DB 2001, 743, 745; *Vetter*, AG 2002, 176, 185 f.; wohl auch *Grzimek* in: Geibel/Süßmann, 1. Auflg., § 327a AktG, Rn. 5 f.

23 *Vetter*, DB 2001, 743, 745.

24 *Fleischer* in: GroßkommAktG, vor §§ 327a-f AktG, Rn. 22.

25 Dazu noch unten S. 163 ff.; davon abgesehen weist *Hamann*, S. 18, zurecht darauf hin, dass das Gesetz weder den Begriff der Strukturentscheidung noch denjenigen des Grundlagengeschäfts kenne und sich auch insofern keine zwingenden Rechtsfolgen an die Einordnung des Squeeze-Out unter eine dieser Definitionen ergäben.

26 Streitig, s. dazu unten S. 218.

27 *Kiem*, RWS-Forum Gesellschaftsrecht 2001, 330, 337.

institut sui generis, das dem Hauptaktionär ein einseitiges Gestaltungsrecht[28] zum Ausschluss aller verbleibenden Aktionäre gegen ihren Willen gibt.

4. Entstehung des übernahmerechtlichen Squeeze-Out

Die Schaffung eines kapitalmarktorientierten, übernahmerechtlichen Squeeze-Out beruht in erster Linie nicht auf deutschen, sondern auf europäischen Erwägungen. Durch europäische Vorgaben in der sog. Übernahmerichtlinie wurden die Mitgliedstaaten zur Schaffung eines Rechtsinstituts verpflichtet, das im unmittelbaren Anschluss an ein vorausgegangenes öffentliches Übernahmeangebot den Ausschluss verbleibender Minderheitsaktionäre aus börsennotierten Gesellschaften erlaubt.

a) Die europäische Übernahmerichtlinie

aa) Gesetzgebungsverfahren

Mit Verabschiedung der Übernahmerichtlinie 2004/25/EG[29] am 30. März 2004 ist ein 30jähriger „Übernahmekrimi"[30] zu Ende gegangen[31]. Dieser handelt von teilweise erbittert geführten Verhandlungen im europäischen Parlament, im europäischen Rat und in der EU-Kommission, bei denen sich viele der Beteiligten aus nationalen rechts- und wirtschaftspolitischen Interessen gegen Kompromisse sperrten und das Vorhaben so über Jahre blockierten.

Bereits im Jahre 1974 wurde von *Robert Pennington*, Universitätsprofessor an der Universität Birmingham, der damaligen EG-Kommission ein Vorentwurf zu einer Richtlinie vorgelegt, der den Titel „Übernahmeangebote und andere Angebote"[32] trug.

---

[28] *Vetter*, DB 2001, 743, 744; *ders.*, AG 2002, 176, 185; diese Umschreibung wird vereinzelt mit dem Einwand angegriffen, dass es sich schon deshalb nicht um einen einseitigen Gestaltungsakt des Hauptaktionärs bzw. Bieters handeln könne, weil die Entscheidung über den Ausschluss nicht vom Hauptaktionär, sondern von der Hauptversammlung getroffen werde (so *Hamann*, S. 17): Davon abgesehen, dass bei den §§ 39a f. WpÜG kein Hauptversammlungsbeschluss erforderlich ist und der Ausschlussantrag tatsächlich allein auf einer Antragstellung des Bieters beruht, greift dieses Argument auch in der Sache nicht: Denn erstens liegt auch im Rahmen der §§ 327a ff. AktG die Entscheidung über die Durchführung des Squeeze-Out beim Hauptaktionär, zweitens kann wegen der klaren Mehrheitsverhältnisse bei der Hauptversammlung, die eine mindestens 95%ige Beteiligung an der Gesellschaft erfordern, faktisch nicht mehr von einer Entscheidung der Gesellschafter gesprochen werden; zu Fragen der Hauptversammlungszuständigkeit vgl. unten S. 169 ff.

[29] Richtlinie 2004/25/EG des Europäischen Parlaments und des Rates vom 21. April 2004 betreffend Übernahmeangebote, ABl EU 2004, L142, S. 12 ff.

[30] Diesen Begriff gebrauchen *Maul/Muffat-Jeandet*, AG 2004, 221, 225.

[31] Zur Geschichte der Übernahmerichtlinie ausführlich *Maul/Muffat-Jeandet*, AG 2004, 221, 222 ff.; außerdem *Wiesner*, ZIP 2004, 343; *Mülbert*, NZG 2004, 633; *Seibt/Heiser*, ZGR 2005, 200.

[32] *EG-Kommission*, Dokument Nr. KOM XI/56/74-D (Commission of the European Community's Directorate General Internal Market, Directorate Approximation of Laws. Companies, Public Con-

Weil es aber im Gegensatz zum US-amerikanischen Kapitalmarkt, auf dem bereits sehr früh Unternehmensübernahmen stattfanden, dem (kontinental-)europäischen[33] Gesellschafts- und Kapitalmarktrecht an Praxisfällen fehlte, schlief das Vorhaben einer europäischen Übernahmerichtlinie mangels Relevanz förmlich ein. Erst Mitte der 80er Jahre wurde der Vorschlag wieder aufgegriffen.

Nach der internen Erarbeitung mehrerer Entwürfe, die allesamt verworfen wurden, legte die EU-Kommission im Februar 1989 den sog. Dreizehnten Richtlinienvorschlag[34] vor, dessen Ziel die Vollharmonisierung des europäischen Übernahmerechts war. Überwiegend wegen Vorbehalten seitens der englischen und der deutschen Vertreter wurde der Vorschlag jedoch abgelehnt. In den Diskussionen zu diesem Entwurf stellte sich heraus, dass die nationalen Interessen zu vielschichtig und zu unterschiedlich waren, um eine vollständige Harmonisierung des Kapitalmarktrechts auf europäischem Boden zu erreichen. Im Jahre 1990 wurde ein geänderter Vorschlag von der Kommission vorgelegt, der aber ebenfalls nicht konsensfähig war; schließlich wurde im Februar 1996 das Ziel eines vollständig einheitlichen europäischen Übernahmerechts zugunsten einer Rahmenregelung aufgegeben, die sich auf gut die Hälfte der Vorschriften beschränkte. Nachdem viele nationale Bedenken durch komplizierte politische Lösungen und langwierige Verhandlungen ausgeräumt worden waren[35], legte der Ministerrat am 19. Juni 2000 den sog. Gemeinsamen Standpunkt zum geänderten Vorschlag vor. Der Gemeinsame Standpunkt enthielt noch keine Vorschläge zu Ausschluss- oder Andienungsrechten. Zuerst tauchten Überlegungen zur Einführung derartiger Rechtsinstitute im Bericht des Europa-Abgeordneten *Lehne* auf, der als Berichterstatter des Europäischen Parlaments maßgeblichen Einfluss auf das Gesetzgebungsverfahren hatte. Dieser schlug unter dem Titel *„Konsolidierung der Position des Bieters“* folgende Regelung vor:

„Wenn der Bieter als Folge eines Übernahmeangebotes in den Besitz von mehr als 95% der Wertpapiere mit Stimmrecht gelangt, so hat er binnen sechs Monaten ab der Schließung des Angebots das Recht, die übrigen Wertpapiere mit Stimmrecht zu dem im Übernahmeangebot festgelegten Angebotspreis in bar zu übernehmen. Mindestens ist jedoch der Höchstpreis zu zahlen, der für Wertpapiere des betroffenen Unterneh-

tracts, Intellectual Property, Fair Competition, General Questions XI/C/1); dazu auch *Behrens*, ZGR 1975, 433.

33 England hat bereits 1968 durch Einsetzung der Panel on Takeovers and Mergers („Takeover Panel“) den Grundstein für ein kapitalmarktrechtlich geprägtes Übernahmeverfahren gelegt, das aber zunächst als freiwilliger Verhaltenskodex ausgestaltet war. Nachdem der durch die Takeover Panel vorgelegte City Code in den 90er Jahren bei Übernahmeverfahren faktisch verpflichtend war, erhielt er durch die Neufassung des Companies Act 2006 auch formal Gesetzesrang (dazu noch unten). Durch eine frühe Etablierung des Übernahmerechts im englischen Recht ist der Einfluss der englischen Vertreter auch auf europäischer Ebene nicht zu unterschätzen (s. z.B. die „englische Sonderregelung“ in Art. 15 Abs. 2 lit. b) ÜbRL; dazu unten S. 28 ff..).

34 ABl EU 1989, C64, S. 8, 2002/0240(COD).

35 So mussten sich z.B. Spanien und England darüber einigen, ob und unter welchen Voraussetzungen in Gibraltar eine Wertpapieraufsichtsstelle eingerichtet werden sollte, die englischem Übernahmerecht unterliegen sollte.

mens in den zurückliegenden drei Monaten vor der Bekanntmachung des Angebots bezahlt worden ist.“[36]

Auch wenn dem Squeeze-Out in der vorgeschlagenen Form kein Erfolg beschieden sein sollte, gab *Lehne* doch den entscheidenden Denkanstoß für die Einführung eines an ein vorausgehendes Übernahmeangebot gekoppeltes Ausschlussrecht. Der Squeeze-Out wurde in den folgenden Monaten jedoch eher als Randprodukt behandelt[37]. Nachdem es in dieser Phase spektakuläre Übernahmen, Übernahmeangebote und Übernahmegerüchte[38] gab, rückte immer mehr der Streit um die Neutralitätspflicht bei feindlichen Übernahmeangeboten in den Mittelpunkt, der im Jahre 2001 eskalierte und in der Ablehnung der Übernahmerichtlinie am 4. Juli 2001 gipfelte.

Um das bisher Erreichte nicht vollständig aufzugeben, einigte man sich auf die Einsetzung einer unabhängigen Expertengruppe unter Vorsitz des niederländischen Rechtsanwaltes *Jaap Winter*, die Vorschläge zur Rettung der Übernahmerichtlinie erarbeiten sollten. Diese hatte insbesondere im Blick, ein *level playing field* des europäischen Übernahmerechts zu schaffen, also Regelungen zu entwerfen, die es Gesellschaften aus allen Mitgliedstaaten ermöglichen sollten, unter gleichen Voraussetzungen andere nationale oder europäische Gesellschaften zu übernehmen. Anfang Januar 2002 legte die Expertengruppe ihren Bericht[39] vor, der erstmalig auch Regelungen zur Schaffung eines Squeeze-Out und eines korrelierenden Sell-Out enthielt[40]. Aufbauend

---

36 *Europäisches Parlament*, Dokument v. 29.11.2000, Nr.: A5-0368/2000, S. 14; als Begründung wird ausgeführt: „Nach der Erlangung der Kontrolle über eine Zielgesellschaft kann es gesamtwirtschaftlich sinnvoll sein, dem Übernehmer die Möglichkeit zur Konsolidierung seiner Position zu bieten. Die vom Berichterstatter vorgeschlagene Regelung, durch die ein Übernehmer, der sich bereits 95 Prozent der stimmberechtigten Wertpapiere verschafft hat, die Minderheitsaktionäre zu für sie interessanten Bedingungen ablösen kann, erscheint notwendig, um in ausgewogener Weise die Interessen von Übernehmer und Minderheitsaktionären zu berücksichtigen.“, *ibid.*, S. 22.; zu diesem Vorschlag insgesamt kritisch *Altmeppen*, ZIP 2001, 1073, 1083.

37 Die Kommission stand dem Vorschlag insbesondere im Hinblick auf den bereits fortgeschrittenen Stand des Verfahrens kritisch gegenüber und befand lediglich, eine Wiederaufnahme dieser Idee im Rahmen einer Reform des Gesellschaftsrechts böte sich an, vgl. KOM (2001) 77, S. 5. In den darauf folgenden Verhandlungen im Vermittlungsausschuss gab die Kommission allerdings eine Erklärung ab, in der sie sich verpflichtete, den Vorschlag näher untersuchen zu lassen und bei einer weiteren Harmonisierung des europäischen Gesellschaftsrechts bevorzugt zu behandeln.

38 Übernahmen: z.B. Übernahme der Mannesmann AG durch die britische Vodafone plc; mögliche Übernahmepläne der Volkswagen AG durch die Ford Motor Group.

39 *Report of the High Level Group of Company Law Experts on Issues Related to Takeover Bids* vom 10. Januar 2002, abrufbar in englischer Sprache unter http://ec.europa.eu/internal_market/company/docs/takeoverbids/2002-01-hlg-report_en.pdf und in deutscher Sprache unter http://ec.europa.eu/internal_market/company/docs/ takeoverbids/2002-01-hlg-report_de.pdf; Ende 2002 folgte ein weiterer Bericht von den Professoren *Lamandini* und *Dauner-Lieb* (dazu *dies.*, BB 2003, 265), die zu den veränderten Vorschlägen Stellung nehmen und insbesondere die Durchbruchsregelung und die Neutralitätspflicht einbeziehen.

40 Daneben hat die Kommission 2004 die Einführung eines Squeeze-Out- und Sell-Out-Rechts im Wege der Änderung der Kapitalrichtlinie vorgeschlagen. Das dort vorgesehene Ausschluss- und Andienungsrecht wurde bezeichnenderweise in den Art. 39a und 39b der Richtlinie verortet, vgl. KOM (2004), 730.

auf dem Winter-Bericht legte die Kommission im Oktober 2002 einen neuen Vorschlag vor, der in Art. 14 den Squeeze-Out und in Art. 15 den Sell-Out vorsah[41]. Aber auch diesem Vorschlag drohte wegen nationaler Bedenken gegen einzelne Regelungen (z.B. Neutralitätspflicht und Durchbrechungslösung[42]) die Ablehnung; erst nach einem vermittelnden Vorschlag seitens der portugiesischen Vertreter und zähen Verhandlungen[43] wurde weitgehende Einigung erzielt. Durch eine Veränderung in der Struktur verschob sich der Vorschlag zum Squeeze-Out auf Art. 15, der Sell-Out entsprechend auf Art. 16 des Entwurfs.

Erst am 30. März 2004, knapp 30 Jahre nach Vorlage des ersten Gutachtens durch *Pennington*, wurde die europäische Übernahmerichtlinie durch den EU-Ministerrat angenommen. Sie trat zum 20. Mai 2004 in Kraft und sieht in Art. 21 I vor, dass die in ihr enthaltenen Richtlinienvorgaben bis zum 20. Mai 2006 in nationales Recht umzusetzen seien.

bb) Mindest- und Maximalstandards

Mit dem Verzicht auf eine Vollharmonisierung des europäischen Übernahmerechts und mit der Hinwendung zu einer Richtlinie mit „Rahmencharakter“[44] wird deutlich, dass grundsätzlich nur Mindeststandards geschaffen werden sollten, an denen die Mitgliedstaaten ihre nationalen Umsetzungsakte auszurichten hätten. Erwägungsgrund 25 der Richtlinie benennt als Ziel der Richtlinie ausdrücklich „die Festlegung von Mindestvorgaben für die Abwicklung von Übernahmeangeboten und die Gewährleistung eines ausreichenden Schutzes für Wertpapierinhaber“, zu deren Erreichung die „Richtlinie nicht über das [...] erforderliche Maß hinaus“ gehe. Art. 3 II a) ÜbRL verpflichtet außerdem die Mitgliedstaaten, dafür zu sorgen, „dass die in dieser Richtlinie vorgeschriebenen Mindestanforderungen eingehalten werden“. Dies ist insbesondere von Bedeutung bei der Frage, ob der nationale Gesetzgeber bei Umsetzung der Richtlinienvorgaben die durch die Übernahmerichtlinie gezogenen Grenzen überschritten hat: Stellen die Vorgaben in der Richtlinie nur Mindeststandards dar, können diese bei Umsetzung in nationales Recht grundsätzlich nicht unterschritten werden, so dass nur strengere Regelungen zulässig sein sollten.

Andererseits hat *Mülbert* zutreffend nachgewiesen[45], dass eine gewisse Inkongruenz zwischen diesem Grundsatz und Art. 4 V Unterabs. 2 ÜbRL besteht: Dieser besagt, dass, „sofern die in Artikel 3 Absatz 1 festgelegten allgemeinen Grundsätze eingehalten werden, [...] die Mitgliedstaaten in den gemäß dieser Richtlinie erlassenen oder eingeführten Vorschriften abweichende Regelungen von diesen Vorschriften er-

[41] *Europäische Kommission*, KOM (2002), 534 - dazu *Neye*, NZG 2002, 1144.
[42] Ausführlich dazu und zu anderen neben dem Squeeze-Out bedeutenden Änderungen durch die Übernahmerichtlinie: *Glade/Haak/Hellich*, Konzern 2004, 455 und Konzern 2004, 515.
[43] *Wiesner*, ZIP 2004, 343, 346 spricht von „endlosen Debatten über alle denkbaren Varianten“.
[44] Vgl. oben S. 8 f.
[45] *Mülbert*, NZG 2004, 633, 635f.

lassen" können. Das würde aber bedeuten, dass Abweichungen immer zulässig wären, soweit die Gleichbehandlungs- und Schutzvorschriften aus Art. 3 I ÜbRL befolgt werden. Zwar geht Art. 4 V Unterabs. 2 ÜbRL davon aus, dass lediglich Ausnahmeregelungen geschaffen werden dürfen, diese könnten aber derart weit gezogen werden, dass die als Mindeststandards gedachten Richtlinienvorgaben faktisch außer Kraft gesetzt würden. Das Ergebnis wären unterschiedliche nationale Regelungen auch in den Kernpunkten der Richtlinie. Diesen Widerspruch können auch die anderen Sprachfassungen der ÜbRL nicht auflösen, so dass nicht von einer missverständlichen deutschen Richtlinienfassung ausgegangen werden kann. Festzuhalten ist allerdings, dass Öffnungsklauseln wie z.B. Art. 3 II b) ÜbRL unsinnig wären, wenn den Mitgliedstaaten ein umfassendes Abweichungsrecht von den Vorgaben der Richtlinie zugestanden werden sollte.
Damit wird man nach Sinn und Zweck der Richtlinie von Folgendem auszugehen haben: Die Mitgliedstaaten werden verpflichtet, die Vorgaben der Richtlinie als Mindeststandard festzulegen. In begründeten Ausnahmefällen können einzelne Ausnahmen von diesen Vorgaben gemacht werden, die aber nur soweit gehen können, dass der Charakter der Richtlinie erhalten bleibt. Nicht zulässig wäre es beispielsweise, auf einzelne Regelungen vollständig zu verzichten oder ihren Anwendungsbereich derart einzuschränken, dass sie nicht als Regel, sondern nur noch als Ausnahmefall zu qualifizieren sind. Unabdingbar sind darüber hinaus die in Art. 3 I ÜbRL festgeschriebenen Grundsätze. Eine konkretere Fassung der Vorgaben wird aufgrund der verschiedenartigen unterschiedlichen Umsetzungskonstellationen nicht möglich sein, die Beurteilung eines möglichen europarechtswidrigen Unterschreitens der Standards muss immer bezogen auf den Einzelfall erfolgen. Grundsätzlich bleibt es aber dabei, dass die Richtlinienvorgaben als Mindeststandards zu qualifizieren sind, deren Unterschreitung unzulässig ist.

Daneben legt die ÜbRL als Ausnahme zum soeben herausgearbeiteten Grundsatz an einigen Stellen ausdrückliche Maximalvorgaben fest: Den übernahmerechtlichen Squeeze-Out berührt dabei nur die Vorgabe eines Schwellenhöchstwertes, von dem aus der Squeeze-Out durchgeführt werden kann (Art. 15 II Unterabs. 3 ÜbRL)[46]. Den Mitgliedstaaten ist es damit verwehrt, eine höhere Ausschwelle als 95% des stimmberechtigten Kapitals zu wählen.

b) Das Übernahmerichtlinie-Umsetzungsgesetz

Der deutsche Gesetzgeber hat –als positive Ausnahme in der Gesamtschau der europäischen Mitgliedstaaten[47]– die Umsetzungsfrist nur um wenige Wochen verpasst, so dass die erste große Novelle des WpÜG mit dem sog. Übernahmerichtlinie-

[46] *Mülbert*, NZG 2004, 633, 636; andere Maximalvorgaben finden sich in Artt. 3 II b), 6 II Unterabs. 2, 5 IV Unterabs. 1 und 16 III ÜbRL.; die Maximalvorgabe in Art. 15 II Unterabs. 3 ÜbRL ist auch der Grund dafür, warum Italien seinen bisherigen Schwellenwert von 98% aus Art. 111 TUF absenken musste, dazu ausführlich unten S. 128 f.

[47] Dazu ausführlich unten, S. 122 ff.

Umsetzungsgesetz[48] am 13. Juli 2006 verkündet wurde und gemäß dessen Art. 8 am 14. Juli 2007 in Kraft treten konnte. Da jedoch die Übernahmerichtlinie keine Vollharmonisierung anstrebte, sondern lediglich einen verbindlichen Regelungsrahmen vorgibt, gab es auch auf nationaler Ebene erhebliche Auseinandersetzungen über den Inhalt des Gesetzes. Am 15. Februar 2006 verabschiedete das Bundeskabinett den Regierungsentwurf des Umsetzungsgesetzes, der seinerseits auf dem fast wortgleichen Referentenentwurf beruhte. Nachdem der Regierungsentwurf am 24. Februar 2006 dem Bundestag zur Beratung vorgelegt worden war, übte dieser in seiner Sitzung am 7. April 2006 daran teilweise erhebliche Kritik[49], mit der er sich der ebenfalls kritischen gemeinsamen Stellungnahme des federführenden Finanzausschusses, des Rechts- und des Wirtschaftsausschusses[50] anschloss.

Obwohl bei den Beratungen auf europäischer Ebene Fragen zur Neutralitätspflicht, zur Durchbrechungslösung und zum sog. Optionsmodell im Mittelpunkt standen und der Squeeze-Out ebenso wie das Sell-Out-Recht durchgängig eher als Nebenprodukt der Übernahmerichtlinie behandelt wurde[51], entzündeten sich im gesamten Gesetzgebungsverfahren die meisten Streitigkeiten an diesem Rechtsinstitut: Die Umsetzung des Art. 15 ÜbRL in deutsches Recht gestaltete sich auch deshalb als schwierig, weil mit dem Squeeze-Out maßgeblich das von Art. 14 GG geschützte Eigentumsrecht der auszuschließenden Aktionäre beeinträchtigt wird. In seiner Stellungnahme beanstandete der Bundesrat daher insbesondere verfassungsrechtliche Fragen und deren Verhältnis zu den europarechtlichen Vorgaben. Diese Kritik wurde auch von Vertretern verschiedener Interessenverbände und Teilen der Literatur aufgegriffen und konkretisiert[52]. Die Bundesregierung ließ sich aber, abgesehen von geringfügigen Änderungen, nicht beirren und setzte den Regierungsentwurf in dritter Lesung im Bundestag durch. Dies mag auch daran gelegen haben, dass der Zeitrahmen für die Umsetzung der Richtlinienvorgaben extrem knapp bemessen war: Der Referentenentwurf trägt das Datum des 19.12.2005, das gesamte Gesetzgebungsverfahren wurde daher in Anbetracht der Umsetzungspflicht bis zum 20. Mai 2006 als besonders eilbedürftig behandelt[53]. Auf die Verabschiedung durch den Bundestag am 19. Mai 2006 folgte die Verkündung im Bundesgesetzblatt am 13. Juli 2006. Außer den neu eingefügten Publizitätsvorschriften, die erst zum 1. Januar 2007 in Kraft traten, wurden die Vorschriften

48 Entwurf eines Gesetzes zur Umsetzung der Richtlinie 2004/25/EG des Europäischen Parlaments und des Rates vom 21. April 2004 betreffend Übernahmeangebote (Übernahmerichtlinie-Umsetzungsgesetz), BT-Drs. 16/1003 vom 17.3.2006; zum Übernahmerichtlinie-Umsetzungsgesetz vgl. *Seibt/Heiser*, AG 2006, 301; *Merkt/Binder*, BB 2006, 1285; *Austmann/Mennicke*, NZG 2004, 846; zur Geschichte auch *Steinmeyer* in: Steinmeyer/Häger, Einleitung, Rn. 18.

49 BR-Drs. 154/06, insb. S. 4 ff.

50 BR-Drs. 154/01/06, insb. S. 5 ff.

51 *Austmann/Mennicke*, NZG 2004, 846.

52 Vgl. dazu näher unten, S. 72 f.

53 So das Schreiben der Bundeskanzlerin an den Präsidenten des Bundesrates, BR-Drs. 154/06, S. 3; *Schüppen*, BB 2006, 165, 171 hat wegen des verzögerten und unter Zeitdruck stehenden Umsetzungsvorhabens schon frühzeitig auf Schwächen im Entwurf des Umsetzungsgesetzes hingewiesen, vgl. auch *Rößler*, S. 3.

am Folgetag Teil des WpÜG. Die Umsetzung des Art. 15 ÜbRL, der die europäische Grundlage für den übernahmerechtlichen Squeeze-Out bildet, wurde durch die Einfügung der §§ 39a, 39b WpÜG verwirklicht, wobei § 39a WpÜG überwiegend die Ausschlussvoraussetzungen und § 39b WpÜG Fragen des Ausschlussverfahrens regelt. Der Sell-Out, beruhend auf Art. 16 ÜbRL, wurde als § 39c WpÜG eingefügt.

aa) Umsetzung im WpÜG statt Modifikation der §§ 327a ff. AktG

Der Gesetzgeber hat den Umsetzungsauftrag der ÜbRL zum Anlass genommen, sich nicht auf eine Veränderung und Anpassung der §§ 327a ff. AktG zu beschränken. Vielmehr hat er dem übernahmerechtlichen Squeeze-Out einen eigenen Abschnitt 5a innerhalb des WpÜG eingeräumt, was die These bestätigt, dass Gesellschafts- und Kapitalmarktrecht immer stärker ineinander greifen[54]. Die Verortung im WpÜG ist teilweise beanstandet worden. Bevor zu dieser Kritik Stellung genommen werden kann, werden kurz sowohl das aktienrechtliche als auch das übernahmerechtliche Ausschlussverfahren nachgezeichnet, um eine bessere Vergleichbarkeit der beiden Institute zu ermöglichen. Im Anschluss daran werden die Erwägungen des Gesetzgebers für die Einführung eines eigenständigen Verfahrens dargestellt; diese sollen während der gesamten Arbeit als Maßstab für die Prüfung der Frage dienen, ob der Gesetzgeber die selbst aufgestellten Ziele erreicht hat.

α) Kurze Darstellung der §§ 327a ff. AktG[55]

Der aktienrechtliche Squeeze-Out, der auch als gesellschaftsrechtlicher oder verbandsrechtlicher Squeeze-Out bezeichnet wird, wird durch die §§ 327a ff. AktG geregelt. Im Gegensatz zu dem übernahmerechtlichen Ausschlussverfahren knüpft er nicht an ein vorausgehendes öffentliches Übernahmeangebot an. Hält ein Aktionär (Hauptaktionär) eine Beteiligung von mindestens 95% des Grundkapitals einer AG oder einer KGaA (Gesellschaft), kann er die übrigen Aktionäre (Minderheitsaktionäre) gegen Zahlung einer angemessenen Barabfindung auch gegen deren Willen aus der Gesellschaft ausschließen. Dazu hat er dem Vorstand der Gesellschaft sein Ausschlussverlangen zu übermitteln. Eine sachliche Rechtfertigung für ein solches Vorgehen ist nicht erforderlich. Der Vorstand der Gesellschaft ist daraufhin verpflichtet, die Hauptversammlung der Gesellschaft mit einfacher Mehrheit darüber entscheiden zu lassen, ob die Aktien der Minderheitsaktionäre auf den Bieter übergehen und die Minderheitsaktionäre somit aus der Gesellschaft ausscheiden sollen. Der Hauptaktionär hat die Höhe der Barabfindung zuvor durch eine Unternehmensbewertung der Gesellschaft festzulegen und dem Vorstand der Gesellschaft eine Bankgarantie in entsprechender Höhe zu übermitteln. Außerdem hat er bei dem für die Gesellschaft zuständigen Gericht die Bestellung

[54] *Lutter*, FS Zöllner, S. 363, insb. 364 f.; *Schiessl*, AG 1999, 442; *Merkt*, Gutachten, S. 16.

[55] Auf nähere Angaben der konkreten Norm und Verweise auf die ausführlichen Darstellungen im Folgenden wird bei dieser komprimierten Form aus Gründen der Übersichtlichkeit verzichtet; dies gilt auch für die Darstellung der §§ 39a, 39b WpÜG sogleich.

eines externen Prüfers zu beantragen, der die Höhe der angebotenen Barabfindung überprüft. Stimmt die Hauptversammlung der Gesellschaft dem Übertragungsbeschluss der Aktien zu, was angesichts der Mehrheitsbeteiligung des Hauptaktionärs von mindestens 95% unzweifelhaft ist, hat der Vorstand der Gesellschaft den entsprechenden Übertragungsbeschluss zur Eintragung in das Handelsregister anzumelden. Mit Eintragung in das Handelsregister gehen „die Aktien“[56] der Minderheitsaktionäre auf den Hauptaktionär über, der damit Alleinaktionär der Gesellschaft wird. Die Höhe der Barabfindung können die Minderheitsaktionäre in einem gesonderten Spruchverfahren überprüfen lassen. Anfechtungsklagen gegen den Übertragungsbeschluss der Hauptversammlung sind zulässig, seit Einführung des UMAG[57] aber in einem sachlich beschränkteren Umfang.

β) Kurze Darstellung der §§ 39a, 39b WpÜG

Der Bieter eines Übernahme- oder Pflichtangebotes kann nach Abschluss des Angebotsverfahrens die übrigen Stammaktionäre aus der Gesellschaft ausschließen, wenn er mindestens 95% des stimmberechtigten Grundkapitals erworben hat. Gehören ihm 95% des gesamten Grundkapitals, kann er auch die Vorzugsaktionäre ausschließen. Ist das Übernahmeangebot von 90% des vom Angebot betroffenen Kapitals angenommen worden, gilt die Höhe der im Angebotsverfahren gezahlten Gegenleistung als angemessene Abfindung für den Ausschluss. Nicht ausdrücklich geregelt ist, welche Abfindung bei Unterschreiten dieser sog. Annahmequotenregelung angemessen ist. Der Bieter hat einen entsprechenden Ausschlussantrag vor dem allein zuständigen Landgericht Frankfurt a.M. zu stellen, der nur innerhalb einer Frist von drei Monaten nach Abschluss des Angebotsverfahrens zulässig ist. Eine sachliche Rechtfertigung ist ebenso wie bei den §§ 327a ff. AktG nicht erforderlich. Die Entscheidung des LG Frankfurt a.M. kann mit der sofortigen Beschwerde zum Oberlandesgericht Frankfurt a.M. angegriffen werden. Wird der Ausschlussantrag des Bieters positiv beschieden und ist diese Entscheidung rechtskräftig, gehen die Aktien der Minderheitsaktionäre auf den Bieter über. Der Vorstand der übernommenen Gesellschaft hat die Entscheidung zum Handelsregister einzureichen. Zwischen Antragstellung und rechtskräftigem Verfahrensabschluss ist die Durchführung eines aktienrechtlichen Squeeze-Out nicht möglich.

γ) Notwendigkeit eines eigenständigen Ausschlussverfahrens

Die Umsetzung des Art. 15 ÜbRL in den neu geschaffenen Abschnitt 5a des WpÜG (§§ 39a –39c WpÜG) wurde insbesondere von *Heidel/Lochner* kritisiert, die die Auffassung vertreten, die Vorschriften hätten vielmehr innerhalb des bestehenden Nor-

[56] Vgl. dazu noch unten, S. 214 ff.
[57] Gesetz zur Unternehmensintegrität und Modernisierung des Anfechtungsrechts, vom 22.9.2005, BGBl. I 2005, 2802 –dazu näher unten S. 166 ff.

mengefüges der §§ 327a ff. AktG platziert werden müssen[58]. Dem ist zwar zuzugeben, dass keine europarechtliche Veranlassung bestand, die Vorgaben des Art. 15 ÜbRL nicht in das bereits bestehende Normengefüge der §§ 327a ff. AktG zu übernehmen; der Wortlaut ist insoweit offen[59]. Gegen die Einarbeitung der europarechtlichen Vorgaben sprechen aber Gründe der Handhabbarkeit der Vorschrift, denn die Unterschiede zwischen den beiden Ausschlussverfahren liegen auf der Hand[60]. Ohne auf Einzelheiten einzugehen, die Gegenstand der späteren Bearbeitung sein werden, ist zunächst festzustellen, dass schon die zwingenden Vorgaben der Übernahmerichtlinie nicht geeignet sind, eine Übertragung der Vorschriften in das Normgefüge der §§ 327a ff. AktG zu rechtfertigen. So bezieht sich Art. 15 II, III ÜbRL zunächst nur auf das stimmberechtigte Grundkapital mit der Möglichkeit, daneben auch die Vorzugsaktionäre aus der Gesellschaft auszuschließen. Weiter gibt die ÜbRL vor, dass der Ausschluss nur innerhalb einer bestimmten Frist zulässig ist und sich die Abfindung grundsätzlich an dem vorausgehenden öffentlichen Übernahmeangebot zu orientieren hat. Schließlich ist zwingend vorgeschrieben, dass die Angemessenheitsvermutungen, die der Gesetzgeber in § 39a III 3 WpÜG umgesetzt hat, zu übernehmen sind. Allein diese Abweichungen würden dazu führen, dass für Ausschlussvorhaben, denen ein öffentliches Übernahmeangebot vorausgegangen ist, zusätzliche Vorschriften in die §§ 327a ff. AktG hätten eingefügt werden müssen, um den Besonderheiten eines übernahmerechtlichen Ausschlussverfahrens gerecht zu werden.

Abgesehen von diesen Einzelheiten geht die Auffassung *Heidel/Lochners* aber auch in ihrem grundsätzlichen Anknüpfungspunkt fehl. Denn der Ausschluss, der als Annex zu einem Übernahmeverfahren ausgestaltet ist, ist mit diesem eng verknüpft. Es handelt sich um ein durchweg kapitalmarktrechtliches Verfahren, was schon durch den engen zeitlichen Zusammenhang mit dem Übernahmeverfahren deutlich wird und sich in Fragen zur Art und Höhe der zu zahlenden Abfindung fortsetzt. Diese nimmt nämlich zumindest im Fall einer Annahmequote von mehr als 90% des vom Angebot be-

---

58 *Heidel/Lochner* in: Heidel-HdbKMR, § 39a WpÜG, Rn. 6 (entgegen deren Behauptung spricht sich *Hasselbach*, ZGR 2005, 387, 398 ff. nicht gegen eine Übernahme des übernahmerechtlichen Squeeze-Out in das WpÜG aus, sondern will lediglich das Sell-Out Recht aus Art. 16 ÜbRL im Hinblick auf europäische Bestrebungen zu einem gesellschaftsrechtlichen Andienungsverfahren hinter den §§ 327a ff. AktG platzieren); *Schüppen*, BB 2006, 165, 168; *ZKA*, Gutachten, S. 4.

59 Erwägungsgrund 24, Satz 3 u. 4 der ÜbRL bestimmt aber: „Diese Ausschluss- und Andienungsverfahren sollen nur unter bestimmten Bedingungen im Zusammenhang mit Übernahmeangeboten gelten. Die Mitgliedstaaten können unter anderen Umständen auf Ausschluss- und Andienungsverfahren weiterhin ihre nationalen Vorschriften anwenden." Ein Fortbestehen nationaler Vorschriften, die an ein vorausgehendes Übernahmeangebot anknüpfen und in ihrer Ausgestaltung nicht den Richtlinienvorgaben entsprechen, wäre daher unzulässig.

60 *Seibt/Heiser*, AG 2006, 301, 317 sprechen von „erheblichen inhaltlichen Inkongruenzen zwischen dem kapitalmarktrechtlichen Squeeze-Out-Konzept der ÜbRL und dem verbandsrechtlichen Ausschlussinstitut"; ebenso *Hopt/Mülbert/Kumpan*, AG 2005, 109, 115; für einen eigenständigen Ausschlusstatbestand im WpÜG auch *Merkt* (Gutachten, S. 15 f.) der aber mittelfristig eine „Konvergenz der Regelungsbereiche" zum Ziel erheben will; für eine eigenständige Regelung auch *DAI*, Gutachten, S. 4; *DAV*, Gutachten, S. 10 f.; *Hopt/Mülbert/Kumpan*, AG 2005, 109, 115; *Seibt/Heiser*, ZGR 2005, 200, 239; *dies.*, ZIP 2002, 2193, 2202; *Merkt/Binder*, BB 2006, 1285, 1289.

troffenen Kapitals auf die im Übernahmeverfahren gezahlte Gegenleistung direkten Bezug. Will man den grundsätzlichen Willen des Gesetzgebers ernst nehmen, durch Einführung eines kapitalmarktorientierten Ausschlussverfahrens die negativen Erfahrungen mit dem aktienrechtlichen Squeeze-Out nicht zu wiederholen, wird man auch die Notwendigkeit der Abkehr von dem anfechtungsanfälligen Ausschlussverfahren nach den §§ 327a ff. AktG erkennen müssen. Will man folgerichtig einen Minderheitenausschluss im Wege eines Hauptversammlungsbeschlusses vermeiden, ist ein Rückgriff auf die bestehenden Squeeze-Out-Vorschriften kaum möglich, weil das gesamte Normengefüge konzeptionell auf einen legitimierenden Hauptversammlungsbeschluss ausgerichtet ist. Schließlich kommt hinzu, dass bei einer unmittelbaren Übernahme der Richtlinienvorgaben in die §§ 327a ff. AktG auch Fragen der Terminologie hätten geklärt werden müssen; mit der Einfügung in das WpÜG erübrigt sich diese Problematik, weil Begriffe wie z.B. „Übernahme- und Pflichtangebot", „Gegenleistung", „Bieter" und „Zielgesellschaft" innerhalb des WpÜG, aber nicht innerhalb des AktG, entweder (legal)definiert sind oder sich ihre Bedeutung aus dem Zusammenhang erschließt. Um komplizierte Querverweise zu vermeiden, drängt sich eine Entscheidung für eine Einfügung in das WpÜG also auf[61]. Weil beide Verfahren wie gezeigt unterschiedlichen Grundgedanken und Prägungen unterliegen, ist auch keine kurzfristige Angleichung beider Verfahren erforderlich; sie können vielmehr nebeneinander bestehen bleiben[62].

bb) Erwägungen und Ziele des Gesetzgebers

Insbesondere die vorgenannte Belastung von Hauptversammlungsbeschlüssen mit missbräuchlichen Anfechtungsklagen hat den Gesetzgeber dazu bewogen, von Anfang an dem Ausschlussverfahren über einen Hauptversammlungsbeschluss den Rücken zu kehren und nach alternativen Verfahrenswegen zu suchen. Das gesamte Gesetzgebungsverfahren war von dem Bestreben geprägt, einen schnellen, unkomplizierten Ausschluss der Aktionärsminderheit zu erreichen. Der Squeeze-Out soll als Annexverfahren zum vorausgehenden Übernahme- oder Pflichtangebot dienen, um dem Bieter, der die Kosten und Risiken des Übernahmeangebots auf sich genommen hat, die Gelegenheit zu geben, alle übrigen Aktionäre ausschließen zu können[63].

---

61 Wie hier: *Seibt/Heiser*, AG 2006, 301, 317; *dies.*, ZGR 2005, 200, 240; *dies.* ZIP 2002, 2193, 2202; *Austmann/Mennicke*, NZG 2004, 846, 847; *Kindler/Horstmann*, DStR 2004, 866, 874; *Krause*, BB 2002, 2341, 2344; *ders.*, BB 2004, 113, 118; *Wiesner*, ZIP 2004, 343, 349; *Ehricke/Roth*, DStR 2001, 1120, 1123; *DAI*, Gutachten, S. 4; *DAV*, Gutachten, S. 10; *BDI*, Gutachten, S. 4.

62 A.A.: *Fleischer* in GroßKommAktG, Vor §§ 327a – f AktG, Rn. 26; *Merkt/Binder*, BB 2006, 1285, 1289; *Meyer*, WM 2006, 1135, 1143.

63 *Fleischer* spricht davon, dass der übernahmerechtliche Squeeze-Out „manche Härten des Pflichtangebots" mildere, vgl. GroßKommAktG, Vor §§ 327a - f AktG, Rn. 26; *Holzborn/Müller* in: HeidelbKommAktG, §§ 39a-39c WpÜG / Anh. § 327a AktG, Rn. 1; *Seibt/Heiser*, ZIP 2002, 2193, 2200; *dies.*, ZGR 2005, 200, 240.

Im Hinblick auf die verfassungsrechtliche Problematik eines Zwangsausschlusses wurde versucht, einen angemessenen Interessenausgleich zwischen dem Bieter und den übrigen Aktionären zu erreichen. Dieser soll durch die Ausgestaltung des Ausschlussverfahrens vor dem LG Frankfurt a.M. erreicht werden, weil auf diesem Wege ein legitimierender Hauptversammlungsbeschluss überflüssig sei. Umfangreiche und teure Bewertungsarbeiten seien zudem nicht mehr notwendig, weil die Angemessenheitsvermutung des § 39a III 3 WpÜG die Bestimmung einer angemessenen Abfindung erleichtere. Die Aktionäre blieben geschützt, weil die Vermutung erst bei einer Annahmequote von 90% eingreife und der gesamte Squeeze-Out erst ab einer Beteiligung von 95% des stimmberechtigten Grundkapitals möglich sei. Letzteres sei der nach der Übernahmerichtlinie höchstmögliche Schwellenwert. Offenbar wegen der vielfach geäußerten Kritik an einer überschwänglichen Umsetzung von europäischen Richtlinienvorgaben ins deutsche Recht wurde im Gesetzgebungsverfahren mehrfach betont, die Richtlinienvorgaben würden „Eins-zu-Eins“ umgesetzt, also ohne zusätzliche Belastungen für die betroffenen Unternehmen und den deutschen Kapitalmarkt[64].

Im Rahmen der folgenden ausführlichen Analyse der §§ 39a, 39b WpÜG wird zu prüfen sein, ob der Gesetzgeber diese selbst aufgestellten Ziele erreicht hat.

[64] Wortprotokoll des Finanzausschusses vom 10.5.2006, Protokollnummer 16/16, S. 3, S. 17.

B. Übernahmerechtlicher Squeeze-Out: Ausschlussvoraussetzungen

Die nachstehenden Überlegungen in diesem Abschnitt widmen sich den Ausschlussvoraussetzungen des übernahmerechtlichen Squeeze-Out, bestehen also im Kern aus einer Prüfung der Tatbestandsvoraussetzungen des § 39a WpÜG. Hierbei wird versucht, der klaren Struktur der Vorschrift weitgehend zu folgen. An einigen Stellen wird eine Einbeziehung der Verfahrensvorschriften des § 39b WpÜG unumgänglich sein. Diese werden aber kurz gehalten und mit Verweisen auf die ausführliche Behandlung der entsprechenden Fragen in Abschnitt V. versehen.

I. Bieter und Zielgesellschaft

Gemäß § 39a I 1 WpÜG kann ein Bieter ab einer bestimmten Beteiligungsschwelle die übrigen Aktionäre aus der Zielgesellschaft ausschließen. Gemäß Art. 2 I c) ÜbRL ist „Bieter" jede natürliche oder juristische Person des öffentlichen Rechts oder des Privatrechts, die ein Angebot abgibt[65]. Ähnlich formuliert § 2 IV WpÜG, nach dem unter den Bieterbegriff natürliche oder juristische Personen oder Personengesellschaften fallen, die allein oder gemeinsam mit anderen Personen ein Angebot abgeben, ein solches beabsichtigen oder zur Abgabe verpflichtet sind. Unter den Bieterbegriff der §§ 39a, 39b WpÜG fällt damit nur diejenige Person oder Personengesellschaft, die das für den Ausschluss erforderliche vorausgehende öffentliche Angebot selbst abgegeben hat (formeller Bieterbegriff). Wurde das Angebot –zulässigerweise[66]– von einem Erwerbsvehikel durchgeführt, das eigens zu diesem Zweck gegründet wurde (sog. *NewCo* oder *spv = special purpose vehicle*), kann auch nur dieses Vehikel den Ausschluss durchführen, nicht jedoch die dahinter stehenden Personen oder Personengesellschaften. Der enge Anwendungsbereich der Vorschrift gilt auch im Fall des § 39a II WpÜG: Werden Beteiligungen Dritter dem Bieter zum Erreichen der erforderlichen Ausschlussschwelle zugerechnet, kann nur der Bieter selbst, nicht aber die Dritten den Ausschluss durchführen.

Zielgesellschaften sind nach Art. 2 I b) ÜbRL Gesellschaften, deren Wertpapiere Gegenstand eines Angebots sind. Diese Definition wird aber durch die §§ 1, 2 WpÜG in gewisser Hinsicht eingeschränkt. So können Zielgesellschaft gemäß § 2 III Nr. 1 WpÜG zunächst nur Aktiengesellschaften oder Kommanditgesellschaften auf Aktien mit Sitz im Inland sein. Ein Squeeze-Out nach den §§ 39a, 39b WpÜG bei Gesellschaften mit Sitz in einem anderen Staat des Europäischen Wirtschaftsraums i.S.d. § 2 III Nr. 2 WpÜG ist gemäß § 1 III WpÜG i.V.m. § 2 WpÜG-AnwVO nicht möglich. Die Zielgesellschaft muss börsennotiert sein (§ 1 I WpÜG), wobei unerheblich ist, ob

---

[65] Deshalb besteht auch kein besonderer Klärungsbedarf bei der Frage, auf wen die Wertpapiere im Fall gemeinsam handelnder Personen (sog. *„acting in concert"*) übergehen sollen (a.A.: *Fuchs* in: Baums/Cahn, S. 142): Die Wertpapiere gehen immer nur auf diejenige Person oder Personengemeinschaft über, die das Angebot abgegeben hat. Zurechnungen über § 30 WpÜG sind für die Bestimmung des Bieters in dieser Frage unerheblich.

[66] S. unten S. 59 ff.

die Wertpapiere zum amtlichen Handel an einem organisierten Markt in Deutschland oder ausschließlich in einem anderen Staat des Europäischen Wirtschaftraums zugelassen sind; in letzterem Fall ergibt sich die Anwendbarkeit der §§ 39, 39b WpÜG aus § 1 II WpÜG i.V.m. § 1 Nr. 19, 20 WpÜG-AnwVO[67]. Ebenfalls vom übernahmerechtlichen Squeeze-Out erfasst ist die „deutsche“ Societas Europaea, also eine SE mit statutarischem Sitz in Deutschland[68], da sie gemäß Art. 10 SE-VO wie eine Aktiengesellschaft des nationalen Rechts zu behandeln ist[69]. Damit wird die Anwendung der §§ 39a, 39b WpÜG mangels entgegenstehender Vorschriften auch auf eine SE ermöglicht. Dies mag in Zukunft von Bedeutung sein: Während *Schüppen* im Jahr 2005 aus damaliger Sicht wohl zu Recht darauf hingewiesen hat[70], dass die SE wegen ihrer geringen Verbreitung und der noch geringeren Absehbarkeit einer Börsennotierung von Aktien einer SE eher unbedeutend bleiben dürfte, greifen heute immer mehr (börsennotierte) Unternehmen zur Rechtsform der SE[71]. In zeitlicher Hinsicht ist weder die Vorgesellschaft, noch die Vorgründungsgesellschaft vom Anwendungsbereich der §§ 39a f. WpÜG erfasst, weil vor der Eintragung der Gesellschaft nach § 41 IV AktG keine Aktien ausgegeben werden dürfen, die an der Börse notiert werden könnten. Wenn auch die Anwendbarkeit der §§ 327a ff. AktG im Abwicklungsstadium der Ge-

---

67 Umstritten ist bis heute die Frage, ob unter § 2 III WpÜG auch solche Gesellschaften fallen, die nach ausländischem Recht gegründet worden sind, ihren Verwaltungssitz aber im Inland haben. Die Rechts- und Parteifähigkeit derartiger Gesellschaften ist anerkannt (Nachweise bei *Pötzsch* in: Assmann/Pötzsch/Schneider, § 2 WpÜG, Rn. 92). Die Frage könnte z.B. bei einer britischen PLC aufkommen, die ihren Sitz in Deutschland hat (z.B. Air Berlin PLC). Von der h.M. wird eine direkte oder analoge Anwendung abgelehnt. Dies ist im Hinblick auf § 2 III Nr. 1 WpÜG sachgerecht, weil es sich bei diesen Gesellschaftsformen gerade nicht um eine AG oder KGaA handelt (im Gegensatz zur SE, die über Art. 10 SE-VO einer AG ausdrücklich gleichgestellt ist). Für eine analoge Anwendung fehlt es an einer dafür erforderlichen planwidrigen Regelungslücke (wie hier: *Pötzsch* in: Assmann/Pötzsch/Schneider, § 2 WpÜG, Rn. 92; *Angerer* in: Geibel/Süßmann, § 1 WpÜG, Rn. 37; A.A.: *Oechsler* in: Ehricke/Ekkenga/Oechsler, § 1 WpÜG, Rn. 5; *Wackerbarth* in: MünchKommWpÜG, § 1 WpÜG, Rn. 13). Eine Anwendung von § 2 III Nr. 2 WpÜG scheidet aus, weil es sich nicht um eine Gesellschaft mit Sitz in einem anderen Staat des EWR handelt und selbst bei einer (weit hergeholten) Analogie der Nr. 2 der übernahmerechtliche Squeeze-Out schon wegen § 2 WpÜG-AnwVO nicht anwendbar wäre. Eine Anwendung der §§ 39a, 39b WpÜG auf Gesellschaftsformen ausländischen Rechts ist damit abzulehnen.

68 Missverständlich aber *Heidel/Lochner*, Konzern 2006, 653, 654 und auch *Paefgen*, WM 2007, 765 und dort Fn. 12: beide beschränken den Anwendungsbereich der §§ 39a, 39b WpÜG nämlich ausschließlich auf AG und KGaA. Wegen Art. 10 SE-VO kann aber unterstellt werden, dass auch *Heidel/Lochner* und *Paefgen* von einer Anwendbarkeit des übernahmerechtlichen Squeeze-Out auf die SE ausgehen.

69 BT-Drs 16/1003, S. 17; zu Art. 10 SE-VO *Fuchs* in: Manz/Mayer/Schröder, Art. 10 SE-VO, Rn. 1; wie hier: *Santelmann* in: Steinmeyer/Häger, § 2 WpÜG, Rn. 10; ebenso zur Vorgängernorm des § 2 III WpÜG a.F.: *Noack* in: SchwarkKMRK, §§ 1, 2 WpÜG, Rn. 23; *Schüppen* in: FrankfKommWpÜG, § 2 WpÜG, Rn. 26; *Pötzsch* in: Assmann/Pötzsch/Schneider, § 2 WpÜG, Rn. 91.

70 *Schüppen* in: FrankfKommWpÜG, § 2 WpÜG, Rn. 26.

71 Börsennotierte Societates Europaeae sind z.B. die Fresenius SE, die Allianz SE und werden in Zukunft z.B. die BASF SE und die Porsche (Holding-)SE sein. Eine Liste von offenbar an der Umwandlung in eine SE interessierten Kandidaten lässt sich im Internet unter der Adresse http://www.seeurope-network.org/homepages/ seeurope/ secompanies.html#interested abrufen.

sellschaft inzwischen höchstrichterlich anerkannt ist[72], ist die Durchführung eines übernahmerechtlichen Squeeze-Out bei einer solchen Gesellschaft kaum vorstellbar, weil ein ordnungsgemäßer Handel der Wertpapiere im Regelfall nicht mehr möglich ist und die Notierung in diesem Fall gemäß § 39 I BörsG zu widerrufen ist.

II. Vorausgehendes Übernahmeangebot nach dem WpÜG

1. Erweiterung des Anwendungsbereiches auf Aufstockungsangebote

§ 39a I 1 WpÜG bestimmt, dass der Squeeze-Out nur im Anschluss an ein „Übernahme- oder Pflichtangebot" zulässig ist. Darunter zu verstehen sind erstens freiwillige Erwerbsangebote, die auf die Erlangung der Kontrolle gerichtet sind (sog. Übernahmeangebote, § 29 I WpÜG) und zweitens Pflichtangebote gemäß § 35 WpÜG[73]. Die Gesetzesbegründung führt dazu aus:

„Der Ausschluss von Aktionären wird an ein vorangegangenes Übernahme- oder Pflichtangebot geknüpft. Bei einem Aktienerwerb auf Grund eines bloßen Aufstockungsangebots, also eines Angebots, das aus einer bestehenden Kontrollbeteiligung heraus erfolgt, ist der Bieter nicht zum Squeeze out nach den §§ 39a f. berechtigt. Auch anderen Aktionären, die auf Grund eines sonstigen Erwerbsangebots oder einer geänderten Eigentümerstruktur die Aktienmehrheit in der Gesellschaft erhalten haben, ist der Weg zum übernahmerechtlichen Squeeze out verschlossen."[74]

Diese Begrenzung auf Übernahme- und Pflichtangebote wurde kritisiert. *Seibt/Heiser* führen aus, es gebe keinen sachlichen Grund, warum Aufstockungsangebote nicht ebenfalls einbezogen werden sollten[75]. Der *Handelsrechtsausschuss des DAV* stellt fest, es falle schwer einzusehen, warum ein Aktionär nach einem einfachen Erwerbsangebot, das aus einer bestehenden Kontrollposition heraus erfolgt (sog. Aufstockungsangebot), nur auf den weitaus komplizierteren aktienrechtlichen Squeeze-Out verwiesen sein sollte[76].

---

72 *BGH*, NZG 2006, 905; *OLG Köln*, NZG 2005, 931; *Hüffer*, § 327a AktG, Rn. 6; *Buchta/Ott*, DB 2005, 990.

73 Dies gilt bzw. galt mit folgender Einschränkung: Nach § 68 I WpÜG findet auf Angebote, die vor dem 14. Juli 2006 veröffentlicht wurden, ausschließlich das WpÜG a.F. Anwendung, so dass ein Rückgriff auf die §§ 39a f. WpÜG für solche Angebote nicht möglich wäre. Dies ist inzwischen allerdings nur noch von theoretischem Wert, weil wegen der Fristenregelung des § 39a IV 1 WpÜG der übernahmerechtliche Squeeze-Out innerhalb von drei Monaten nach Angebotsende zulässig ist. Das dürfte inzwischen bei allen vor dem 14. Juli 2006 veröffentlichten Angeboten der Fall sein. Vgl. zur Anwendbarkeit der § 39a f. WpÜG auf Angebote vor dem Stichtag *LG Berlin*, NZG 2007, 800.

74 BT-Drs. 16/1003, S. 21; in diese Richtung auch *Holzborn/Müller* in: HeidelbKommAktG, §§ 39a-39c WpÜG / Anh. § 327a AktG, Rn. 1.

75 *Seibt/Heiser*, AG 2006, 301, 318; anders noch *dies.*, ZGR 2005, 200, 241 f. „ein Bedürfnis zur Ausdehnung auf Aufstockungsangebote besteht nicht."; für die Einbeziehung von Aufstockungsangeboten auch *Zschocke* in: Baums/Cahn, S. 162; *Hopt/Mülbert/Kumpan*, AG 2005, 109, 116.

76 *DAV*, Gutachten, S. 22f.; *ZKA*, Gutachten, S. 4; *BDI*, Gutachten, S. 5; *Hengeler*, Gutachten, S. 4; ebenso die *FDP-Fraktion*, BT-Drs. 16/1541, S. 16.

Dazu ist festzuhalten, dass die Übernahmerichtlinie eine Einbeziehung von Aufstockungsangeboten zunächst nicht vorsieht[77], weil diese den Anwendungsbereich gemäß Art. 2 I a) ÜbRL nur auf Angebote erstreckt, die „sich an den Erwerb der Kontrolle der Zielgesellschaft im Sinne des einzelstaatlichen Rechts anschließ[en] oder diesen Erwerb zum Ziel ha[ben]." Der Grund der Anknüpfung an einen Kontrollerwerb bei der Zielgesellschaft ist ausweislich des Berichts der Winter-Kommission darin zu sehen, dass der Squeeze-Out als Annexverfahren den Bieter für den Aufwand entschädigen soll, den er durch die Einleitung des Angebotsverfahrens hinnehmen musste[78]. Damit ist aber noch nichts über eine mögliche Erweiterung des Anwendungsbereiches auf nationaler Ebene gesagt. Die Übernahmerichtlinie will als Rahmengesetzgebung nur Mindeststandards für die Umsetzung der Richtlinienvorgaben aufstellen; eine Ausdehnung auf Aufstockungsangebote stünde nicht im Widerspruch zu den Richtlinienvorgaben, weil die Möglichkeit eines Ausschlusses von Minderheitsaktionären nach einem Übernahme- oder Pflichtangebot weiterhin bestehen bliebe. Es bestünde aus europarechtlicher Sicht also durchaus die Möglichkeit, auch in Folge eines Angebots aus einer Kontrollposition heraus einen Squeeze-Out durchzuführen.

Gleichzeitig werden aber auch gewisse Inkongruenzen zwischen einem Aufstockungsangebot und den §§ 39a, 39b WpÜG deutlich. Das WpÜG stellt nämlich hinsichtlich der im Angebotsverfahren zu zahlenden Gegenleistung an Übernahme- und Pflichtangebote deutlich höhere Anforderungen als bei einfachen Erwerbsangeboten wie dem Aufstockungsangebot. Während der Bieter bei letzteren in der Preisgestaltung frei ist, hat er bei Übernahmeangeboten eine *angemessene* Abfindung zu zahlen, die sich nach den Vorschriften der § 31 WpÜG, §§ 3 ff. WpÜG-AngVO errechnet. Gleiches gilt für Pflichtangebote, für die über die Verweisungsnorm des § 39 WpÜG die selben Vorschriften gelten. Bei einem Aufstockungsangebot muss also nicht zwingend eine angemessene Abfindung im Sinne des WpÜG gezahlt werden. Problematisch ist insofern, dass im Rahmen des Squeeze-Out ausweislich § 39a I 1 WpÜG eine angemessene Abfindung zu zahlen ist. Zwar sind der Angemessenheitsbegriff des WpÜG und die Angemessenheit der Abfindung für den Verlust des Aktieneigentums nicht notwendigerweise deckungsgleich[79]; spätestens im Rahmen der Angemessenheitsvermutung des § 39a III 3 WpÜG, nach dem die im Angebotsverfahren gezahlte Gegenleistung bei einer bestimmten Annahmequote als angemessene Abfindung gilt, erlangen die Preisvorschriften des Angebotsverfahrens aber unmittelbare Bedeutung für das Ausschlussverfahren und bei Übernahme- oder Pflichtangeboten wegen der §§ 3 ff. WpÜG-AngVO gesetzlich legitimiert. Es wäre aber schon europarechtlich unzulässig, eine Abfindung für den Ausschluss zu zahlen, die geringer ist als der Preis, der bei einem Übernahme- oder Pflichtangebot von den Mitgliedstaaten nach ihrem nationalen Recht als angemessen betrachtet wird. Denn die Übernahmerichtlinie geht

[77] A.A. daher zu Unrecht *Austmann/Mennicke*, NZG 2004, 846, 846 f.

[78] *Winter-Report*, S. 71, p. 61.

[79] Vgl. S. 92 f.

davon aus, dass der „angemessene Preis" einheitlich definiert ist[80] und die Mitgliedstaaten entsprechende Vorkehrungen zu treffen haben, dass entsprechende Regeln zur Preisermittlung gelten[81]. Dieser einheitliche Preis bildet die Untergrenze für die Gegenleistung von Übernahme- und Pflichtangeboten[82] wie auch für die Abfindung nach einem Squeeze-Out (Art. 15 V ÜbRL). Will man also Aufstockungsangebote in den Anwendungsbereich der §§ 39a, 39b WpÜG einbeziehen, muss schon aus europarechtlicher Sicht eine angemessene Gegenleistung im Sinne der nationalstaatlichen Vorschriften gewährleistet sein. Dies wäre aber insofern unproblematisch, als ein Bieter, der aus einer Kontrollposition heraus ein öffentliches Angebot abgeben will, sich freiwillig den Preisregeln der §§ 3 ff. WpÜG-AngVO unterwerfen könnte, um sich die Möglichkeit eines Squeeze-Out nach dem WpÜG offen zu halten[83].

Ein solches Aufstockungsangebot muss darüber hinaus als Vollangebot ausgestaltet werden, sich also an alle Aktionäre der Zielgesellschaft richten[84]. Dies folgt zwar zunächst nicht aus gesetzlichen Vorgaben: Ein Aufstockungsangebot ist ein einfaches Erwerbsangebot, so dass der Grundsatz des § 32 WpÜG nicht gilt, sondern vielmehr § 19 WpÜG eine Proratierung der Annahmeerklärungen für den Fall vorsieht, dass das Angebot überzeichnet ist. Eine Vollangebotspflicht soll grundsätzlich nur im Fall eines Kontrollwechsels allen Aktionären zukommen, damit diese die Gelegenheit haben, die

---

80 Erwägungsgrund 9, S. 2 der ÜbRL: „Diesen Schutz sollten die Mitgliedstaaten dadurch gewährleisten, dass die Person, die die Kontrolle über die Gesellschaft erlangt hat, verpflichtet wird, allen Wertpapierinhabern dieser Gesellschaft zu einem angemessenen Preis, der einheitlich definiert ist, ein Angebot zur Übernahme aller ihrer Wertpapiere zu machen".

81 Vgl. Art. 5 IV, V ÜbRL.

82 Für Pflichtangebote: Art. 5 I 2 ÜbRL; *Mülbert*, NZG 2004, 633, 640 kritisiert mit durchaus beachtlichen Argumenten die Vorschriften zur Preisbildung bei Übernahmeangeboten i.S.d. §§ 29 ff. WpÜG als europarechtswidrigen Verstoß gegen die Übernahmerichtlinie; im Ergebnis greifen diese aber zumindest insoweit nicht durch, als er jegliche Form von Mindestpreisregeln für unvereinbar mit der Richtlinie hält, weil der europäische Gesetzgeber eine (einheitlich definierte!) angemessene Abfindung bei einem Squeeze-Out sowohl im Anschluss an Übernahme- als auch an Pflichtangebote für notwendig hält. Soll eine solche Abfindung aber tatsächlich nach einheitlichen Regeln bestimmt werden, und gelten ausweislich Art. 15 V ÜbRL sowohl für Übernahme- als auch für Pflichtangebote die gleichen Preisregeln zur Bildung eines angemessenen Preises, muss auch die Gegenleistung im Rahmen von Übernahmeangeboten gewissen Regeln unterliegen.

83 In der Praxis wird dabei eine Abwägung zu erfolgen haben, ob sich ein Angebot zu verschärften Preisvorschriften lohnt, während gleichzeitig die Gefahr besteht, dass die erforderliche Ausschlussmehrheit von 95% zumindest des stimmberechtigten Grundkapitals nicht innerhalb der Ausschlussfrist des § 39a IV 1 WpÜG erreicht wird; der Bieter trägt also das Risiko, einen für den Ausschluss nicht ausreichenden Anteil an Aktien überteuert gekauft zu haben; daneben steht jedenfalls der aktienrechtliche Squeeze-Out nach den §§ 327a ff. AktG zur Verfügung. In Anbetracht der Tatsache, dass Angebote mit höheren Gegenleistungen in der Regel zu höheren Annahmequoten führen, kann ein Rückgriff auf die Preisregeln der §§ 3 ff. WpÜG-AngVO aber auch ratsam sein, um mit größerer Wahrscheinlichkeit die erforderliche Ausschlussmehrheit erreichen zu können. Dies gilt insbesondere, weil bei einem Rückgriff auf die §§ 327a ff. AktG mit erheblichen Verzögerungen und Risiken gerechnet werden muss (s. dazu unten, S. 154 ff.); ohne abschließende Entscheidung: *Santelmann* in: Steinmeyer/Häger, § 39a WpÜG, Rn. 15.

84 So –allerdings ohne Begründung– *DAV*, Gutachten, S. 22 und *Santelmann* in: Steinmeyer/Häger, § 39a WpÜG, Rn. 15.

Gesellschaft zu verlassen[85]. Ein derartiger Kontrollwechsel liegt bei einem Aufstockungsangebot aber nicht vor, die Minderheitsaktionäre sind also insoweit nicht schutzbedürftig. Der Bieter könnte danach sein Angebot auf eine Höhe beschränken, die ihn bei vollständiger Annahme 95% zumindest des stimmberechtigten Grundkapitals halten ließe. Ein Angebot an alle Aktionäre ist aber wegen der Vermutungsregelung des § 39a III 3 WpÜG zwingend erforderlich: *Rühland* hat im Rahmen einer umfassenden Berechnung zum damaligen § 327b I 3 AktG-E, die sich ebenso auf § 39a III 3 WpÜG übertragen lässt, zutreffend dargestellt[86], dass sich die prozentuale Annahmequote der außenstehenden Aktionäre linear verringert, je geringer die Differenz zwischen der Beteiligungshöhe des Bieters und der Ausschlussschwelle von 95% zumindest des stimmberechtigten Grundkapitals ist (s. dazu die Berechnungsbeispiele in Fußnote 87).

Dies hat zur Folge, dass die gesetzliche Vermutung, die im Angebotsverfahren offerierte Gegenleistung sei bei einer bestimmten Annahmequote angemessen, verzerrt wird: Ab einer bestimmten Beteiligungshöhe des Bieters reicht schon eine Minderheit des betroffenen Kapitals aus, um die Angemessenheitsvermutung auszulösen. In diesem Fall liegt schon die Vermutungsbasis, nämlich die Annahme des Angebots durch die überwiegende Mehrheit des Kapitals, nicht vor. Um eine solche Verzerrung der mit der Annahmequote bezweckten Aussagekraft zu vermeiden, ist es erforderlich, von einem Teilangebot abzusehen.

Daneben wäre auch aus praxisnahen Erwägungen ein Teilangebot nicht empfehlenswert. Zum einen ist es unwahrscheinlich, dass ein Angebot zum Erwerb von Aktien bis zur Ausschlussschwelle des § 39a I WpÜG von ausreichend vielen Aktionären

---

[85] *Steinmeyer* in: Steinmeyer/Häger, § 32 WpÜG, Rn. 1; *Hasselbach* in: KölnKommWpÜG, § 32 WpÜG, Rn. 1; ob man die Vollangebotsplicht schon aus Art. 5 I 1, II ÜbRL herauslesen kann (so *Steinmeyer*, ibid.), erscheint allerdings fraglich.

[86] *Rühland*, Diss, S. 231 ff.; *ders.*, NZG 2001, 448, 452.

[87] Hält ein Bieter bei Abgabe seines Angebots 20% des stimmberechtigten Grundkapitals (stGK), fehlen ihm bis zur Ausschlussberechtigung nach § 39a I WpÜG weitere 75% stGK. Um bei einer (nur) 90%igen Annahmequote diese 75% des stGK zu erreichen, muss er ein Angebot in Höhe von 83,3% des stGK abgeben (90% von 83,3% = 75%). Die Annahmequote aller außenstehenden Aktionäre (100% stGK - 20% stGK = 80% stGK) beträgt bei einem erforderlichen Angebot in Höhe von mindestens 83,3% insgesamt 93,8%. Somit müssen 93,8% des „bieterfremden Kapitals" dem Angebot zustimmen, um den Bieter auf die erforderliche Ausschlussschwelle zu heben. Diese Zahl zeigt, dass die überwiegende Mehrheit der Aktionäre mit den Angebotskonditionen zufrieden war, so dass eine Berechtigung besteht, die Vermutungsregelung greifen zu lassen. Diese Zahl gilt aber nur, wenn der Bieter einer 20%igen Beteiligung ein solches Angebot abgibt. Etwas anderes gilt z.B., wenn der Bieter bei Abgabe eines Aufstockungsangebots mit 91% stGK beteiligt war: Um mit einer 90%igen Annahme des Angebots die Ausschlussmehrheit zu erreichen und gleichzeitig die Angemessenheitsvermutung auszulösen, muss er ein Angebot über 4,4% stGK abgeben. Die erforderliche Annahmequote aller außenstehenden Aktionäre beträgt in diesem Fall aber nur noch 44,4%, repräsentiert also nicht mehr die Mehrheit des von den Aktionären vertretenen stGK, so dass es an einer Aussagekraft über die Angemessenheit der Gegenleistung fehlt. Bei einer vorherigen Beteiligung des Bieters von 94% stGK beträgt die Annahmequote im Ergebnis nur noch 16,7% (die Zahlen sind auf eine Dezimalstelle gerundet; die gleichen Berechnungen gelten im Fall des § 39a I 2 WpÜG für Vorzugsaktien).

angenommen wird. Diese werden vielmehr in der Gesellschaft verbleiben und auf eine höhere Abfindung beim Squeeze-Out hoffen. Zum anderen wird der Bieter versuchen, bereits über das relativ einfach strukturierte und risikoarme Angebotsverfahren so viele Aktionäre wie möglich aus der Gesellschaft auszukaufen, um das Konfliktpotential in einem späteren Ausschlussverfahren so gering wie möglich zu halten; er muss nämlich damit rechnen, dass mit der Zahl der in der Gesellschaft verbleibenden Aktionäre auch die Zahl derer wächst, die im Ausschlussverfahren opponieren oder dieses zumindest verzögern. Ein Angebot an alle verbleibenden Aktionäre ist damit –wenn auch rechtlich nicht erforderlich– zur Vermeidung einer Verzerrung der Angemessenheitsvermutung erforderlich und für die Praxis in hohem Maße sinnvoll.

Sind die vorgenannten Schwierigkeiten durch die Pflicht zur Abgabe eines Angebots an alle außenstehenden Aktionäre und eine Ausdehnung des Anwendungsbereichs der §§ 3 ff. WpÜG-AngVO gelöst, ist auf ein letztes Problem einzugehen: Gibt der Bieter zum Ziel eines Squeeze-Out ein Angebot von einem sehr hohen Beteiligungswert aus ab (z.B. 95% des stimmberechtigten Grundkapitals), ist die Angemessenheitsvermutung des § 39a III 3 WpÜG in bestimmten Fällen nicht aussagekräftig. Zum einen ist dies der Fall bei börsennotierten Gesellschaften mit relativ geringem stimmberechtigtem Grundkapital, da der Aktienkurs, auf den die §§ 3 ff. WpÜG-AngVO wesentlich abstellen, wegen Illiquidität der Aktien nicht mehr aussagekräftig sein kann. Zum anderen kann die Annahmequote bei geringem Streubesitz dadurch leicht übersprungen werden, dass aufgrund bestimmter Nebenabreden oder anderweitiger Interessen ein Aktionär mit einer maßgeblichen Beteiligung das Angebot annimmt, obwohl er es möglicherweise für nicht angemessen hält[88]. Aufgrund der zwingenden Vorgaben von Art. 15 ÜbRL kann auch in diesen Fällen nicht auf die Angemessenheitsvermutung verzichten werden. Dem kann aber unproblematisch dadurch begegnet werden, dass –im Vorgriff auf spätere Ausführungen– die Angemessenheitsvermutung des § 39a III 3 WpÜG als widerlegliche Vermutung ausgestaltet wird[89]. In den genannten Sonderfällen kann die Abfindung auf Antrag der Aktionäre nachgebessert werden, wenn diese nachweisen, dass der Börsenkurs nicht aussagekräftig war oder die tatsächliche Unangemessenheit der Abfindung darlegen.

Die mit Aufstockungsangeboten einhergehenden Probleme können überwunden werden. Wird somit ein Gleichlauf zwischen freiwilligem Übernahmeangebot und Aufstockungsangebot erzielt, bestehen auch keine systematischen Bedenken mehr: Der Grundgedanke, den übernahmerechtlichen Squeeze-Out als Entschädigung des Bieters für die Kosten und den Aufwand eines öffentlichen Angebots an alle Aktionäre zu festen Preisregeln zu interpretieren, trifft dann ebenso auf Aufstockungsangebote zu. Eine Erstreckung des Anwendungsbereichs der § 39a f. WpÜG auf Aufstockungs-

---

88 Zu dieser Problematik ausführlich unten S. 101 ff.; diese Gefahr besteht bei einer Beteiligung des Bieters von weniger als 30% und gilt damit auch für den Regelfall des § 39a I WpÜG. Bei börsennotierten Gesellschaften wird es aber nur in Ausnahmefällen so sein, dass ein Aktionär eine derart entscheidende Beteiligung hält.

89 Auch an diesem Beispiel zeigt sich die Richtigkeit und Praxistauglichkeit einer derartigen Interpretation. Siehe dazu S. 114 ff.

angebote ist auch sinnvoll, denn es gibt keinen Grund, warum ein Bieter, der mit einer Beteiligung von bspw. 50% des stimmberechtigten Grundkapitals nach einem Angebot an alle Aktionäre und unter Beachtung der Preisregel der WpÜG-AngVO nicht berechtigt sein sollte, den übernahmerechtlichen Squeeze-Out durchzuführen. Es wird nicht verkannt, dass der Gesetzgeber sich dennoch explizit gegen deren Einbeziehung in die §§ 39a, 39b WpÜG ausgesprochen hat, und ein Ausschlussverfahren nach einem öffentlichen Aufstockungsangebot in der Praxis wohl nicht ohne vorheriges gesetzgeberisches Handeln durchgeführt werden wird. Mit den vorstehenden Ausführungen soll aber aufgezeigt werden, dass eine Einbeziehung sinnvoll und die entstehenden Anschlussprobleme handhabbar sind. Trotzdem wird in den folgenden Überlegungen von einer ausschließlichen Anwendbarkeit auf Übernahme- oder Pflichtangebote i.S.d. WpÜG ausgegangen.

2. Zwingendes öffentliches Angebot

§ 39a I 1 WpÜG knüpft die Anwendbarkeit des übernahmerechtlichen Squeeze-Out zwingend an die vorherige Durchführung eines Übernahme- oder Pflichtangebots[90]. Es stellt sich damit die Frage, ob im –praktisch seltenen– Fall, in dem ein Aktionär beispielsweise durch Pakterwerb direkt von einer Beteiligung von unter 30% am stimmberechtigten Grundkapital die Ausschlussschwelle erreicht, ein Verzicht auf die Durchführung eines solchen öffentlichen Angebots zulässig ist und ein Ausschluss der Minderheitsaktionäre direkt durchgeführt werden kann. Während die besseren Argumente beim aktienrechtlichen Squeeze-Out nach den §§ 327a ff. AktG dafür sprechen[91], ist ein solcher Verzicht nach der Konzeption der §§ 39a, 39b WpÜG nicht möglich. Die Durchführung eines vorausgehenden Angebots an alle Aktionäre ist zu eng mit dem Ausschlussverfahren verknüpft, als dass auf ein solches verzichtet werden könnte. Dies zeigt sich exemplarisch an der Angemessenheitsvermutung des § 39a III 3 WpÜG, der ohne Angebotsverfahren sowohl der Bezugspunkt für die Berechnung der Annahmequote als auch die daraus folgende Höhe der Abfindung fehlen würde. Einem solchen Ausschlussverfahren würde darüber hinaus der Charakter eines kapitalmarktrechtlichen Annexverfahrens fehlen. Schließlich gäbe es keinen Anknüpfungspunkt für die Art der Gegenleistung nach § 39a III 1 WpÜG oder die Fristberechnung nach § 39a IV 1 WpÜG. Ein Verzicht auf ein Übernahme- oder Pflichtangebot ist damit auch in Ausnahmefällen nicht möglich, der Bieter ist für den Ausschluss der Minderheitsaktionäre allein auf die §§ 327a ff. WpÜG angewiesen.

---

90 Ausgenommen sind damit die in § 68 III WpÜG geregelten Altfälle von Kontrollbeteiligungen ebenso wie die Fälle der Nichtberücksichtigung von Stimmrechten nach § 36 WpÜG und der Befreiung von der Angebotspflicht nach § 37 WpÜG, § 9 WpÜG-AngVO, vgl. *Paefgen*, WM 2007, 765 und Fn. 10 und 11 dort.

91 *Hecker* in: Baums/Thoma, § 37 WpÜG, Rn. 41; *Schüppen/Tretter* in: FrankfKommWpÜG, vor § 327a AktG, Rn. 31; *Hasselbach* in: KölnKommWpÜG, § 327a AktG, Rn. 62; *Bredow/Liebscher*, DB 2003, 1368; *Wiesbrock*, DB 2003, 2584, 2585; *Singhof* in: Spindler/Stilz, § 327a AktG, Rn. 11; *Bernau*, WM 2004, 809, 815; *Austmann* in: MünchHdbGesR, § 74, Rn. 114 ff.

III. Erforderliche Beteiligungshöhe

§ 39a I 1, 2 WpÜG bestimmen, dass der Bieter die verbleibenden stimmberechtigten Aktionäre ausschließen kann, wenn ihm nach einem Übernahme- oder Pflichtangebot mindestens 95% des stimmberechtigten Grundkapitals gehören. Gehören ihm mindestens 95% des gesamten Grundkapitals, ist er berechtigt, auch die verbleibenden Vorzugsaktionäre aus der Gesellschaft zu drängen. Diese nur auf den ersten Blick einfachen Voraussetzungen werfen Detailfragen auf, die es im Folgenden zu erörtern gilt.

1. Ausgestaltung der Ausschlussvoraussetzungen

Ein vergleichender Blick auf die Voraussetzungen des aktienrechtlichen Squeeze-Out nach §§ 327a ff. AktG offenbart, dass die Ausschlussschwelle dort zwar ebenfalls an das Erreichen einer Kapitalmehrheit von 95% gekoppelt ist, eine Unterscheidung zwischen stimmberechtigten und Vorzugsaktionären aber nicht getroffen wird. Warum hat der Gesetzgeber die Voraussetzungen der beiden Institute nicht angeglichen? Schon dieser offensichtliche Unterschied wirft zum einen die Frage auf, welche zwingenden Vorgaben seitens der Richtlinie bestanden haben und zum anderen, ob und wie der Gesetzgeber mögliche Umsetzungsspielräume genutzt hat.

Die Ausschlussvoraussetzungen bestimmen die Absätze 2 und 3 des Art. 15 der Richtlinie wie folgt:

„(2) *Die Mitgliedstaaten stellen sicher, dass ein Bieter von allen verbleibenden Wertpapierinhabern verlangen kann, dass sie ihm ihre Wertpapiere zu einem angemessenen Preis verkaufen. Die Mitgliedstaaten führen dieses Recht ein, wenn einer der folgenden Fälle vorliegt:*
a) Der Bieter hält entweder Wertpapiere, die mindestens 90 % des stimmberechtigten Kapitals der Zielgesellschaft und 90 % der Stimmrechte der Zielgesellschaft entsprechen, oder
b) er hat durch Annahme des Angebots Wertpapiere erworben oder sich fest vertraglich verpflichtet, solche Wertpapiere zu erwerben, die mindestens 90 % des stimmberechtigten Kapitals der Zielgesellschaft und 90 % der vom Angebot betroffenen Stimmrechte entsprechen.
Die Mitgliedstaaten können im Fall des Buchstabens a) einen höheren Schwellenwert festlegen, der jedoch 95 % des stimmberechtigten Kapitals und 95 % der Stimmrechte nicht überschreiten darf.

(3) Die Mitgliedstaaten stellen sicher, dass Vorschriften in Kraft sind, nach denen sich berechnen lässt, wann der Schwellenwert erreicht ist.
Hat die Zielgesellschaft mehrere Wertpapiergattungen begeben, können die Mitgliedstaaten vorsehen, dass das Ausschlussrecht nur in der Gattung ausgeübt werden kann, in der der in Absatz 2 festgelegte Schwellenwert erreicht ist. “

a) Englisches gegen kontinentaleuropäisches Konzept

Der Richtlinientext lässt den Mitgliedstaaten also die Möglichkeit, zwischen zwei verschiedenen Ausschlussvoraussetzungen zu wählen. Während Art. 15 II 2 lit. a) ÜbRL den Squeeze-Out an das Halten von 90% des stimmberechtigten Kapitals und 90% der Stimmrechte knüpft, muss der Bieter nach Wahlmöglichkeit b) durch Annahme seines Angebots mindestens 90% des stimmberechtigten Kapitals und 90% der betroffenen Stimmrechte erworben haben oder sich dazu fest vertraglich verpflichtet haben. Diese zunächst marginal wirkenden Unterschiede haben erhebliche Konsequenzen[92] und sind Ergebnis eines teilweise heftig geführten Streites zwischen den Vertretern Englands, deren bereits existierendes Ausschlussrecht in Sec. 429 (1) a.F. Companies Act[93] der Variante b) entsprach, und den Vertretern Kontinentaleuropas, die ursprünglich nur Konstellation a) in den Richtlinientext aufnehmen wollten. *Hopt*, der als deutscher Vertreter der Winter-Kommission angehörte, berichtet, dass sich die Gruppe mehrheitlich für die Einführung des kontinentaleuropäischen Konzeptes ausgesprochen hatte, der englische Vertreter aber durchsetzte, dass den Mitgliedstaaten ein Wahlrecht zwischen beiden Alternativen belassen werden sollte[94].

Zum Teil wurde die Frage aufgeworfen, ob Art. 15 II 2 lit. a) und b) ÜbRL alternativ oder kumulativ in deutsches Recht umgesetzt werden sollten[95]. Doch ist die Einführung der Wahlmöglichkeit Hauptargument gegen Überlegungen, beide Varianten aufzunehmen. Neben den vorgenannten Erwägungen, dass lit. b) nur deshalb in die Richtlinie aufgenommen wurde, weil die englische Seite nicht von ihrem etablierten System abrücken wollte und die Regelung somit nur zugunsten eines Mitgliedsstaates implementiert wurde, spricht auch der Vergleich der verschiedenen Richtlinienfassungen gegen eine kumulative Umsetzung: Denn während der Kommissionsvorschlag 2002 noch die Formulierung *„in folgenden zwei Fällen“* enthielt[96], wurde der endgültige Richtlinientext zur Klärung in *„wenn einer der folgenden Fälle vorliegt“* geändert[97]. Diese Interpretation wird letztlich auch dadurch bestätigt, dass keiner der Mitgliedstaaten beide Regelungen in nationales Recht umgesetzt hat.

---

92 Die teilweise heftige Kritik am englischen Konzept beruht auf dem für Kontinentaleuropäer wohl schwer verständlichen, für britische Juristen aber selbstverständlichen Zusammenhang zwischen dem Erreichen des Schwellenwertes, der damit ausgelösten Angemessenheitsvermutung und der nachfolgenden gerichtlichen Überprüfbarkeit, bei der die Beweislast der Unangemessenheit ausschließlich bei dem betroffenen Minderheitsaktionär liegt, vgl. dazu noch unten, S. 114 ff.

93 Sec. 429 (1) CA 1985, jetzt Sec. 979 (1)-(4), 980 CA, ausführlich zum englischen Recht S. 122 ff.

94 *Hopt/Mülbert/Kumpan*, AG 2005, 109, 115.

95 *Krause*, BB 2002, 2341, 2345; *Hopt/Mülbert/Kumpan*, AG 2005, 109, 115; *Seibt/Heiser*, ZGR 2005, 200, 240 sprechen davon, dass die sprachliche Fassung missglückt sei und nehmen konsequenterweise ein Wahlrecht der Mitgliedstaaten an.

96 Kommissionsvorschlag zu Art. 14 I, *Europäische Kommission*, KOM (2002), 534.

97 Im Zuge dieser Änderung wurde auch die frühere englische Fassung „in either of the following cases“ geändert (heute: „in one of the following situations“); demgegenüber blieb der von Anfang an eindeutige französische Text gleich („dans un des deux cas suivants“); wie hier *Seibt/Heiser*, ZGR 2005, 200, 240 f.; *Seibt/Heiser*, ZIP 2002, 2193, 2201; *Krause*, BB 2002, 2341, 2345.

Da dem Gesetzgeber somit die Wahl zwischen den beiden Alternativen überlassen war, stellt sich die Frage, welches die Vorzüge des kontinentaleuropäischen Modells gegenüber dem englischen sind. Das englische Konzept sieht vor, dass der Bieter die Ausschlussschwelle „durch Annahme des Angebots" erreicht hat. Im Gegensatz dazu kann der Bieter den Ausschluss nach lit. a) aber auch dann durchführen, wenn er mindestens 90% des Grundkapitals *hält*. Es besteht also kein direkter Bezug zum vorausgehenden Angebot in der Weise, dass durch Annahme des Angebots ein bestimmter Schwellenwert erreicht werden muss. Ein Bieter hat es somit bei einer englischen *company* ungleich schwerer, weil er den Schwellenwert „im ersten Anlauf" schaffen muss[98], und damit Vor- oder Nebenerwerbe nicht in die 90%-Quote einfließen. Daraus folgern *Hopt/Mülbert/Kumpan*[99], dass eine ähnliche Umsetzung im deutschen Recht verfehlt wäre, denn der Bieter müsse 90% des stimmberechtigten Kapitals der Zielgesellschaft ausschließlich im Wege des vorausgehenden Angebots erworben haben. Damit sei einem Bieter mit einer Beteiligung von fast 30% ein Squeeze-Out nicht mehr möglich, da er nicht mehr 90%, sondern maximal die noch ausstehenden 70% des stimmberechtigten Grundkapitals erwerben könnte. Gleiches gelte bei einem Pflichtangebot. Somit wäre der Squeeze-Out bei einem Pflichtangebot nie, und bei einem Übernahmeangebot nur in Fällen möglich, in denen der Bieter unter 10% des stimmberechtigten Kapitals hält[100].

Dass diese Folge so nicht gewollt sein kann, ergibt sich schon aus dem Sinn der europäischen Squeeze-Out-Regelung. Diese soll als Annex[101] zu einem erfolgreichen Übernahme- oder Pflichtangebot dem Bieter die Möglichkeit geben, auch bei nicht vollständiger Annahme seines Angebots Alleinaktionär der Gesellschaft zu werden[102]. Es wäre absurd, Regelungen einzuführen, die einen Squeeze-Out bei Pflichtangeboten immer, bei Übernahmeangeboten in den meisten Fällen unmöglich machten und dadurch den Anwendungsbereich der §§ 39a ff. WpÜG derartig einzuschränken. Außerdem würde bei einer entsprechenden Interpretation die Regelung des Art. 15 V Unterabs. 2 ÜbRL unnötig, weil bei Erreichen der Ausschlussschwelle die Annahmequote immer erreicht wäre. Zwar schließt der (englische) Richtlinientext die von den Autoren vorgenommene Auslegung nicht per se aus. Die Einführung dieser Regelung beruht aber wie bereits angeführt auf den Squeeze-Out-Vorschriften des englischen Companies Act 1985. Dieser sah –ebenso wie die auf der Übernahmerichtlinie fußende heutige Fassung, Sec. 979 (1)–(4), 980 CA– vor, dass bei Berechnung des ausstehenden Kapitalanteils die Anteile des Bieters und diejenigen, die ihm zugerechnet werden, gerade nicht miteinbezogen werden. Die Annahmequote bezieht sich daher auf das „bieterfremde" Kapital der Zielgesellschaft und nicht auf das Gesamtkapital. Insofern

98 So auch *Hasselbach*, ZGR 2005, 387, 392, der ausführt, eine Erhöhung des erreichten Schwellenwertes existiere bei dieser Alternative nicht.

99 *Hopt/Mülbert/Kumpan*, AG 2005, 109, 115.

100 *Hopt/Mülbert/Kumpan*, AG 2005, 109, 115.

101 *Johannsen-Roth/Illert*, ZIP 2006, 2157 bezeichnen diesen Vorgang plastisch als „Krönung eines erfolgreichen Übernahmeverfahrens".

102 *Winter-Report*, S. 70 ff., p. 60 ff.

kann die Übersetzung der englischen Fassung als unglücklich betrachtet werden[103]. Trotz dieser Einschränkung lässt sich aber festhalten, dass die relevante Ausschlussschwelle nach englischem Recht deutlich schwieriger zu erreichen ist als nach der deutschen Fassung.

Als weiterer Grund für die Entscheidung für Variante a) ist zu nennen, dass bei der Umsetzung eine Anpassung an die Regelungen des aktienrechtlichen Squeeze-Out erreicht wurde, der ebenfalls auf das Halten eines Kapitalanteils abstellt und nicht auf das Erreichen der Quote allein durch ein vorausgehendes Angebot.

b) Erforderlicher Anteil am stimmberechtigten Grundkapital

Wichtigstes Argument für die gesetzgeberische Wahl des Art. 15 II 2 lit. a) ÜbRL ist aber die Möglichkeit, die notwendige Höhe des gehaltenen Grundkapitals von 90% auf 95% zu erhöhen, um auch auf diese Weise den übernahmerechtlichen Squeeze-Out den §§ 327a ff. AktG angleichen zu können. Eine solche Verschärfung der Ausschlussvoraussetzungen wäre ausweislich Art. 15 II Unterabs. 2 ÜbRL im Rahmen von lit. b) nicht möglich gewesen[104]. Dass der Gesetzgeber im Regierungsentwurf die notwendige Kapitalmehrheit auf 95% angehoben hat, wurde von verschiedenen Stimmen kritisiert. So wurde vertreten, dass bei einem Streubesitz von unter 10% eine vergleichsweise schwache Liquidität mit der Gefahr starker Kursschwankungen und nicht adäquater Preisbildung bestünde[105]. Zunächst einmal stellt sich die Frage, warum dies nachteilig sein sollte. Der beschriebene Effekt ist vielmehr ein dem Markt immanenter Mechanismus. Es wäre kaum gerechtfertigt, eine höhere Zahl von Aktionären auszuschließen, nur um einen ungewünschten Börseneffekt zu vermeiden. Zweitens kann bei einem Kapitalanteil von 10% nicht zwingend von schwacher Liquidität gesprochen werden: Ein zehnprozentiger Anteil an der Gesamtmenge der ausgegebenen Aktien der Deutschen Bank AG beträgt immerhin mehr als 52 Mio. Aktien im Wert von ca. 5,3 Milliarden Euro[106]. Weiterhin wurde darauf hingewiesen, dass die Bundesregierung der Richtlinie inklusive der 90%-Mindestschwelle zugestimmt habe, daher könne eine

---

[103] Die Wendung „comprised in the bid" (Art. 15 II 2 lit. b) a.E.) bezieht sich daher richtigerweise nicht nur auf „90% of the voting rights", sondern auch auf „not less than 90% of the offeree company's capital carrying voting rights"; ihre Satzstellung ist den Erfordernissen der englischen Grammatik geschuldet.

[104] Hintergrund dieser Beschränkung auf das kontinentaleuropäische Modell ist, dass eine weitere Erhöhung der Annahmequote den Squeeze-Out in der Praxis beinahe undurchführbar gemacht hätte; außerdem war lit. b) faktisch den Engländern vorbehalten, die aber aufgrund ihres etablierten Systems an einer Erhöhung kein Interesse hatten.

[105] *Allianz*, Gutachten, S. 1.

[106] Stand zum Ende des Geschäftsjahres 2006; gleiches gilt für andere große börsennotierte Aktiengesellschaften, jeweils 10% = BMW Car Group AG: 60 Mio. Stückaktien, Börsenwert: 2,61 Milliarden Euro; selbst bei einem relativ kleinen, nicht im DAX 30 notierten Unternehmen belaufen sich 10% der Stimmrechtsaktien auf 875.000 Aktien (ebenso viele für Vorzugsaktien) und 10% des Ak-tienkapitals auf 4,55 Mio. Euro (jeweils Stand zum Ende des Geschäftsjahres 2006).

Umsetzung nicht schädlich sein, was auch ein Vergleich mit der englischen Regelung ergebe[107].

Dem ist zu erwidern, dass die Bundesregierung die Richtlinienvorgabe des Art. 15 II 2 lit. a) ÜbRL in dem Wissen gewählt hat, die Ausschlussschwelle auf 95% anheben zu können; außerdem ist ein Verweis auf die englische Regelung wegen der aufgezeigten systematischen Unterschiede untauglich. Schließlich wird behauptet, ein Schwellenwert von 90% habe keine Nachteile für die Aktionärsminderheit, denn ihnen stünde ein korrespondierendes Sell-Out-Recht zu, so dass ein fairer Interessenausgleich auf beiden Seiten herrsche[108]. Eine solches, im Lichte eines interessengerechten Aktionärsschutzes fast zynisch zu nennendes Argument würde bedeuten, dass die Anteilseigner die Wahl hätten, unfreiwillig aus der Gesellschaft herausgedrängt zu werden oder aber „freiwillig" ihre Anteile zu verkaufen. Ihre gesellschaftsrechtlich geschützten Mitgliedschaftsrechte würden sie aber in jedem Fall verlieren. Unklar bleibt auch, warum diese Behauptung für oder gegen einen bestimmten Schwellenwert sprechen soll.

Substantiiertere Stellungnahmen führen aus, das Aktienrecht kenne einige Vorschriften, die dem Minderheitsschutz dienten und trotzdem ein Quorum von 10% und nicht 5% des Grundkapitals voraussetzten; daran sei erkennbar, dass das System des gesellschaftsrechtlichen Minderheitenschutzes nicht zwingend schon eine Minderheit von 5% schütze[109]. Außerdem sei das Recht zum Squeeze-Out nach den §§ 39a f. WpÜG als Ausgleich für die Verpflichtung zur Abgabe eines Pflichtangebots zu sehen, und daher gegenüber dem aktienrechtlichen Ausschlusstatbestand zu privilegieren[110].

Selbst wenn man der Prämisse folgen wollte, dass eine solche Privilegierung erforderlich sei, ist festzustellen, dass die Ausgestaltung der §§ 39a ff. WpÜG schon eine Privilegierung gegenüber den §§ 327a ff. AktG enthält. Bereits mit Verzicht auf das Erfordernis eines Hauptversammlungsbeschlusses und wegen der erleichterten Bestimmungen zur Angemessenheit der Abfindung stellt diese eine wesentliche Vereinfachung gegenüber dem aktienrechtlichen Squeeze-Out dar. Der Verzicht auf die strengeren Voraussetzungen des aktienrechtlichen Squeeze-Out ist damit bereits ein Zugeständnis an den Bieter, der als Ausgleich für ein Pflichtangebot in den Genuss des Squeeze-Out kommen soll. Eine weitergehende Privilegierung ist daneben nicht erforderlich. Darüber hinaus ist nicht geklärt, ob eine Schwelle unter 95% den Vorgaben des BVerfG zum Ausschluss von Minderheitsaktionären ausreichend Rechnung trüge. Denn dieses hatte entschieden, dass ein Ausschluss nur zulasten einer kleinen Rest-

---

107 *Allianz*, Gutachten, S. 1 f.

108 *Allianz*, Gutachten, S. 1.

109 Z.B. §§ 147 I 2, 120, 137, 138 AktG; eine Minderheit von 5% des Grundkapitals ist z.B. ausreichend bei Maßnahmen nach den §§ 122 I, II, 258 II 3, 260 I, II, 265 III, 147 III AktG; eine Minderheit von 1% setzt das durch das UMAG veränderte Verfahren zur Geltendmachung von Ersatzansprüchen nach den §§ 142 ff. AktG voraus.

110 *BDI*, Gutachten, S. 11; in diese Richtung auch *Picot*, M&A Rev. 12/2006, S. III.

minderheit zulässig sei, deren Schutz auf die Vermögenskomponente ihrer Beteiligung reduziert werden könnte[111]. Bei jedem zehnten Aktionär wird man wohl gerade in Anbetracht der oben genannten Zahlen regelmäßig nicht von einer kleinen Restminderheit ausgehen können[112]. Insbesondere wird eine größere Minderheitsbeteiligung ein starkes Indiz für strategische Beteiligungen und gegen eine rein vermögensorientierte Anlage sein. Diese Gründe sprechen auch gegen eine Legitimation des Verweises auf die gesellschaftsrechtlichen Minderheitsrechte, die an eine Beteiligung von 10% der Aktionäre geknüpft sind: Denn wenn nur eine kleine Restminderheit ausgeschlossen werden kann, hat sich deren Maximalgröße an dem kleinstmöglichen aktienrechtlichen Wert zu orientieren, der Minderheitsrechte gewährleistet. Der daneben erreichte Gleichlauf von §§ 327a ff., 320b ff. AktG und §§ 39a ff. WpÜG ist auch schon deswegen von Vorteil, weil diese Grenze spätestens nach der jüngsten Rechtsprechung von BVerfG[113] und BGH[114] als verfassungsrechtlich unbedenklich angesehen werden kann. Die Anhebung des Schwellenwertes von einer Beteiligung von 90% am stimmberechtigten Kapital auf eine Beteiligung von 95% war somit richtig[115].

---

111 Z.B. *BVerfG*, NZG 2000, 1117, 1118 (Moto Meter), *BVerfG*, NZG 2007, 587, 588 (Edscha).

112 Rechtsvergleichend sei hingewiesen auf die erforderliche Ausschlussmehrheit in der Schweiz (Art. 33 BEHG, Artt. 54, 55 BEHV), die eine Mindestbeteiligung von 98% der Stimmrechte der Gesellschaft voraussetzt, wobei der Ausschluss nur bei solchen Gesellschaften möglich ist, die zumindest teilweise börsennotiert sind; zu Unternehmensübernahmen in der Schweiz und dem Einfluss der Übernahmerichtlinie *Nobel/Dreckhan*, WM 2006, 1129. Gleiches galt bis zur Umsetzungsverpflichtung des Maximalstandards aus Art. 15 II ÜbRL auch für Italien, dessen bisherige Regelungen zum Squeeze-Out (Art. 111 TUF a.F.) eine Mehrheitsbeteiligungvon 98% des Grundkapitals erforderte; zur neuen Rechtslage in Italien vgl. ausführlich S. 128 f.; für einen vollständigen Rückzug von US-Börsen (*Deregistrierung*) fordert das maßgebliche SEC-Recht sogar, dass die Gesellschaft weniger als 300 Aktionäre weltweit hat oder aber in den letzten drei Geschäftsjahren eine Bilanzsumme unter 10 Mio. USD und gleichzeitig weniger als 500 Aktionäre weltweit hatte, vgl.Rule 12g-4a I, II SEA; vgl. dazu *Böswald/Figlin*, AG 2006, 66, 72f.; - s. zur erforderlichen Mindestbeteiligung auch *Holzborn/Müller* in: HeidelbKommAktG, §§ 39a-c WpÜG / Anh. § 327a AktG, Rn. 3 ff. m.w.N.

113 *BVerfG*, NZG 2007, 587 ff. (Edscha); *Hamann*, S. 26, weist nach, dass sich auch aus der Feldmühle-Entscheidung des *BVerfG*E 14, 263 ff. (dazu unten S. 84) nichts anderes ergibt, in der das Gericht den Ausschluss einer Minderheit von 21% für verfassungsrechtlich unproblematisch angesehen hatte. Unterschiede ergeben sich vor allem, weil in der Feldmühle-Konstellation eine Konzernierungssituation gegeben war, die vor der Durchführung eines (übernahmerechtlichen) Squeeze-Out nicht vorliegen muss.

114 *BGH*, BB 2005, 2651 mit Anmerkungen *Bungert*, ibid., 2652.

115 Wie hier zum erforderlichen Schwellenwert: *DAV*, Gutachten, S. 11; *Merkt*, Gutachten, S. 17; zu den verfassungsrechtlichen Fragen *Seibt/Heiser*, ZGR 2005, 200, 241 ff.; daneben ergibt sich auch kein Spannungsverhältnis aus der Annahmequote des § 39a III 3 WpÜG und der erforderlichen Ausschlussbeteiligung von 95% zumindest des stimmberechtigten Grundkapitals: Zwar hat ein Bieter, der beispielsweise mit einer Beteiligung von 30% des Grundkapitals ein Übernahmeangebot abgibt, welches von 90% der außenstehenden Aktionäre angenommen worden ist und somit die Angemessenheit indizieren soll (§ 39a III 3 WpÜG), bereits 93% des Grundkapitals erreicht (90% der außenstehenden 70% = 63%). Die Folgerung, dass bei einer derartig hohen Annahmequote und nur einem leichten Unterschreiten des erforderlichen Schwellenwertes der Ausschluss möglich sein soll, kann aber nicht gezogen werden. Anknüpfungspunkt für den Squeeze-Out bleibt das Erreichen des vorgeschriebenen Schwellenwertes, weil eine hohe Annahmequote den Bieter

c) Gattungsbezogener Ausschluss
aa) Konzeption und Bewertung des § 39a I 2 WpÜG

Wie oben angesprochen, unterscheidet der übernahmerechtliche Squeeze-Out bei Berechnung der Ausschlussschwelle zwischen stimmberechtigten Aktien und Vorzugsaktien. Dies ist erforderlich geworden, weil die Vorgaben der Übernahmerichtlinie sich auf den Ausschluss stimmberechtigter Wertpapiere beschränken[116], den Mitgliedstaaten aber die Möglichkeit belassen, bei Begebung mehrerer Wertpapiergattungen einen gattungsbezogenen Ausschluss durchzuführen, vgl. Art. 15 III Unterabs. 2 ÜbRL. § 39a I 2 WpÜG sieht allerdings vor, dass ein Ausschluss der Vorzugsaktionäre erst dann möglich ist, wenn dem Bieter 95% des Grundkapitals der Gesellschaft gehören. Dabei ist aufgrund des Wortlauts („...sind ihm auf Antrag *auch* die übrigen Vorzugsaktien [...] zu übertragen") davon auszugehen, dass jedenfalls zunächst der Schwellenwert hinsichtlich der stimmberechtigten Aktien überschritten werden muss, so dass erst im Anschluss daran ein Squeeze-Out auch der Vorzugsaktionäre zulässig ist[117]. Aus diesem Grund beruht die Möglichkeit, in einem zweiten Schritt auch die Vorzugsaktionäre auszuschließen, anders als vom Gesetzgeber behauptet[118] nicht auf Art. 15 III Unterabs. 2 ÜbRL. Dieser eröffnet zwar den Spielraum, auch Vorzugsaktionäre auszuschließen, ordnet diese Möglichkeit aber anders als § 39a I 2 WpÜG nicht dem Ausschluss der Stammaktionäre unter[119]. Eine direkt den Tatbestand des Art. 15 III Unterabs. 2 ÜbRL umsetzende Regelung hätte dem Bieter vielmehr erlaubt, die Vorzugsaktionäre bereits bei Halten einer Kapitalmehrheit von 95% des aus Vorzugsaktien bestehenden Kapitals auszuschließen, unabhängig vom Erreichen einer Ausschlussschwelle für das stimmberechtigte Kapital. Der Bieter hätte somit nach einem Angebot, nach dem er 95% des stimmrechtslosen Grundkapitals hielte, ein Recht auf Übertragung der übrigen Vorzugsaktien, unabhängig davon, ob er auch nur eine Stammaktie erworben hat[120].

Dennoch ist der davon abweichende Wortlaut des § 39a I 2 WpÜG von den Richtlinienvorgaben gedeckt: Die grundsätzliche Ermächtigung zur Differenzierung zwi-

---

nicht zum Ausschluss berechtigen, sondern einzig ein Indiz für die Angemessenheit der Abfindung sein soll.

116 Vgl. Art. 2 I e) ÜbRL; *Hopt/Mülbert/Kumpan*, AG 2005, 109, 116; *Seibt/Heiser*, ZIP 2002, 2193, 2202; *Holzborn/Müller* in: HeidelbKommAktG, §§ 39a-c WpÜG / Anh. § 327a AktG, Rn. 3.

117 Nicht erforderlich war es, dazu eine Änderung des § 2 II WpÜG vorzunehmen, im Rahmen derer in Anpassung an Art. 2 I e) ÜbRL zwischen stimmberechtigten und stimmrechtslosen Wertpapieren unterschieden werden müsste (a.A.: *Fuchs* in: Baums/Cahn, S. 141): § 2 II WpÜG erweitert den von der Übernahmerichtlinie vorgegebenen Anwendungsbereich in zulässiger Weise auch auf Vorzugsaktien, indem von Nr. 1 („Aktien, mit diesen vergleichbare Wertpapiere und Zertifikate, die Aktien vertreten") auch diese Aktiengattung erfasst wird.

118 BT-Drs. 16/1003, S. 26.

119 Bemerkenswert ist, dass auch der Bericht der *Winter-Kommission* eine solche Priorisierung der stimmrechtsvermittelnden Aktien gerade nicht vorsah, sondern lediglich die Möglichkeit vorschlug, im Fall der Begebung mehrerer Aktiengattungen den Ausschluss nach Gattungen getrennt durchzuführen, vgl. dort S. 75 f., p. 65.

120 Zur Frage eines isolierten Ausschlussrechts für Vorzugsaktionäre sogleich, S. 35 ff.

schen beiden Aktiengattungen im Zusammenspiel mit Erwägungsgrund 24 ÜbRL, der den Bieter ermächtigen soll, *alle* verbleibenden Anteilseigner aus der Gesellschaft auszuschließen, gestattet dem Gesetzgeber das in § 39a I 2 WpÜG gewählte System. Die Gesetzesbegründung ist an dieser Stelle jedoch zumindest ungenau. Bei Anwendung des § 39a I 2 WpÜG in der Praxis ist allerdings zu beachten, dass entgegen einer sprachlich möglichen Auslegung nicht zwei Ausschlussverfahren durchgeführt werden müssen: Hat der Bieter eine Kapitalmehrheit von 95% an der Gesellschaft, kann er beide Aktionärsgruppen mit einem Antrag aus der Gesellschaft ausschließen. Darauf deutet erstens der Wortlaut des § 39a I 2 WpÜG hin („Gehören dem Bieter *zugleich* [...]"), zweitens würde eine andere Auslegung der auch im Antragsverfahren nach § 39b WpÜG zu berücksichtigenden Prozessökonomie widersprechen.

Es stellt sich in diesem Rahmen aber die Frage, ob der Bieter bei entsprechender Beteiligung von 95% des Gesamtkapitals vom übernahmerechtlichen Squeeze-Out auch dann Gebrauch machen kann, wenn nach Durchführung des öffentlichen Übernahmeangebots nur noch Vorzugsaktionäre in der Gesellschaft verbleiben. Davon abgesehen, dass dieser Fall zumindest in einem engen zeitlichen Zusammenhang zum Angebot wohl eher selten ist, wird man die Frage verneinen müssen, da einer solchen Auslegung der Wortlaut der Norm entgegen steht: Die Vorzugsaktionäre können nur *zugleich* mit den Stammaktionären ausgeschlossen werden, ein isoliertes Ausschlussrecht ließe sich mit dem derzeitigen Wortlaut des § 39a I 2 WpÜG nicht vereinbaren (vgl. aber zur Einführung eines isolierten Ausschlussrechts für Vorzugsaktionäre sogleich). Es wird allerdings nicht verkannt, dass auch für den Fall des Ausschlusses nur der Vorzugsaktionäre ein Bedürfnis für ein Squeeze-Out-Verfahren ohne Blockade durch Anfechtungsklagen Einzelner besteht[121]; insofern macht es für die Praxis keinen Unterschied, ob diese von Stamm- oder von Vorzugsaktionären erhoben werden, wie Gerichtsentscheidungen aus jüngerer Zeit belegen[122].

Die Einführung eines Ausschlussrechts für Vorzugsaktionäre wurde durchaus kritisch gesehen[123]. Wäre darauf jedoch verzichtet worden, bestünden massive Probleme im Umgang mit den Vorzugsaktionären: Würde man für einen Ausschluss aller verbleibenden Aktionäre bei einer Beteiligung von mindestens 95% des stimmberechtigten Grundkapitals ausreichen lassen, wie Art. 15 II 1 ÜbRL verstanden werden könnte, hieße das am Beispiel der Dr. Ing. h.c. F. Porsche AG Folgendes: Das Grundkapital der Gesellschaft teilt sich –nach § 139 II AktG zulässigerweise– in 8.750.000 Stammaktien und 8.750.000 Vorzugsaktien auf[124]. Ein Bieter, der nach einem Übernahmeangebot mindestens das 8.312.500 Stammaktien entsprechende Kapital hielte,

---

[121] Zu Fragen der Blockadewirkung von Anfechtungsklagen und einem behaupteten Bedürfnis eines Hauptversammlungsbeschlusses vgl. unten S. 160 ff.

[122] Vgl. z.B. das Squeeze-Out-Verfahren nach den §§ 327a ff. AktG um die Jil Sander AG, beendet durch Vergleich, *LG Hamburg*, Az.: 413 O 128/06 (veröffentlicht im elektronischen Bundesanzeiger unter dem 13.4.2007) – in dem Verfahren haben ausschließlich Vorzugsaktionäre Anfechtungsklagen erhoben, die erst im Wege eines Vergleichs zurückgenommen wurden.

[123] *Hopt/Mülbert/Kumpan*, AG 2005, 109, 115 f.

[124] Stand: 14.12.2007.

könnte danach verlangen, dass alle übrigen Aktien auf ihn übertragen werden, also mehr als die Hälfte[125] des bieterfremden Kapitals. Dieses Ergebnis könnte nur vermieden werden, wenn man in Angleichung an die §§ 327a ff. AktG auf eine Mindestbeteiligung am Grundkapital abstellte[126]. Eine solche Möglichkeit ist dem Gesetzgeber aber schon deswegen verwehrt, weil die Richtlinie ausdrücklich eine Ausschlussschwelle von bis zu 95% des stimmberechtigten Kapitals erfordert. Eine Regelung, die sich allein auf das gesamte Grundkapital bezöge, setzt sich in Widerspruch zur Richtlinie und ist damit unzulässig. Aber selbst wenn man bei Erreichen einer Beteiligung von mindestens 95% des stimmberechtigten Grundkapitals nur die Stammaktionäre ausschließen würde, wäre dem Bieter damit im Ergebnis nicht geholfen, weil Vorzugsaktionäre verbleiben und der Verwaltungs- und Kostenaufwand ebenso wie die Gefahr von Anfechtungsklagen kaum reduziert würde. Insofern war die Einführung eines gattungsbezogenen Ausschlusses sinnvoll.

Vorgeschlagen wurde jedoch, den Ausschluss von Vorzugsaktionären an niedrigere Standards zu knüpfen als den Ausschluss von Stammaktionären[127]. Der Gesetzgeber solle bezüglich der Ausschlussvoraussetzungen von nicht stimmberechtigten Aktionären deutlich großzügiger sein: Die erforderliche Ausschlussmehrheit könne auf weniger als 95% des gehaltenen Kapitals herabgesetzt werden oder es könne vielmehr gleich auf eine solche Mindestbeteiligungshöhe verzichtet werden. Ansonsten könnten Probleme entstehen, wenn wegen ausstehender Dividenden für Vorzugsaktien deren Stimmrecht nach § 140 II 1, 2 AktG wieder auflebe[128].

Gegen eine solche Aufweichung der Ausschlusskriterien spricht aber zunächst in praktischer Hinsicht, dass die rechtliche Behandlung eines Wiederauflebens der Stimmrechte unproblematisch ist: Leben die Stimmrechte vor Durchführung des Squeeze-Out wieder auf, sind sie richtigerweise in jeder Hinsicht als vollwertige Stammaktien zu behandeln[129] und somit bei der Berechnung der notwendigen Ausschlussmehrheit des § 39a I 1 WpÜG mit einzubeziehen. Erreichen diejenigen Stammaktien, die nicht dem Bieter gehören oder zuzurechnen sind, zusammen mit den nun als Stammaktien zu behandelnden Vorzugsaktien mehr als 5% des Grundkapitals, ist ein Ausschluss nicht mehr möglich. Leben die Stimmrechte der Vorzugsaktionäre hingegen nach Durchführung des Squeeze-Out auf, verliert der Bieter seine Stellung als alleiniger stimmberechtigter Aktionär wieder. Dies ist aber unproblematisch, weil er insofern nicht schutzbedürftig ist; in seiner Stellung als stimmberechtigter Hauptaktionär kann er vor Durchführung des Ausschlussverfahrens auf eine Auszahlung der noch

---

[125] Bei Erreichen des Minimalwertes von genau 95% des stimmberechtigten Kapitals hielte der Bieter am Beispiel der Porsche AG 47,5% des Grundkapitals der Gesellschaft. Die noch ausstehenden 52,5% entsprächen einem Börsenwert von über 11 Milliarden Euro (Stand: 14.12.2007).

[126] *Krause*, BB 2004, 113, 118; wie hier *Austmann/Mennicke*, NZG 2004, 846, 848.

[127] *Hopt/Mülbert/Kumpan*, AG 2005, 109, 116.

[128] *Hopt/Mülbert/Kumpan*, AG 2005, 109, 116.

[129] *Vollhard* in: MünchKommAktG, § 140 AktG, Rn. 12; *Roth* in: Heidel-HdbKMR, § 140 AktG, Rn. 4, 7; *Bezzenberger* in: GroßKommAktG, § 140 AktG, Rn. 27 ff.

ausstehenden Dividenden hinwirken. Er hat damit eine frühzeitige Abwendung des durch § 140 II AktG entstehenden Risikos selbst in der Hand.

Entscheidend sprechen aber gegen eine Absenkung der Ausschlussvoraussetzungen bei Vorzugsaktionären die vom BVerfG formulierten Voraussetzungen an den Ausschluss von Minderheitsaktionären, die nicht nur für Stammaktionäre, sondern auch für Vorzugsaktionäre gelten. Denn das BVerfG hebt ausdrücklich hervor, dass sich die schützenswerte –und damit entschädigungspflichtige- Stellung der Aktionäre vorrangig nicht aus dem verbandsrechtlichen Charakter ihrer Beteiligung, sondern aus der vermögensrechtlichen Seite ihrer Aktie ergibt[130]. Insofern gilt auch für Vorzugsaktionäre die verfassungsrechtliche Vorgabe, dass nur eine kleine Restminderheit der Anteilseigner gegen ihren Willen aus der Gesellschaft gedrängt werden darf. Eine Absenkung der notwendigen Ausschlussbeteiligung auf unter 95% des Grundkapitals oder gar ein Verzicht auf eine solche Ausschlussschwelle wäre damit schon aus verfassungsrechtlicher Sicht problematisch.

Zusammenfassend ist festzuhalten, dass die Ausgestaltung des § 39a I 1, 2 WpÜG als gattungsbezogener Ausschluss, wenn auch in Teilen fehlerhaft begründet, von den Richtlinienvorgaben und deutschem Verfassungsrecht gedeckt und sinnvoll ist.

bb) Einführung eines „isolierten“ Squeeze-Out von Vorzugsaktionären?

α) Vorzüge des isolierten Ausschlussrechts

Im Anschluss an die soeben durchgeführte Untersuchung des zweistufigen gattungsbezogenen Ausschlussverfahrens stellt sich die Frage, ob es nicht sinnvoll gewesen wäre, auch einen isolierten Squeeze-Out von Vorzugsaktionären einzuführen, der schon zulässig wäre, wenn der Bieter 95% der Vorzugsaktien hielte, unabhängig von seiner Beteiligung am stimmberechtigten Kapital. Beide Ausschlussverfahren stünden dann gleichberechtigt nebeneinander, ohne den Ausschluss der Vorzugsaktionäre an das Erreichen eines Schwellenwertes von Stammaktien zu koppeln. Ein solches Vorgehen wäre von den Richtlinienvorgaben gedeckt[131], denn Art. 15 III Unterabs. 2 ÜbRL bestimmt:

„Hat die Zielgesellschaft mehrere Wertpapiergattungen begeben, können die Mitgliedstaaten vorsehen, dass das Ausschlussrecht nur in der Gattung ausgeübt werden kann, in der der in Absatz 2 festgelegte Schwellenwert erreicht ist.“

Die Richtlinie normiert somit zwar ein Wahlrecht der Mitgliedstaaten, der Zulässigkeit eines Squeeze-Out allein von Vorzugsaktionären steht sie aber nicht im Wege. Eine historische Betrachtung der Entstehung ergibt vielmehr, dass ein isolierter gat-

---

[130] *BVerfG*, NZG 2000, 1117, 1118 f. (Moto Meter); *BVerfG*, NZG 2007, 587, 588 f. (Edscha).

[131] *Austmann/Mennicke*, NZG 2004, 846, 848: „Die Mitgliedstaaten können gemäß Art. 15 III Unterabsatz 2 Übernahmerichtlinie vorsehen, dass das Ausschlussrecht *nur in Bezug auf diejenige Aktiengattung* ausgeübt werden kann, in der der für den übernahmerechtlichen Squeeze-out relevante Schwellenwert erreicht worden ist“. Wie hier wohl auch *Seibt/Heiser*, ZGR 2005, 201, 241.

tungsbezogener Ausschluss dem Konzept der Richtlinie näher kommt als der zweistufige Aufbau, dem § 39a I 1, 2 WpÜG folgt. Im Richtlinienvorschlag 2002 hieß es zum damaligen Art. 14 ÜbRL 2002: „Verfügt die Zielgesellschaft über mehrere Aktiengattungen, *gilt* die Regelung in Absatz 1 [Anm.: Dieser entspricht weitestgehend der Regelung des Art. 15 Abs. 2 ÜbRL n.F.] *für jede Gattung einzeln*.“. Der Bericht der Winter-Kommission, deren Überlegungen auch für die ÜbRL 2004 unverändert übernommen werden sollten, spricht sich ebenfalls für ein isoliertes Ausschlussrecht der Mitgliedstaaten aus[132]. Dem steht auch nicht entgegen, dass Art. 15 III Unterabs. 2 ÜbRL auf den Schwellenwert aus Art. 15 II ÜbRL verweist, der den Schwellenwert für den Ausschluss von Stammaktionären regelt. Aus dieser Tatsache lässt sich nicht schließen, dass jedenfalls die Voraussetzungen für den Ausschluss von Stammaktionären vorliegen müssten, um auch die Vorzugsaktionäre aus der Gesellschaft auszuschließen[133]; vielmehr bezieht sich Art. 15 III Unterabs. 2 ÜbRL schon seinem Wortlaut nach nur auf die Festlegung des Schwellenwertes in Art. 15 II ÜbRL, nicht jedoch auf seine weiteren Voraussetzungen. Andernfalls hätte Art. 15 III Unterabs. 2 ÜbRL dahingehend lauten müssen, dass das Ausschlussrecht nur in den übrigen Gattungen ausgeübt werden kann, wenn die Voraussetzungen des Absatzes 2 vorliegen[134].

Diese Erwägungen berechtigen zu der Frage, warum der Gesetzgeber von dem klaren Richtlinienkonzept abgewichen ist und sich stattdessen für ein –zunächst nicht auf der Hand liegendes– Stufensystem entschlossen hat. Eine Begründung wurde dazu im Gesetzgebungsverfahren nicht gegeben, unterstützende Argumente sind auch schwierig zu finden: Richtig ist, dass die Übernahmerichtlinie in erster Linie an Stimmrechte vermittelnde Wertpapiere anknüpft (vgl. nur Art. 2 I e) ÜbRL[135]), so dass sich auch das Ausschlussrecht zunächst auf den Squeeze-Out von Stammaktionären bezieht. Damit ist aber noch nichts über einen Vorrang dieser Wertpapiergattung gesagt. Der direkte Bezug zu Stammaktien liegt vielmehr darin begründet, dass einige Mitgliedstaaten nicht zwischen verschiedenen Wertpapiergattungen differenzieren. Wenn aber das Aktienrecht eines Mitgliedstaates beide Gattungen kennt, ist eine unterschiedliche Behandlung zumindest nach dem Wortlaut des Art. 15 ÜbRL nicht gerechtfertigt.

---

132 *Winter-Report*, S. 75 f.: „Schließlich ist die Gruppe der Meinung, dass im Fall mehrerer Gattungen von ausgegebenen Wertpapieren das Recht auf „Squeeze-out“ auf jede Gattung einzeln angewandt werden sollte, je nachdem, welche der beiden oben angeführten Optionen auf nationaler Ebene beibehalten oder eingeführt wird. Folglich kann das Recht auf „Squeeze-out“ nur für jene Gattung(en) ausgeübt werden, für die die relevante Schwelle (Anteil am Kapital der relevanten Gattung oder Anteil, für den das Angebot in der relevanten Gattung angenommen wurde) aufgrund eines Angebots für die relevante(n) Gattung(en) erreicht wurde. Die Gründe für einen solchen gattungsspezifischen Ansatz liegen darin, dass er eine proportionale Anwendung des Rechts auf „Squeeze-out“ ermöglicht.“.

133 A.A. *Hopt/Mülbert/Kumpan*, AG 2005, 109, 116.

134 Dies ergibt sich auch aus der englischen und französischen Sprachfassung des Art. 15 III Unterabsatz 2 ÜbRL: „...Member States may provide that the right of squeeze-out can be exercised only in the class *in which the threshold* laid down in paragraph 2 *has been reached*“ und „... les États membres peuvent prévoir que le droit de recourir au retrait obligatoire peut n'être exercé que pour la catégorie dans laquelle *le seuil* prévu au paragraphe 2 *a été atteint*.“.

135 „«Wertpapiere» sind übertragbare Wertpapiere, die Stimmrechte in einer Gesellschaft verleihen.“.

Darüber hinaus ergeben sich nach dem deutschen System Abweichungen, die im Lichte der Übernahmerichtlinie als nicht gerechtfertigt erscheinen. So ist festzustellen, dass sich zwischen der deutschen „Stufenlösung“ und dem europäischen isolierten Ausschlusssystem hinsichtlich der Größe des auszuschließenden, durch Vorzugsaktien repräsentierten Grundkapitals der Gesellschaft Abweichungen ergeben: Weil bei der Lösung des § 39a I 2 WpÜG Bezugsgröße das gesamte Grundkapital ist, kann der Schwellenwert von 95% des Gesamtkapitals auch erreicht werden, ohne dass der Bieter 95% der Vorzugsaktien hält. Vorzugsaktionäre können damit in bestimmten Konstellationen schon aus der Gesellschaft ausgeschlossen werden, wenn dem Bieter weniger als 60% des Grundkapitals gehören (vgl. Berechnungsbeispiel in Fn.136). Auch wenn das Erreichen eines derartig hohen Schwellenwertes im Beispiel durch das Angebot selbst nicht regelmäßig der Fall sein wird, kann nicht ausgeschlossen werden, dass ein Bieter beispielsweise aufgrund einer sich überraschend ergebenden Gelegenheit zu einem Paketkauf mehr als 95% der stimmberechtigten Aktien hält. Zwar wird durch § 39a I 2 WpÜG eine Harmonisierung mit der entsprechenden Regelung des § 327a I AktG erreicht, die ebenfalls an 95% des Grundkapitals zur Ausschlussberechtigung anknüpft.

Eine solche Angleichung ist aber schon von der Konzeption der Ausschlussverfahren her nicht erforderlich, weil die §§ 327a ff. AktG und die §§ 39a f. WpÜG voneinander unabhängige Institute sind, die sich gegenseitig nicht beeinflussen[137] und der aktienrechtliche Squeeze-Out es auch nicht erforderlich macht, zwischen verschiedenen Aktiengattungen zu unterscheiden. Daneben stellt sich die Frage, ob ein Ausschluss von Minderheitsaktionären unterhalb einer Schwelle von 95% zulässig sein sollte, die verfassungsrechtlich unbedenklich ist. Dies gilt umso mehr, als eine genaue Umsetzung der Richtlinienvorgaben in zwei unabhängig voneinander durchführbare Ausschlussverfahren unproblematisch möglich gewesen wäre. Der Bieter könnte den

---

[136] Berechnungsbeispiel 1: Die börsennotierte A-AG hat ein Grundkapital von 1000, das gleichmäßig in 500 stimmrechtsvermittelnde Stück- und 500 stimmrechtslose Vorzugsaktien aufgeteilt und ausgegeben ist. Hält Bieter B nach einem Übernahme- oder Pflichtangebot 95% des stimmberechtigten Grundkapitals (= 475 Stammaktien), kann er den Squeeze-Out nach § 39a I 1 WpÜG durchführen. Für einen Ausschluss aller Aktionäre nach § 39a I 2 WpÜG müssten ihm zusätzlich 475 Vorzugsaktien (= 95% der Vorzugsaktien, also insgesamt 950 Aktien, d.h. 95% des Grundkapitals) gehören. Etwas anderes gilt aber, wenn B 99% des stimmberechtigten Grundkapitals (= 495 Stammaktien) nach Durchführung des Übernahme- oder Pflichtangebotes erworben hat. Um den Schwellenwert des § 39a I 2 WpÜG zu erreichen, genügten B 455 Vorzugsaktien, was aber nur 91% des durch die Vorzugsaktien repräsentierten Kapitals entspräche. B könnte damit die Vorzugsaktionäre ausschließen, obwohl ihm in dieser Aktiengattung keine Mehrheit von 95% gehört. Noch deutlicher wird dies im Berechnungsbeispiel 2: Die Ausgangssituation entspricht derjenigen des Beispiels 1, allerdings ist das Grundkapital von A in 900 Stück- und 100 Vorzugsaktien aufgeteilt. 99% des stimmberechtigten Grundkapitals entsprächen in diesem Fall 891 Stückaktien, so dass zum Ausschluss aller Aktionäre (§ 39a I 2 WpÜG: 95% des Grundkapitals) nur noch 59 Vorzugsaktien, also 59% der Vorzugsaktien erforderlich wären. Ob diese Konsequenz dem Gesetzgeber bewusst war, darf mangels einer entsprechenden Diskussion in den Gesetzgebungsmaterialien bezweifelt werden.

[137] Dies gilt mit Ausnahme der Regelung des § 39a VI WpÜG, der die §§ 327a ff. AktG bis zum rechtskräftigen Abschluss des Ausschlussverfahrens für unanwendbar erklärt.

Squeeze-Out nur dann durchführen, wenn er über mindestens 95% der Wertpapiere in der entsprechenden Gattung verfügte. Weil der Gesetzgeber eine scharfe Trennung z.B. auch im Fall des § 39a III 4 WpÜG umgesetzt hat, wäre es konsequent, diese ebenso im Fall des § 39a I WpÜG zu verfolgen. Schwierigkeiten oder Verzögerungen ergäben sich dadurch auch nicht etwa in verfahrensrechtlicher Hinsicht: Wenn der Bieter den erforderlichen Schwellenwert in beiden Gattungen erreichte, genügte ein Ausschlussverfahren, um alle übrigen Aktionäre aus der Gesellschaft auszuschließen. Bei einem derartigen Vorgehen wäre im Sinne der Richtlinienvorgaben sichergestellt, dass der erforderliche Schwellenwert in der jeweiligen Aktiengattung erreicht ist.

β) Konzeptionelle Schwächen

Dennoch weist auch dieses eng an den Vorstellungen der Richtlinie begründete Konzept Schwächen auf. So besteht gerade in einem Fall, in dem die Menge der ausgegebenen Vorzugsaktien im Verhältnis zu den ausgegebenen Stammaktien klein ist, die Gefahr, dass Vorzugsaktionäre Blockadepositionen aufbauen. Denn bei Ausgabe vergleichsweise weniger Vorzugsaktien durch die Gesellschaft wird es für den Bieter schwer, den (isolierten) Ausschluss der Vorzugsaktionäre durchzuführen, weil ein oder mehrere opponierende Aktionäre mit wenigen Aktien den Bieter daran hindern können, den erforderlichen Schwellenwert von 95% in dieser Gattung zu erreichen (vgl. Beispiel in Fn. 138). Es könnte dann der (Extrem-)Fall eintreten, dass ein Bieter 95% des Gesamtkapitals der Gesellschaft auf sich vereint, aber wegen der Blockade Einzelner den Ausschluss auf Dauer nicht durchführen kann. Dies wäre aufgrund des verfassungsrechtlich anerkannten Interesses des Mehrheitsaktionärs zum Ausschluss kleiner Restminderheiten aus der Gesellschaft ein wenig zielführendes Ergebnis.

Problematisch ist insbesondere, dass es dem Bieter kaum möglich sein wird, diese Blockadeposition sinnvoll aufzulösen. Ein Kaufangebot an die blockierenden Aktionäre zu einer (substantiell) höheren Gegenleistung wäre nicht praktikabel: Erstens wäre der Bieter dann verpflichtet, eine entsprechende Differenz zur im Angebot vorgesehenen Gegenleistung auch allen übrigen Aktionären zu zahlen (§ 31 V 1 WpÜG); der Differenzbetrag könnte sich bei einem öffentlichen Übernahmeangebot an die Aktionäre einer börsennotierten Gesellschaft schnell auf einen Betrag erhöhen, der selbst für einen wirtschaftlich potenten Bieter unvertretbar wäre. Zweitens besteht durchaus die Möglichkeit, dass bestimmte Aktionäre ihre Aktien „aus Prinzip" nicht verkaufen wol-

[138] Berechnungsbeispiel 3: Die börsennotierte A-AG hat ein Grundkapital von 1000, das in 900 stimmrechtsvermittelnden Stückaktien und 100 stimmrechtslosen Vorzugsaktien ausgegeben ist. Nach einem erfolgreichen Übernahmeangebot hält der Bieter B 864 Stückaktien (= 96% des stimmberechtigten Grundkapitals) und 90 Vorzugsaktien (= 90% des stimmrechtslosen Grundkapitals). Nach § 39a I 2 WpÜG könnte er den Ausschluss aller übrigen Aktionäre durchführen, weil ihm damit 95,4% des Grundkapitals gehören. Bei Umsetzung des isolierten Ausschlussrechts könnte er die Vorzugsaktionäre nicht ausschließen, weil er keine 95% des stimmrechtslosen Grundkapitals hielte. Ein vollständiger Squeeze-Out wäre damit nicht möglich, wenige Aktionäre könnten durch Halten ihrer Vorzugsaktien eine kaum zu überwindende Blockadeposition errichten.

len, so dass auch ein deutlich erhöhtes Kaufpreisangebot keinen Erfolg hätte. Einen Verkauf dieser Aktien auf gerichtlichem Wege zu erreichen, wäre ebenfalls aussichtslos. Der Bieter hat zunächst keinen gesetzlich normierten Anspruch auf Verkauf der Aktien, eine darüber hinausgehende Klage gestützt auf gesellschaftsrechtliche Treuepflichten oder einen Missbrauch der Aktionärsstellung dürfte ebenfalls ausscheiden: Die Treuepflicht der Gesellschafter untereinander, die in einer börsennotierten Kapitalgesellschaft nur in engen Grenzen besteht, kann einen Gesellschafter nicht dazu zwingen, seine Beteiligung zugunsten eines anderen aufzugeben. Dies gilt insbesondere deswegen, weil der Gesetzgeber durch Einführung der §§ 327a ff. AktG bzw. §§ 39a f. WpÜG den zwangsweisen Ausschluss von Gesellschaftern nur ab einer gewissen Mindestbeteiligung zugelassen hat. Der Bieter wird also praktisch keine Möglichkeit haben, eine denkbare Blockadeposition der Vorzugsaktionäre aufzulösen.

γ) Abwägung

Es stehen sich somit zwei widerstreitende Konzepte gegenüber: Zum einen das isolierte Ausschlussrecht, welches eng an den europäischen Vorgaben begründet ist und den Bieter verpflichtet, in beiden Aktiengattungen den für den vollständigen Ausschluss benötigten Schwellenwert zu erreichen; damit ist sichergestellt, dass Vorzugsaktionäre erst dann ausgeschlossen werden können, wenn nur noch eine kleine Restminderheit von Vorzugsaktien nicht dem Bieter gehört. Zum anderen das Stufenmodell des § 39a I 2 WpÜG, das dem Minderheitsaktionär den Ausschluss aller übrigen Aktionäre erlaubt, wenn ihm 95% des Grundkapitals gehören, und somit verhindert, dass eine kleine Restminderheit durch die Errichtung einer Blockadeposition den Squeeze-Out vereitelt. Zu fragen ist, welchem Modell der Vorzugs zu geben ist. Bei Beibehaltung des Stufenmodells besteht die Gefahr, dass die Rechte der Minderheitsaktionäre beeinträchtigt werden, während bei Einführung des isolierten Ausschlussrechts dem Bieter in bestimmten Fällen die Möglichkeit genommen wird, den Ausschluss auch bei einer Beteiligung von mindestens 95% am Gesamtkapital durchzuführen. Es hat also eine Interessenabwägung stattzufinden, die Sinn und Zweck des Ausschlussrechts zu beachten hat.

Dabei ist festzustellen, dass der Squeeze-Out das Ziel verfolgt, kleine Restminderheiten erfolgreich aus einer Gesellschaft ausschließen zu können. Dieses Ziel ist zunächst unabhängig von der einzelfallabhängigen Aufteilung des Grundkapitals in bestimmte Aktiengattungen[139]. Es bestehen damit schon Zweifel, ob eine isolierte Betrachtung von Nachteilen in einer Aktiengattung (wie beim isolierten Ausschlussrecht) überhaupt zulässig ist. Will man den Ausschluss von Minderheiten ab einem bestimmten Schwellenwert fruchtbar machen, ist vielmehr eine Gesamtbetrachtung des Grundkapitals der Gesellschaft erforderlich. Es kann unter dieser Prämisse nicht darauf ankommen, ob Vorzugsaktionäre bei einer ausreichenden Beteiligung des Bieters an den

[139] Dies gilt allerdings nicht für stimmrechtsvermittelnde Wertpapiere, deren gattungsabhängige Behandlung die Übernahmerichtlinie durch Artt. 15, 2 II e) ÜbRL ausdrücklich vorgibt.

Stammaktien schon ausgeschlossen werden können, wenn der Schwellenwert von 95% in ihrer Gattung noch nicht überschritten ist. Vielmehr ist für einen Ausschluss aller Aktionäre aus der Gesellschaft –unter Einbeziehung der durch das BVerfG vermittelten Grundsätze– nur erheblich, dass vor Ausschluss der übrigen Aktionäre eine nur kleine Restminderheit in der Gesellschaft verbleibt. Nach dieser Betrachtung wäre das in § 39a I 2 WpÜG normierte Stufensystem gegenüber der isolierten Ausschlussmöglichkeit vorzugswürdig, weil bei letzterem Konzept zuviel Gewicht auf die Einteilung in Aktiengattungen und zu wenig Gewicht auf die Gesamtbeteiligung des Bieters gelegt wird. Geht man mit dem BVerfG also richtigerweise davon aus, dass die wirtschaftlichen Interessen des Bieters gegenüber dem Interesse weniger Aktionäre am Verbleib in der Gesellschaft vorrangig sind, ist es nicht ersichtlich, warum ein Ausschluss aller übrigen Aktionäre nur deshalb nicht möglich sein sollte, weil er allein in einer Aktiengattung keine Beteiligung von mindestens 95% hält.

Trotz der konzeptionellen Schwächen des Stufensystems ist diesem im Wege einer Gesamtbetrachtung daher zunächst der Vorzug gegenüber dem isolierten Ausschlussrecht zu geben.

δ) Mögliche Aufnahme beider Ausschlusskonzepte

Damit ist aber noch nicht gesagt, dass eine Entscheidung tatsächlich zwischen beiden Systemen getroffen werden muss. Aufgrund der europarechtlichen Vorgaben ist jedenfalls eine Umsetzung beider Systeme möglich, weil ein Vorrang stimmberechtigter Aktien nicht erkannt werden kann[140]. Mit der Aufnahme beider Ausschlusskonzepte in § 39a I WpÜG würde dem Bieter im Vergleich zur derzeitigen Fassung die zusätzliche Möglichkeit zum isolierten Squeeze-Out der Vorzugsaktionäre gegeben. Es wird nicht verkannt, dass trotzdem bei Bezugnahme auf das gesamte Grundkapital der Gesellschaft Konstellationen auftreten können, bei denen Minderheitsaktionäre ausgeschlossen werden, obwohl noch nicht die Beteiligungsschwelle von mindestens 95% ihrer Gattung erreicht wurde. In dieser Hinsicht besteht keine Schwächung ihrer Position bei paralleler Umsetzung beider Konzepte. Allerdings könnten sie bei einer derartigen Umsetzung schon dann von einem Ausschluss betroffen sein, wenn der Bieter nur 95% der Vorzugsaktien hält und ihm nicht „zugleich Aktien in Höhe von 95% des Grundkapitals" gehören. Insofern würde eine zusätzliche Ausschlussmöglichkeit zum Nachteil der Aktionäre eröffnet. Dies wäre nach hier vertretener Auffassung aber unproblematisch: Die Richtlinie sieht grundsätzlich den isolierten Ausschluss von Aktiengattungen vor, eine solche Ausschlussmöglichkeit wäre also europarechtlich abgesichert. Gleichzeitig entstehen nach diesem System Nachteile, die einen eigentlich möglichen Squeeze-Out im Ergebnis verhindern könnten. Insofern kann –ebenfalls in europarechtlich zulässiger Weise– eine Anknüpfung an das Gesamtkapital vorgesehen werden. Die verfassungsrechtlichen Vorgaben eines Ausschlusses nur einer kleinen Restminderheit wären gewahrt. Es spräche also nichts dagegen, beide Konzepte zur Wahl

---

140 Vgl. S. 36 f.

des Bieters zu stellen, um seinem europa- und verfassungsrechtlich verbürgten wirtschaftlichen Interesse am Squeeze-Out effizient nachkommen zu können.

Daher kann in enger Anlehnung an die ÜbRL und bei strenger Respektierung aller Vorgaben § 39a I WpÜG wie folgt formuliert werden:

„Nach einem Übernahme- oder Pflichtangebot sind dem Bieter, dem Aktien der Zielgesellschaft in Höhe von mindestens 95 Prozent des stimmberechtigten Grundkapitals gehören, auf seinen Antrag die übrigen stimmberechtigten Aktien gegen Gewährung einer angemessenen Abfindung durch Gerichtsbeschluss zu übertragen. Sind Vorzugsaktien ausgegeben, sind dem Bieter, dem nach einem Übernahme- oder Pflichtangebot Aktien in Höhe von mindestens 95 Prozent des stimmrechtslosen Grundkapitals gehören, auf Antrag die übrigen Vorzugsaktien zu übertragen. Liegen die Voraussetzungen des Satzes 1 vor, sind die Vorzugsaktien auch dann auf den Bieter zu übertragen, wenn ihm zugleich Aktien in Höhe von 95 Prozent des Grundkapitals gehören.“

Diese Lösung ist auch aus Folgeerwägungen in sich geschlossen: Ein Ausschluss aller übrigen Aktionäre ist nur möglich, wenn dem Bieter zumindest 95% des stimmberechtigten Kapitals gehören (hier: Satz 3: „zugleich“). Daneben bleibt, eng den Vorgaben der Richtlinie folgend, ein isoliertes Ausschlussrecht sowohl der stimmberechtigten Aktionäre als auch der Vorzugsaktionäre bei Erreichen des erforderlichen Schwellenwertes möglich.

d) Verzicht auf Erreichen einer Stimmrechtsquote

An dieser Stelle soll kurz eine Veränderung angesprochen werden, die erst spät im Gesetzgebungsverfahren berücksichtigt wurde: Der Referentenentwurf sah in Anlehnung an den Wortlaut des Art. 15 II 2 lit. a) ÜbRL vor, dass der Bieter neben den 95% des stimmberechtigten Kapitals auch 95% der Stimmrechte halten müsste. Diese zweite Voraussetzung ist im Lichte der Abschaffung von Mehrstimmrechten (§ 12 II AktG) und Höchststimmrechten bei börsennotierten Gesellschaften (§ 134 I 2 AktG, § 5 VII EGAktG)[141] durch das KonTraG[142] allerdings immer erfüllt, wenn der Bieter 95% des stimmberechtigten Kapitals hält[143]. Konsequenterweise wurde dieses Erfordernis gestrichen und § 39a I 1 WpÜG entsprechend angepasst[144].

[141] Zur Verfassungsmäßigkeit der Abschaffung: *Kluth*, ZIP 1997, 1217.

[142] Gesetz zur Kontrolle und Transparenz im Unternehmensbereich vom 27.4.1998, BGBl. I S. 786ff.

[143] Dies gilt nicht für nichtbörsennotierte Gesellschaften, auf die aber das WpÜG und damit die Vorschriften §§ 39a ff. WpÜG nicht anwendbar sind. Der EuGH hat mit Urteil vom 23. 10. 2007 (C-112/05 - NJW 2007, 3481) die letzte Ausnahme zu dem genannten Grundsatz gekippt und das sog. VW-Gesetz für unvereinbar mit der Kapitalverkehrsfreiheit erklärt; der Bund hat bereits eine zügige Änderung des Gesetzes angekündigt, vgl. EuZW 2007, 684. Allgemein zu Höchststimmrechten: *Zöllner/Noack*, AG 1991, 117.

[144] Der heutige Wortlaut geht zurück auf einen Vorschlag des DAV, vgl. *DAV*, Gutachten, S. 11.

2. Erreichen der 95%-Schwelle

Die in der Praxis vor allem entscheidende Frage wird lauten, wann der Bieter die für den Ausschluss erforderliche Schwelle von 95% des stimmberechtigten Kapitals erreicht hat. Als Bieter kommt grundsätzlich jede deutsche und ausländische natürliche oder juristische Person oder Personengemeinschaft[145] in Betracht. Allerdings wird nur selten ohne zusätzliche Konstruktion[146] eine solche Anteilsmehrheit in der Hand einer einzigen Person oder Personengemeinschaft liegen[147]. Darüber hinaus stellt sich aus Sicht der Praxis regelmäßig die Frage, ob die Vereinigung einer 95%-Beteiligung in einer Hand sinnvoll ist: Denn nach dem Grunderwerbsteuergesetz unterliegt entweder die Vereinigung oder der Erwerb einer 95%igen Beteiligungsquote an einer Gesellschaft, die Grundbesitz in ihrem Eigentum hat, der Grunderwerbssteuer, vgl. § 1 III Nr. 1 GrEStG. Bemessungsgrundlage für den Steuersatz von 3,5% (§ 11 I GrEStG) ist das Grundeigentum der Gesellschaft[148]. Schon insofern kann es sich zur Vermeidung der zusätzlichen Steuerpflicht anbieten, die 95%ige Mehrheitsbeteiligung einer juristischen Person oder Personengesellschaft zu vermeiden. Neben den Voraussetzungen an das Halten eigener Aktien und an die Zurechnungstatbestände ist somit zu untersuchen, wie aus Sicht der Praxis eine ausreichende Mehrheitsbeteiligung erreicht werden kann; dabei soll zunächst auf die Bedeutung eigener Aktien und Zurechnungsfragen, danach auf eine Beteiligungserhöhung durch Zukäufe und weitere Instrumente eingegangen werden, um schließlich praxisnahe Hilfskonstruktionen mit Dritten auf ihre Zulässigkeit zu untersuchen.

a) Eigene Aktien
aa) Grundsatz: Dingliche Berechtigung

§ 39a I 1 WpÜG setzt voraus, dass „dem Bieter [...] Aktien der Zielgesellschaft in Höhe von mindestens 95 Prozent des stimmberechtigten Grundkapitals *gehören*". Der Wortlaut deutet damit auf eine erforderliche Eigentümerstellung des Bieters hin. Die Notwendigkeit einer dinglichen Berechtigung ergibt sich aus Art. 15 II a) ÜbRL, der fordert, dass ein Bieter einen zum Ausschluss berechtigenden Anteil an der Zielgesellschaft „hält". Im Umkehrschluss des englischen Modells[149] aus Art. 15 II b) ÜbRL, der schon eine feste vertragliche Verpflichtung –also eine schuldrechtliche Abrede– ausreichen lässt, genügt im Fall des kontinentaleuropäischen Konzeptes nur eine dingliche Berechtigung.

Eine Ausnahme zu diesem Grundsatz ergibt sich auch nicht etwa aus § 39a IV 2 WpÜG, nach dem der Bieter den Ausschlussantrag stellen kann, wenn das öffentliche

---

[145] § 2 IV WpÜG; zur Zulässigkeit auch ausländischer Gesellschaften: *Versteegen* in: KölnKomm-WpÜG, § 2 WpÜG, Rn. 122 und *Santelmann* in: Steinmeyer/Häger, § 2 WpÜG, Rn. 14.
[146] Zu Zulässigkeit und Grenzen derartiger Konstruktionen vgl. unten S. 59 ff.
[147] *Maslo*, NZG 2004, 163.
[148] Ausführlich *Hofmann* in: Hofmann/Hofmann, § 1 GrEStG, Rn. 2 ff.
[149] Vgl. oben, S. 28 ff.

Angebot in einem Umfang angenommen worden ist, der ihn beim späteren Vollzug zum Anteilseigentümer in Höhe von 95% des (stimmberechtigten) Grundkapitals machen würde. Dieser vorläufige Verzicht auf den dinglichen Erwerb ist vorrangig kartellrechtlichen Erwägungen geschuldet[150], weil der Erwerb oftmals unter dem Erlaubnisvorbehalt der zuständigen Fusionskontrollbehörde steht und die Erlaubnis regelmäßig nicht in der dreimonatigen Antragsfrist des § 39a IV 1 WpÜG eingeholt werden kann[151]. Die Antragserleichterung soll dazu dienen, „das Ausschlussverfahren vor Eintritt der aufschiebenden Bedingung so weit voranzutreiben, dass zu seinem Abschluss nur noch der Vollzug des öffentlichen Angebots erforderlich ist“[152]. Es handelt sich bei § 39a IV 2 WpÜG also um eine verfahrensorientierte Vorschrift und nicht um eine Aufweichung des Grundsatzes der dinglichen Berechtigung. Eine rein schuldrechtliche Vereinbarung, die dem Bieter die Ausübung der Stimmrechte der von der Abrede erfassten Wertpapiere erlaubt, scheint somit nicht möglich. Ob und inwieweit der Schwellenwert durch eine Vereinbarung des Bieters mit Dritten erreicht werden kann, ist Gegenstand späterer Ausführungen[153]. Erforderlich ist dafür zunächst eine Auseinandersetzung mit der Frage, inwieweit der Bieter selbst (ggf. durch Zurechnung) die erforderliche Ausschlussmehrheit erreichen kann.

bb) Unmittelbares Halten einer Aktie

Die Tatsache, dass über § 39a II WpÜG eine Zurechnung des Aktieneigentums z.B. anderer Unternehmen zum Aktieneigentum des Bieters möglich ist[154], wirft zunächst die Frage auf, ob es erforderlich ist, dass bei Antragstellung dem Bieter selbst zumindest eine Aktie gehört. Dieser Überlegung mangelt es auch nicht etwa an praktischer Relevanz, weil der Bieter regelmäßig nach Abschluss des öffentlichen Übernahmeangebots bereits Eigentümer von Beteiligungen wäre: Vielmehr ist der dingliche Erwerb der Aktien oftmals abhängig von der Zustimmung der Kartellbehörden, so dass der Bieter den Ausschlussantrag schon vor Vollzug des Angebots stellen kann, vgl. § 39a IV WpÜG.

In der parallelen Diskussion zum aktienrechtlichen Squeeze-Out wurde vertreten, ein Ausschluss ohne direktes Anteilseigentum des Bieters an der Zielgesellschaft sei aus Gründen der Klarheit nicht zulässig. Es müsse unzweideutig feststehen, auf wen die Aktien übergingen[155]. Außerdem lässt sich mit Blick auf den Wortlaut des § 39a I 1 WpÜG („dem Bieter, dem Aktien [...] *gehören*“) vertreten, dass damit tatsächlich das direkte Halten mindestens einer Aktie durch einen Eigentümer gemeint ist. Diese Auffassung kann sich auch auf den Wortlaut des § 39b V 3 WpÜG stützen,

---

150 In Frage kommen außerdem weitere, gemäß § 18 WpÜG zulässige Bedingungen.

151 Dazu noch unten, S. 150 ff.

152 BT-Drs. 16/1541, S. 13.

153 Vgl. S. 59 ff.

154 Dazu sogleich, S. 44.

155 *Grunewald* in: MünchKommAktG, § 327a AktG, Rn. 7; *Habersack* in: Emmerich/Habersack, KonzernR, § 327a AktG, Rn. 17.

nach dem mit rechtskräftiger Entscheidung über den Ausschlussantrag alle Aktien auf den zum Ausschluss berechtigten *Aktionär* übergehen. Doch selbst wenn man beide Formulierungen in diesem Sinne interpretieren wollte, wären sie entsprechend teleologisch zu reduzieren. Denn die Praxis zeigt, dass ein Hauptaktionär in verschachtelten Konzernverhältnissen oft nicht direkt, sondern lediglich mittelbar an dem Zielunternehmen beteiligt ist[156]. Dem Bieter die Pflicht aufzuerlegen, vor dem Ausschluss zumindest eine Aktie am *target* zu erwerben, wäre erstens überflüssige Förmelei; zweitens wäre eine solche Pflicht gerade im System der §§ 16 II, IV AktG nicht zu vertreten, denn in die Berechnung des Schwellenwerts fließen dem Bieter zuzurechnende Aktien ebenso ein wie solche, die er selbst hält. Wenn aber das Gesetz schon keine Unterscheidung trifft, kann das Halten einer eigenen Aktie nicht erforderlich sein[157]. Schließlich spricht gegen oben zitierte Ansicht, dass der Gesetzgeber ein aufwändiges und wirtschaftlich sinnloses Umhängen von Beteiligungen gerade vermeiden wollte[158], so dass ein Erreichen des Schwellenwertes allein durch zugerechnete Anteile unschädlich ist[159].

b) Zurechnungsfragen

Nach Art. 15 III 1 ÜbRL haben die Mitgliedstaaten sicherzustellen, dass Vorschriften in Kraft sind, nach denen sich berechnen lässt, wann der Schwellenwert erreicht ist. Da eine Berechnung des Haltens eigener Anteile im Regelfall keine Schwierigkeiten aufwirft, bezieht sich die Anordnung insbesondere auf Zurechnungsfragen. Solche sind gerade deswegen von großer praktischer Bedeutung, weil die überwiegende Zahl deutscher Aktiengesellschaften einem Konzern angehört[160]. In Bezugnahme auf oben[161] ist zunächst festzuhalten, dass unter die Terminologie „Zurechnung" gerade keine dem Bieter zugänglichen Gestaltungsmöglichkeiten wie schuldrechtliche Abreden oder dingliche Übertragungen fallen. Ebenfalls keine Frage der Zurechnung zum Erreichen der Ausschlussmehrheit ist das sog. *acting-in-concert* aus § 30 II WpÜG, bei dem nur Stimmrechte zugerechnet werden, nicht jedoch die dingliche Berechtigung an den Wertpapieren[162]. Das *acting-in-concert* ist damit nicht geeignet, beteiligungserhöhend auf die Ausschlussschwelle des § 39a I 1 WpÜG zu wirken. Von dem Begriff „Zu-

156 *Sieger/Hasselbach*, ZGR 2002, 120, 134.

157 Im Ergebnis wohl auch *Koppensteiner* in: KölnKommAktG, § 327a AktG, Rn. 7.

158 So zu § 327a AktG: BT-Drs. 14/7034, S. 72; *Hasselbach* in: KölnKommWpÜG, § 327a AktG, Rn. 16; *Vetter*, ZIP 2000, 1817, 1819.

159 Dies sieht inzwischen auch die Rspr. so: *OLG Köln*, AG 2004, 39, 41; *OLG Köln*, Konzern 2004, 30, 34; *OLG München*, DB 2004, 1356, 1357; außerdem aus der Literatur: *Fleischer*, ZGR 2002, 757, 775; *Hasselbach* in: KölnKommWpÜG, § 327a AktG, Rn. 28; *Maslo*, NZG 2004, 163, 168; *Steinmeyer/Häger*, § 327a AktG, Rn. 26; *Schnurbein*, AG 2005, 725, 731; A.A.: *Habersack* in: Emmerich/Habersack, KonzernR, § 327a AktG, Rn. 17; *Grzimek* in: Geibel/Süßmann, § 327a AktG, Rn. 50 (alle zur Diskussion bei § 327a AktG); *Grunewald* in: MünchKommAktG, § 327a AktG, Rn. 7; wie hier zu § 39a WpÜG: *Santelmann*, § 39a WpÜG, Rn. 17.

160 *Vetter*, DB 2001, 743.

161 Vgl. oben, S. 43 f.

162 A.A. offenbar *Holzborn/Peschke*, BKR 2007, 101, 105f.

rechnung" werden im Folgenden lediglich die in § 39a II WpÜG gesetzlich normierten Tatbestände erfasst, die auch ohne aktives Zutun des Bieters in die Berechung des Schwellenwerts einfließen.

aa) Berechnungsgrundlage: Reduziertes Grundkapital (§ 39a II WpÜG, § 16 II AktG)

Nach der Verweisungsvorschrift des § 39a II WpÜG, § 16 II AktG ergibt sich zunächst, dass die Bestimmung der Höhe der Mehrheitsbeteiligung durch den Hauptaktionär sich nicht am satzungsmäßigen, sondern am reduzierten Grundkapital orientiert. Denn gemäß § 16 II 2, 3 AktG sind etwaige durch das *target* selbst gehaltene Aktien einschließlich der Anteile, die einem anderen für Rechnung des Unternehmens gehören, vorab vom Grundkapital abzuziehen. Trotz seiner formalen Aktionärsstellung kann dem *target* beim Halten eigener Aktien damit kein Gewicht zukommen. Es ist somit bei der Berechnung des (stimmberechtigten) Grundkapitals nicht zu berücksichtigen[163].

bb) Zurechnung von Anteilen (§ 39a II WpÜG, § 16 IV AktG)

Weiterhin sind gemäß § 39a II WpÜG, § 16 IV AktG zu den gegebenenfalls unmittelbar selbst gehaltenen Aktien des Bieters solche hinzuzurechnen, die ein von diesem abhängiges Unternehmen hält; außerdem solche, die von einem Dritten für Rechnung des Bieters oder eines von ihm abhängigen Unternehmens gehalten werden[164]. Der Verweis des § 39a II WpÜG auf § 16 II, IV AktG, der inhaltlich § 327a II AktG entspricht, ist nicht unumstritten. So wurde argumentiert, die aktienrechtlichen Zurechnungsvorschriften eigneten sich nicht für eine Zurechnung im Übernahmerecht, denn in erster Linie gehe es beim übernahmerechtlichen Squeeze-Out um eine Mehrheit am stimmberechtigten Grundkapital und nicht am Grundkapital an sich[165]. Insofern müsse auf eine Vorschrift zurückgegriffen werden, die eine Zurechnung von Stimmrechten vermittele. Es empfehle sich daher, auf § 30 WpÜG zurückzugreifen, der nur auf Aktien abstelle, die auch Stimmrechte vermittelten. Außerdem bewege man sich auf diese Weise systematisch geschlossen im WpÜG. Ein solches Vorgehen habe außerdem den Vorteil, dass eine Übereinstimmung mit § 22 WpHG erreicht würde, wodurch den

---

163 So auch *Hasselbach* in: KölnKommWpÜG, § 327a AktG, Rn. 35.

164 Schließlich werden dem Bieter noch solche Aktien zugerechnet, die er als Einzelkaufmann privat hält. Diese Konstellation hat aber bei der Übernahme börsennotierter Unternehmen kaum Relevanz und ist darüber hinaus unproblematisch; sie soll daher hier unberücksichtigt bleiben.

165 *Austmann/Mennicke*, NZG 2004, 846, 848; *Hopt/Mülbert/Kumpan*, AG 2005, 109, 117; *Schüppen/Tretter*, in: FrankfKommWpÜG, vor § 327a AktG, Rn. 39; dem zugeneigt wohl auch *Santelmann* in: Steinmeyer/Häger, § 39a WpÜG, Rn. 21.

Vorschriften der Transparenzrichtlinie[166] genügt würde; damit würde gleichzeitig eine europarechtliche Akzeptanz der Zurechnungsvorschrift erreicht[167].

Diesen Erwägungen ist jedoch aus mehreren Gründen zu widersprechen, denn die von Art. 15 III 1 ÜbRL geforderte Berechnungsmöglichkeit bezieht sich gerade nicht auf Stimmrechte per se, sondern auf Kapitalanteile, die Stimmrechte vermitteln. Daher würde eine Berechnung, die sich isoliert auf die Ausübungsmöglichkeit von Stimmrechten bezieht, an den falschen Zurechnungsträger anknüpfen, weil eine Zurechnung von Stimmrechten nicht zwangsläufig einer Zurechnung von Kapitalanteilen entsprechen muss. Auch verfängt das Argument einer besonderen europarechtlichen Akzeptanz des § 30 WpÜG nicht: Erstens ist eine europarechtliche Legitimation der Zurechnungstatbestände nicht erforderlich, weil die Richtlinie ausweislich Art. 15 III 1 ÜbRL die Berechnung des Schwellenwertes allein den Mitgliedstaaten überlässt; zweitens ist auch in materieller Hinsicht ein Einfluss der Transparenzrichtlinie auf § 39a II WpÜG nicht gegeben, da die Zurechnungstatbestände nicht dem Vertrauen der Anleger auf umfassende Informationen am Kapitalmarkt dienen sollen. Schließlich wäre die Bezugnahme auf § 30 WpÜG auch nicht praktikabel, da neben der Berechnung des Anteils am stimmberechtigten Grundkapital zusätzlich eine Berechnung des Anteils am gesamten Grundkapital zum Ausschluss der Vorzugsaktionäre nach § 39a I 2 WpÜG gegeben sein muss. Insofern müsste zumindest hinsichtlich der Vorzugsaktionäre auf eine nicht stimmrechtsbezogene Vorschrift, z.B. § 16 AktG, abgestellt werden, weil stimmrechtslose Vorzugsaktien von der Zurechnung nach § 30 WpÜG nicht erfasst werden[168]. Ein Aufteilen der Zurechnungstatbestände nach Stamm- und Vorzugsaktien würde aber eine unnötige Verkomplizierung darstellen, zumal beide Vorschriften regelmäßig zu gleichen Ergebnissen kämen. Der Verweis des § 39a II WpÜG auf § 16 II, IV AktG ist damit sachgerecht[169].

Die Zurechnung der Anteile der von § 16 IV AktG erfassten Unternehmen erfolgt nicht nur quotal in Höhe der gehaltenen Beteiligung, sondern vielmehr in voller Höhe[170]. Die Unternehmen, deren Anteile zugerechnet werden, werden dann trotz ihrer

166 Richtlinie 2004/109/EG, umgesetzt durch das Transparenzrichtlinie-Umsetzungsgesetz (TUG) und in Kraft getreten zum 20. Januar 2007, BGBl. 2007 I, 10; die Richtlinie hat die Steigerung der Informationsqualität der europäischen Kapitalmärkte zum Ziel. Die rechtzeitige Bekanntgabe zuverlässiger, umfassender und laufend aktualisierter Informationen über Wertpapieremittenten, aber auch über bedeutende Beteiligungen von Aktionären, soll das Vertrauen der Anleger nachhaltig steigern und eine fundierte Beurteilung von Geschäftsergebnis und Vermögenslage der Gesellschaften ermöglichen. Damit soll eine Verbesserung von Anlegerschutz und Markteffizienz einhergehen, vgl. *v. Rosen*, Börsen-Zeitung vom 5.1.2006, S. 6.

167 *Austmann/Mennike*, NZG 2004, 846, 848; zur Stimmrechtszurechnung nach § 30 WpÜG nach Umsetzung der Übernahmerichtlinie *Nelle*, ZIP 2006, 2057; im Zusammenhang mit Pflichtangeboten *Harbarth*, ZIP 2002, 321.

168 *von Bülow* in: KölnKommWpÜG, § 30 WpÜG, Rn. 34 i.V.m. § 29 WpÜG, Rn. 82 ff. m.w.N.

169 Wie hier *Heidel/Lochner* in: Heidel-HdbKMR, § 39a WpÜG, Rn. 33; *Seibt/Heiser*, AG 2006, 301, 318; *Holzborn/Müller* in: HeidelbKommAktG, §§ 39a-c WpÜG / Anh. § 327a AktG, Rn. 7.

170 *OLG Hamburg*, NZG 2003, 978; *LG Stuttgart*, DB 2005, 327; *Emmerich* in: Emmerich/Habersack, KonzernR, § 16 AktG, Rn. 9 ff.; *Hasselbach* in: KölnKommWpÜG, § 327a AktG, Rn. 37.

formalen (Minderheits-)Beteiligung am *target* nicht vom Ausschluss erfasst und verlieren damit weder ihre Aktionärsstellung, noch haben sie Anspruch auf eine angemessene Abfindung i.S.d. § 39a I 1, III WpÜG. Dies widerspricht auch nicht der *ratio legis* des übernahmerechtlichen Squeeze-Out: Zwar bestehen nach Ausschluss der Minderheit aus formaler Sicht wieder mehrere Aktionäre; aufgrund der von § 16 IV AktG aber vorausgesetzten „Beherrschungsmöglichkeiten" durch den Bieter sind divergierende Interessen am *target* faktisch ausgeschlossen, so dass der Sinn und Zweck der §§ 39a f. WpÜG erreicht ist.

cc) Sonderfälle: Kettenzurechnung und mehrgliedriger Konzern

Eine weitere Verschachtelung der Zurechnungstatbestände findet im Fall der Kettenzurechnung bzw. im mehrgliedrigen Konzern statt. Im Rahmen der Parallelvorschrift des § 327a AktG stellt sich sowohl bei der Kettenzurechnung als auch im mehrgliedrigen Konzern die Frage, wer Hauptaktionär i.S.d. der Vorschrift sein soll. Durch Zurechnung kann nämlich eine Beteiligung von mindestens 95% schon auf einer unteren Konzernstufe erreicht worden sein, die wegen § 16 IV AktG aber auch die darüber liegenden Konzerngesellschaften betrifft. Die h.M. nimmt ein Wahlrecht der Beteiligten an, wobei im Zweifelsfall dem zuerst den Ausschluss fordernden Aktionär der Vorzug zu geben sei[171]. Im Rahmen des § 39a WpÜG stellt sich diese Frage so nicht: Bieter im Sinne der Vorschrift kann nur derjenige sein, der zuvor das Übernahme- oder Pflichtangebot abgegeben hat. Welches Unternehmen in einem Konzern ein öffentliches Angebot abgibt, ist hingegen keine Frage der Anteilszurechnung des § 39a II WpÜG[172], sondern der internen Abstimmung im Konzernverbund.

dd) Unternehmenseigenschaft des Bieters erforderlich?

Angesichts des Wortlauts des § 16 IV AktG („...Anteile, die einem *Unternehmen* gehören...") stellt sich die Frage, ob eine Zurechnung der Anteile ausgeschlossen sein soll, wenn der Bieter nicht Unternehmen ist. Dies ist nach ständiger Rechtsprechung zumindest dann der Fall, wenn er als Gesellschafter, unabhängig von seiner Rechtsform, neben der Beteiligung noch andere wirtschaftliche Interessenbindungen aufweist[173]. Im Regelfall wird nach dieser Definition die Unternehmereigenschaft gegeben sein, weil neben der (mittelbaren) Beteiligung an der Zielgesellschaft die wirt-

---

171 Statt vieler: *Sieger/Hasselbach*, ZGR 2002, 120, 135 m.w.N.; *Rühland*, Diss. 2003, 198.

172 Diese Frage stellt sich vielmehr vorgeschaltet, nämlich dazu, wer Verpflichteter zur Abgabe einer Mitteilung nach §§ 35 I 1, 10 I 1, 2 WpÜG und zur Abgabe eines Pflichtangebots ist; vgl. dazu insbesondere die Ausführungen von *von Bülow* in: KölnKommWpÜG, § 35 WpÜG, Rn. 128: *von Bülow* regt an, die Regelung des § 24 WpHG zumindest in konzernverbundenen Unternehmen zu übernehmen; ebenso *Ekkenga/Hofschroer*, DStR 2002, 768, 776; dazu auch *Schneider*, ZGR 2007, 440, 445.

173 BGHZ 69, 334, 336; BGHZ 135, 107, 113; *BGH*, NJW 2001, 2973, 2974; in der Literatur ist diese Definition heute soweit ersichtlich unbestritten, vgl. statt vieler *Hüffer*, § 15 AktG, Rn. 8 m.w.N.

schaftliche Beteiligung am beherrschten Unternehmen wegen § 16 IV, II AktG gegeben ist. Der Hauptaktionär (bzw. im Fall der §§ 39a f. WpÜG: der Bieter) ist aber dann nicht zwingend Unternehmer, wenn gemäß § 16 IV 2. Var. AktG die Aktien von einem anderen für Rechnung des Hauptaktionärs gehalten werden, weil dann eine mehrfache wirtschaftliche Beteiligung nicht vorliegen muss[174]. Indes ist auch in diesem Fall eine fehlende Unternehmenseigenschaft unerheblich, weil der Verweis des § 39a II WpÜG richtigerweise nicht als vollständiger Rechtsgrundverweis auf alle Tatbestandsmerkmale des § 16 IV, II AktG verstanden werden darf. Vielmehr dient die Bezugnahme auf den aktien(konzern-)rechtlichen Tatbestand auch ausweislich der Regierungsbegründung[175] nur dem Ziel, eine klare Berechnung des Schwellenwertes gewährleisten zu können. Unerheblich ist hierfür, ob der Hauptaktionär Unternehmen ist oder nicht. Weiterhin soll wie oben beschrieben ein wirtschaftlich unnötiges Umhängen von Beteiligungen vermieden werden, was ebenfalls unabhängig von der Unternehmenseigenschaft des Bieters gelten muss[176]. Schließlich bestimmt § 2 IV WpÜG, dass „Bieter natürliche oder juristische Personen oder Personengesellschaften [sind], die [...] ein Angebot abgeben". Aus dieser Bestimmung lassen sich ebenso wenig wie aus den Regelungen der Übernahmerichtlinie[177] zusätzliche Anforderungen, etwa an eine Unternehmenseigenschaft, ableiten. Deshalb wird man § 39a II WpÜG als lediglich eingeschränkten Rechtsgrundverweis zu sehen haben[178] mit der Folge, dass bezogen auf den Bieter der Begriff des Unternehmens unberücksichtigt bleibt.

c) Erhöhung der Beteiligung neben dem Übernahmeangebot

aa) Enger zeitlicher Zusammenhang

Der zu überschreitende Schwellenwert von 95% zumindest der stimmberechtigten Aktien muss nicht unmittelbar durch Annahme des Übernahme- oder Pflichtangebots erreicht werden. Ausweislich der Regierungsbegründung[179] genügt es, dass diejenigen Faktoren, die zu einer Erhöhung der Anteilsbeteiligung des Hauptaktionärs führen, „in

---

174 *Koppensteiner* in: KölnKommAktG, § 327a AktG, Rn. 8.

175 BT-Drs. 16/1003, S. 22, unter Verweis auf §§ 327a ff. AktG, dort BT-Drs. 14/7034, S. 72; in BT-Drs. 14/7034, S. 72 heißt es sogar: „Danach ist begrifflich Hauptaktionär auch derjenige, dem durch die Zurechnung von Anteilsbesitz 95 Prozent der Anteile gehören." Auch hier fehlt ein Verweis auf eine Unternehmenseigenschaft, vielmehr wird als einziges konstituierendes Merkmal das Halten eines ausreichenden Aktienanteils vorausgesetzt.

176 *Maslo*, NZG 2004, 163, 166.

177 Art. 2 I c) ÜbRL lautet: „«Bieter» ist jede natürliche oder juristische Person des öffentlichen Rechts oder des Privatrechts, die ein Angebot abgibt." – auch in den Materialien zur Übernahmerichtlinie finden sich keine weiterführenden Hinweise.

178 Die h.M. nimmt zu § 327a AktG wohl stillschweigend einen (vollständigen) Rechtsgrundverweis auf die Unternehmereigenschaft an; diese wird über eine teleologische Reduktion dann aber für nicht erfolrderlich gehalten, vgl. *Koppensteiner* in: KölnKommAktG, § 327a AktG, Rn. 8; *Ehricke/Roth*, DStR 2001, 1120.

179 BT-Drs. 16/1003, S. 21, re.Sp..

engem zeitlichen Zusammenhang mit dem Angebot stehen". Auf welche Weise ein zusätzlicher Beteiligungserwerb durchgeführt wird, ist unerheblich[180].

Eine solche Erhöhung der Beteiligung im Anschluss an das öffentliche Angebot ist europarechtlich zulässig. Der Wortlaut sowohl des Art. 15 I ÜbRL („*im Anschluss* an ein [...] Angebot") als auch des Erwägungsgrundes 24 der ÜbRL („*im Zuge* eines Übernahmeangebots") deuten nicht darauf hin, dass die Ausschlussbeteiligung allein durch die Annahme des vorausgehenden Übernahme- oder Pflichtangebots erreicht werden muss, sondern fordern das Erreichen der Ausschlussbeteiligung in zeitlicher Nähe zum Angebot. Dies ergibt sich daneben aus einem Umkehrschluss zu Art. 15 II b) ÜbRL (sog. englisches Konzept), der die Ausschlussbeteiligung allein an das Erreichen des Schwellenwertes durch eine entsprechend hohe Annahmebereitschaft des Angebots seitens der betroffenen Aktionäre knüpft, dem aber mit der Hinwendung Deutschlands zur kontinentaleuropäischen Lösung eine Absage erteilt wurde. Es stellt sich indes die Frage, in welchem Zeitraum ein solcher enger zeitlicher Zusammenhang noch gegeben sein soll und vor allem, ob es sich hierbei um einen Zeitpunkt handeln soll, der der Angebotsfrist nachgelagert ist oder ob Parallelerwerbe nur innerhalb der Angebotsfrist zulässig sein sollen[181]. Eine Beschränkung bilateraler Erwerbe allein auf die Angebotsfrist würde dem Sinn und Zweck der Zulässigkeit etwaiger Zukäufe kaum gerecht werden. Oftmals wird der Bieter bis unmittelbar vor Ende der Angebotsfrist nicht vollständig absehen können, ob er eine für den Ausschluss ausreichende Beteiligung erreichen wird. Hat der Bieter bis kurz vor Ende die Ausschlussschwelle nicht erreicht und ist somit auf Zukäufe von Dritten angewiesen, wird man ihm das Recht einräumen müssen, diese Abreden in einer angemessenen Zeit prüfen und durchführen zu können. Dafür wird die restliche Angebotsfrist aber in der Regel nicht ausreichend sein. Insofern kann sich der „enge zeitliche Zusammenhang" auch auf Zukäufe beziehen, die erst nach Ablauf der Annahmefrist getätigt worden sind.

Die Materialien bieten keinen Hinweis zur Bestimmung des konkreten Zeitraums, so dass davon ausgegangen werden kann, dass der Gesetzgeber die Klärung dieser Frage bewusst den Fachgerichten überlassen hat. In der Literatur ist zu dieser Frage noch nicht vertieft Stellung genommen worden[182]. Allerdings wird man den Rahmen

---

180 *Meyer*, WM 2006, 1135, 1142; *Seibt/Heiser*, AG 2006, 301, 317.

181 Diese zeitliche Beschränkung bezieht sich nur auf solche Beteiligungserhöhungen, die dem öffentlichen Angebot *nachgelagert* sind. Wann der Bieter seine dem Angebot zeitlich vorgelagerten Beteiligungen erworben hat, ist unerheblich. Eine andere Auslegung würde den Anwendungsbereich des Squeeze-Out in der Praxis gegenstandslos werden lassen, weil kleinere Unternehmensbeteiligungen oft jahrelang vor dem Ausschlussverfahren durch den Bieter gehalten wurden und somit der enge zeitliche Zusammenhang zu verneinen wäre - a.A. offenbar *Paefgen*, WM 2007, 765, 766, der sich aus diesem Grunde auch gegen eine zeitliche Beschränkung ausspricht; dies ist wegen der hier vertretenen Auffassung nicht notwendig.

182 Mit Ausnahme von *Paefgen*, WM 2007, 765, 766, der eine Einschränkung vollständig ablehnt und *Deilmann*, NZG 2007, 721, 722 f.: „Erwerbsvorgänge binnen vier Wochen dürften wohl noch in einem engen zeitlichen Zusammenhang stehen, wohl aber kaum solche über einen Zeitraum von mehr als drei Monaten.". *Deilmann* weist zutreffend darauf hin, dass ein lägerer Zeitraum als drei Monate untauglich wäre, weil die Antragsfrist des § 39a IV 1 WpÜG ansonsten abgelaufen wäre.

angesichts des ausdrücklichen Willens des Gesetzgebers („*enger* zeitlicher Zusammenhang“) nicht zu weit fassen dürfen. Dafür sprechen auch der Zweck der §§ 39a ff. WpÜG als Annex zu einem erfolgreichen öffentlichen Angebot und die Tatsache, dass der Bieter in jedem Fall auf den aktienrechtlichen Squeeze-Out zurückgreifen kann, wenn er den erforderlichen Schwellenwert auch durch zusätzliche Maßnahmen im Anschluss an das Angebot nicht erreichen kann.

Eine Bezugnahme auf die Frist des § 39a IV 1 WpÜG, nach der der Bieter den Antrag auf Ausschluss der Aktionärsminderheit spätestens drei Monate nach Ablauf der Angebotsfrist stellen muss, wäre verfehlt[183]. Wenn der Gesetzgeber einen Gleichlauf zwischen der Antragsfrist und dem engen zeitlichen Zusammenhang hätte herstellen wollen, hätte er dies durch einen entsprechenden Hinweis in den Gesetzgebungsmaterialien deutlich machen und somit Unsicherheiten bei der Auslegung des Begriffs vermeiden können.

Somit ist davon auszugehen, dass eine Gleichschaltung mit der Antragsfrist gerade nicht erreicht werden sollte, insbesondere, weil daneben ein Zeitraum von drei Monaten kaum noch ein *enger zeitlicher Zusammenhang* mehr sein dürfte. Außerdem beruht die Antragsfrist des § 39a IV 1 WpÜG auf zwingenden Vorgaben der Richtlinie (Art. 15 IV), die gerade keine Aussage zu Beteiligungserhöhungen neben dem öffentlichen Angebot trifft[184]. Es besteht also kein Bezug zwischen der Antragsfrist und dem hier fraglichen Zeitraum. Andere Fristen, die als Maßstab herangezogen werden könnten, enthalten weder das WpÜG noch die ÜbRL, allenfalls könnte auf die weitere Annahmefrist des § 16 II WpÜG abgestellt werden mit der Folge, dass der Bieter zwei Wochen Zeit hätte, die Ausschlussschwelle des § 39a I WpÜG zu erreichen[185]. Die weitere Annahmefrist dient aber dazu, den Aktionären auch nach Ablauf der Angebotsfrist eine Annahme zu ermöglichen, um sie vor einer vorschnellen Entscheidung über das Angebot des Bieters zu schützen. Damit handelt es sich um eine aktionärsschützende Norm, die mit dem hier diskutierten Fall einer Beteiligungserhöhung des Bieters systematisch nicht vergleichbar ist. Daneben erscheint eine zweiwöchige Frist nach Ablauf der Angebotsfrist als zu kurz, um weitere bilaterale Zukäufe zu tätigen. Wenn man einen Nacherwerb in engem zeitlichem Zusammenhang mit dem Angebot zulässt, muss der Zeitraum in einer Weise bemessen sein, die dem Bieter Zukäufe auch tatsächlich ermöglicht.

Dies ist auch dann von Bedeutung, wenn man -wie in dieser Arbeit vertreten- den Ablauf der Squeeze-Out-Frist erst nach etwaigen Verlängerungen der Angebotsfrist beginnen lässt (vgl. S. 150 ff.), weil auch dann erst mit Abaluf der Annahmefrist die Frist des § 39a IV 1 WpÜG in Gang gesetzt wird.

183 A.A. wohl *Holzborn/Müller* in: HeidelbKommAktG, §§ 39a-c WpÜG / Anh. § 327a AktG, Rn. 7 unter Verweis auf BT-Drs. 16/1003, S. 21, in der ein entsprechender Hinweis aber fehlt.

184 Vgl. z.B. die englische Regelung, nach der der erforderliche Schwellenwert „aus dem Stand übersprungen“ werden muss, also allein durch eine ausreichende Annahme des öffentlichen Angebots erreicht werden kann: Art. 15 II b) ÜbRL und Sec. 979 (2) CA.

185 So wohl *Meyer*, WM 2006, 1135, 1142; *Seibt/Heiser*, AG 2006, 301, 318.

Auch wenn der Versuch der Bestimmung eines Zeitraums damit letztlich willkürlich bleibt, wird man aufgrund der dargestellten Erwägungen praxisbezogen davon auszugehen haben, dass dem Bieter nach Ende der Annahmefrist eine Zeitspanne von sechs Wochen zugestanden werden muss, um auch bei unerwartet geringer Annahme seines öffentlichen Übernahmeangebots weitere Beteiligungserhöhungen realisieren zu können. Diese zusätzliche Frist sollte als Zugeständnis an den Bieter aufgefasst werden, eine (knapp) verfehlte 95%-Mehrheit am Zielunternehmen doch noch erreichen zu können. Für eine solche Korrektur ist aber ein Zeitraum von maximal sechs Wochen ausreichend; eine weitere Ausdehnung der Frist stünde nicht mehr im Einklang mit der *ratio legis* eines unmittelbar an ein Übernahmeangebot anknüpfenden Ausschlussverlangens.

bb) Erhöhung der Beteiligung durch Vor-, Nach- und Zwischenerwerbe

Laut Regierungsbegründung ist es unerheblich, auf welche Art und Weise der Bieter die Ausschlussmehrheit erreicht hat[186]. Dies ist sinnvoll, weil insbesondere nach Übernahme des kontinentaleuropäischen Konzeptes[187] die englische Systematik vermieden werden sollte, nach der der Bieter die erforderliche Mehrheit allein durch Annahme des öffentlichen Angebots erreichen muss. Daher sollen die in der Praxis besonders relevanten Maßnahmen zur Erhöhung der Anteilsbeteiligung daraufhin untersucht werden, ob und wie sie sich auf das Erreichen des 95%-Schwellenwerts auswirken.

α) Paketerwerbe

Die in der Praxis bedeutsamste[188] Methode zur Erhöhung der Beteiligung, insbesondere im Vorfeld eines öffentlichen Angebots, sind sog. Paketerwerbe. Durch einen (bedingten) Kaufvertrag über die Anteile eines maßgeblich beteiligten Aktionärs sichert sich der Bieter bereits einen gewissen Prozentsatz der Anteile an der Zielgesellschaft. Unterschieden werden Paketerwerbe mit und ohne Bedingungszusammenhang zum Angebotserfolg (sog. konditionierter bzw. unkonditionierter Erwerb[189]). Bei ersteren wird die Vereinbarung an die Bedingung geknüpft, dass durch die Annahme des öffentlichen Angebots zumindest eine gewisse Beteiligungsschwelle erreicht wird. Dies hat den Vorteil für den Bieter, dass er nicht das wirtschaftliche Risiko des Paketerwerbes trägt, wenn die Übernahme im Übrigen scheitert. In der Praxis werden Paketerwerbe jedoch regelmäßig nicht an eine derartige Bedingung geknüpft. Der dingliche Vollzug zumindest eines mehrheitsvermittelnden Paketerwerbs wird aber häufig auf einen Zeitpunkt verschoben, der der Veröffentlichung der Entscheidung zur Abgabe eines Angebots gemäß § 10 I 1, III 1 WpÜG nachgelagert ist. Sinn und Zweck dieser

---

186 BT-Drs. 16/1003, S. 21.

187 Vgl. oben S. 28 ff.

188 *Kossmann/Horz*, NZG 2006, 481 ff.; *Wastl*, NZG 2000, 505 f.; *Johannsen-Roth/Illert*, ZIP 2006, 2157.

189 Dazu jüngst auch *Deilmann*, NZG 2007, 721 f.

Verlagerung ist es, ein Pflichtangebot nach § 35 III WpÜG zu vermeiden und den zu zahlenden Mindestwert, der sich gemäß § 5 WpÜG-AngVO nach dem gewichteten durchschnittlichen Börsenkurs der letzten drei Monate vor Veröffentlichung nach § 10 WpÜG[190] bestimmt, „einzufrieren"[191].

Paketerwerbe sind nach dem ausdrücklichen Willen des Gesetzgebers bei Berechnung der 95%igen Beteiligungsschwelle zu berücksichtigen[192]. Finden sie nach Abschluss des Übernahmeangebots statt, sind sie in einem engen zeitlichen Zusammenhang[193], nach hier vertretener Auffassung also spätestens nach sechs Wochen, durchzuführen. Der problematischere Einfluss von Paketerwerben auf die Annahmequote des § 39a III 3 WpÜG wird im Rahmen der Diskussion der Abfindung unten[194] behandelt.

β) Irrevocables

Ein den Paketerwerben ähnliches Instrument bilden die sog. *irrevocable undertakings*[195], kurz: *irrevocables*. Diese stellen einseitig[196] verpflichtende Vorverträge dar, durch die sich der Inhaber einer maßgeblichen Unternehmensbeteiligung verpflichtet, das vom Bieter durchgeführte Übernahme- oder Pflichtangebot anzunehmen. *Irrevocables* werden zu einer immer wichtigeren Alternative zu Paketerwerben[197], weil sie mindestens ebenso flexibel gestaltet werden können und darüber hinaus weitere Vorzüge bieten: Erstens muss der Bieter im Gegensatz zu einem Aktienpaket die Beteiligungen nur dann erwerben, wenn er tatsächlich ein öffentliches Übernahmeangebot abgibt; zweitens hat die Annahme des öffentlichen Übernahmeangebots durch einen bedeutenden Großaktionär eine Indizwirkung für die strategische Logik des Angebots

190 *Mülbert*, NZG 2004, 633, 640 hält Mindestpreisregeln für öffentliche Übernahmeangebote (§ 31 WpÜG) im Lichte der Übernahmerichtlinie für unzulässig und damit für europarechtswidrig; diese Auffassung, für die *Mülbert* beachtliche Argumente anführen kann, ist jedoch bis jetzt nicht verbreitet aufgegriffen worden, wohl auch deswegen, weil mit einem Fall der Mindestpreisregeln ein das WpÜG in zentraler Weise formendes Element wegfiele; vgl. auch *Mülbert*, ZIP 2001, 1221, 1223 ff.; im Rahmen dieser Arbeit würde eine vertiefte Auseinandersetzung mit dieser Frage jedoch den gebotenen Rahmen überschreiten.

191 Ausführlich dazu *Kossmann/Horz*, NZG 2006, 481 ff.

192 BT-Drs. 16/1003, S. 21.

193 BT-Drs. 16/1003, S. 21.

194 Vgl. S. 152 f.

195 Diese werden auch unter der Bezeichnung (*soft/hard*) *tender commitments* geführt, vgl. *Süßmann* in: Geibel/Süßmann, § 39a WpÜG, Rn. 10.

196 Praktisch möglich, aber seltener sind zweiseitig verpflichtende *irrevocables*, bei denen sich der Bieter verpflichtet, das Übernahme- oder Pflichtangebot abzugeben; diese sind dann als sog. „*hard irrevocables*" oder „*hard tender commitments*" ausgestaltet, d.h. die Verpflichtung des Dritten zur Annahme besteht auch dann noch, wenn im Rahmen eines konkurrierenden Angebots eine höhere Gegenleistung angeboten wird.

197 *von Riegen*, ZHR 2003, 703, 704.

und damit insbesondere für die Angemessenheit der Gegenleistung. Dadurch kann die Akzeptanz des Angebots am Markt deutlich verbessert werden[198].

Irrevocables können bei Berechnung des Schwellenwertes von 95% berücksichtigt werden. Vorraussetzung ist unter Anwendung der allgemeinen Grundsätze, dass der Bieter Eigentümer der vom Vorvertrag erfassten Beteiligung geworden ist. Zu beachten ist dabei, dass dies erst dann der Fall ist, wenn der aus der Annahme des Angebots entstehende Kaufvertrag vollzogen wird[199]. Insofern können kartellrechtliche Verzögerungen oder Finanzierungsschwierigkeiten den Vollzug hinauszögern. Wie oben ausgeführt, hindert dies aber wegen § 39a IV 2 WpÜG nicht an der Durchführung des Ausschlusses. Hinsichtlich des Einflusses von *irrevocables* auf die Annahmequote des § 39a III 3 WpÜG wird auf unten[200] verwiesen.

γ) Bezugsrechte

In der Praxis seltener, aber rechtlich ungleich schwieriger zu beurteilen, ist die Behandlung von Bezugsrechten[201] im Rahmen der Schwellenberechnung. Diese Frage ist im Rahmen des aktienrechtlichen Squeeze-Out umstritten und hat auch durch die Umsetzung der Übernahmerichtlinie –anders als z.B. im französischen Recht[202]– keine gesetzliche Regelung erfahren. Als Bezugsrechte sollen in diesem Kontext Wandel-[203] und Optionsanleihen[204], Aktienoptionen[205] und Optionsscheine nach § 221 AktG[206] gelten. Diesen ist gemeinsam, dass sie einen (bedingten) Anspruch auf Abschluss eines Zeichnungsvertrages[207] mit der begebenden Kapitalgesellschaft über eine bestimmte Anzahl von Aktien zu einem vorher festgelegten Entgelt und in einem bestimmten Zeitraum begründen[208]. Zur Erfüllung dieses Aktienverschaffungsanspruchs wird dabei regelmäßig eine bedingte Kapitalerhöhung gemäß § 192 ff. AktG durchgeführt[209].

---

198 *von Riegen*, ZHR 2003, 703, 706.

199 *von Riegen*, ZHR 2003, 703, 731; zu den kapitalmarktrechtlichen Folgeproblemen wie Mitteilungs- und Ad-hoc-Pflichten vgl. ebenfalls *von Riegen*, ZHR 2003, 703, 723 ff.

200 Vgl. S. 152 f.

201 Grundlegend dazu *Alexandropoulou*, S. 48 ff. und 97 ff..

202 Art. 237-14 (2) RegAMF; zur Rechtslage in Frankreich nach Umsetzung der Übernahmerichtlinie ausführlich unten, S. 121 f.

203 Sog. *convertible bond*, Wandelschuldanleihe im engeren Sinne.

204 Sog. *option bond, bond with warrant*, Wandelschuldanleihe im weiteren Sinne.

205 Sog. *stock options*.

206 Sog. *naked warrant*.

207 Rechtlich möglich, aber in der Praxis selten, ist die Abrede der Beteiligten, dass mit der Ausübung einer Option ohne weiteres die dingliche Übertragung der Aktie erfolgt (dingliche Option), vgl. *Cahn*, S. 39; im Vergleich zu Paketerwerben und *irrevocables* von Riegen, ZHR 2003, 703, 722.

208 *Radlmeyer* in: Heidel-HdbKMR, § 221 AktG, Rn. 37; *Schäfer* in: Schwintowski/Schäfer, Bankrecht, Commercial Banking, Investmentbanking, § 20, Rn. 54; *Kümpel*, Rn. 13.89.

209 Möglich ist auch eine Bedienung aus zuvor zurückgekauften eigenen Aktien, § 71 I Nr. 2, Nr. 8 AktG (vgl. *Roschmann/Erwe* in: Harrer, Rn. 188 ff.), wovon in der Praxis allerdings selten Gebrauch gemacht wird. Auch wenn sich die folgenden Ausführungen auf Bezugsrechte beziehen,

Es erscheint zumindest möglich, dass Bezugsrechte dann in die Berechnung der 95%-Schwelle mit einfließen, wenn entweder der Bieter oder ein Dritter, dessen Anteile dem Bieter gemäß § 16 IV AktG zuzurechnen sind, Berechtigter ist. Dies gilt umso mehr, als zumindest nach der Zurechnungsnorm des § 30 WpÜG gemäß Abs. 1 Nr. 5 Stimmrechte aus Anteilen zugerechnet werden, die durch einseitige[210] Willenserklärung erworben werden können[211]. Außerdem, so wird vertreten[212], seien Bezugsrechte schon deshalb zu berücksichtigen, weil der Bieter den Ausschluss ansonsten auch in Fällen durchführen könnte, in denen die übrigen Aktionäre der Gesellschaft zumindest potentiell eine die gesetzliche 5%-Grenze weit übersteigende Beteiligung halten könnten. Weil in einem solchen Fall durch Ausübung von einseitigen Willenserklärungen die Ausschlussvoraussetzungen nicht mehr vorlägen, sei eine zurückhaltende Anwendung des Squeeze-Out geboten[213].

Dieser Auffassung ist jedoch aus verschiedenen Gründen nicht zuzustimmen: Der Bezug auf § 30 I Nr. 5 WpÜG unterstützt gerade das Gegenargument, denn zu dieser Norm wird ganz überwiegend vertreten, dass Bezugsrechte gerade nicht unter den Tatbestand fallen[214]. Die Aktien, auf die diese sich beziehen, sind vor Ausübung regelmäßig noch nicht entstanden, so dass zurechnungsfähige Stimmrechte noch gar nicht bestehen[215]. Es bedarf außerdem regelmäßig einer Mitwirkung der Zielgesellschaft, womit ein Erwerb durch einseitige Willenserklärung nicht in Betracht kommt. Insofern spricht § 30 I Nr. 5 WpÜG gerade gegen einen Einfluss von Bezugsrechten auf die 95%-Schwelle des § 39a I WpÜG. Hinsichtlich der bieterseitigen Bezugsrechte spricht gegen eine Berücksichtigung –neben der eigentlich selbstverständlichen Motivation des Bieters, seine Rechte wenn möglich[216] auszuüben, um die erforderliche Ausschlussschwelle zu erreichen–, dass ihm eine Ausübung zuzumuten ist[217]. Denn wenn er schon ein aufwändiges öffentliches Übernahmeangebot abgibt, stellt die Ausübung der gehaltenen Bezugsrechte daneben keine unzumutbare Belastung dar, um die An-

die durch bedingtes Kapital unterlegt sind, gelten sie entsprechend für Fälle, in denen der Verschaffungsanspruch durch § 71 I Nr. 2, Nr. 8 AktG gedeckt ist.

210 *von Bülow* in: KölnKommWpÜG, § 30 WpÜG, Rn. 83; *Oechsler* in: Ehricke/Ekkenga/Oechsler, § 30 WpÜG, Rn. 16.

211 *Fleischer*, ZGR 2002, 757, 776.

212 *Hasselbach* in: KölnKommWpÜG, § 327a AktG, Rn. 34; diese Ansicht entspricht der englischen Rechtslage, die in Secs. 971 (2) (a), 989 CA, die *convertibles* ausdrücklich den *shares* gleichstellen.

213 *Hasselbach* in: KölnKommWpÜG, § 327a AktG, Rn. 34; *Sieger/Hasselbach*, ZGR 2002, 120, 137.

214 Dies gilt für den Regelfall eines durch Ausübung des Optionsrechts begründeten Schuldverhältnisses: *Steinmeyer/Häger*, § 30 WpÜG, Rn. 40; *Diekmann* in: Baums/Thoma, § 30 WpÜG, Rn. 59; *Sohbi* in: Heidel-HdbKMR, § 30 WpÜG, Rn. 12; *Walz* in: FrankfKommWpÜG, § 30 WpÜG, Rn. 48f.; *Oechsler* in: Ehricke/Ekkenga/Oechsler, § 30 WpÜG, Rn. 16; a.A. wohl nur *Schneider* in: Assmann/Pötzsch/Schneider, § 30 WpÜG, Rn. 70; anderes gilt für den Fall einer dinglichen (s.o.) Option, *Noack* in: SchwarkKMRK, § 30 WpÜG, Rn. 8.

215 *von Bülow* in: KölnKommWpÜG, § 30 WpÜG, Rn. 96.

216 Dies kann dann nicht möglich sein, wenn der regelmäßig begrenzte Zeitraum zur Ausübung noch nicht erreicht ist.

217 *Fleischer*, ZGR 2002, 757, 776.

teilsbeteiligung am *target* zu erhöhen. Eine besondere Schutzwürdigkeit von Dritten, die dem Bieter nicht zuzurechnende Bezugsrechte halten, ist ebenfalls nicht gegeben. Denn sie sind mangels ausgeübter Rechte noch nicht Minderheits*aktionäre*[218], und können damit aus dem Bezugsrecht noch keine gesellschaftsrechtlichen Minderheitsrechte ableiten. Schließlich spricht für eine Nichtberücksichtigung, dass der Aktienverschaffungsanspruch regelmäßig durch eine bedingte Kapitalerhöhung unterlegt ist, vgl. oben. Kapital aus einer bedingten Kapitalerhöhung kann allerdings erst dann berücksichtigt werden, wenn die Erhöhungsmaßnahme wirksam durchgeführt worden ist. Dies ist gemäß § 200 AktG dann der Fall, wenn die Bezugsaktien ausgegeben sind[219]. Wenn aber nach der gesetzgeberischen Wertung das Grundkapital erst nach Ausgabe der Bezugsaktien erhöht ist, kann das reine Bezugsrecht keine Auswirkungen auf die Berechnung des relevanten Schwellenwertes haben.

Damit ist nun die Folgefrage zu beantworten, was mit den Bezugsrechten nach erfolgreicher Durchführung des Squeeze-Out geschieht, also zu einem Zeitpunkt, an dem der Bieter Alleinaktionär der Gesellschaft geworden ist. Dies ist deswegen von Bedeutung, weil Bezugsrechte nicht von einem Übernahme- oder Pflichtangebot erfasst werden, das sich ausweislich § 1 II WpÜG nur auf Aktien der Zielgesellschaft bezieht und § 2 II WpÜG ausdrücklich zwischen Aktien (Nr. 1) und anderen Wertpapieren (Nr. 2 – darunter fallen auch Bezugsrechte) unterscheidet[220].

Es besteht entweder die Möglichkeit, den Anspruch auf Bezug der Aktien der Zielgesellschaft aufrecht zu erhalten oder aber das Bezugsrecht zu einem Anspruch auf Barabfindung gegen das *target* umzuwandeln. Für letztere Möglichkeit spricht zunächst die Gleichbehandlung mit Minderheitsaktionären: Diese werden für den Verlust ihres Anteilseigentums gemäß § 39a I 1 WpÜG mit einer angemessenen Abfindung entschädigt. Es stellt sich daher die Frage, warum Gleiches nicht auch für Bezugsberechtigte gelten soll, die nach Ausübung der Bezugsrechte ebenfalls Minderheitsaktionäre wären und insofern nicht anders behandelt werden müssten. Es besteht also kein Grund dafür, den Bezugsrechtsinhabern Anteile an der Gesellschaft zu verschaffen. Fraglich ist auch, ob diese wirklich den Wunsch haben, in der Gesellschaft zu verbleiben; denn Optionsrechte bestehen oftmals nur in Höhe von Bruchteilen des Gesamtkapitals. Bei einer derartigen Kleinstbeteiligung ist ein effektiver Börsenhandel regelmäßig nicht mehr möglich, die Attraktivität der Anteile würde deutlich nachlassen. Aus Sicht der Praxis spricht für eine Umwandlung in einen Anspruch auf Abfindung auch, dass diese konform ist mit der höchstrichterlichen Rechtsprechung zur Behandlung von Optionsrechten bei der Mehrheitseingliederung nach den §§ 319 ff. AktG. Denn

---

[218] *Martens*, AG 1992, 209, 212, Fn. 13 weist darauf hin, dass Optionsberechtigte kein Mitspracherecht auf der Hauptversammlung haben.

[219] *Grzimek* in: Geibel-Süßmann, § 327a AktG, Rn. 42; *Sieger/Hasselbach*, ZGR 2002, 120, 137; *Wilsing/Kruse*, ZIP 2002, 1465, 1466; a.A. *Hüffer*, § 327a AktG, Rn. 14; die gemäß § 201 AktG notwendige Anmeldung zum Handelsregister hat dann nur noch deklaratorische Bedeutung, vgl. *Hüffer*, § 201 AktG, Rn. 2.

[220] *Versteegen* in: KölnKommWpÜG, § 2 WpÜG, Rn. 90.

im Fall Siemens/Nixdorf hatte der BGH entschieden[221], dass das Optionsrecht zum Bezug einer Aktie keinen stärkeren Bestandsschutz verdiene als das durch die Eingliederung entfallene Mitgliedschaftsrecht selbst[222]. Dies gelte unabhängig davon, ob man dem Optionsrecht aufgrund seiner weitgehenden Unentziehbarkeit durch Dritte bereits mitgliedschaftsähnlichen Charakter beimesse[223] oder es eher als schuldrechtliches Instrument sähe. Der Inhaber eines Optionsrechts habe somit keinen Anspruch mehr auf Verschaffung von Aktien der eingegliederten Gesellschaft, sondern analog §§ 320a, b AktG einen äquivalenten Abfindungsanspruch gegen die Hauptgesellschaft[224].

Spätestens mit diesem Urteil kann die Frage des rechtlichen Schicksals von Optionen nach erfolgter Eingliederung als geklärt gelten. Die Übertragbarkeit dieses Prinzips auf den Squeeze-Out wird hingegen insbesondere von *P. Baums* bestritten. Denn die Eingliederung sei ein Rechtsinstitut mit völlig anderen Rechtsfolgen[225]. Dies werde bereits an den „gläubiger"schützenden Vorschriften der §§ 321, 322 I AktG erkennbar, die einen Ausgleich für die weitgehenden Eingriffe der Hauptgesellschaft in ihre Rechte gewährleisten sollten. Die Gewährung eines Barausgleichs sei sinnvoll, da das Vorhandensein neuer Aktien in den Händen von Minderheitsaktionären zu einer Beendigung der Mehrheitseingliederung führe. Eine Eingliederung könne aber angesichts des abschließenden Kataloges des § 327 AktG nur in den dort genannten Fällen beendet werden, womit ein durch das Bezugsrecht vermittelter Anspruch auf Aktien der eingegliederten Gesellschaft nicht der Systematik der Eingliederung entspreche[226].

Diese Probleme bestünden nicht beim Squeeze-Out, da dieser –anders als die Eingliederung– wegen weniger weitreichenden Rechtsfolgen mehrmals wiederholt werden könne[227]. Angesichts dessen gäbe es keine Notwendigkeit, den Bezugsberechtigten ihre Rechte aus dem späteren Aktienverschaffungsanspruch zu entziehen. Vielmehr bestünde der Anspruch auf den Bezug von Aktien an der Zielgesellschaft fort. Denn der Alleinaktionär des *target*, der nach Ausübung der Rechte nun (nur noch) Hauptaktionär sei, könne jederzeit wieder die neuen Minderheitsgesellschafter ausschließen. Dies habe zumindest dann zu gelten, wenn die Berechtigten in ihrer Gesamtheit zum Bezug von weniger als 5% des stimmberechtigten[228] Grundkapitals berechtigt seien[229]. Sei dieser Grenzwert überschritten, wäre ein Squeeze-Out nicht mehr möglich. Dies entspreche der Sachlage, wenn die Bezugsrechte vor dem Ausschluss

---

221 *BGH*, AG 1998, 283f. mit zustimmenden Anmerkungen *Noack*, EWiR 1998, 483f.

222 so schon *OLG München*, WM 1993, 1285, 1288.

223 *Martens*, AG 1992, 209, 212.

224 *BGH*, AG 1998, 283 – Leitsatz.

225 *Baums*, WM 2001, 1843, 1848; *Friedl*, Konzern 2004, 309, 315 – beide Autoren beziehen sich auf den aktienrechtlichen Squeeze-Out nach den §§ 327a ff. AktG. Die Überlegungen lassen sich aber ohne weiteres auf die §§ 39a ff. WpÜG übertragen.

226 *Baums*, WM 2001, 1843, 1848; *Friedl*, Konzern 2004, 309, 315.

227 *Baums*, WM 2001, 1843, 1848; *Friedl*, Konzern 2004, 309, 315.

228 Dies gilt angesichts § 39a I 1 WpÜG für den übernahmerechtlichen Squeeze-Out; *Baums* und *Friedl* (s. Fn. 225) beziehen sich auf die §§ 327a ff. AktG, so dass sie auf das gesamte Grundkapital abstellen.

229 *Baums*, WM 2001, 1843, 1848.

ausgeübt worden wären, weil auch dann mangels einer Mehrheitsbeteiligung des Hauptaktionärs von 95% des stimmberechtigten Grundkapitals die Grundvoraussetzung zum Squeeze-Out fehle[230]. Durch die Einräumung von Bezugsrechten habe sich der Hauptaktionär gewissermaßen dauerhaft der Möglichkeit begeben, Alleinaktionär zu werden[231].

Dieser Auffassung ist nicht beizutreten. Erstens ist der Bieter im Rahmen des übernahmerechtlichen Squeeze-Out nicht deswegen weniger schutzwürdig, weil er Bezugsrechte an Aktionäre begeben hat. Zum einen werden diese von der Gesellschaft selbst und nicht von deren (Haupt)Aktionär gewährt, zum anderen hält in der Praxis der spätere Bieter zum Zeitpunkt der Begebung der Aktienoptionen nicht selten nur eine geringe oder gar keine Beteiligung am *target*, so dass er auch keinen Einfluss auf derartige Vorgänge nehmen kann. Zweitens ist der Bieter nach vollzogenem Squeeze-Out nicht weniger schutzwürdig als die Hauptgesellschaft bei der Eingliederung, denn die §§ 39a ff. WpÜG dienen ebenfalls dazu, größere unternehmerische Flexibilität zu erreichen[232]. Weiterhin stellt sich die Frage, warum eine wiederholte Eingliederung nicht möglich sein sollte, § 327 AktG steht dem jedenfalls nicht entgegen[233].

Entscheidend ist vielmehr, dass dem Bieter nach vorgenannter Ansicht überhaupt zugemutet wird, ein zweites oder gar mehrere Male den Ausschluss auf seine Kosten zu betreiben. Der Squeeze-Out hat schließlich zum Ziel, den Hauptgesellschafter dauerhaft zum Alleingesellschafter zu machen. Die *ratio legis* der §§ 39a ff. WpÜG würde unterlaufen, wenn dem Bieter durch Ausübung von Bezugsrechten ein erhöhter Verwaltungsaufwand und unternehmerische Einschränkungen entstünden, die er durch den Ausschluss gerade verhindern wollte[234]. Aber auch aus Sicht der Bezugsberechtigten ist *Baums* zu widersprechen. Denn sie würden nach einem Ausschluss – möglicherweise gegen ihren Willen– die im Regelfall wegen ihrer Illiquidität unattraktiven Aktien erhalten, nur um bei einem darauf folgenden zweiten Squeeze-Out schließlich endgültig aus der Gesellschaft gedrängt zu werden. Es wäre somit auch für sie effizienter, bereits nach Durchführung des ersten Squeeze-Out auf den Barabfindungsanspruch verwiesen zu sein[235].

Ein Bezugsrecht wandelt sich somit nach Rechtskraft des Ausschlussantrags nach § 39a IV 1 WpÜG in einen Anspruch auf Barabfindung gegen den Bieter[236]. Von die-

230 *Baums*, WM 2001, 1843, 1848.
231 *Baums*, WM 2001, 1843, 1848.
232 *Krieger*, BB 2002, 53, 61; zu den Zielsetzungen der §§ 39a ff. WpÜG vgl. oben; außerdem BT-Drs. 16/1003, S. 21.
233 *Ziemons* in: Schmidt/Lutter, § 327 AktG, Rn. 8 unter Verweis auf § 307 AktG, Rn. 6 f.
234 *Halm*, NZG 2000, 1162, 1165 erkennt in dieser Konsequenz ein „Störpotential", das der Intention des Gesetzes „diametral zuwiderlaufen" würde; ebenso im Ergebnis *Hüffer*, § 327b AktG, Rn. 3; *Gesmann-Nuissl*, WM 2002, 1205, 1207; *Schlitt/Seiler/Singhof*, AG 2003, 254, 267.
235 So auch *Grunewald*, ZIP 2002, 18.
236 Ob sich die gefundenen Ergebnisse durch analoge Anwendung der Regeln über die Mehrheitseingliederung erreichen lassen (so *DAV-Handelsrechtsausschuss*, NZG 2001, 420, 431) oder über eine erweiterte Auslegung der §§ 39a ff. WpÜG, kann letztendlich dahinstehen.

sem Grundsatz ist auch in Anbetracht der Siemens/Nixdorf-Rechtsprechung des BGH[237] nicht etwa dann eine Ausnahme zu machen, wenn Bezugsrechte ausgegeben sind, die in ihrer Gesamtheit 5% des stimmberechtigten Kapitals oder 5% des Grundkapitals des *target* übersteigen. Denn abgesehen von der Tatsache, dass bei börsennotierten Kapitalgesellschaften eine Begebung von Bezugsrechten in Höhe von mindestens 5% des (stimmberechtigten) Grundkapitals ein Ausnahmefall sein dürfte, kann allein aus der Möglichkeit zu deren Ausübung noch nicht geschlossen werden, dass sie auch tatsächlich ausgeübt werden[238]. Gerade bei langfristigen Optionsprogrammen wird zum Zeitpunkt des Squeeze-Out nicht abzusehen sein, ob und wann diese ausgeübt werden (können). Der Bieter müsste also das Risiko einer nur kurzzeitigen Stellung als Alleinaktionär tragen und jederzeit damit rechnen, einen zweiten Ausschluss durchführen zu müssen, der sich dann mangels vorausgehenden Übernahme- oder Pflichtangebotes nach den §§ 327a ff. AktG richten müsste mit der Verpflichtung zur Abhaltung einer Hauptversammlung und den damit verbundenen Anfechtungs- und Kostenrisiken. Das Auferlegen einer solchen Pflicht wäre gerade im Lichte von Sinn und Zweck der Ausschlussregelungen unverhältnismäßig, da möglicherweise nur ein einzelner Bezugsrechtsinhaber sein Recht ausübt und Aktien des *target* erhält. Insofern hat schon *Grunewald* hinsichtlich der Eingliederung auf die Widersprüchlichkeit hingewiesen[239], Bezugsrechte bei der Berechnung der Beteiligung des Hauptaktionärs außer Acht zu lassen, gleichzeitig aber eine Beschränkung der Strukturmaßnahme vornehmen zu wollen, wenn sich ausgegebene Bezugsrechte auf mehr als 5% des Grundkapitals beziehen[240].

Bezugsrechte wandeln sich damit ungeachtet ihres möglichen Anteils am (stimmberechtigten) Grundkapital des *target* in einen Anspruch auf Barabfindung gegen den Bieter.

cc) Zulässigkeit von Gestaltungsmaßnahmen in der Praxis

Als Gestaltungsmaßnahmen sollen hier solche rechtlichen oder tatsächlichen Vorgänge bezeichnet werden, die dazu geeignet sind, durch das Zusammenwirken mehrerer juristischer oder natürlicher Personen die Stellung eines ausschlussberechtigten Aktionärs zu begründen, also eine Beteiligung zu halten, die mindestens 95% des stimmberechtigten Grundkapitals umfasst[241]. Im Rahmen des aktienrechtlichen Squeeze-Out werden die zu behandelnden Fälle regelmäßig unter die Überschrift „Missbrauch des Squeeze-Out" gestellt, weil deren rechtliche Zulässigkeit im Einzelnen umstritten ist.

---

237 Vgl. oben, *BGH*, AG 1998, 283f.

238 *Wilsing/Kruse*, ZIP 2002, 1465, 1469.

239 *Grunewald* in: MünchKommAktG, § 319 AktG, Rn. 4 und Fn. 10.

240 So auch *Wilsing/Kruse*, ZIP 2002, 1465, 1469.

241 Daher ist die Zurechnung i.S.d. § 39a II WpÜG, § 16 II, IV AktG hier nicht erfasst, weil sie zwar mehrere rechtlich unabhängige (juristische) Personen einschließt, aber durch Gesetz entsteht und nicht aufgrund des Betreibens der Beteiligten; weiterhin fällt ein Paketerwerb oder ein *irrevocable* nicht unter diese Zuordnung, weil mit Abschluss des Vertrages der Verkäufer nicht mehr auftritt.

In der folgenden Analyse soll aufgezeigt werden, dass die im Rahmen der §§ 327a ff. AktG gebräuchlichen Konstruktionen im Wesentlichen nicht auf den übernahmerechtlichen Squeeze-Out übertragbar sind. Der bisherige Diskussionsstand zum aktienrechtlichen Ausschluss wird allenfalls kurz dargestellt; insofern sei auf die Angaben in den Fußnoten verwiesen.

α) Stimmbindungsverträge, Poolvereinbarungen und Konsortien

(i) Terminologie

Noack hat darauf hingewiesen, dass die Termini „Pool" und „Konsortium" in der Rechts- und Wirtschaftspraxis mannigfache Bedeutungen haben[242]. Der Einfachheit halber wird im Folgenden unter „Pool" und „Konsortium" jeweils ein organisierter Zusammenschluss mehrerer natürlicher oder juristischer Personen bezeichnet, die sich zur gemeinsamen und einheitlichen Ausübung ihrer Stimmrechte am *target* verpflichten. Im Gegensatz zum Konsortium werden beim Pool die von den Gesellschaftern gehaltenen Anteile nicht auf die durch den Zusammenschluss neu entstehende Gesellschaft übertragen. Im Falle des Pools verbleiben also die Anteile am *target* bei den einzelnen Gesellschaftern, im Falle des Konsortiums werden die Anteile auf dieses übertragen[243]. Ziel dieser Verbindungen ist, eine starke Beteiligungsmehrheit durch ein Zusammenwirken der Gesellschafter zu erreichen; die Einheitlichkeit des Abstimmungsverhaltens innerhalb des Pools bzw. des Konsortiums wird regelmäßig durch die Androhung von Vertragsstrafen im Falle einer abweichenden Stimmausübung gesichert[244].

(ii) Rechtliche Bewertung

Im Rahmen des aktienrechtlichen Squeeze-Out ist die wohl herrschende Auffassung dazu, dass ein Aktionär seine Beteiligung nicht durch eine Poolvereinbarung mit anderen Gesellschaftern erhöhen könne. Selbst wenn sich die im Pool zusammengeschlossenen Anteile in der Summe auf mehr als 95% des Grundkapitals der Gesellschaft beliefen, sei die Ausschlussschwelle des § 327a I 1 AktG nicht erreicht: Denn dem Pool selbst fehle es mangels Übertragung des Aktieneigentums durch seine Gesellschafter am „Gehören" i.S.d. § 327a I 1 AktG. Die einzelnen Gesellschafter als Eigentümer erreichten die Ausschlussschwelle alleine nicht. Eine Poolvereinbarung mit dem Ziel, die erforderliche Mehrheit zum Squeeze-Out zu erreichen, sei daher nicht möglich. Anderes gilt nach wohl überwiegender Ansicht –insbesondere im Lichte des Feldmüh-

242 Dazu und zu weiteren diesbezüglichen Einzelheiten: *Noack*, Habil, S. 6 f.

243 Diese Terminologie folgt den Ausführungen *Ulmers* in: MünchKommBGB, vor § 705 BGB, Rn. 40 ff.

244 Insb. zur gerichtlichen Erzwingbarkeit und Vollstreckbarkeit einer Gesellschaftervereinbarung *Noack*, S. 68 ff.; ein Beispiel für eine Vertragsstrafenklausel findet sich bei *Noack*, S. 346 f.; zu Stimmbindungsverträgen im Allgemeinen *Zöllner*, ZHR 1991, 168 (ausführliche Definition dort, Fn. 1).

le-Urteils des BVerfG[245]– für das Konsortium: Durch die dingliche Übertragung der Anteile „gehören“ dem Konsortium selbst die Anteile an der Gesellschaft; es kann somit Hauptaktionär i.S.d. § 327a I 1 AktG sein und den Squeeze-Out durchführen. Einzelheiten wie das Erfordernis des dauerhaften Bestehens des Konsortiums und Ausgestaltungsfragen im Innenverhältnis sind lebhaft umstritten[246].

Es liegt nahe, diese Konstruktionen ebenfalls auf den übernahmerechtlichen Squeeze-Out zu übertragen. Denn gerade wenn ein vorausgehendes Übernahme- oder Pflichtangebot nicht in ausreichendem Maße angenommen worden ist, um den Bieter zum Ausschluss zu berechtigen, und ein zusätzlicher Paketerwerb oder ein *irrevocable undertaking* mangels Verkaufsbereitschaft von (Groß-)Aktionären nicht möglich war, käme ein Zusammenschluss in Form eines Pools oder eines Konsortiums in Betracht. Eine Übertragbarkeit scheitert aber schon im Ansatz an unterschiedlichen Bezugspunkten für den Ausschluss. Zwar knüpfen beide Ausschlussverfahren an eine Mehrheit von 95% des (stimmberechtigten) Grundkapitals an. Für einen Ausschluss nach den §§ 39a f. WpÜG ist aber zusätzlich erforderlich, dass diese Mehrheitsbeteiligung von dem *Bieter*, also demjenigen gehalten wird, der zuvor das öffentliche Übernahmeangebot abgegeben hat. Wird nun die erforderliche Ausschlussschwelle dadurch erreicht, dass der Bieter mit Dritten ein Konsortium bildet, fehlt es dieser neuen Gesellschaft am Merkmal „Bieter“, so dass § 39a WpÜG einem Konsortium nicht zur Verfügung steht. Man wird das Konsortium auch dann nicht als Bieter ansehen können, wenn derjenige, der zuvor das öffentliche Angebot abgegeben hat, über die Mehrheitsbeteiligung im Konsortium verfügt. Denn eine solche „Zurechnung der Bietereigenschaft“ scheitert schon daran, dass das Konsortium ein vom eigentlichen Bieter unabhängiges Rechtsgebilde ist. Die Bildung eines Konsortiums eröffnet den beteiligten Aktionären also nicht die Möglichkeit, den Ausschluss nach den §§ 39a ff. WpÜG durchzuführen, wenngleich sie im Vorfeld eines öffentlichen Übernahmeangebots, beispielsweise durch Gründung eines eigenständigen Erwerbsvehikels, zulässig und in der Praxis gebräuchlich ist.

Gleiches gilt für Poolvereinbarungen. Denn unabhängig von der mangelnden dinglichen Berechtigung an der erforderlichen Beteiligung[247] wäre auch hier das den Ausschluss betreibende Vehikel der Pool selbst und nicht die dahinter stehenden Aktionäre. Da dieser aber ebenso wenig wie das Konsortium Bieter i.S.d. § 39a I 1 WpÜG ist, kommt eine Poolvereinbarung für den übernahmerechtlichen Squeeze-Out nicht in Betracht.

---

[245] In dem dem Feldmühle-Urteil (BVerfGE 14, 263 ff.) zugrundeliegenden Sachverhalt hatten sich kurz zuvor zwei Aktionäre zusammengeschlossen, um eine relevante Mehrheitsschwelle überschreiten zu können, s. dazu unten S. 84.

[246] *Maslo*, NZG 2004, 163, 165 m.w.N.

[247] Vgl. zum Grundsatz der dinglichen Berechtigung oben, S. 43 f.; insofern ist der herrschenden Auffassung zuzustimmen, die im Bereich des § 327a I 1 AktG Poolvereinbarungen nicht ausreichen lässt.

β) Formwechsel zum Zweck des Squeeze-Out

Noch weitaus strittiger als die Probleme in Hinblick auf Poolbildung und Konsortien wird in der Literatur zum aktienrechtlichen Squeeze-Out die Frage beurteilt, ob ein Formwechsel zulässig ist, um eine Gesellschafterminderheit nach den §§ 327a ff. AktG ausschließen zu können. So könnte sich beispielsweise eine GmbH, die aus einem Gesellschafter mit einem Anteil von 95% am Stammkapital und mehreren anderen Gesellschaftern besteht, auf Wunsch des Mehrheitsgesellschafters in eine AG umwandeln und im Anschluss den Squeeze-Out durchführen. Danach könnte eine (Rück-)Umwandlung in die Rechtsform der GmbH durchgeführt werden mit der Folge, dass der frühere Mehrheitsgesellschafter in der GmbH nun Alleingesellschafter dieser ist. Während einige Autoren diese Maßnahmen für zulässig halten[248], plädieren andere[249] dafür, einen solchen Formwechsel zum Zweck des Squeeze-Out als Umgehung der Ausschlussvorschriften und damit als unzulässig zu erachten. Innerhalb dieser Auffassung sind Einzelheiten wiederum umstritten.

Im Rahmen des übernahmerechtlichen Squeeze-Out sind solche Erwägungen jedenfalls praxisfern. Zu beachten ist zunächst, dass im Gegensatz zu den §§ 327a ff. AktG das übernahmerechtliche Ausschlussverfahren eine börsennotierte Zielgesellschaft voraussetzt. Die Anwendung der §§ 39a ff. WpÜG setzte also neben einer Umwandlung in eine AG oder KGaA voraus[250], dass die Gesellschaft ein *Going-public* vornimmt, ihre Wertpapiere also an die Börse bringt. Mit einer solchen Erstnotierung[251] und dem weiteren Verbleib am Kapitalmarkt sind ein erheblicher Aufwand und hohe Kosten verbunden[252]. Es ist deshalb unwahrscheinlich, dass die Umwandlung in eine börsennotierte Gesellschaft in Kauf genommen wird, wenn daneben das Instrument des aktienrechtlichen Squeeze-Out zur Verfügung steht, das ein *Going-public* nicht voraussetzt.

Als zusätzliche Einschränkung wäre für einen Ausschluss nach den §§ 39a ff. WpÜG erforderlich, dass zuvor ein Übernahme- oder Pflichtangebot abgegeben worden ist. Dies bedeutet aber auch, dass derjenige Gesellschafter, der später den Squeeze-Out durchführen will, vor der Umwandlung –am Beispiel der GmbH–

---

248 *Markwardt*, BB 2004, 277, 283; *Hasselbach* in: KölnKommWpÜG, § 327a AktG, Rn. 56 m.w.N.

249 *Grzimek* in: Geibel/Süßmann, § 327a AktG, Rn. 57; *Krieger*, BB 2002, 53, 62 f.; Fleischer, ZGR 2002, 757, 787; Gesmann-Nuissl, WM 2002, 1205, 1210; *Habersack*, ZIP 2001, 1230, 1234.

250 vgl. § 2 III Nr. 1 WpÜG; daneben kommen noch Gesellschaften mit Sitz in einem anderen Staat des Europäischen Wirtschaftsraums als Zielgesellschaften in Frage (§ 2 III Nr. 2 WpÜG); für diese gilt aber ebenfalls das Erfordernis der Börsennotierung, vgl. *Santelmann* in: Steinmeyer/Häger, § 2 WpÜG, Rn. 11.

251 Sog. IPO – *initial public offering*.

252 Diese ergeben sich neben den laufenden Börsengebühren nach § 14 BörsG i.V.m. den entsprechenden GebO vor allem aus Zulassungsfolgepflichten, die einen Emittenten ab Zulassung zum amtlichen Handel oder im geregelten Markt treffen; dabei handelt es sich insbesondere um Publikations- und Mitteilungspflichten, bspw. der §§ 53 ff., 63 ff. BörsenZulVO; §§ 15, 25, 26 WpHG - Nachweise bei *Schäfer/Eckhold* in: Marsch-Barner/Schäfer, § 61, Rn. 10 und *Schäfer-Dehlinger* in: Marsch-Barner/Schäfer, § 11, Rn. 12 ff.

über nicht mehr als 30% des Stammkapitals verfügen darf. Denn anderenfalls läge seine Beteiligung an der Gesellschaft der neuen Rechtsform ebenfalls über 30%. Eine reine Umwandlung ohne Veränderung der Mehrheitsverhältnisse löst eine Angebotspflicht aber gerade nicht aus, weil es dann wegen des restriktiv auszulegenden Wortlauts[253] des § 35 WpÜG bereits am Merkmal des Kontroll*erwerbs* fehlt. Darüber hinaus führt auch die erstmalige Börsenzulassung von Aktien der Zielgesellschaft nicht zu einer Pflicht der Abgabe eines öffentlichen Angebots[254]. Bei einer Beteiligung von mehr als 30% an der Gesellschaft der alten Rechtsform ist somit nach einer Umwandlung die Durchführung eines übernahmerechtlichen Squeeze-Out nicht möglich. Bloße Aufstockungsangebote, also solche, die aus einer bestehenden Kontrollbeteiligung heraus abgegeben werden, sollen nach dem ausdrücklichen Willen des Gesetzgebers von den §§ 39a ff. WpÜG nicht erfasst sein[255]. Angesichts einer sich daraus ergebenden Maximalbeteiligung von weniger als 30% ist zweifelhaft, ob es dem Gesellschafter möglich sein wird, für einen Umwandlungsbeschluss die notwendige Stimmenmehrheit[256] zu erreichen, insbesondere, wenn er keinen wirtschaftlichen Grund für die Umwandlung in eine *börsennotierte* AG anführen kann. Schließlich ist die Frage, ob ausreichend viele Gesellschafter bereit sind, ihre Anteile im Rahmen eines Übernahmeangebots zu veräußern.

Insbesondere im Hinblick auf die alternative Ausschlussmöglichkeit der §§ 327a ff. AktG ist eine Umwandlung zum Zwecke der Durchführung des übernahmerechtlichen Squeeze-Out damit unwahrscheinlich. Liegen dennoch nach einer Umwandlung alle Voraussetzungen des § 39a I 1 WpÜG vor, wird man hinsichtlich der rechtlichen Zulässigkeit zu differenzieren haben: Auch wenn *Hasselbach* zuzustimmen ist, dass der Squeeze-Out keiner gerichtlichen Inhaltskontrolle unterliegt, kann daraus nicht der Schluss gezogen werden, jegliche Anwendung des Aktionärsausschlusses sei grundsätzlich vom Gesetzeszweck gedeckt[257]. Denn der Gesetzgeber hat mit den §§ 327a ff. AktG und §§ 39a ff. WpÜG Instrumente zur Verfügung gestellt, die er im Gegensatz zu anderen Rechtsordnungen[258] auf aktienrechtlich geprägte Gesellschaften[259] beschränkt hat. Eine Umwandlung beispielsweise einer GmbH, die einzig dem Ausschluss von Minderheitsgesellschaftern dienen soll, ist mit dieser Beschränkung nicht vereinbar, weil der vom Gesetzgeber intendierte Zweck der Vorschriften entfremdet wird. Indizien für einen solchen Missbrauch können eine bereits geplante Rückumwandlung oder ein enger zeitlicher Zusammenhang des Ausschlusses mit der

---

253 *Noack* in: SchwarkKMRK, § 35 WpÜG, Rn. 13; im Ergebnis auch *Hommelhoff/Witt* in: FrankfKommWpÜG, § 35 WpÜG, Rn. 48 ff.; wie hier ausführlich: *Bedau*, S. 207; auch *Kleindiek*, ZGR 2002, 546, 563.

254 *von Bülow* in: KölnKommWpÜG, § 35 WpÜG, Rn. 64; *Krause/Pötzsch* in: Assmann/Pötzsch/Schneider, § 35 WpÜG, Rn. 76; *Baums/Hecker* in: Baums/Thoma, § 35 WpÜG, Rn. 20; *Ekkenga/Hofschroer*, DStR 2002, 768, 774.

255 Zu der hier vertretenen abweichenden Auffassung vgl. oben S. 20 ff.

256 Diese beträgt bei der GmbH gemäß § 42 I UmwG drei Viertel, bei Personengesellschaften die Gesamtheit der Gesellschafter, vgl. § 217 I UmwG.

257 *Hasselbach* in: KölnKommAktG, § 327a AktG, Rn. 56 ff.

258 Vgl. z.B. die Rechtslage in Österreich, dazu ausführlich unten S. 124 f.

259 Also AG, KGaA, SE.

Umwandlung sein[260]. Zusammenfassend lässt sich festhalten, dass das Problem „Umwandlung zum Zweck des Squeeze-Out" im Rahmen der §§ 39a ff. WpÜG gegenüber dem aktienrechtlichen Ausschlussverfahren mangels Praxisrelevanz für weniger Diskussionsstoff sorgen wird. Sollten die Voraussetzungen für einen übernahmerechtlichen Squeeze-Out nach einer Umwandlung dennoch vorliegen, ist auf die zu den §§ 327a ff. AktG entwickelten Grundsätze zurückzugreifen.

γ) Wertpapierleihe und Aufnahme neuer Aktionäre

Letzte hier zu behandelnde Gestaltungsmöglichkeit[261] soll die sog. Wertpapierleihe sein, insbesondere, weil an deren Beispiel zwei grundsätzliche Fragen zu Tage treten, die Inhalt zweier Urteile jüngerer Zeit waren. Bei der Wertpapierleihe, die regelmäßig einen Darlehensvertrag i.S.d. §§ 607 ff. BGB darstellt, übereignet der Verleiher Aktien an den Entleihenden, der sich verpflichtet, zu einem bestimmten Zeitpunkt Wertpapiere gleicher Art, Güte und Höhe zurückzugewähren[262]. Im Gegensatz zur Leihe i.S.d. §§ 598 ff. BGB wird der Entleiher also Eigentümer der entliehenen Aktien, so dass er die mit diesen verbundenen Aktionärs- und Stimmrechte ausüben kann[263]. In der Praxis bietet sich dadurch die Möglichkeit, dem Bieter, der aus eigener Kraft auch nach einem öffentlichen Übernahmeangebot den erforderlichen Schwellenwert nicht erreicht hat, durch eine Wertpapierleihe 95% des (stimmberechtigten) Grundkapitals am *target* zu verschaffen. Oftmals werden im unmittelbaren Anschluss an einen Squeeze-Out die Anteile an den Verleiher zurückübereignet.

---

[260] Ebenso *Grunewald* in: MünchKommAktG, § 327a AktG, Rn. 25; *Grunewald*, ZIP 2002, 18, 22; *Krieger* BB 2002, 53, 61 f.; *Gesmann-Nuissl*, WM 2002, 1205, 1211; *Habersack* in: Emmerich/Habersack, KonzernR, § 327a AktG, Rn. 28; *Fleischer*, ZGR 2002, 757, 787; *Habersack*, ZIP 2001, 1230, 1234 f.; kritisch dazu *Markwardt*, BB 2004, 277, 282 f.

[261] Hinzuweisen ist noch auf das sog. *venire contra factum proprium* (widersprüchliches Verhalten), das ebenfalls im Rahmen der Missbräuchlichkeit des Squeeze-Out diskutiert wird; da es keine Gestaltungsmöglichkeit im hier diskutierten Sinne darstellt, soll auf eine eingehende Erörterung verzichtet werden; festzuhalten ist dazu, dass das *OLG Celle* (AG 2004, 206f.) entschieden hat, dass ein Squeeze-Out rechtsmissbräuchlich ist, wenn der Hauptaktionär zuvor zugesichert hat, einen Ausschluss der Minderheitsaktionäre nicht durchzuführen; dies entspricht der wohl herrschenden Auffassung in der Literatur (statt vieler: *Grunewald* in: MünchKommAktG, § 327a AktG, Rn. 28); seltener diskutiert wird die Verwirkung, die aber für den übernahmerechtlichen Squeeze-Out keine Rolle spielt, weil sie einen längeren Zeitablauf voraussetzt, der im Hinblick auf die dreimonatige Frist des § 39a IV 1 WpÜG nicht erreicht werden kann.

[262] Ausführlich zur Wertpapierleihe *Roth* in: Assmann/Schütze, § 10, Rn. 28; *Claussen*, S. 568; *Schäfer* in: Schwintowski/Schäfer, S. 908 und 912 f.; *Kiemle* in: Schimansky/Bunte/Lwowski-Kienle, § 105, Rn. 32 ff.

[263] Allerdings gibt es auf EU-Ebene derzeit Bestrebungen, das Übergehen der Stimmrechte zu verhindern und die Wertpapiere isoliert übergehen zu lassen; die Beratungen haben aber bislang zu keinem Ergebnis geführt; vgl. 3rd consultation document on „Fostering An Appropriate Regime For Shareholders' Rights", abrufbar unter der Website der Europäischen Kommission: http://ec.europa.eu; s. auch *Reister* und *Schmidt-Gerdts*, beide DB-S:R 2007, 180.

Diese rechtliche Gestaltung der Wertpapierleihe eignet sich dazu, zwei grundsätzliche Fragen zum Ausschluss von Minderheitsaktionären unter dem Gesichtspunkt eines möglichen Missbrauchs durch den den Ausschluss betreibenden Aktionär zu diskutieren: Einmal geht es um das Problem, ob eine rein formale Eigentümerstellung ausreicht, um den Squeeze-Out durchführen zu können; zum anderen stellt sich die Frage, ob der Ausschluss dann rechtsmissbräuchlich ist, wenn sich unmittelbar nach dessen Verwirklichung wieder mehrere Aktionäre in der Gesellschaft befinden. Das LG Landshut hat im Rahmen einer gegen einen Squeeze-Out nach den §§ 327a ff. AktG gerichteten Nichtigkeitsklage entschieden, der Entleiher habe „nur formal die Stellung eines Übernahmeberechtigten erlangt, weshalb es sich um ein rechtsmissbräuchliches Umgehungsgeschäft" handele[264]. Diese Ansicht lässt sich zumindest nicht auf die §§ 39a ff. WpÜG übertragen. Denn hier kommt es, wie oben bereits nachgewiesen wurde, einzig auf die formale Stellung des Ausschlussberechtigten als Bieter an[265]. Auch die Regierungsbegründung geht davon aus, dass es unerheblich ist, auf welche Art und Weise der Bieter die Ausschlussmehrheit erreicht[266]. Eine nur formale Eigentümerstellung des Bieters führt damit nicht per se dazu, dass die Durchführung eines Squeeze-Out rechtsmissbräuchlich ist. Etwas anderes soll nach der Entscheidung des LG Landshut dann gelten, wenn die wesentlichen wirtschaftlichen Rechte an den Aktien beim Entleiher verbleiben. In der vom Gericht zu beurteilenden Sachlage bestand zwischen Verleiher und Entleiher die Abrede, dass die auf die Wertpapiere geleisteten Barausschüttungen dem Verleiher zustehen sollten. Die beklagte Gesellschaft legte Berufung zum OLG München ein, das dem LG aber folgte.

Dieser Entscheidung ist nicht beizutreten. Denn erstens kommt es, wie auch das OLG München erkennt, einzig auf die formale Eigentümerstellung an. Dann aber müssen wirtschaftliche Betrachtungsweisen, wie die Rechte an möglichen Dividendenzahlungen, unbeachtlich bleiben. Darüber hinaus ist bei einer Wertpapierleihe grundsätzlich auch der Entleiher wirtschaftlich Berechtigter, da er sowohl nach zivilrechtlicher, als auch nach steuerrechtlicher und handelsbilanzrechtlicher Betrachtungsweise[267] formaler und auch wirtschaftlicher Eigentümer der Wertpapiere ist und er darüber hinaus die Anteile jederzeit veräußern kann[268]. Bis zu einer höchstrichterlichen Entscheidung wird man in der Beratungspraxis aus Gründen der Rechtssicherheit Abreden gleichwohl derart zu gestalten haben, dass alle wirtschaftlichen Rechte aus den Aktien bei dem Entleiher liegen.

Schwieriger ist die zweite oben aufgeworfene Frage zu beantworten, ob der Squeeze-Out rechtsmissbräuchlich ist, wenn unmittelbar nach seiner Durchführung wieder andere Aktionäre Anteile an der Zielgesellschaft erwerben. Dies kann entweder durch Rückübertragung der im Rahmen der Wertpapierleihe übereigneten Aktien oder durch Aufnahme neuer Gesellschafter geschehen. Gegen die Zulässigkeit eines solchen Vor-

---

[264] *LG Landshut*, AG 2006, 513, 514.
[265] *Krieger*, BB 2002, 53, 62; *Kort*, AG 2006, 557.
[266] BT-Drs. 16/1003, S. 21.
[267] *Kort*, WM 2006, 2149 f.
[268] *Kort*, AG 2006, 557; *Pluskat*, NZG 2007, 725, 729.

gehens wird argumentiert, Sinn und Zweck der Vorschriften über den Squeeze-Out sei es, den durch Aktionärsminderheiten verursachten Aufwand zu eliminieren, so dass die (Wieder-)Aufnahme von zusätzlichen Gesellschaftern den Vorstellungen des Gesetzes zuwiderlaufe und somit einen unzulässigen Umgehungstatbestand darstelle; der Ausschluss müsse vielmehr von Dauer sein[269]. Diese Ansicht verkennt aber, dass gerade eine solche Beschränkung im Widerspruch zu der vom Gesetz verfolgten Absicht steht, eine effektive Führung der Gesellschaft zu ermöglichen. Denn der Ausschluss von Aktionärsminderheiten kann in Situationen erforderlich werden, in denen die Gesellschaft dringend Kapital benötigt, aber potentielle Finanzinvestoren ihr strategisches Investment von einem vorausgehenden Squeeze-Out abhängig gemacht haben. Sinn und Zweck des Squeeze-Out ist es nicht, dauerhaft einen Alleinaktionär entstehen zu lassen, sondern solche Minderheiten auszuschließen, die der Verfolgung von wirtschaftlichen Interessen der Gesellschaft entgegenstehen und so deren Entwicklung blockieren können. Die Aufnahme neuer Gesellschafter verursacht aber nicht zwingend zusätzliches Konfliktpotential, weil diese vor ihrem Investment über die strategischen Ziele des Hauptaktionärs informiert sind und durch ihre Beteiligung am Unternehmen zeigen, dass sie mit diesen einverstanden sind. Gleiches gilt für die Rückübertragung der entliehenen Wertpapiere auf den ursprünglich Berechtigten. Gerade das einvernehmliche Zusammenwirken der Parteien zeigt, dass es sich um kooperationswillige Gesellschafter handelt, bei denen das Konfliktpotential zukünftig gering sein wird[270].

Die Wertpapierleihe und die Aufnahme neuer Gesellschafter nach Durchführung des Squeeze-Out sind damit zulässige Gestaltungsmöglichkeiten, um die erforderliche Anteilsbeteiligung des Bieters am Zielunternehmen zu erreichen.

δ) Kurze Zusammenfassung

Um den Ausschlussantrag stellen zu können, muss der Bieter grundsätzlich an mindestens 95% des stimmberechtigten Kapitals dinglich berechtigt sein. Eine Ausnahme bilden die Zurechnungsvorschrift des § 39a II WpÜG sowie die Möglichkeit, den Antrag schon dann zu stellen, wenn das Angebot in entsprechendem Umfang angenommen worden ist (§ 39a IV 2 WpÜG). Paketerwerbe und *irrevocable undertakings* sind bei Berechnung des Schwellenwertes zu berücksichtigen, Bezugsrechte jedoch nicht. Die zum aktienrechtlichen Squeeze-Out anerkannten Missbrauchstatbestände sind auf die § 39a f. WpÜG überwiegend nicht anwendbar oder jedenfalls praxisfern, weil die

---

269 *Baums*, WM 2001, 1843, 1845; *Maslo*, NZG 2004, 163, 164 f.; differenzierend *Bolte*, DB 2001, 2587, 2589 f.

270 *Markwardt*, BB 2004, 277, 286; *Krieger*, BB 2002, 53, 62; zum gleichen Ergebnis kommen *Fuhrmann/Simon*, WM 1992, 1211, 1214; *Kort*, AG 2006, 557, 559f.; *Hasselbach* in: KölnKommAktG, § 327a AktG, Rn. 57; *Vetter*, AG 2002, 176, 186; *Krieger*, BB 2002, 53, 62; *Gesmann-Nuissl*, WM 2002, 1205, 1210; *Grunewald*, MünchKommAktG, § 327a AktG, Rn. 28 behandelt dieses Problem unter dem Gesichtspunkt des *venire contra factum proprium*.

§§ 327a ff. AktG sich in ihrer Ausgestaltung deutlich von dem System des übernahmerechtlichen Ausschlusses unterscheiden.

d) Zeitpunkt des Haltens der 95%-Mehrheit

Die Diskussion zum Erreichen des Schwellenwertes soll mit der Frage abgeschlossen werden, wann der Bieter über eine entsprechende Mehrheit verfügen muss. Im Rahmen der §§ 327a ff. AktG wird diskutiert, ob maßgeblicher Zeitpunkt die Beschlussfassung der Hauptversammlung[271], der Tag der Handelsregistereintragung[272] oder beides[273] sei. Die §§ 327a ff. AktG unterscheiden sich insofern vom übernahmerechtlichen Ausschlussverfahren, so dass eine direkte Übertragung der Argumente nicht möglich ist. Bei letzterem bedarf es keines gemäß § 327a I 1 AktG erforderlichen Hauptversammlungsbeschlusses, außerdem erfolgt entgegen dem Wortlaut des § 39b V 5 WpÜG keine konstitutive Eintragung des Gesellschafterausschlusses in das Handelsregister, sondern lediglich eine Aufnahme des rechtskräftigen Ausschlussbeschlusses in den Aktenbestand zu dem Registerblatt der Zielgesellschaft nach § 8 II HRV[274].

Da der Squeeze-Out somit ausschließlich von dem Antragsverfahren vor dem LG Frankfurt a.M. abhängt, könnte der Zeitpunkt des Ausschlussantrages maßgeblich sein für die Frage, wann dem Bieter 95% des (stimmberechtigten) Grundkapitals gehören müssen. Hiergegen spricht aber der klare Wortlaut des § 39a IV 2 WpÜG, der einen Ausschlussantrag auch schon zu einem Zeitpunkt zulässt, zu dem das Angebot des Bieters in ausreichender Höhe angenommen, aber noch nicht vollzogen ist. Da es zum Schutz der Aktionärsminderheit aber nicht genügt, dem Bieter den Nachweis einer entsprechenden Anteilsbeteiligung zu ersparen, wird man auf einen Zeitpunkt in oder nach dem Ausschlussverfahren zurückgreifen müssen. Dafür ist es nicht erforderlich, den Nachweis zum Zeitpunkt der abschließenden gerichtlichen Entscheidung, also im Falle der sofortigen Beschwerde (§ 39b III 3-6 WpÜG) zum Zeitpunkt des rechtskräftigen Ausschlussbeschlusses des OLG Frankfurt a.M., zu fordern[275]. Ausreichend ist der Nachweis der erforderlichen Beteiligungshöhe zum Zeitpunkt der Entscheidung des LG. Selbst wenn der Ausschlussantrag des Bieters abgelehnt wurde, weil er vermeintlich nicht die erforderliche Beteiligung hielt, und daraufhin die sofortige Beschwerde des Bieters gegen diese Entscheidung erfolgreich war, ist nicht anders zu entscheiden, denn der Bieter hat zum Zeitpunkt des erstinstanzlichen Verfahrens seine Darlegungspflichten erfüllt. Für ein darüber hinausgehendes Halten der Anteile findet sich keine Stütze im Gesetzeswortlaut und ist außerdem kein Grund ersichtlich.

---

[271] *Grzimek* in: Geibel/Süßmann, § 327a AktG, Rn. 52.

[272] *Fleischer* in: GroßKommAktG, § 327a AktG, Rn. 20; *Grunewald* in: MünchKommAktG, § 327a AktG, Rn. 10.

[273] *Hasselbach* in: KölnKommWpÜG, § 327a AktG, Rn. 38; Emmerich/Habersack, § 327a AktG, Rn. 18; *Fuhrmann/Simon*, WM 2002, 1211, 1212; *Maslo*, NZG 2004, 163, 164.

[274] Dazu ausführlich unten S. 210 f.

[275] So aber *Santelmann* in: Steinmeyer/Häger, § 39a WpÜG, Rn. 17.

C. Abfindung der auszuschließenden Aktionäre

Den ausgeschlossenen Aktionären ist eine angemessene Abfindung für den Verlust ihrer Anteilsbeteiligung zu gewähren (§ 39a I 1 WpÜG). Diese Abfindungsregelung wirft die umstrittensten Fragen im Kontext des übernahmerechtlichen Squeeze-Out auf. Dies gilt sowohl für die Art der Abfindung (§ 39a III 1, 2 WpÜG) als auch für deren Höhe (§ 39a III 3 WpÜG).

I. Art der Abfindung

Die Art der Abfindung bestimmen Satz 1 und 2 des § 39a III WpÜG wie folgt:

„Die Art der Abfindung hat der Gegenleistung des Übernahme- oder Pflichtangebots zu entsprechen. Eine Geldleistung ist stets wahlweise anzubieten."

Der Gesetzgeber geht hier im Vergleich zum aktienrechtlichen Squeeze-Out einen anderen Weg: Der aktienrechtliche Squeeze-Out sieht lediglich eine Barabfindung vor (§§ 327a I 1, 327b AktG). § 39a III 1, 2 WpÜG orientiert sich dagegen eher an der Vorschrift des § 305 II Nr. 2 AktG, der ebenfalls sowohl die Gewährung einer Abfindung in bar als auch in Aktien der Mehrheitsgesellschaft vorsieht. Die gesetzgeberische Entscheidung, beide Arten der Abfindung zu ermöglichen, war angesichts der Richtlinienvorgaben (Art. 15 V Unterabs. 1, S. 2 und 3) keineswegs zwingend. Diese bestimmen:

„Diese Abfindung muss dieselbe Form aufweisen wie die Gegenleistung des Angebots oder in Form einer Geldleistung erfolgen. Die Mitgliedstaaten können vorsehen, dass zumindest wahlweise eine Geldleistung angeboten werden muss."

Die zwingende Vorgabe, dass die Abfindung jedenfalls dieselbe Form aufweisen muss wie die Gegenleistung des vorausgehenden Angebots, ist konsequent, wenn man den Squeeze-Out richtigerweise als Gegenstück zu dem vorausgegangenen Angebot sieht. Es besteht nämlich kein Grund, die Aktionäre, die das Angebot nicht angenommen haben, anders zu behandeln als die übrigen Anteilseigner. Dies widerspräche neben Fairnesserwägungen dem Grundsatz der Gleichbehandlung der Aktionäre aus Art. 3 I a) ÜbRL und § 3 I WpÜG. Bemerkenswerter ist das Wahlrecht der Mitgliedstaaten, eine Regelung hinsichtlich einer zwingend anzubietenden Barabfindung einführen zu können. Denn weder sah der Kommissionsvorschlag 2002 im damaligen Art. 14 III ÜbRL eine solche Möglichkeit vor[276], noch geht die Initiative auf den Bericht der Winter-Gruppe zurück, der ebenfalls empfahl, die Form der Abfindung an der Form der Gegenleistung zum Angebot zu orientieren[277].

[276] Kommission, (2003/C 45 E/01), KOM(2002) 534 endg. — 2002/0240(COD), S. E/16.

[277] Eine missverständliche weil schiefe Übersetzung findet sich dazu in der deutschen Fassung des Berichts der *Winter-Gruppe* (S. 14). Der englische Vorschlag (p. 12) lautet: „[I]f cash, or a cash alternative, has been offered in the takeover bid, cash, or a cash alternative, should be offered in

Den Mitgliedstaaten stehen somit die Varianten zur Verfügung, die Art der Abfindung streng an der Form des vorausgehenden Angebots auszurichten, zwingend eine Geldleistung vorzusehen (Art. 15 V Unterabs. 1, Satz 2 a.E. ÜbRL) oder das beschriebene Wahlrecht zu formulieren. Da letztere Möglichkeit auf ausdrückliches Betreiben Deutschlands in den Richtlinientext aufgenommen wurde[278], war eine entsprechende Umsetzung im nationalen Gesetzgebungsverfahren konsequent. Daneben ergibt sich aus dem Umkehrschluss zu § 39a III 2 WpÜG, dass eine Abfindung in Aktien des Bieters nicht möglich ist, wenn das vorausgehende öffentliche Angebot ausschließlich eine Barzahlung als Gegenleistung vorsah.

Aus der Einführung des § 39a III 2 WpÜG ergeben sich allerdings zwei Folgeprobleme. Beide betreffen die Konstellation, dass die Gegenleistung des vorausgehenden Angebots ausschließlich in Aktien des Bieters bestand: Zum einen wäre nämlich, da nach § 39a III 2 WpÜG eine Geldleistung stets wahlweise anzubieten ist, diese Geldleistung eigens für das Ausschlussverfahren zu beziffern[279]. Dafür müssten erstmalig Bewertungsarbeiten angestellt werden. Die Regierungsbegründung bestimmt zur Lösung dieses Problems knapp, dass die Höhe der Abfindung dem Preis der als Gegenleistung angebotenen Aktien entsprechen solle, welcher entsprechend den Vorschriften der WpÜG-AngVO und entsprechend § 31 IV WpÜG zu ermitteln sei. Der Gesetzgeber hat sich offensichtlich von dem Gedanken leiten lassen, dass eine Gegenleistung in Aktien des Bieters ausweislich § 31 II 1 WpÜG (bei Pflichtangeboten i.V.m. § 39 WpÜG) nur dann zulässig ist, wenn die Aktien liquide und an einem organisierten Markt zugelassen sind.

Es würde aber nicht genügen, auf den Börsenwert der Aktien abzustellen, die diese zu einem bestimmten Stichtag, bspw. dem Tag der Antragsstellung des Ausschlussverlangens oder dem Tag der Veröffentlichung der Angebotsunterlage, innehatten. Denn erstens kann der Börsenkurs an diesem Tag ungewöhnlichen Schwankungen unterliegen, die den Wert der Aktien verzerren könnten. Zweitens bemisst sich die Höhe der Abfindung grundsätzlich nach dem vorausgegangenen Angebot, vgl. § 39a III 3 WpÜG. Insofern wäre es unbillig, den Mindestbarwert des Übernahme- oder Pflichtangebots an den § 31 WpÜG, §§ 3 ff. WpÜG-AngVO zu messen, im Rahmen der Umrechnung von einer nur aus Aktien bestehenden Gegenleistung aber auf ebensolche Maßstäbe zu verzichten. Eine direkte Anwendung scheidet aus, weil sich sowohl die WpÜG-AngVO als auch § 31 IV WpÜG nur auf Angebote, nicht jedoch auf die für den Ausschluss gewährte Abfindung beziehen. Die Höhe der den Aktionären zu zahlenden Barabfindung ergibt sich also aus dem durchschnittlichen gewichteten inländischen Börsenkurs der letzten drei Monate, berechnet entweder ab der Veröffentlichung der Entscheidung zur Abgabe eines Angebots (§ 10 WpÜG) oder ab der Veröffentlichung des Pflichtangebots nach § 35 WpÜG; dieser Wert erhöht sich ggf. entspre-

---

the squeeze-out procedure as well."; die deutsche Version übersetzt „cash alternative" mit „alternative Geldleistung"; dabei geht es gerade nicht um eine alternative Geldleistung, sondern um die Alternative zur Geldleistung, nämlich die Aktien des Bieters.

[278] *Maul*, NZG 2005, 151, 157.

[279] *DAV*, Gutachten, S. 12.

chend § 31 IV – VII WpÜG, § 3 ff. WpÜG-AngVO. Angesichts dieser komplexen Regelungsmaterie wäre es wünschenswert gewesen, wenn der Gesetzgeber zur Klarstellung den Verweis bereits in den Gesetzestext selbst und nicht nur im Rahmen der Gesetzesbegründung eingefügt hätte[280].

Zum anderen stellt sich angesichts der Entscheidung des Gesetzgebers für die Normierung einer zwingend anzubietenden Barabfindung eine Folgefrage: Besteht die Gegenleistung für das vorausgehende Angebot nur aus Aktien des Bieters, ergibt sich weder ausdrücklich aus der Vorschrift noch aus den Gesetzgebungsmaterialien, wem das Wahlrecht zwischen den Aktien und der Barabfindung zustehen soll. *Austmann/Mennicke* verweisen[281] dazu auf ein paralleles Auslegungsproblem im Rahmen des § 305 II AktG, der ebenfalls die Möglichkeit einer Abfindung sowohl in bar als auch in Aktien vorsieht. Die überwiegende Auffassung nimmt bei § 305 II AktG ein Wahlrecht des herrschenden Unternehmens an. Dafür spreche der Umkehrschluss aus § 320b I 3 AktG, der im Gegensatz zu § 305 II AktG ausdrücklich ein Wahlrecht der Aktionäre vorsehe, sowie die Tatsache, dass der von der Gegenansicht angeführte Schutz der Aktionärsminderheit wegen der Gleichwertigkeit der beiden Abfindungsarten nicht relevant sei[282].

In Bezug auf § 39a III 2 WpÜG argumentieren *Austmann/Mennicke*, auch im Rahmen des übernahmerechtlichen Squeeze-Out habe der Bieter das Wahlrecht hinsichtlich der Art der Abfindung. Dies ergebe sich zunächst aus dem Wortlaut der Richtlinie („..., dass [...] wahlweise eine Geldleistung *angeboten* werden muss.“, vgl. Art. 15 V 3 ÜbRL), da nur der Bieter selbst die Gegenleistung *anbieten* könne; außerdem seien auch hier die beiden Abfindungsarten grundsätzlich gleichwertig, weil eine Abfindung in Aktien gemäß § 31 II WpÜG nur bei deren Liquidität möglich sei. In der Tat spricht auch der Wortlaut des § 39a III 2 WpÜG davon, dass eine Geldleistung „stets wahlweise *anzubieten*“ sei. Daraus kann aber nicht auf ein Wahlrecht des Bieters geschlossen werden. Denn wenn die Gegenleistung seines vorausgehenden Übernahmeangebots ausschließlich aus Aktien bestand und er gesetzlich verpflichtet ist, stets zusätzlich eine Geldleistung anzubieten, wäre es unsinnig, dem Bieter ein Wahlrecht einzuräumen. Denn wenn er aufgrund § 39a III 1 WpÜG Aktien und wegen § 39a III 2 WpÜG eine Geldleistung anbieten muss, bleibt für ein Wahlrecht des Bieters kein Spielraum. Die zusätzliche Barabfindung, die ausweislich der Regierungsbegründung zugunsten der verbleibenden Aktionäre eingeführt wurde[283], wäre unsinnig, würde man dem Bieter eine solche Pflicht auferlegen und ihn dann zwischen den Alternativen wählen lassen, weil er § 39a III 2 WpÜG dann einfach unterlaufen könnte, indem er sich für eine Abfindung in Aktien entscheidet. Das Wahlrecht aus § 39a III 2 WpÜG steht damit den Aktionären zu.

---

280 *Merkt*, Gutachten, S. 18; der DAV hat im Gesetzgebungsverfahren einen Vorschlag für einen möglichen Wortlaut unterbreitet, vgl. *DAV*, Gutachten, S. 13.

281 *Austmann/Mennicke*, NZG 2004, 846, 849.

282 *Koppensteiner* in: KölnKommAktG, § 305 AktG, Rn. 46; *Krieger* in: MünchHdbGesR, § 70, Rn. 98; *Hüffer*, § 305 AktG, Rn. 15 m.w.N.

283 BT-Drs. 16/1003, S. 22.

Diese Unklarheiten werfen die Frage auf, ob der Gesetzgeber nicht besser auf die Pflicht zum Angebot einer Barabfindung verzichtet hätte. Denn erstens ergäben sich dann nicht die aufgezeigten Folgeprobleme, zweitens kommt das Angebot einer optionalen Barabfindung nur in Frage, wenn die Gegenleistung für das vorausgehende Angebot nur in Aktien des Bieters bemessen war. Dann ist aber im Hinblick auf die Vorschriften zur Gleichbehandlung von Aktionären aus Art. 3 I a) ÜbRL und § 3 I WpÜG zu fragen, warum die zu squeezende Minderheit in den Genuss einer zusätzlichen Wahlmöglichkeit für eine Barabfindung kommen sollte. Richtig ist zwar, dass Unterschiede zwischen einer (freiwilligen) Annahme des öffentlichen Angebots und einem Ausschluss aus der Gesellschaft bestehen. Wenn aber der Squeeze-Out als Annex zu einem Übernahme- oder Pflichtangebot verstanden werden soll, der in seinen Konditionen grundsätzlich dem Angebot entspricht, dürften für diejenigen Aktionäre, die das Angebot nicht angenommen haben, keine besseren Bedingungen gelten als für diejenigen Anteilseigner, die sich für die Annahme des Angebots entschieden haben. Eine unterschiedliche Behandlung der beiden Gruppen ist nicht gerechtfertigt. Dies kommt auch durch den Wortlaut von Art. 3 I a) ÜbRL bzw. § 3 I WpÜG zur Geltung, der eine unterschiedliche Behandlung von Anteilseignern nur zwischen den Aktiengattungen zulässt, aber keine Differenzierung zwischen öffentlichem Angebot und Squeeze-Out vornimmt.

Daher ist auch nicht verständlich, warum der Gesetzgeber die Wahlmöglichkeit einer Barabfindung „zugunsten der verbleibenden Aktionäre[284]" eingeführt hat. Barabfindung und Abfindung in Aktien müssen den gleichen (inneren) Wert haben, weil ansonsten die Möglichkeit der Wahl zwischen beiden Varianten abwegig wäre. Wenn dies aber der Fall ist, gibt es kein Schutzbedürfnis, das eine zusätzliche Abfindungsart für die verbleibende Aktionärsminderheit rechtfertigen könnte. Es wäre daher einerseits im Hinblick auf die Gleichbehandlung der Aktionäre untereinander und andererseits zugunsten der Rechtsklarheit besser gewesen, von der Einführung des § 39a III 2 WpÜG abzusehen.

II. Höhe der Abfindung

1. Keine unmittelbaren gesetzlichen Vorgaben

Hinsichtlich der Höhe der Abfindung bestimmt § 39a I 1 WpÜG lediglich, dass diese *angemessen* zu sein hat. Die gesetzliche Forderung, dass der Bieter eine angemessene Gegenleistung zu erbringen habe, ist verfassungsrechtlich grundsätzlich unbedenklich. Selbst wenn man einer Randmeinung folgen wollte, die in der Pflicht zur Zahlung einer angemessenen Gegenleistung im Rahmen des Pflichtangebots nach § 35 WpÜG einen Eingriff in die negative Eigentumsfreiheit sieht[285], kann dies jedenfalls nicht für

[284] BT-Drs. 16/1003, S. 22.

[285] Dazu jüngst: *Dausend*, S. 12 ff.; fragwürdig *Thoma*, ZIP 1996, 1725, 1732; *Loritz/Wagner*, WM 1991, 709, 718 ff.; *Kallmeyer*, ZHR 161 (1997), 435f.; mit überzeugenden Argumenten dagegen: *Krause*, Diss., S. 171 f.; *Steinmeyer* in: Steinmeyer/Häger, § 35 WpÜG, Rn. 11; *von Bülow* in: KölnKommWpÜG, § 35 WpÜG, Rn. 26.

die Abfindung beim Squeeze-Out gelten. Denn der Bieter wird nicht gesetzlich zum Ausschluss der Minderheitsaktionäre gezwungen, ein staatlicher Eingriff in seine Grundrechte liegt demnach nicht vor.

Weder aus dem Gesetz, noch aus den diesem zugrunde liegenden Materialien geht hervor, wie die Abfindung zu bestimmen ist[286] bzw. sich die Abfindungshöhe an einer Untergrenze zu orientieren habe. Es bestehen somit nicht unmittelbar gesetzliche Anforderungen an die Höhe der Abfindung. Allerdings muss sich nach ständiger Rechtsprechung des BVerfG die Abfindung für den Verlust des mitgliedschaftlichen Gesellschafterrechts am „wahren“ Unternehmenswert orientieren, dessen untere Grenze regelmäßig durch den Kurswert der Aktie bestimmt wird[287]. Dieser Kurswert fließt außerdem über § 31 VII WpÜG, §§ 5 f. WpÜG-AngVO in die Berechnung zur Höhe der Gegenleistung im vorausgehenden öffentlichen Übernahmeangebot ein. Im Regelfall wird man daher davon ausgehen können, dass die Abfindung im Rahmen des § 39a I 1 WpÜG dann nicht mehr angemessen ist, wenn sie unter der für das Angebot erbrachten Gegenleistung liegt, wobei die Abfindung bei Begebung verschiedener Aktiengattungen für jede Gattung getrennt zu ermitteln ist. Eine ähnliche Regelung findet sich im österreichischen Ausschlussrecht. § 7 III 1 des Gesellschafterausschlussgesetzes (GesAusG)[288] bestimmt, dass eine Abfindung „unter dem Wert der höchsten Gegenleistung des Übernahmeangebots [...] jedenfalls nicht angemessen“ sei. In der Praxis wird man nach dem zuvor Gesagten die Abfindung nach § 39a I 1 WpÜG derart zu bemessen haben, dass sie die im Rahmen des Angebots gezahlte Gegenleistung nicht unterschreitet. Eine geringere Abfindung wird nur in Ausnahmefällen möglich sein, beispielsweise in den –seltenen– Fällen, in denen sich der Wert des Unternehmens nach Abgabe des Übernahmeangebots deutlich verschlechtert hat und der Börsenkurs entsprechend stark gefallen ist. Betont sei aber, dass es eine Standardformel zur Bestimmung der Abfindungshöhe nicht gibt. Einziges Kriterium ist der –verfassungsrechtlich präzisierte– Begriff der Angemessenheit.

Im Übrigen wäre es unzulässig, die Abfindung grundsätzlich an der für das vorausgehende öffentliche Angebot gezahlten Gegenleistung auszurichten. Durch ein solches Vorgehen würde die Regelung des § 39a III 3 WpÜG, in dessen Rahmen nur bei einer ausreichend hohen Annahmequote der Angebotspreis als Abfindung dienen soll, unterlaufen. Nicht möglich ist es daher, diese gesetzliche Sonderregelung zum Regelfall zu erheben. Diese Erwägung ergibt sich auch aus dem Rückschluss aus § 39a III 1 WpÜG, der bestimmt, dass „[*d*]*ie Art* der Abfindung [...] der Gegenleistung des vorausgehenden Übernahme- oder Pflichtangebots zu entsprechen“ habe. Somit regelt das Gesetz ausdrücklich die Koppelung der Abfindungsart an diejenige der Gegenleistung des Angebots, nicht aber die Höhe der Abfindung. Eine Ausdehnung in der Wei-

---

286 Dies gilt nicht für die Ausnahme des § 39a III 3 WpÜG, dazu sogleich.

287 Aus Gründen der Systematik werden die verfassungsrechtlichen Vorgaben erst unten, S. 87 ff. näher beleuchtet.

288 Bundesgesetz über den Ausschluss von Minderheitsgesellschaftern vom 20. Mai 2006, öBGBl. I Nr. 75/2006, s. dazu noch unten, S. 124 f.

se, dass sich auch die Höhe der Abfindung stets am vorausgehenden öffentlichen Angebot zu orientieren habe, erscheint ist angesichts § 39a III 3 WpÜG nicht möglich.

2. Marktmechanismus und unwiderlegliche Vermutung

Als Ausnahme zu dem gerade dargestellten Grundsatz präzisiert § 39a III 3 WpÜG die Höhe der zu zahlenden Abfindung im Fall des Erreichens einer bestimmten Annahmequote. Dieser stellt insbesondere in verfassungsrechtlicher Sicht einen zentralen Streitpunkt in der Analyse des übernahmerechtlichen Squeeze-Out dar. Die Vorschrift lautet:

> „Die im Rahmen des Übernahme- oder Pflichtangebots gewährte Gegenleistung *ist als angemessene Abfindung anzusehen*, wenn der Bieter auf Grund des Angebots Aktien in Höhe von mindestens 90 Prozent des vom Angebot betroffenen Grundkapitals erworben hat".

Es wird also vermutet, dass die gewährte Abfindung angemessen ist, wenn eine Mehrheit von Aktionären, die zusammen 90% des vom Angebot betroffenen Kapitals halten, dieses angenommen hat. Sowohl der Gesetzgeber als auch die ihr folgende herrschende Auffassung in der Literatur sehen in dieser Vermutungsregelung eine unwiderlegliche Vermutung[289].

Wird im Rahmen einer unwiderleglichen Vermutung die Ausgangstatsache (Vermutungsbasis) bewiesen, tritt die Rechtsfolge der Vorschrift ohne jede Möglichkeit des Gegenbeweises ein[290]. Wenn auch die Gleichstellung von Ausgangstatsache und der vermuteten Folge oftmals der Lebenswirklichkeit entsprechen wird[291], führt eine unwiderlegliche Vermutung dazu, dass auch im Fall des Nichtvorliegens der Ausgangstatsache auf Rechtsfolgenseite kein anderes Ergebnis erzielt werden kann. Übertragen auf § 39a III 3 WpÜG heißt dies Folgendes: Selbst wenn man unterstellt, dass die Abfindung in der Regel angemessen sein wird, wenn eine große Mehrheit der betroffenen Aktionäre sie annimmt, würde dies ohne Möglichkeit des Gegenbeweises auch dann gelten, wenn die Abfindung ausnahmsweise nicht angemessen war.

---

289 Nachweise sogleich in Fn. 296.

290 *Prütting* in: MünchKommZPO, § 292 ZPO, Rn. 4; *Hartmann* in: Baumbach/Lauterbach/Albers/Hartmann, § 292 ZPO, Rn. 5; *Reichold* in: Thomas/Putzo, § 292 ZPO, Rn. 3.

291 Daher handelt es sich anders als von *Paefgen*, WM 2007, 765, 767 und *Heidel/Lochner*, DB 2005, 2564 behauptet gerade nicht um eine Fiktion: Der Unterschied zwischen einer unwiderleglichen Vermutung und einer Fiktion liegt –auch wenn diese in ihren Rechtswirkungen gleich sind- in der Intention des Gesetzgebers: Eine Fiktion wird normiert, wenn zwei Tatbestände gleichgesetzt werden sollen, obwohl dies nicht der Lebenswirklichkeit entspricht (anschaulich: § 1923 II BGB). Anders die unwiderlegliche Vermutung, bei der regelmäßig Lebenswirklichkeit und normierte Rechtsfolge übereinstimmen – vgl. *Prütting* in: MünchKommZPO, § 292 ZPO, Rn. 8.

Die Auslegung dieser Regelung entweder als widerlegliche oder als unwiderlegliche Vermutung stellt, wie noch zu zeigen sein wird, die Weiche, die über die Verfassungsmäßigkeit der Vorschrift und damit über ihren Bestand entscheidet.

a) Annahme einer unwiderleglichen Vermutung durch den Gesetzgeber

In der Begründung zum Regierungsentwurf des § 39a III WpÜG stellt der Gesetzgeber fest, es handele sich bei der Vermutungsregelung des Satzes 3 um eine unwiderlegliche Vermutung für die Angemessenheit der Abfindung[292]. Eine Begründung für diese Interpretation wird im Regierungsentwurf nicht geliefert. Auf ausdrückliche Empfehlung der Ausschüsse[293] stellte der Bundesrat im Gesetzgebungsverfahren eine Prüfbitte an den Bundestag mit dem Inhalt, die Verfassungsmäßigkeit der durch den Bundestag vorgenommenen Auslegung zu überprüfen. Er äußerte Bedenken, ob die in § 39a III 3 WpÜG-E vorgesehene unwiderlegliche Vermutung mit dem verfassungsrechtlichen Schutz des Eigentums nach Art. 14 GG und der dazu ergangenen Rechtsprechung des Bundesverfassungsgerichts vereinbar sei[294]. Im Rahmen der Gegenäußerung stellte der Bundestag fest:

> *„Aus europäischer Sicht sind die Vorgaben der Übernahmerichtlinie für den deutschen Gesetzgeber bindend und zwingend in nationales Recht umzusetzen. Mögliche Bedenken des nationalen Verfassungsrechts können dagegen nicht vorgebracht werden.“* [295]

Dieser Äußerung lässt sich entnehmen, dass die Bundesregierung bei der Umsetzung der Richtlinie nach deren Art. 21 I davon ausgegangen ist, dass sie durch die Richtlinienvorgaben dazu gehalten sei, eine unwiderlegliche Vermutung zu entwickeln. Insoweit ist es konsequent, festzustellen, dass eine andere Umsetzung als die vorgenommene gemeinschaftsrechtswidrig gewesen wäre: Denn wäre diese Interpretation richtig, hätte die Richtlinie mit der unwiderleglichen Vermutung einen Minimalstandard aufgestellt, der nicht durch die Formulierung einer widerleglichen Vermutung hätte unterlaufen werden dürfen.

b) Herrschende Auffassung in der Literatur

Die Erwägungen des Gesetzgebers werden von der herrschenden Auffassung in der Literatur bestätigt: Bei Erreichen der Annahmequote vermute die Richtlinie zwingend die Angemessenheit, eine Überprüfung werde damit entbehrlich und sei nicht zuläs-

---

[292] BT-Drs. 16/1003, S. 22.

[293] Empfehlungen des federführenden Finanzausschusses, des Rechtsausschusses und des Wirtschaftsausschusses, BR-Drs. 154/1/06, Punkt 12.

[294] Stellungnahme des Bundesrates und Gegenäußerung der Bundesregierung, BT-Drs. 16/1342, S. 3, Nr. 9.

[295] BT-Drs. 16/1342, S. 6, Zu Nr. 9.

sig[296]. Diesbezügliche Stellungnahmen beziehen sich oftmals jedoch –teilweise ausdrücklich[297]– nur auf den Wortlaut der Vorschrift und beziehen nicht die der Richtlinie zugrundeliegenden Erwägungen ein. Dass bei einer detaillierten Analyse ein abweichendes Ergebnis nahe liegt, wird im Folgenden aufgezeigt.

c) Annahme einer widerleglichen Vermutung durch die Richtlinie

Aus Art. 15 V Unterabs. 2 ÜbRL ergibt sich zumindest auf den ersten Blick nicht eindeutig, ob die Angemessenheitsvermutung dem Gegenbeweis zugänglich sein soll. Die Auslegung sekundären Gemeinschaftsrechts folgt grundsätzlich den allgemeinen Auslegungsregeln, richtet sich also nach Wortlaut, Historie, Systematik und Sinn und Zweck[298].

aa) Grammatikalische Auslegung

Erste Auslegungsform muss nach der Rechtssprechung des EuGH immer der Wortlaut der betreffenden Vorschrift sein[299], weil ein eindeutiger Wortsinn grundsätzlich bindend für die Rechtsanwendung ist[300]. Bei der Untersuchung von Gemeinschaftsrecht bietet sich dabei der Vorteil, auch andere europäische Sprachfassungen mit einbeziehen zu können.

Art. 15 V Unterabs. 2 ÜbRL bestimmt:

„Bei einem freiwilligen Angebot in den in Absatz 2 Buchstaben a) und b) vorgesehenen Fällen gilt die im Angebot angebotene Abfindung dann als angemessen, wenn

---

[296] *Santelmann* in: Steinmeyer/Häger, § 39a WpÜG, Rn. 31 f.; *Süßmann* in: Geibel/Süßmann, § 39a WpÜG, Rn. 15; *Holzborn/Müller* in: HeidelbKommAktG, §§ 39a-39c WpÜG / Anh. § 327a AktG, Rn. 10, 12; *Krause*, BB 2004, 113, 118; *Möller/Pötzsch*, ZIP 2001, 1256, 1261; *Hasselbach*, ZGR 2005, 387, 405ff.; *DAV*, Gutachten, S. 13; *Hasselbach*, ZGR 2005, 387, 405; *ders.*, WuB II A § 327a AktG 2.06; *Austmann/Mennicke*, NZG 2004, 846, 851; *van Kann/Just*, DStR 2006, 328, 331; *Hengeler*, Gutachten, S. 3; *Krause*, Wortprotokoll des Finanzausschusses vom 10.5.2006, Protokollnummer 16/16, S. 5; *Seibt/Heiser*, AG 2006, 301, 319; *Meyer*, WM 2006, 1135, 1142; *Arnold*, AG-R 2006, R224; wohl auch *Diekmann*, NJW 2007, 17; *Wiesner*, ZIP 2004, 343, 349.
A.A.: *Hopt/Mülbert/Kumpan*, AG 2005, 117; *Heidel/Lochner* in: Heidel-HdbKMR, § 39a WpÜG, Rn. 62 ff.; *dies.*, DB 2005, 2564; *dies.* Konzern 2006, 653, 655 ff.; *Bundesrat*, BR-Drs. 154/01/06, S. 7; Fraktion *Bündnis90/Die Grünen*, BT-Drs. 16/1541, S. 17; *Neye*, NZG 2002, 1144, 1145; *Maul/Muffat-Jeandet*, AG 2004, 221, 317; *Mülbert*, NZG 2004, 633, 634; im Ergebnis offen gelassen von *Seibt/Heiser*, ZGR 2005, 200, 242f.

[297] *Merkt*, Gutachten, S. 19; *Merkt/Binder*, BB 2006, 1285, 1290.

[298] *Koenig/Haratsch/Pechstein*, Rn. 313f.

[299] *EuGH*, Rs. C-106/89, Slg. 1990, I-4135 (Marleasing), Rn. 8; *EuGH*, Rs. 14/83, Sls. 1984, 1891 (von Colson), Rn. 28; *Roth*, EWS 2005, 385, 389.

[300] *BGHZ* 46, 74 ; *BGH*St 14, 116, 118.

der Bieter durch die Annahme des Angebots Wertpapiere erworben hat, die mindestens 90% des vom Angebot betroffenen stimmberechtigten Kapitals entsprechen."

Der herrschenden Literaturmeinung ist somit dahingehend beizupflichten, dass der Wortlaut zumindest die Annahme einer unwiderleglichen Angemessenheitsvermutung nicht ausschließt. In der Terminologie des deutschen Rechts wird eine widerlegliche Vermutung regelmäßig mit den Worten: „wird vermutet, dass..."[301] oder „gilt als..., sofern nicht etwas anderes bestimmt ist"[302] eingeleitet. Diese ist als gewöhnliche Rechtsvermutung dem Gegenbeweis zugänglich[303]. Es hätte somit nahe gelegen, eine entsprechende Formulierung auch im Rahmen der Richtlinienfassung zu verwenden, wenn eine widerlegliche Vermutung ausdrücklich hätte normiert werden sollen.

Damit ist aber noch nicht belegt, dass die Formulierung „gilt als angemessen" im Umkehrschluss zwingend für die Unwiderleglichkeit der Angemessenheit spricht: Sowohl in § 1566 I BGB als auch in § 1361b IV BGB ordnet das Gesetz als Rechtsfolge bei Vorliegen bestimmter Tatsachen an, dass eine zweite Tatsache „*unwiderleglich* vermutet" wird. Hätten die Richtlinienverfasser besonderen Wert auf die Feststellung der Unwiderleglichkeit der Vermutung gelegt, hätte aus Gründen der Rechtssicherheit und Rechtsklarheit die Formulierung „gilt die im Angebot angebotene Abfindung dann *unwiderleglich* als angemessen, wenn..." nahe gelegen.

Die grammatikalische Analyse der deutschen Sprachfassung ergibt somit kein eindeutiges Bild. Es ist jedoch festzustellen, dass die Annahme einer Unwiderleglichkeit durch den Gesetzgeber und die herrschende Literatur sprachlich nicht zwingend ist.

Aufschluss können die Richtlinienformulierungen der anderen europäischen Sprachen geben. Voraussetzung für die Heranziehung weiterer Sprachfassungen ist jedoch, dass alle Mitgliedstaaten die gleiche Vorstellung von der umzusetzenden Vermutungsregelung hatten. Zunächst kann unterstellt werden, dass sich das Europäische Parlament und der Rat der Europäischen Union über den Inhalt der Richtlinie einig waren und im Kern somit auch Einmütigkeit darüber herrschte, ob die fragliche Vermutungsregelung dem Gegenbeweis zugänglich sein sollte oder nicht. Wäre dies nicht so, bedeutete dies, dass die Ausgestaltung der Angemessenheitsregelungen den Mitgliedstaaten frei stünde. Die Folge wären unterschiedliche Regelungen in Europa, was evident dem Ziel der Richtlinie, ein „*level playing field*" des europäischen Übernahmerechts zu schaffen, zuwiderlaufen würde. Somit sind die Richtlinienfassungen in anderen Sprachen geeignet, einen Rückschluss für die Interpretation der deutschen Fassung zu ermöglichen.

Für die Deutung der Richtliniengedanken ist weiterhin auch nicht ausschließlich die deutsche Fassung maßgebend. Dies würde zu dem widersinnigen Ergebnis führen,

[301] Vgl. z.B. §§ 891 I, II, 938, 1253 II, 1377 I, III BGB; §§ 437 I, 440 II ZPO.
[302] Vgl. z.B. §§ 437, 440 BGB.
[303] *Reichold* in: Thomas/Putzo, § 292 ZPO, Rn. 1; Baumbach/Lauterbach, § 292 ZPO, Rn. 4.

dass Ungenauigkeiten in der Übersetzung in andere europäische Sprachen unterschiedliche Umsetzungsbefehle gäben. Abzustellen ist somit nicht auf die deutsche Fassung an sich, sondern vielmehr auf den Grundgedanken, den die EU-Kommission mit der Richtlinie verfolgte.

Maßgeblich ist zunächst die englische Fassung der Richtlinie. Dieser liegt nämlich das „Fundament" der Richtlinie, der Bericht der *Winter-Kommission*, zugrunde, der zunächst in englischer Sprache abgefasst war und später in eine deutsche und eine französische Fassung übersetzt wurde. Um sprachliche Eigenheiten oder Ungenauigkeiten, die durch die Übersetzung des Kommissionsberichts entstanden sind, bei der Analyse zu vermeiden, wird daher zunächst auf die englische Fassung des Art. 15 V Unterabs. 2 ÜbRL abgestellt. Diese lautet:

"*Following a voluntary bid, in both of the cases referred to in paragraph 2(a) and (b), the consideration offered in the bid shall be presumed to be fair where, through acceptance of the bid, the offeror has acquired securities representing not less than 90 % of the capital carrying voting rights comprised in the bid.*"

Ausschlaggebend ist somit die Auslegung der Formulierung "shall be presumed". Das Verb „to presume" ist im Deutschen mit „annehmen", „mutmaßen" oder „unterstellen" zu übersetzen. Jedes dieser Wörter impliziert eine Tendenz, die aber widerleglich ist. Die englische Gesetzesmethodik verwendet das Wort „to presume" in der Formulierung „shall be presumed" ausschließlich in einem Rahmen, in dem der Beweis des Gegenteils möglich ist. Oftmals ist die „presumption" sogar ausdrücklich gekoppelt an die Führung eines Gegenbeweises. So fordert z.B. der UK Human Rights Act 1998, Art. 6, Sec. 2, der in England die Stellung einer Verfassungsnorm genießt: „*Everyone charged with a criminal offence shall be presumed innocent until proved guilty according to law*". Ebenso der Food Safety Act 1990, Sec. 3 (3): „*The following [...] shall be presumed, until the contrary is proved, to be intended for sale*". Dabei kann auf die Formulierung „*until* [...] *proved*" verzichtet werden, ohne das die Möglichkeit der Führung eines Gegenbeweises ausgeschlossen wäre, vgl. z.B. den Asylum and Immigration Act 2004, Sec. 2 (8): „*A person shall be presumed for the purposes of this section not to have a document with him if he fails to produce it to an immigration officer or official of the Secretary of State on request*". Ebenso der Children Act 1995, Sec. 99 (3): „*a person twelve years of age or more shall be presumed to be of sufficient age and maturity to have such understanding*".

Die englische Gesetzesterminologie spricht von einer „presumption" also dann, wenn eine Tatsache indiziert werden soll, ohne die Möglichkeit der Gegenbeweisführung zu verschließen.

Will das englische Gesetz eine unwiderlegliche Vermutung aufstellen, kommt die Formulierung „shall be considered" zum Tragen. So exemplarisch in Art. 2 (7) des *Fees and Awards Regulations Act* 2007: "An area shall be considered to have always been part of the European Economic Area." oder in Art. 3 (1) des Environmental Pro-

tection Act 2006: "Items shall be considered to be packaging if they fulfil the above definition without prejudice to other functions".
Zusammenfassend lässt sich festhalten, dass, wäre die englische Richtlinienfassung von einer unwiderleglichen Vermutung ausgegangen, nicht das Wort „presumed", sondern vielmehr das Wort „considered" verwendet worden wäre.

Die Auslegung der französischen Fassung kommt zum gleichen Ergebnis:

"*À la suite d'une offre volontaire, dans les deux cas prévus au paragraphe 2, points a) et b), la contrepartie de l'offre est présumée juste si l'offrant a acquis, par acceptation de l'offre, des titres représentant au moins 90 % du capital assorti de droits de vote faisant l'objet de l'offre.*"

Das französische Recht verwendet in sprachlich präziser Abgrenzung die Begriffe „presumer" und „considerer"[304].

Ein plastisches Beispiel findet sich im *Code Civile*, der das Pendant zum Bürgerlichen Gesetzbuch darstellt. Dort finden sich in Art. 116 beide Formulierungen:

„*Si le présumé absent est appelé à un partage, celui-ci peut être fait à l'amiable.*"

Weiter heißt es:

"*Tout autre partage est considéré comme provisionnel.*"

Im ersten Satz wird vermutet, dass die betreffende Person verschwunden ist (*le présumé absent)*. Eine Person kann erst unter den engen Voraussetzungen des Art. 122 Code Civile für mit Sicherheit verschwunden erklärt werden, bis dahin gilt die widerlegliche Vermutung, die jederzeit durchbrochen werden kann. Der zweite Satz hingegen stellt zwingend fest, dass jede andere vorherige Regelung als nur vorläufig zu betrachten ist.

Soll also eine widerlegliche Vermutung aufgestellt werden, wird das Verb „presumer" verwendet. Soll hingegen beim Vorliegen bestimmter Tatsachen zwingend eine Schlussfolgerung aufgestellt werden, sprechen französische Legislativakte von „considerer". Beispiele dazu finden sich in Art. 11 der *Déclaration universelle des droits de l'homme*:

„*Toute personne accusée d'un acte délictueux est présumée innocente jusqu'à ce que sa culpabilité ait été légalement établie au cours d'un procès public où toutes les garanties nécessaires à sa défense lui auront été assurées*".

---

[304] In gleicher Bedeutung, aber weniger häufig wird die Formulierung „*passer pour*" verwandt.

Auch die französische Fassung der Richtlinie geht ihrer Formulierung nach also von einer widerleglichen Vermutung der Angemessenheit der Abfindung aus.

Besonders differenzierte Sprachfassungen finden sich im spanischen und im niederländischen Richtlinientext. Sie belegen die Vermutung für eine Widerleglichkeit nicht nur aufgrund der Wortwahl, sondern unterscheiden auch zwischen der Angemessenheitsvermutung für Pflicht- und Übernahmeangebote.

Für Pflichtangebote, bei denen aufgrund der vorherigen Prüfung durch eine staatliche Stelle und des Erreichens einer Annahmequote die Angemessenheit angenommen werden kann, wird in der spanischen Fassung das Verb „se considerará" verwendet. Für freiwillige Übernahmeangebote („*oferta voluntaria*"), die bis zum Squeeze-Out noch keiner Angemessenheitsprüfung unterlagen, wird eine Angemessenheit beim Vorliegen der weiteren Voraussetzungen nur widerleglich angenommen („*se presumirá*"):

"En caso de oferta voluntaria, en los casos contemplados en las letras a) y b) del apartado 2, la contraprestación de la oferta se presumirá justa si el oferente ha adquirido, tras la aceptación de la oferta, valores que representen al menos el 90 % del capital que confiera derechos de voto objeto de la oferta.
Tras una oferta obligatoria, la contraprestación de dicha oferta se considerará justa."

Diese Unterscheidung belegt außerdem die oben aufgestellte These, dass die Wörter mit dem Wortstamm „*consider-*" regelmäßig eine unwiderlegliche Vermutung, diejenigen mit dem Stamm „*presum-*" eine widerlegliche Vermutung ausdrücken[305].

Die Differenzierung der spanischen Fassung findet sich ebenso in der niederländischen Version. Eine Angemessenheit bei Pflichtangeboten wird unterstellt (*wordt verweezen*), bei einem freiwilligen Angebot hingegen nur vermutet (*wordt aangenomen*). Gleiches gilt für die finnische Sprachfassung: Auch hier wird eine deutliche Unterscheidung für Pflichtangebote (*hintana pidetään*[306]) und Übernahmeangebote getroffen (*oletetaan hinta*[307]).

Eine Lesart des betreffenden Wortlauts der deutschen Richtlinienversion als unwiderleglich steht –auch wenn eine eindeutige grammatikalische Bestimmung nicht möglich ist– im Widerspruch zur großen Mehrheit der übrigen europäischen Sprachfassungen. Insbesondere die Auslegung der auf dem Bericht der Winter-Kommission aufbauenden englischen Fassung ergibt, dass die Angemessenheit als widerlegliche Vermutung ausgestaltet werden sollte.

Das gefundene Ergebnis wird von einer zweiten grammatikalischen Erwägung gestützt. Art. 15 V 1 ÜbRL bestimmt: „Die Mitgliedstaaten stellen sicher, dass eine an-

---

305 Lediglich die italienische Fassung spricht sowohl im Fall des Übernahme- als auch des Pflichtangebotes von „da considerare".

306 Hinta = gerechter Gegenwert, gerechter Preis; pitää = für etwas halten, als etwas ansehen.

307 Olettaa = vermuten.

gemessene Abfindung garantiert wird." Der Umsetzungsbefehl der Richtlinienvorgaben zielt damit eindeutig darauf ab, dass die nationalen Gesetzgeber Instrumente entwickeln, mit denen *garantiert* werden kann, dass die Minderheitsaktionäre angemessen entschädigt werden. Eine solche Garantie ist aber im Rahmen einer Vermutung schon sprachlich nur dann möglich, wenn die Richtigkeit dieser Vermutung von unabhängiger Stelle überprüft werden kann. Denn eine Vermutung beinhaltet immer die Möglichkeit, dass der mit ihr aufgestellte Regelsatz tatsächlich nicht zutrifft. Eine Überprüfbarkeit der Abfindung ist aber nur bei Annahme der Widerleglichkeit möglich. Die Forderung nach einer Garantie der Angemessenheit ist auch nicht etwa eine sprachliche Floskel, die dazu führen könnte, ihr weniger Gewicht beizumessen: Im gesamten Richtlinientext einschließlich der Erwägungsgründe findet sich das Wort „garantieren" nur ein einziges Mal. Trotz der eher geringen Bedeutung des Art. 15 ÜbRL im Kontext der Richtlinie und obwohl sich oft die Wendung „Die Mitgliedstaaten stellen sicher..." findet, war es dem europäischen Gesetzgeber offensichtlich ein besonderes Anliegen, gerade beim Squeeze-Out den Eigentumsschutz *garantiert* zu wissen. Die Formulierung ist damit sprachlich nicht Zufall, sondern gezielte Umsetzung des als wichtig erkannten Minderheitenschutzes. Eine Unwiderleglichkeit scheidet damit auch deswegen aus, weil eine Garantie der Angemessenheit ohne unabhängige Prüfung nicht möglich ist. Festzustellen bleibt, dass sich vorstehende Erwägung auch aus den Sprachfassungen der übrigen Mitgliedstaaten ergibt[308].

Das Ergebnis der grammatikalischen Auslegung der Richtlinienfassungen zeigt entgegen dem deutschen Text ein eindeutiges Bild: Sowohl Art. 15 V Unterabs. 2 ÜbRL als auch Art. 15 V 1 ÜbRL belegen, dass der europäische Gesetzgeber mit der Formulierung der Abfindungsregelung eine widerlegliche Vermutung normieren wollte.

bb) Historische Auslegung

Zu diesem Ergebnis kommt aus zwei Erwägungen auch die historische Auslegung. Erstens lässt die Richtlinie den Mitgliedstaaten die Wahl, ob sie den Squeeze-Out an die Voraussetzungen des Art. 15 II a) oder b) ÜbRL knüpfen. Die Angemessenheitsvermutung des Art. 15 V Unterabs. 2 ÜbRL bezieht sich sowohl auf die Alternative a) als auch b), will demnach also die gleichen Regelungen für beide Alternativen treffen. Grundlage für die Ausgestaltung des Art. 15 II b) der Richtlinie war die englische Regelung der Sec. 428 – 430F des Companies Act 1985[309]. Diese sah eine widerlegliche Vermutung hinsichtlich der Angemessenheit der Gegenleistung vor[310]. Wenn demnach

308 England: „Member States shall ensure that a fair price is guaranteed." ; Frankreich: „Les États membres veillent à ce qu'un juste prix soit garanti." ; Spanien: „Los Estados miembros velarán por que se garantice un precio justo." ; Italien: „Gli Stati membri provvedono a che sia garantito un giusto prezzo." Schweden: „Medlemsstaterna skall säkerställa att ett rimligt pris garanteras."

309 Jetzt unter der Berücksichtigung der Übernahmerichtlinie Sect. 974 – 991 Companies Act 2006, vgl. auch unten S. 122.

310 *Rühland*, NZG 2006, 401, 407; auch nach der Reform des Companies Act ist die Angemessenheitsvermutung nur widerleglich, vgl. ausführlich S. 122 ff.

die Angemessenheitsvermutung im Rahmen von Art. 15 II b) ÜbRL widerleglich sein soll, kann für Art. 15 II a) ÜbRL nichts anderes gelten. In beiden Fällen muss also aufgrund des Einflusses des englischen Vorbildes ein Gegenbeweis gegen die Angemessenheit der Gegenleistung zulässig sein. Auch wenn das deutsche Übernahmerichtlinie-Umsetzungsgesetz sich zu Recht Art. 15 II a) ÜbRL bedient, ist wegen der Gleichbehandlung der beiden Alternativen in Art. 15 V Unterabs. 2 ÜbRL von einer widerleglichen Vermutung auszugehen.

Die Annahme einer widerleglichen Vermutung ergibt sich zweitens ausdrücklich aus der Formulierung des Berichts der Winter-Kommission. Dieser sah als Empfehlung an die Kommission explizit eine Widerleglichkeit der Angemessenheitsvermutung vor: In der Begründung des Vorschlages zur Einführung des Squeeze-Out heißt es, dass die Gegenleistung *rebuttably presumed to be fair* sein solle[311], also die Angemessenheit nur widerleglich vermutet werden solle. In diesem Fall gibt die deutsche Übersetzung des Berichts diese Empfehlung sprachlich präzise wieder: Die bei einem Angebot gewährte Gegenleistung habe *bis zum Gegenbeweis als angemessen zu gelten.*

In der Begründung zu den Empfehlungen führt die Expertengruppe weiter aus:

„The presumption of the price of the bid as the fair price should be rebuttable, so that it could be challenged before courts or the authority supervising the takeover bid in particular circumstances."

Dem entspricht auch die –hier wiederum präzise– Übersetzung ins Deutsche:

„Die Annahme, dass der Preis des Angebots gerecht ist, sollte anfechtbar sein, so dass unter bestimmten Voraussetzungen bei Gericht oder bei der Stelle, die die Aufsicht über das Übernahmeangebot führt, eine Überprüfung des Preises beantragt werden kann."

Diese, die Widerleglichkeit ausdrücklich empfehlende Wortwahl findet sich im endgültigen Richtlinientext in keiner Sprachfassung wieder. Daraus darf aber nicht der Umkehrschluss gezogen werden, die Wörter seien absichtlich gestrichen worden, um eine Unwiderleglichkeit festzuschreiben. Das Gegenteil ist der Fall: Erstens hätten dann im Zweifel andere Formulierungen verwendet werden müssen („*considered*" statt „*presumed*" und entsprechendes für andere Sprachfassungen), zweitens finden sich die Formulierungen „*rebuttably*" bzw. „*bis zum Gegenbeweis*" nur in den Begründungen zum Richtlinienvorschlag der Winter-Kommission und nicht deren Formulierungsvorschlag für die Richtlinie selbst. Wichtigstes Argument gegen ein bewusstes Abweichen von den Vorschlägen der Winter-Kommission ist jedoch Folgendes: Die EU-Kommission stellt in ihrem Richtlinienvorschlag ausdrücklich klar, dass man den Empfehlungen der Expertengruppe mit der Umsetzung folgen wolle und keine inhaltlichen Änderungen vorgenommen habe:

---

311 *Winter-Report*, p.3.

„The proposal here follows the recommendations set out for the Commission in the Winter Report as regards [...] the introduction of a squeeze-out right (Article 14) and a sell-out right (Article 15) following a takeover bid.“[312]

Im Übrigen wurden im gesamten Verlauf des Gesetzgebungsprozesses keine Änderungsanträge hinsichtlich der Regelungen über Squeeze-Out und Sell-Out gestellt.

Wenn also die Kommission die Widerleglichkeit des Expertenvorschlags übernehmen wollte und diese nach ihrem Willen in die Richtlinie einfließen sollte, bleibt aus Sicht der historischen Auslegung kein Raum für eine unwiderlegliche Vermutung. Dies wird ausdrücklich von *Hopt* bestätigt[313], der Mitglied der siebenköpfigen Winter-Kommission war, und ebenso betont von *Maul*[314], die als Nationale Expertin bei der EU-Kommission die Entwicklung der Übernahmerichtlinie begleitet hat.

cc) Systematische Auslegung

Auch die Systematik der Richtlinie spricht für eine widerlegliche Vermutung. Die Artt. 5 IV, VI, 3 II ÜbRL stellen nur Minimalstandards hinsichtlich der Angemessenheit der Abfindung auf. Die Mitgliedstaaten können strengere Vorschriften erlassen, wenn sie es bei der Umsetzung ins nationale Recht für geboten erachten[315]. Wenn die Richtlinie aber wie der Gesetzgeber und die herrschende Literaturauffassung von einer Unwiderleglichkeit der Angemessenheitsvermutung ausginge, würde die Eröffnung eines Umsetzungsspielraumes keinen Sinn machen. In diesem Fall ginge die Vermutung immer zugunsten der Angemessenheit der Abfindung. Damit wäre kein Spielraum mehr gegeben, innerhalb dessen die Mitgliedstaaten nationale Regelungen erlassen könnten. Es ist davon auszugehen, dass die Richtlinie die Möglichkeit der Verschärfung nicht nur auf dem Papier schaffen wollte, obwohl faktisch die nationalen Gesetze eine unwiderlegliche Vermutung enthalten sollten. Außerdem wird es ausweislich des Erwägungsgrunds 8 der Richtlinie den Mitgliedstaaten überlassen, „Rechte vorzusehen, die in Verwaltungs- oder Gerichtsverfahren gegen eine Aufsichtsstelle oder zwischen Parteien des Angebots geltend gemacht werden können.“ Diese Klausel bezieht sich ihrer systematischen Stellung innerhalb der anderen, teilweise speziellen Erwägungsgründe als „allgemeiner Teil“ auf die gesamte Richtlinie und somit auch auf Art. 15. Die Richtlinie will ein Verfahren zwischen den Parteien damit auch im

---

312 Proposal for a Directive of the European Parliament and of the Council on Takeover Bids, COM(2002) 534 final — 2002/0240 (COD), C208/55 (2003), p. 3; Im Vorschlag der Kommission fanden sich der Squeeze-Out unter Art. 14 (Art. 15 n.F.) und der Sell-Out unter Art. 15 (Art. 16 n.F.). Die deutsche Fassung lautet entsprechend: *„Er [Anm.: Der Vorschlag] folgt den Vorschlägen des „Winter-Berichts“, soweit es um [...] das Ausschlussrecht (Artikel 14) und das Andienungsrecht im Anschluss an ein Angebot (Artikel 15) geht.“* Vorschlag für eine Richtlinie des europäischen Parlaments und des Rates betreffend Übernahmeangebote KOM(2002) 534 endg. — 2002/0240 (COD), C208/55 (2003), S. 3.

313 *Hopt/Mülbert/Kumpan*, AG 2005, 109, 117.

314 *Maul/Muffat-Jeandet*, AG 2004, 221, 317; *Maul*, NZG 2005, 151, 157.

315 Vgl. dazu oben S. 11 f.

Rahmen des Squeeze-Out ausschließen. Wenn anderes speziell für Art. 15 ÜbRL gelten sollte, hätte sich vorgenannter Erwägungsgrund entweder ausdrücklich auf die übrigen Richtlinienteile beziehen müssen oder es hätte eine Ausnahmevorschrift speziell für die Squeeze-Out-Regelungen formuliert werden müssen.

dd) Teleologische Auslegung

Schließlich wird bereits gefundenes Ergebnis vom Sinn und Zweck der Richtlinie bestätigt. Zwar gibt es Stimmen im Schrifttum, die behaupten, eine Widerleglichkeit würde den hinter der Richtlinie stehenden Zweck untergraben[316]. Lange Verfahren vor Gerichten, möglicherweise durch viele Instanzen, würden ein zügiges und kostengünstiges Squeeze-Out-Verfahren im Anschluss an ein Übernahmeangebot unmöglich machen. Dies sei nicht im Sinne der Richtlinie[317]. Dazu ist zunächst einmal festzuhalten, dass der Grundgedanke, ein schnelles Übernahmeverfahren gewährleisten zu können, mit dem Squeeze-Out selbst nichts zu tun hat. Dieser ist nämlich lediglich ein mögliches Annexverfahren zu einem vorhergehenden Übernahmeangebot. Die Dauer der Übernahme selbst wird durch das Squeeze-Out-Verfahren überhaupt nicht berührt, so dass eventuelle Streitverfahren das Ziel der Richtlinie nicht unterlaufen können. Weiterhin besteht das eigentliche Ziel der Artt. 15 f. ÜbRL im Kern darin, dem Hauptaktionär ein Instrument an die Hand zu geben, mit welchem er durch Herausdrängung von Aktionärsminderheiten alle Gesellschaftsanteile auf sich vereinen kann. Dieses Ziel wird von der Frage, ob es sich nun um eine widerlegliche oder eine unwiderlegliche Vermutung handelt, nicht tangiert, sofern im Ergebnis ein angemessener Preis für die Minderheitsanteile bezahlt wird. Insofern ist der telos der Richtlinie nicht betroffen.

Die Interpretation, den Squeeze-Out nach § 39a WpÜG als ein besonders zügiges Verfahren ausgestalten zu müssen, entstammt dem Willen des deutschen Gesetzgebers. Durch diesen *fast-track*[318] wollte er ein Gegengewicht zu den oft mit Anfechtungsklagen belasteten Squeeze-Out-Verfahren nach den §§ 327a ff. AktG schaffen. Diese Interpretation muss aber für die Auslegung der Richtlinie selbst unbeachtlich bleiben. Außerdem hat der Gesetzgeber auch in der Sache Unrecht: In der Richtlinie und den ihr zugrundeliegenden Materialien wird mit keinem Wort gefordert, dass sich ein übernahmerechtlicher Squeeze-Out nach einem freiwilligen Angebot durch eine besondere Schnelligkeit auszeichnen müsse. Etwas anderes gilt für das Pflichtangebot, da dort die Angemessenheit aufgrund vorheriger Kontrollen durch Behörden oder Gerichte bereits im Rahmen der Angebotsunterlage festgestellt worden ist. Sollte ein zügiges Verfahren auch bei einem freiwilligen Angebot möglich sein, wäre das natürlich sowohl für den Mehrheitsaktionär als auch für die mit den Verfahren befassten Gerichte nicht zuletzt wegen der ersparten Kosten von großem Vorteil. Erklärtes Ziel der Richtlinie hinsichtlich der Angemessenheit der Abfindung ist es ausweislich Art. 15 V

---

316 *DAV*, Gutachten, S. 15.

317 *Santelmann* in: Steinmeyer/Häger, § 39a WpÜG, Rn. 11.

318 Diesen Begriff gebraucht *Maul*, NZG 2005, 151, 157.

ÜbRL jedoch, dass die Mitgliedstaaten sicherstellen, „dass eine angemessene Abfindung garantiert wird." Die Richtlinie zieht somit die Sicherstellung einer angemessenen Abfindung einem schnellen Verfahren vor. Eine Angemessenheit kann aber durch einen Marktmechanismus nur indiziert werden, eine endgültige Garantie wird auf diesem Weg nicht erreicht. Somit müssen die Mitgliedstaaten nach dem Willen der Richtlinie Instrumente schaffen, durch die die Abfindung überprüfbar gemacht wird, um bei Bedarf eine Korrektur vornehmen zu können. Dies ist nur durch eine widerlegliche Vermutung gewährleistet.

Auch die teleologische Auslegung kommt zu dem Ergebnis, dass ein Gegenbeweis zur aufgestellten Vermutung zulässig sein muss[319].

ee) Befugnis des Gesetzgebers zur Normierung einer unwiderleglichen Vermutung

Die Intention der Richtlinie und die Umsetzung durch den deutschen Gesetzgeber stehen somit nicht in Einklang. Das wirft die Frage auf, inwieweit der Gesetzgeber überhaupt befugt war, eine unwiderlegliche Vermutung auf europarechtlicher Grundlage zu erlassen. Der Richtlinientext selbst deutet in grammatikalischer Auslegung zumindest im Zusammenspiel mit den übrigen Sprachfassungen auf eine widerlegliche Vermutung hin und fordert, dass die Angemessenheit der Abfindung garantiert sein müsse[320]. Auch wenn damit die Tendenz der Richtlinie zu einer unabhängigen Überprüfung offensichtlich ist, ist dieser Befund streng von der Frage zu trennen, ob den Mitgliedstaaten die Möglichkeit eröffnet werden soll, auf andere Weise der Forderung nach einer garantiert angemessenen Abfindung nachzukommen.

Insofern ist festzustellen, dass sich die Richtlinie nicht zu den Modalitäten der Absicherung der Angemessenheit äußert, sondern lediglich vorgibt, dass im Rahmen eines Übernahmeangebots ein Marktmechanismus die Angemessenheit indizieren soll. Im Lichte der einleitenden Erwägungsgründe zur Richtlinie, die wiederholt[321] auf die unterschiedlichen Ausgestaltungen des Gesellschaftsrechts in den Mitgliedstaaten hinweisen, überlässt die Richtlinie die Instrumente zur Sicherstellung der Angemessenheit den nationalen Gesetzgebern. Denn das unterschiedliche nationale Gesellschaftsrecht kann in der Weise ausgestaltet sein, dass die Angemessenheit der Abfindung durch weitere Mechanismen gewährleistet ist, z.B. durch Vorschriften, die die Gegenleistung für das vorausgehende Übernahmeangebot derart hoch gestalten, dass

---

319 Insoweit ist *Santelmann*, § 39a WpÜG, Rn. 11 schon an dieser Stelle widerlegt, wenn er – allerdings ohne Begründung- behauptet, die Annahme einer widerleglichen Vermutung widerspräche den Vorgaben der Richtlinie.

320 Vgl. oben S. 72 ff.

321 Vgl. z.B. Erwägungsgründe 20, 21 und 26 der ÜbRL.

an der Angemessenheit der Abfindung kein Zweifel mehr besteht[322]. Auch insoweit kann im Einklang mit den Ausführungen oben festgestellt werden, dass die Richtlinie grundsätzlich nur Minimalstandards aufstellen wollte, die die Mitgliedstaaten durch strengere Vorschriften ersetzen können. Der deutsche Gesetzgeber hatte somit trotz erkennbarer Tendenz der Richtlinie zu einer Überprüfbarkeit die Befugnis, eine unwiderlegliche Vermutung zu formulieren[323].

ff) Zwischenergebnis

Zusammenfassend lässt sich also festhalten, dass andere europäische Sprachfassungen Formulierungen verwenden, die auf eine Widerleglichkeit schließen lassen[324] oder sogar ausdrücklich zwischen widerleglichen und unwiderleglichen Vermutungen unterscheiden und somit eine Widerleglichkeit der Angemessenheitsvermutung bei einem Übernahmeangebot annehmen[325]. Außerdem ging die Winter-Gruppe von einer Widerleglichkeit der Vermutung aus, was von *Hopt* als Mitglied der Gruppe bestätigt wird. Diesem Grundgedanken folgte die EU-Kommission ausdrücklich. Entgegen der Auffassung des Gesetzgebers handelt es sich bei dem der Angemessenheitsvermutung des § 39a III 3 WpÜG zugrunde liegenden Art. 15 V ÜbRL demnach um eine widerlegliche Vermutung, die dem Gegenbeweis zugänglich ist.

Dennoch war der Gesetzgeber zur Umsetzung in eine unwiderlegliche Vermutung befugt, da die Richtlinie keine Modalitäten bestimmt, auf welchem Wege die Angemessenheit der Abfindung zu garantieren ist.

gg) Methodischer Einwand: Verfassungswidrigkeit bei Annahme der Unwiderleglichkeit

Die Befugnis des Gesetzgebers, abweichende Regelungen einzuführen, ist aber von der Frage zu trennen, ob eine unwiderlegliche Angemessenheitsvermutung im Widerspruch zu (höherrangigem) nationalem Recht steht. Die Zulässigkeit von unwiderleglichen Vermutungen muss nach ständiger Rechtsprechung des BVerfG im Lichte der Bedeutung des geschützten Grundrechts und der Folgen des Ausschlusses von Gegenbeweisen beurteilt werden[326]. Wie im Folgenden zu zeigen sein wird, lässt sich die

---

[322] Die Bestimmung, wann ein Preis angemessen ist, obliegt weitgehend der Entscheidungsfreiheit der Mitgliedstaaten, vgl. Art. 5 IV der Richtlinie; auch *Heidel/Lochner* in: Heidel-HdbKMR, § 39a WpÜG, Rn. 50.

[323] *Merkt/Binder*, BB 2006, 1285, 1289; *Rühland*, NZG 2006, 401, 407; wohl auch *Heidel/Lochner* in: Heidel-HdbKMR, § 39a WpÜG, Rn. 48 f.

[324] Vgl. z.B. die englische und französische Sprachfassung.

[325] So die spanische und niederländische Sprachfassung.

[326] *BVerfGE* 30, 336, 353 f.; *BVerfGE* 42, 176, 185; insbesondere zur Verfassungswidrigkeit von § 1568 II BGB a.F.: *BVerfGE* 55, 134, 143 f.

Auffassung des Gesetzgebers und der herrschenden Lehre nicht mit der Eigentumsgarantie des Art. 14 GG vereinbaren.

α) Unvereinbarkeit mit Art. 14 GG

Durch die Eigentumsgarantie des Art. 14 GG wird auch das Aktieneigentum geschützt. Die Aktie verbrieft dabei nicht nur die vermögensrechtliche Komponente, die durch Privatnützigkeit und Verfügungsbefugnis gekennzeichnet und damit Ausdruck der vermögensmäßigen Persönlichkeitsentfaltung ist[327]. Sie umfasst auch die mitgliedschaftliche Stellung in einer Aktiengesellschaft. Aus letzterer erwachsen dem Aktionär Leitungsbefugnisse in der Gesellschaft und weitere vermögensrechtliche Ansprüche wie beispielsweise Dividenden. Der Squeeze-Out nach §§ 39a, b WpÜG gestattet es dem Bieter, die verbleibende Minderheit gegen ihren Willen aus der Gesellschaft auszuschließen.

Diese Ausschlussmöglichkeit stellt jedoch keine Enteignung i.S.d. Art. 14 III GG dar: Der Rechtsverlust geht nicht vom Staat oder von einem mit staatlichen Zwangsrechten beliehenen Unternehmer aus. Weiterhin verleiht der Staat auch keine Enteignungsbefugnis an den Hauptaktionär, sondern gestattet der Gesellschaft lediglich, bei bestimmten Mehrheitsverhältnissen privatrechtliche Beziehungen umzugestalten[328]. Vielmehr handelt es sich bei den Squeeze-Out-Regelungen um Inhalts- und Schrankenbestimmungen der Eigentumsgarantie nach Art. 14 I 2 GG. Hier hat der Gesetzgeber einen weiten Gestaltungsspielraum, in dessen Rahmen er das Interesse des einzelnen Aktionärs auf Erhalt seines Aktieneigentums den oben genannten ökonomischen Gründen grundsätzlich unterordnen kann[329]. Voraussetzung dafür ist jedoch, dass die grundlegende Entscheidung der Verfassung für das Privateigentum nicht über Gebühr verkürzt wird. Um dies zu gewährleisten, hat das BVerfG unter Berücksichtigung von Stimmen in der Literatur Kriterien entwickelt, die beim Zwangsausschluss von Minderheitsaktionären erfüllt sein müssen, um den Anforderungen des Art. 14 GG zu genügen. Bisher sind hierzu im Wesentlichen vier Entscheidungen ergangen. Im Folgenden sollen diese und die ihnen zugrundeliegenden Sachverhalte kurz skizziert werden, um im Anschluss daran die vom BVerfG aufgestellten Kriterien kritisch zu hinterfragen. Schließlich wird die Rechtsprechung auf § 39a III 3 WpÜG übertragen und die Verfassungsmäßigkeit der Norm untersucht.

---

[327] *BVerfG*E 24, 367, 389; grundlegend *Seuffert*, S. 1 ff.

[328] *BVerfG*E 100, 289, 305.

[329] *BVerfG*E 14, 263 ff. (Feldmühle); *BVerfG*E 100, 289 ff. (DAT/Altana); *BVerfG*, NZG 2000, 1117 (Moto Meter); *BVerfG*, NZG 2007, 587 ff. (Edscha).

(i) Grundsätzliche Voraussetzungen: Das Feldmühle-Urteil

Im Feldmühleurteil[330] hatte das BVerfG im August 1962 über eine Vorlage des Amtgerichts Düsseldorf zu entscheiden. Dieses hielt §§ 15, 9 UmwG a.F. (1956), die die Möglichkeit einer sog. übertragenden Umwandlung beinhalteten, für unvereinbar mit der Eigentumsgarantie des Art. 14 GG. Bei der übertragenden (Mehrheits-)Umwandlung handelte es sich um einen Vorgang, bei dem eine Kapitalgesellschaft entweder in eine Personengesellschaft oder –wie im vorgelegten Fall– in eine andere Kapitalgesellschaft umgewandelt wurde. Bei letzterer Möglichkeit wurde somit faktisch nur das Vermögen auf eine andere Gesellschaft übertragen, ohne dass eine Formwandlung stattfand. Dies schloss die Möglichkeit ein, dass ein Hauptaktionär, der über eine ausreichende Entscheidungsmacht verfügte, die Übertragung des Vermögens der Gesellschaft auf sich selbst veranlassen konnte. Die Aktionäre der übertragenden Gesellschaft wurden gegen Zahlung einer Abfindung ausgeschlossen.

Im konkreten Fall wurde die Umwandlung der Feldmühle Papier- und Zellstoffwerke AG auf ihre Hauptgesellschafterin, die Aktiengesellschaft für Papier- und Zellstoffinteressen, durch die Hauptversammlung beschlossen. Die Hauptgesellschafterin war erst zwei Monate zuvor von zwei Großaktionären gegründet worden, die an der Feldmühle AG mit zusammen knapp 79% beteiligt waren. Die Hauptgesellschafterin hielt somit die für den Umwandlungsbeschluss nach § 15 UmwG a.F. nötigen drei Viertel des Grundkapitals. Rund ein Fünftel der zum Ausscheiden bestimmten Minderheitsaktionäre (4,1% des Grundkapitals) widersprachen auf der Hauptversammlung dem Vorhaben, auch weil sie die unter dem Börsenkurs liegende angebotene Abfindung als zu niedrig empfanden. Das mit der Nichtigkeits- und Anfechtungsklage befasste AG legte dem BVerfG die Frage vor, ob § 15 UmwG a.F. verfassungsgemäß sei.

Im Ergebnis hat der Senat dies bejaht und damit begründet, dass der Gesetzgeber aufgrund seiner Einschätzungsprärogative befugt sei, das Eigentum an den Aktien zugunsten gesamtwirtschaftlicher Erwägungen einzuschränken. Der (internationale) Wettbewerb gebiete es, den Gesellschaften große Handlungsspielräume zu gewähren. Die Vorschriften, die dem Schutz von Minderheiten von Aktionären dienten, seien dabei hinderlich. Allerdings sei Voraussetzung für eine Herausdrängung dieser Minderheit, dass ihr wirksame Rechtsbehelfe gegen einen Missbrauch wirtschaftlicher Macht durch den Hauptaktionär zur Verfügung stünden. Außerdem müsse sie für den Verlust ihrer Rechtsposition wirtschaftlich voll entschädigt werden. Dabei genüge eine Entschädigung für den Vermögensverlust, hingegen sei der Verlust der Mitgliedschaft an der Gesellschaft bei einer Minderheit von höchstens 25% als gering zu bewerten, da von dieser keine wesentliche Entscheidungsmacht mehr ausginge.

[330] *BVerfG*E 14, 263 ff.

(ii) Präzisierung: DAT/Altana[331]

Die Grundentscheidung aus dem Feldmühleurteil wurde hinsichtlich der Berechnung der Entschädigung der Aktionäre im Urteil DAT/Altana vom BVerfG präzisiert. Das OLG Stuttgart hatte zuvor in einem Spruchverfahren über die Abfindung der Aktionäre der DAT AG entschieden, die im Wege der §§ 319 ff. AktG in die Altana AG eingegliedert worden war. Im Zuge der Eingliederung wurden die Aktionäre der DAT AG aus der Gesellschaft ausgeschlossen. In seinem Beschluss[332] führt das OLG aus, der Börsenkurs müsse bei der Bemessung der Abfindung nicht berücksichtigt werden. Er sei von einer Vielzahl von nicht wertbezogenen Außeneinflüssen abhängig, wie der allgemeinen Börsentendenz und psychologischen Momenten, und ermögliche daher keine klare Aussage über den wahren Wert der Unternehmensbeteiligung. Dagegen wandte sich eine betroffene Kleinaktionärin mit einer Verfassungsbeschwerde.

Der damit befasste Senat stellt in seinem Beschluss fest, dass sich das unternehmerische Interesse an Konzernierungsmaßnahmen seit dem Feldmühle-Urteil verstärkt habe. Es verstoße allerdings gegen Art. 14 GG, bei Bemessung der Abfindung der ausscheidenden Aktionäre den Börsenkurs des Unternehmens außer Betracht zu lassen. Grundsätzlich bestünden keine Bedenken, die Ertragswertmethode zur Berechnung der Abfindung zu verwenden. Jedoch garantiere Art. 14 GG, dass der Aktionär die volle Entschädigung, also den wahren inneren Wert des Unternehmens, für den Verlust seines Aktieneigentums erhalte. Dies sei nur dann gewährleistet, wenn der Kurswert, der bei börsennotierten Unternehmen regelmäßig mit dem Verkehrswert übereinstimme, neben dem Ertragswert in die Berechnung mit einfließe. Der Kurswert müsse immer die untere Grenze der Abfindung bilden. Der Börsenkurs könne nur in Ausnahmen außer Betracht bleiben, beispielsweise wenn längere Zeit kein Handel mit dem betreffenden Papier stattgefunden habe.

(iii) Hohe Anforderungen an die gerichtliche Überprüfbarkeit: Moto Meter[333]

Das DAT/Altana Urteil hatte dem BVerfG Gelegenheit gegeben, die im Feldmühleurteil formulierte Anforderung an die volle wirtschaftliche Entschädigung zu präzisieren. Kurze Zeit darauf konnte es die Ausführungen zu der ebenfalls in „Feldmühle“ geforderten gerichtlichen Überprüfbarkeit der Angemessenheit vertiefen. Inhaltlich behandelt die Moto Meter-Entscheidung zwei Verfassungsbeschwerden eines Kleinaktionärs, der sich gegen eine sog. übertragende Auflösung nach § 179a AktG gewandt hatte. Der Beschwerdeführer war mit wenigen Aktien an Moto Meter AG beteiligt, an der die Bosch GmbH 97,76% des Grundkapitals hielt. Nach einem teilweise erfolglosen Angebot an die Minderheitsaktionäre, deren Anteile aufzukaufen, gründete die Bosch GmbH die spätere Moto Meter GmbH, an die die Moto Meter AG ihr gesamtes Ge-

---

331 *BVerfGE* 100, 289 ff. (DAT/Altana).

332 *OLG Stuttgart*, AG 1995, 84.

333 *BVerfG*, NZG 2000, 1117 (Moto Meter).

sellschaftsvermögen veräußerte. Außerdem wurde in der Folge die Moto Meter AG liquidiert. Sowohl der Übertragungsbeschluss nach § 361 AktG a.F. als auch der Liquidationsbeschluss nach § 262 I Nr. 2 AktG konnten auf der Hauptversammlung nur durch die absolute Mehrheit der Hauptaktionärin getroffen werden.

Die erste Verfassungsbeschwerde, die gegen die übertragende Auflösung als solche gerichtet war, nahm das BVerfG nicht zur Entscheidung an, weil es unter Verweis auf die Entscheidungen Feldmühle und DAT/Altana das Hinausdrängen von Minderheitsaktionären aus einer Kapitalgesellschaft im Ergebnis für vereinbar mit Art. 14 GG hielt. Mit der zweiten Verfassungsbeschwerde[334] wandte sich der Beschwerdeführer gegen einen Beschluss des mit der übertragenden Auflösung befassten OLG Stuttgart[335]. Dessen 8. Zivilsenat hatte befunden, dass eine gerichtliche Überprüfung der Angemessenheit bei einer übertragenden Auflösung nach § 179a AktG nicht vorgenommen werden könne. Das BVerfG führte dazu aus, es verstoße gegen die Eigentumsgarantie, wenn in fachgerichtlichen Verfahren nicht überprüft würde, ob die Abfindung von ausscheidenden Minderheitsaktionären angemessen sei. Eine solche Prüfungspflicht der Gerichte könne auch nicht durch die Überprüfung durch einen Sachverständigen ersetzt werden.

(iv) Aktienrechtlicher Squeeze-Out verfassungsgemäß: Der Edscha-Beschluss[336]

Mit Beschluss vom 30.5.2007 hat das BVerfG über die Verfassungsmäßigkeit der §§ 327a ff. AktG entschieden. Die Minderheitsaktionäre der Edscha AG, die im Wege des aktienrechtlichen Squeeze-Out-Verfahrens aus der Gesellschaft ausgeschlossen worden waren, trugen vor dem BVerfG vor, der Ausschluss verletze sie schon deshalb in ihrem Grundrecht aus Art. 14 GG, weil er aufgrund der verfassungswidrigen Vorschrift des § 327e II AktG ergangen sei.

Die 3. Kammer des Ersten Senats nahm die Beschwerde nicht zur Entscheidung an, weil unter keinem rechtlichen Gesichtspunkt eine Verletzung von Verfassungsrecht ersichtlich sei[337]. Der Gesetzgeber habe dem Grundsatz der Verhältnismäßigkeit von

334 Auch die zweite Verfassungsbeschwerde wurde nicht zur Entscheidung angenommen: Der Beschwerdeführer, der nur mit zwei Aktien an der Moto Meter AG beteiligt war, sei aufgrund seiner geringen Beteiligung und seines daher geringen Vermögensverlustes in seinem Eigentumsrecht nicht existentiell verletzt.

335 *OLG Stuttgart*, DB 1997, 266 ff.

336 *BVerfG*, BB 2007, 1515 ff. mit Anmerkungen *Bungert*, BB 2007, 1518. Hingewiesen sei an dieser Stelle noch auf die Rechtsprechung des BVerfG zur kapitalbildenden Lebensversicherung (*BVerfGE* 114, 1 und *BVerfG*E 114, 73) in denen das Gericht Ausführungen zur Abfindung von Anteilseignern macht und Parallelen zu den §§ 327a ff. AktG zieht. Teilweise wurde diesen Urteilen unterstellt, sie wären geeignet, Auswirkungen auf die Bemessung der Barabfindung nach § 327b AktG zu haben (*Armbrüster*, ZGR 2006, 683, 692). Dies hat sich aber in der Praxis bislang noch nicht bestätigt.

337 *BVerfG*, BB 2007, 1515; gleiches gilt nach einer Entscheidung des BVerfG vom 28.8.2007 auch für Vorzugsaktionäre (WM 2007, 1884 mit Anmerkungen *Ogorek*, EWiR 2007, 673). Die Be-

grundrechtsrelevanten Maßnahmen ausreichend Rechnung getragen. Insbesondere bedürfe der aktienrechtliche Squeeze-Out keiner sachlichen Rechtfertigung, weil die §§ 327a ff. AktG einen generellen legitimen Zweck in sich trügen. Der Gesetzgeber habe zutreffend eingeschätzt, dass Aktionäre zunehmend Kleinstbeteiligungen dazu ausnutzten, unternehmerisch sinnvolle Entscheidungen anzufechten und den Hauptaktionär zu finanziellen Zugeständnissen zu bewegen. Die §§ 327a ff. AktG lösten dieses Problem in verfassungsrechtlich nicht zu beanstandender Weise durch die Ausschlussmöglichkeit von Minderheitsaktionären. Art. 14 GG erfordere aber, dass es sich bei den auszuschließenden Anteilseignern um eine kleine Minderheit ohne relevanten Einfluss auf die Unternehmenspolitik handele, und dass eine volle wirtschaftliche Entschädigung für den Verlust des Aktieneigentums gewährleistet sei. Letzteres sei dadurch hinreichend gesichert, dass ein unabhängiger gerichtlicher Prüfer die Abfindung bestimme und etwaige Fehleinschätzungen des Gutachters jederzeit durch ein einzuleitendes Spruchverfahren überprüft werden könnten. Auch die bestehenden Regelungen zur Absicherung und Verzinsung des Abfindungsanspruchs begegneten keinen Bedenken[338].

(v) Kurze Zusammenfassung

Das BVerfG hält einen Zwangsausschluss von Minderheitsaktionären unter bestimmten Voraussetzungen für zulässig. Eine detaillierte Untersuchung und Bewertung der vom BVerfG aufgestellten Kriterien soll im Rahmen dieser Arbeit nicht erfolgen, erstens, weil die Rechtsprechung keinen Anlass zur Kritik bietet[339], zweitens, weil sich bereits mehrere Autoren ausführlich mit diesem Thema beschäftigt haben, so dass auf deren Ausführungen verwiesen wird[340]. Außerdem ist die –inzwischen als gesichert anzusehende– Rechtsprechung des BVerfG in der Praxis maßgeblich, so dass eine Verfassungsbeschwerde gegen die §§ 39a f. WpÜG an den aufgezeigten Kriterien zu messen sein wird. Insofern soll an dieser Stelle nur eine kurze Zusammenfassung erfolgen.

Der Ausschluss von Minderheitsaktionären ist nur unter drei Voraussetzungen möglich: Erstens müssen die auszuschließenden Aktionäre eine volle wirtschaftliche Entschädigung für den Verlust ihres Aktieneigentums erhalten. Dabei markiert der Bör-

---

schwerdeführer hatten gerügt, es sei unzulässig, dass Vorzugsaktionäre gegen ihren Willen aus der Gesellschaft ausgeschlossen werden könnten, da sie auf die Beschlussfassung des Übertragungsbeschlusses keinen Einfluss ausüben könnten. Das BVerfG hat diese Ansicht mit einem Umkehrschluss abgelehnt: Wenn schon stimmberechtigte Aktionäre ausgeschlossen werden könnten, dann müsse dies erst recht für Vorzugsaktionäre gelten, weil das gesetzliche Leitbild der §§ 139 ff. AktG von einer reinen Kapitalanlage der Aktionäre ausgehe und eine Mitwirkung von Vorzugsaktionären an unternehmerischen Entscheidungen praktisch ausgeschlossen sei.

338 Zu alledem *BVerfG*, BB 2007, 1515ff.

339 A.A. soweit ersichtlich nur *Hanau*, NZG 2002, 1040 ff.; mit Zweifeln, aber im Ergebnis zustimmend: *Rottnauer*, EWiR 2003, 739, 740.

340 Statt vieler, jeweils mit umfangreichen Nachweisen: *Seuffert*, S. 1 ff.; *Posegga*, S. 23 ff.; *Hamann*, S. 20 ff.; *Baums*, Diss., S. 174 ff.; *Rühland*, Diss., S. 130 ff.

senkurs des Unternehmens regelmäßig die Untergrenze der zu leistenden Abfindung, weil der Aktionär mindestens so gestellt werden muss, als habe er eine freiwillige Deinvestitionsentscheidung getroffen. Eine volle wirtschaftliche Entschädigung ist aber erst dann gewährleistet, wenn der Aktionäre den inneren, also den wahren Wert seiner Beteiligung erhält. Zweitens müssen die Aktionäre vor dem Missbrauch der wirtschaftlichen Macht des Mehrheitsaktionärs geschützt werden. Drittens muss die Angemessenheit der geleisteten Abfindung überprüfbar sein.

(vi) Vereinbarkeit des § 39a III 3 WpÜG mit Art. 14 GG

Die Vereinbarkeit von übertragenden Auflösungen, übertragenden Umwandlungen und Eingliederungen mit höherrangigem Recht ist mit den zitierten Entscheidungen geklärt. Gleiches gilt nach neuester Rechtsprechung für den aktienrechtlichen Squeeze-Out. Dieses Ergebnis lässt sich aber wegen der aufgezeigten[341] erheblichen Unterschiede zwischen den genannten Instituten und dem übernahmerechtlichen Squeeze-Out nicht ohne weiteres auf die §§ 39a f. WpÜG übertragen. Vielmehr bedarf es einer genauen Prüfung im Lichte der vom BVerfG aufgestellten Voraussetzungen, wobei das Schutzniveau nicht geringer ausfallen darf als bei den Strukturmaßnahmen, die den vorgenannten Entscheidungen zugrunde lagen, bzw. beim aktienrechtlichen Squeeze-Out. Eine Vereinbarkeit des übernahmerechtlichen Squeeze-Out mit der Eigentumsgarantie des Art. 14 GG ist somit erstens nur gegeben, wenn die ausscheidenden Aktionäre sowohl wirtschaftlich voll entschädigt werden als auch zweitens die Möglichkeit haben, einen behaupteten Missbrauch von Marktmacht und eine mögliche Unangemessenheit der Abfindung gerichtlich überprüfen zu lassen.

Gemessen an diesen verfassungsrechtlichen Kriterien kommen allerdings Zweifel an der Vereinbarkeit des § 39a III 3 WpÜG mit Art. 14 GG auf. Denn will man mit dem Gesetzgeber die im Angebot offerierte Gegenleistung bei Erreichen einer Annahmequote unwiderleglich als angemessene Abfindung für den Ausschluss an der Gesellschaft ansehen, stellt sich folgendes Problem: Wird das Angebot von mindestens 90% des betroffenen Kapitals angenommen, kann die Angemessenheit der Abfindung nicht mehr gerichtlich überprüft werden; eine Erhöhung einer möglicherweise nicht den Anforderungen des Art. 14 GG genügenden Abfindung im Rahmen einer gerichtlichen Kontrolle schiede dann aus. § 39a III 3 WpÜG genügte damit nur den vom BVerfG formulierten Voraussetzungen, wenn unzweifelhaft in jedem erdenklichen Fall sichergestellt wäre, dass die vom Ausschluss betroffenen Aktionäre eine volle wirtschaftliche Entschädigung für den Verlust ihres Anteilseigentums erhielten. Sind hingegen Fälle denkbar, in denen dies nicht so ist, würde eine unwiderlegliche Vermutung der Eigentumsgarantie nicht gerecht. Derartige Zweifel bestehen in der Tat:

---

[341] Vgl. oben S. 14 ff.

(1) Unterschiedlicher Angemessenheitsbegriff im WpÜG und im Lichte von Art. 14 GG

Zunächst ist eine gewisse systematische Schwäche im Rückgriff auf das WpÜG und auf die WpÜG-AngVO zur Bestimmung der Angemessenheit festzustellen.

Als Antwort auf die vom Bundesrat geäußerten verfassungsrechtlichen Bedenken führt die Bundesregierung als vermeintliche Rechtfertigung aus[342], die Abfindung orientiere sich am vorausgehenden Angebot. Dieses sei ausweislich §§ 3, 5 WpÜG-AngVO [Anm.: i.V.m. § 31 WpÜG bzw. § 39 WpÜG] angemessen, wenn es dem gewichteten durchschnittlichen inländischen Börsenkurs der letzten drei Monate entspricht. Diese insoweit unbestrittene Feststellung nimmt die Bundesregierung aber zum Anlass, eine Angemessenheit i.S.d. Rechtsprechung des BVerfG begründen zu wollen. Dabei wird übersehen, dass sich der Angemessenheitsbegriff der §§ 3, 5 WpÜG-AngVO streng am Börsenkurs orientiert, das BVerfG diesen Verkehrswert aber nur als Untergrenze einer Abfindung bestimmt hat. Die Abfindung kann ihrer Höhe nach dann aber keine Geltung mehr beanspruchen, wenn z.B. die Ertragswertmethode einen höheren Unternehmenswert errechnet hat. Der Angemessenheitsbegriff der WpÜG-AngVO ist damit keinesfalls mit derjenigen Angemessenheit zu verwechseln, die das BVerfG als ausreichend i.S.d. Art. 14 GG betrachtet hat[343]. Eine Rekursion auf die Normen der WpÜG-AngVO ist daher unbrauchbar[344]. Maßstab kann daher nicht das einfache Recht, sondern müssen die vom BVerfG aus Art. 14 GG abgeleiteten Anforderungen sein.

(2) Volle wirtschaftliche Entschädigung

In der Gegenäußerung auf die verfassungsrechtliche Kritik des Bundesrates zum Gesetzentwurf des § 39a III WpÜG führt die Bundesregierung aus:

„*Nach der Rechtsprechung des Bundesverfassungsgerichts gebietet Artikel 14 Abs. 1 des Grundgesetzes, dass ein voller Ausgleich für den von den Minderheitsaktionären*

---

[342] BT-Drs. 16/1342, S. 6; ebenso *Meyer*, WM 2006, 1135, 1142: Die Gegenleistung sei an den Angemessenheitskriterien des § 31 WpÜG (einschließlich der Korrektur nach § 5 IV WpÜG-AngVO) zu messen und daher unbedenklich.

[343] Dazu treffend *Simon*, Konzern 2006, 12, 16: „Nicht täuschen lassen darf man sich von der Überlegung, dass das WpÜG sowohl für Übernahme- als auch für Pflichtangebote eine angemessene Gegenleistung fordert (§ 31 I WpÜG), weshalb auch ein übernahmerechtlicher Squeeze-out auf Basis der Gegenleistung des Angebotes immer angemessen sei. Denn die Maßstäbe zur Bemessung einer angemessenen Gegenleistung sind im Übernahmerecht gänzlich andere als im Zwangsausschluss von Minderheitsaktionären, die sich insoweit auf die Eigentumsgarantie des Art. 14 GG berufen. Deshalb sprechen die besseren Gründe dafür in § 39a III 3 WpÜG eine lediglich widerlegliche Vermutung […] zu sehen".

[344] Daher auch zu Unrecht *Seibt/Heiser*, ZGR 2005, 200, 245, die eine Überprüfung der Angemessenheit der Abfindung ausschließlich anhand der Kriterien des WpÜG und der WpÜG-AngVO zulassen wollen.

hinzunehmenden Verlust gewährt wird; das Gericht sieht dabei den Verkehrswert, der regelmäßig dem Börsenkurs entspricht, als zu berücksichtigende Untergrenze an (BVerfGE 100, 289, 305 ff.). Ist diese Schwelle erreicht, ist die Höhe des Angebots damit grundrechtlich nicht zu beanstanden.“[345]

Hier wird der Bezug zur Moto Meter-Rechtsprechung des BVerfG hergestellt, allerdings ein entscheidendes Kriterium außer Acht gelassen. Zwar ist richtig, dass die Abfindung nur in besonderen Ausnahmefällen unter den Verkehrswert der Anteilsbeteiligung absinken darf und der Verkehrswert damit im Regelfall tatsächlich die Untergrenze der Abfindung bildet[346]. Damit ist aber noch keine Aussage darüber getroffen, dass eine Abfindung in entsprechender Höhe schon eine volle wirtschaftliche Entschädigung darstellt. „Grundrechtlich nicht zu beanstanden“ ist vielmehr nur eine solche Abfindung, die den wahren Wert der Unternehmensbeteiligung widerspiegelt.

Dies übersieht auch *Rühland*, der argumentiert, die Abfindung entspreche auch dann den verfassungsrechtlichen Vorgaben, wenn der Börsenkurs unter dem tatsächlichen, also wahren, Anteilswert liege[347]. Zwar, so wird festgestellt, erhielten die Aktionäre dann nicht den Schätzwert der Beteiligung an dem Unternehmen, aber zumindest mit dem Verkehrswert die Untergrenze der nach Art. 14 GG geforderten Abfindung. Für die verfassungsrechtliche Zulässigkeit einer solchen Konstruktion spreche, dass es den Aktionären aufgrund ihrer privatrechtlichen Dispositionsfreiheit unbenommen sei, das Angebot anzunehmen oder nicht[348]. Hiergegen ist aber einzuwenden, dass die Dispositionsfreiheit beim Squeeze-Out gerade nicht gegeben ist, weil die Aktionäre zwangsweise ausgeschlossen werden. Auch die Dispositionsfreiheit einer Mehrheit und eine möglicherweise daraus folgende hohe Annahmequote können nichts daran ändern, dass der einzelne Aktionär als Grundrechtsträger einen Entschädigungsanspruch zu den vom BVerfG herausgearbeiteten Kriterien hat, weil ansonsten die verfassungsrechtlich geschützte Angemessenheit der Abfindung zur Disposition der Mehrheit gestellt würde. Ausreichend ist danach nur ein Anspruch, der den „wahren“ oder „inneren“ Wert der Beteiligung widerspiegelt.

(a) Konflikt zwischen dem Börsenwert und dem „wahren“ Wert der Beteiligung

Die Rechtsprechung hat bislang keine Methode zur Berechnung des Wertes eines Unternehmens verbindlich festsetzen wollen[349]. In der Praxis hat sich jedoch die Ertragswertmethode durchgesetzt. Dabei bestimmt sich der Unternehmenswert nach dem Ertragswert des betriebsnotwendigen Vermögens, ergänzt durch den Liquidationswert

345 BT-Drs. 16/1342, S. 6.
346 *BVerfGE* 100, 289, 307 ff. (DAT/Altana).
347 *Rühland*, NZG 2006, 401, 403.
348 *Rühland*, NZG 2006, 401, 404.
349 *BayObLG*, AG 1996, 176, 177; *BayObLG*, AG 1996, 127; *OLG Düsseldorf*, WM 1984, 732, 733.

des nicht betriebsnotwendigen Vermögens[350]. Vereinfacht ausgedrückt werden die zukünftigen Erträge einer Gesellschaft geschätzt, also die Fähigkeit des Unternehmens bewertet, in der Zukunft Gewinne zu schreiben. Von dem in der Vergangenheit erzielten ausschüttungsfähigen Gewinn wird auf die erzielbaren Gewinne in der Zukunft geschlossen. Dazu wird der Wert des bisherigen Ertragsverlaufes mit einem Risikozuschlag und dem Basiszins verrechnet, so dass im Ergebnis eine relativ genaue Berechnung des Wertes in der Gegenwart möglich ist[351].

Der Börsenwert eines Unternehmens sollte an einem funktionierenden Kapitalmarkt aufgrund von Angebot und Nachfrage der Unternehmensbeteiligung mit dem nach der Ertragswertmethode errechneten Wert übereinstimmen. Denn wenn ein Unternehmen an der Börse unterbewertet ist, sein tatsächlicher Wert damit höher ist als sein Börsenwert, werden Anleger aufgrund zu erwartender Gewinne die Papiere zeichnen und somit wegen steigender Nachfrage für eine Erhöhung des Börsenkurses sorgen, bis der Kurs den quotalen Wert des Unternehmens erreicht hat. Umgekehrt werden Papiere abgestoßen, wenn ihr Kurs höher ist als der Unternehmenswert, um Gewinne mitzunehmen. Als Folge des Verkaufs sinkt der Kurs. Der Börsenwert und der Ertragswert müssten folglich den gleichen Wert abbilden und damit gleich sein[352]. Diese Prämisse vorausgesetzt, bestünden keine Zweifel an der Vereinbarkeit des § 39a III 3 WpÜG mit den Vorgaben des BVerfG zu Art. 14 GG, denn der wahre (d.h. innere) Wert des Unternehmens entspräche immer dem Kurswert. Die Abfindung für die ausgeschlossenen Aktionäre wäre somit eine Gegenleistung, die aufgrund eines freiwilligen oder aufgrund einer Verpflichtung ergangenen Angebots i.S.d. § 2 WpÜG angeboten wird. Somit ist der Anwendungsbereich der WpÜG-AngVO eröffnet. Gemäß § 5 I der Verordnung muss die Gegenleistung mindestens den durchschnittlichen Börsenkurs des *target* der letzten drei Monate betragen. Die Anforderungen des BVerfG hinsichtlich einer vollen wirtschaftlichen Entschädigung wären somit erfüllt, da die strenge Orientierung am Börsenkurs den wahren Wert der Unternehmensbeteiligung konsequenterweise nicht unterschreiten dürfte.

Diese Prämisse lässt sich aber nicht halten. In der Praxis gibt es unzählige Einflüsse, die geeignet sind, den Börsenkurs des Unternehmens deutlich anders abzubilden,

---

350 Zur verfassungsrechtlichen Unbedenklichkeit des Ertragswertverfahrens vgl. *BVerfG*E 100, 289 ff.; aus der fachgerichtlichen Rechtsprechung: BGHZ 156, 57; *OLG Stuttgart*, OLGR 2004, 6, 8; *OLG Stuttgart*, NZG 2000, 744, 745.

351 Vgl. IDW S1 Tz. 7.2.1; im angelsächsischen Bereich wird vornehmlich nicht auf die Ertragswertmethode, sondern auf das Discounted-Cash-Flow-Verfahren zurückgegriffen, welches aber im Prinzip dem Ertragswertverfahren entspricht; beim DCF-Verfahren wird nicht auf die zu erwartenden Erträge, sondern auf die zu erwartenden Cash-Flows, also Liquiditätsüberschüsse abgestellt; s. dazu detailliert: *Siepe/Dörschell/Schulte*, WPg 2000, 946, 953ff.; zum neuen IDW ES 1: *Hommel/Pauly/Nagelschmitt*, BB 2007, 2728.

352 Diese „*efficient capital market hypothesis*“ wird für das deutsche Recht insbesondere von *Bak*, S. 50 ff. vertreten; vgl. außerdem *Steinhauer*, AG 1999, 299, 302; zum Einfluss der ökonomischen Theorie auf das Gesellschafts- und Kapitalmarktrecht *Fleischer*, ZGR 2001, 1, insb. 23 ff.

als der tatsächliche Wert des Unternehmens es verlangen würde[353]; dies hat auch der BGH frühzeitig anerkannt[354] So ist z.B. regelmäßig zu beobachten, dass der Kurs eines Unternehmens teilweise sprunghaft ansteigt, nachdem ein Hauptaktionär angekündigt hat, einen Squeeze-Out nach den §§ 327a ff. AktG durchzuführen, weil die Aktionäre sich eine Abfindung erhoffen, die über dem aktuellen Kurswert liegt. Dazu sei aber angemerkt, dass die von einem übernahmerechtlichen Squeeze-Out betroffenen Aktionäre von einem solchen Kurssprung dann nicht profitieren können, wenn der hier zu diskutierende Fall der Angemessenheitsvermutung des § 39a III 3 WpÜG eintritt: Dann nämlich entspricht die Abfindung der im Übernahmeangebot offerierten Gegenleistung, so dass zwischenzeitliche Kursschwankungen keinen Einfluss auf die Höhe der Abfindung haben können, nachdem die Angebotsunterlage nach § 11 WpÜG veröffentlicht worden ist.

(b) Unterbewertung deutscher Unternehmen, insbesondere in Übernahmesituationen

Umgekehrt gibt es Situationen, in denen der Kurswert deutlich unter dem wahren Wert des Unternehmens liegt: Deutsche Unternehmen sind oftmals unterbewertet und – wegen der schlechten Eigenkapitalquote– potentiell attraktive Übernahmeziele[355]. Dies gilt im Besonderen für Übernahmesituationen. *Target* von Übernahmen sind damit – mit Ausnahme strategischer Übernahmen- regelmäßig Unternehmen, deren Kurs unter dem tatsächlichen quotalen Unternehmenswert notiert. Insbesondere wenn der Bieter schon einen gewissen Einfluss im Zielunternehmen hatte, kann aufgrund der asymetrischen Informationsverteilung[356] zwischen ihm und den Minderheitsaktionären davon ausgegangen werden, dass er wesentlich besser über den tatsächlichen Wert des Unternehmens im Bilde ist als die Minderheit. Ein Erwerbsangebot wird er aber nur abgeben, wenn das Unternehmen tatsächlich unterbewertet ist, um in diesem Rahmen einen möglichst geringen Preis erzielen zu können und auch bei einem später unter

---

353 So auch *Schüppen*, Wortprotokoll des Finanzausschusses vom 10.5.2006, Protokollnummer 16/16, S. 31: „Und da Kapitalmärkte unvollkommen sind, ist auch richtig [...], dass die Börsenkurse eben doch problematisch sind und nicht das widerspiegeln, was nach Ansicht des BVerfG [...] den Kleinaktionären zukommen sollte, nämlich die volle Entschädigung. Deshalb ist an dieser Stelle kein Mut erforderlich, sondern Vorsicht. [...] Der deutsche Gesetzgeber [...] muss hierbei Art. 14 Grundgesetz beachten und er sollte es auch, weil ein Kapitalmarktrecht, das berechtigten Interessen von Kleinaktionären keine Rechnung trägt, am Ende auch nicht erfolgreich sein wird.“

354 *BGH*, DB 1967, 854: „Der Börsenkurs kann sich mit dem wahren Wert der Aktien decken, er kann aber auch niedriger oder höher sein. Er ergibt sich aus dem im Augenblick der Kursbildung vorhandenen Verhältnis von Angebot und Nachfrage, das von der Größe oder Enge des Marktes, von zufallsbedingten Umsätzen, von spekulativen Einflüssen und sonstigen nicht wertbezogenen Faktoren wie politischen Ereignissen, Gerüchten, Informationen, psychologischen Momenten oder einer allgemeinen Tendenz abhängt. Außerdem unterliegt der Börsenkurs unberechenbaren Schwankungen und Entwicklungen, wie die Aktienkurse der letzten Jahre besonders deutlich gemacht haben.“

355 *Heise*, Wortprotokoll des Finanzausschusses vom 10.5.2006, Protokollnummer 16/16, S. 6; *DSW*, Gutachten, S. 6; *Inacker*, Wirtschaftswoche 18/2007, S. 18; *Dries*, FAZ, 11.10.2003, S. 21.

356 Vgl. dazu unten S. 105 ff.

Umständen durchzuführenden Ausschluss von Minderheitsgesellschaftern die Abfindung, die sich nach der Rechtsprechung des BVerfG am Börsenkurs als untere Grenze zu orientieren hat, so niedrig wie möglich zu halten.

Damit sind, wie *Hecker* bereits modelltheoretisch nachgewiesen hat, gerade unterbewertete Unternehmen Ziele von Übernahmen[357]. Eine vorherige Beteiligung des späteren Kontrollaktionärs ist nicht zwingend erforderlich: Praxisnahe Erwägungen zeigen, dass insbesondere Finanzinvestoren, die regelmäßig durch Insiderinformationen über den Wert eines Unternehmens informiert sind, große Beteiligungen und Übernahmen nur bei unterbewerteten Zielunternehmen praktizieren. Das *target* wird dabei regelmäßig im Rahmen einer sog. Hedge-Fund-Strategie erworben. Dabei werden (vereinfacht dargestellt) z.B. mit Hilfe von Fonds Kredite bei Finanzinstituten aufgenommen, um den Kauf des Unternehmens zu finanzieren[358]. Nach einer meist kurzen Restrukturierungs- und Effizienzsteigerungsphase[359] wird das nun schlankere Unternehmen mit Gewinn verkauft. Von dem Erlös werden Kredite und angefallene Zinsen abgelöst und der Gewinn auf die Fondsteilhaber und die Finanzinvestoren verteilt. Diese Strategie würde im selben Maße nicht bei einem Unternehmen funktionieren, das angemessen oder sogar überbewertet ist, da in diesem Fall der Kaufpreis zu hoch wäre und sich aus einer späteren Veräußerung die Kredite nicht ablösen oder zumindest kein Gewinn realisieren ließe. Die Investition in eine Unternehmensübernahme lohnt sich –ausgenommen von strategischen Investitionen– demnach grundsätzlich nur bei unterbewerteten Unternehmen.

Übernahmegefährdete Unternehmen sind am Kapitalmarkt damit regelmäßig unterbewertet. Wenn also Aktionäre, die nach einer erfolgreichen Übernahme im Rahmen eines Squeeze-Out nach § 39a WpÜG abgefunden werden sollen, nur den Börsenkurs als Abfindung erhalten, ist die vom BVerfG geforderte „wirtschaftlich volle Entschädigung" zweifelhaft.

Ehricke/Roth weisen zutreffend darauf hin, dass der Verkehrswert auch dann nicht dem wahren Wert des Unternehmens entspricht, wenn dieses über Jahre keine Dividende ausgeschüttet hat[360]. Dies kann beispielsweise der Fall sein, wenn die Gesellschaft Kapital halten will, um strategische Zukäufe zu finanzieren oder Verbindlichkeiten gegenüber Gläubigern abbauen zu können. Die Aktien werden weniger attraktiv mit der Folge, dass das Unternehmen am Kapitalmarkt unterbewertet wird[361].

---

[357] *Hecker*, S. 567 ff.

[358] Sog. *leveraged buy-out*; vgl. jüngst ausführlich zu rechtspolitischen und gläubigerschützenden Aspekten bei Private-Equity-Investments *Eidenmüller*, ZHR 2007, 644, insb. 649 ff.; kritisch zu Hedge-Funds und ihren Folgen: *Schneider*, AG 2006, 577.

[359] Sog. *Streamlining*, dazu auch *Eidenmüller*, ZHR 2007, 644, 649f.

[360] *Ehricke/Roth*, DStR 2001, 1120, 1127.

[361] Daneben besteht beim aktienrechtlichen Squeeze-Out das Problem, dass der Börsenwert aufgrund einer Marktenge oftmals keine Aussagekraft besitzt: Hält der Hauptaktionär eine mindestens 95%ige Beteiligung am Grundkapital, kann es vorkommen, dass die restlichen Aktien aufgrund fehlender Nachfrage am Markt über eine längere Zeit nicht mehr gehandelt werden, so dass der Börsenwert nicht mehr die wirtschaftliche Situation des Unternehmens widerspiegeln kann, vgl.

Der Verkehrswert, der seinen Ausdruck im Börsenkurs des Unternehmens findet, ist damit nicht in allen Fällen geeignet ist, den inneren Wert der Gesellschaft abzubilden. Richtet ein Bieter also –zulässigerweise– die im öffentlichen Übernahmeangebot offerierte Gegenleistung streng nach den Vorgaben der § 31 I, VII WpÜG, §§ 3 ff. WpÜG-AngVO am Börsenkurs des *targets* aus, wird der möglicherweise deutlich höhere innere Wert des Unternehmens nicht erreicht. Dies hat zur Folge, dass die im Fall des § 39a III 3 WpÜG als angemessen geltende Abfindung nicht den vom BVerfG formulierten Voraussetzungen genügt. Damit ist bereits an dieser Stelle festzustellen, dass die Ausführungen der Bundesregierung, wonach der Verkehrswert als verfassungsrechtlich unbedenkliche Abfindungsuntergrenze zu sehen ist, in ihrer Absolutheit nicht haltbar sind.

(c) Praxiserfahrung: Regelmäßig zu niedrige Abfindung - Eigene Untersuchung

Die angeführten theoretischen Befunde werden durch Erfahrungen in der Praxis bestätigt. So kam im Jahr 1994 eine breit angelegte empirische Untersuchung[362] zu folgenden Ergebnissen: Erstens fielen die Abfindungen der ausscheidenden Aktionäre im Ergebnis regelmäßig höher aus, als zunächst in den der Abfindung zugrunde liegenden Gutachten festgesetzt wurde. Zweitens, und das ist der entscheidendere Punkt, führten nahezu alle Spruchverfahren zu einer Erhöhung der Abfindung, bei Beherrschungs- und Gewinnabführungsverträgen nach § 306 a.F. AktG im Schnitt um 24%, bei Eingliederungen im Schnitt sogar um 135%[363]. Allein diese Zahlen belegen, dass zumindest im Untersuchungszeitraum[364] die Gerichte der Ansicht waren, dass die ursprünglich den ausscheidenden Aktionären gewährten Abfindungen nicht dem vollen wirtschaftlichen Wert der Beteiligungen entsprachen[365].

Im Hinblick auf Squeeze-Outs wurde eine ähnliche Statistik soweit ersichtlich bisher nur in kleinerem Rahmen durchgeführt[366]. Von 45 untersuchten Spruchverfahren, die bis 31.7.2003 eingeleitet waren und durchweg börsennotierte deutsche Zielgesell-

dazu *Mattes/Graf von Maldeghem*, BKR 2003, 531, 536; dies wird aber in der Regel beim übernahmerechtlichen Squeeze-Out unproblematisch sein, weil der Ausschlussantrag innerhalb einer dreimonatigen Frist nach Abgabe des Übernahme- oder Pflichtangebots abgegeben werden muss und die Aktien –auch im Hinblick auf eine mögliche Erhöhung der Gegenleistung- während der Angebotsphase oftmals stark nachgefragt sind. Ein Stillstand des Handels ist daher nicht zu befürchten.

362 *Dörfler/Gahler/Unterstraßer/Wirichs*, BB 1994, 156; die Aussagekraft dieser Untersuchung – allerdings ohne Begründung- anzweifelnd: *Krieger*, Münchner Handbuch des Gesellschaftsrechts, Band 4, § 70 Rn. 111; ähnliche empirische Erhebungen und deren Ergebnisse haben *Wenger/Hecker*, ifo 1995, 51, 73ff. (zu Unternehmensverträgen, §§ 291 ff. AktG) und *Wenger/Hecker/Knoesel* in: Gahlen/Hesse/Ramser, S. 93 ff. (zu Eingliederungen, §§ 319 ff. AktG) veröffentlicht.

363 *Dörfler/Gahler/Unterstraßer/Wirichs*, BB 1994, 156, 160.

364 Der Untersuchungszeitraum umfasste die Jahre 1980 – 1992.

365 Auf diese Situation weist auch *Heise* (Wortprotokoll des Finanzausschusses vom 10.5.2006, Protokollnummer 16/16, S. 6) hin.

366 *Rathausky*, AG-R 2004, R24.

schaften betrafen, waren 40 noch nicht abgeschlossen. Bei den restlichen fünf Verfahren ergaben sich Erhöhungen der Abfindungen von bis zu 400%, im Durchschnitt betrug die Erhöhung 100,6%[367].

Um eine breitere Datenbasis als die vorgenannte Untersuchung gewinnen zu können, wurden im Rahmen dieser Arbeit die im elektronischen Bundesanzeiger[368] veröffentlichten Beschlüsse in Spruchstellenverfahren seit der Einführung des elektronischen Bundesanzeigers Anfang Juni 2003 bis Mitte Dezember 2007 ausgewertet. Der elektronische Bundesanzeiger ist als Informationsquelle deswegen geeignet, weil gemäß §§ 14, 6 I 4, 5 SpruchG alle nach § 1 SpruchG ergehenden Entscheidungen in diesem veröffentlicht werden müssen. Daneben flossen in die Analyse Informationen aus Datenbanken und veröffentlichten Statistiken ein. Berücksichtigt wurden hierbei insgesamt 84 abgeschlossene Verfahren. Darin einbezogen sind sowohl Spruchverfahren, die zur Überprüfung der Barabfindung nach den §§ 327a – f AktG eingeleitet wurden, als auch Verfahren zur Bestimmung des Ausgleichs bei Gewinnabführungs- und Beherrschungsverträgen (§§ 304 f. AktG) und zur Bestimmung der Abfindung nach Eingliederungen (§ 320b AktG). Die überwiegende Anzahl (62 von insgesamt 84 Verfahren = 74%) wurden gemäß § 327f 2 AktG, § 1 Nr. 3 SpruchG eingeleitet und betrafen somit die Überprüfung der Abfindung nach einem aktienrechtlichen Squeeze-Out.

Die Untersuchung ergibt folgendes Bild, wobei für eine detaillierte Aufstellung auf die Tabelle in Anhang II hingewiesen wird: Nur in fünf der 84 Verfahren wurden die Anträge als unzulässig verworfen oder als unbegründet abgewiesen. In den anderen 79 Verfahren wurde die Abfindung durch das Spruchgericht erhöht, wobei 52 im Wege eines (Teil-)Vergleiches beendet wurden. Die Bandbreite, innerhalb derer die Abfindungen und Ausgleichszahlungen erhöht wurden, ist groß: Sie reicht von einer Erhöhung um 1% bis zu einer Verzwölffachung des ursprünglichen Abfindungsbetrages. Dies ergibt bei allen gesichteten Spruchverfahren ein rechnerisches Mittel von 158% des ursprünglichen Abfindungsbetrages, bei Spruchverfahren nach aktienrechtlichen Squeeze-Outs ein rechnerisches Mittel von 151%. Da aber einige wenige besonders hohe oder besonders niedrige Abfindungserhöhungen geeignet sind, das rechnerische Mittel zu verzerren, wird die sog. mittlere (bzw. statistische) Hälfte gebildet. Hierbei werden diejenigen zwei Viertel aus der Bemessungsgrundlage herausgerechnet, die die niedrigsten und die höchsten Abfindungswerte darstellen. Die verbleibende Hälfte kann als schwankungsbereinigt betrachtet werden. Danach ergibt sich bei einer Gesamtbetrachtung aller untersuchter Maßnahmen eine mittlere Hälfte von durchschnittlich 122% des ursprünglichen Abfindungsbetrages, bei einer Betrachtung allein der Squeeze-Outs eine mittlere Hälfte von 121%. Im Schnitt haben die Spruchgerichte im Untersuchungszeitraum die Abfindung der Aktionäre somit nachträglich um mehr als ein Fünftel erhöht.

---

367 *Rathausky*, AG-R 2004, R24, R26.

368 Der elektronische Bundesanzeiger ist abrufbar im Internet unter der Adresse http://www.ebundesanzeiger.de.

Rathausky belegt, dass im Rahmen seiner Untersuchung nur in 12,3% der Fälle auf die Einleitung eines Spruchverfahrens verzichtet wurde[369]. Geht man also davon aus, dass das Spruchverfahren zumindest nach einem aktienrechtlichen Squeeze-Out praktisch obligatorisch ist, belegen die oben genannten Zahlen, dass Aktionäre im Rahmen von Zwangsausschlüssen oftmals Abfindungen erhalten, die im Nachhinein von den Spruchgerichten als zu gering erachtet werden. Erst im Rahmen einer unabhängigen Überprüfung wurden die Abfindungen also auf ein Maß angehoben, das die Spruchgerichte als volle wirtschaftliche Entschädigung ansahen. Dabei ist angesichts der gefundenen Zahlen festzustellen, dass es sich nicht um minimale Erhöhungen handelte, sondern bei Aufschlägen von durchschnittlich mehr als 20% ein substantieller Anteil der späteren Abfindung erst im Spruchverfahren zugestanden wurde.

Die oben geäußerten Zweifel an der Prämisse, dass eine volle wirtschaftliche Entschädigung in jedem Fall gezahlt wird, werden daher bestätigt.

(d) Zusammenfassung zur vollen wirtschaftlichen Entschädigung

Die Bestimmung einer vollen wirtschaftlichen Kompensation ist von einer Vielzahl breit gestreuter und beeinflussbarer Faktoren abhängig. Der Börsenwert, der nach den Vorgaben des BVerfG regelmäßig die Untergrenze der zu gewährenden Abfindung bildet, ist nicht immer geeignet, den wahren (inneren) Wert des Unternehmens auszudrücken. Dies gilt insbesondere im Fall des Squeeze-Out nach den §§ 39a f. WpÜG, weil dort –im Gegensatz zu den §§ 327a ff. AktG– regelmäßig eine Übernahmesituation vorliegt, bei der das Zielunternehmen oftmals unterbewertet ist. Auch außerhalb einer solchen Unterbewertung gibt es Faktoren, in denen der Kurswert des Unternehmens nicht dessen innerem Wert entspricht. Insbesondere nach Durchführung eines Squeeze-Out ist die Einleitung eines Spruchverfahrens die Regel. Die eigene Untersuchung hat gezeigt, dass die Gerichte die Abfindung im bereinigten Durchschnitt um mehr als 20% erhöhen, in Ausnahmefällen sogar eine Verzwölffachung der ursprünglichen Abfindung vornehmen. Es kann somit nicht selbstverständlich davon ausgegangen werden, dass die Abfindung immer den verfassungsrechtlichen Vorgaben genügt. Dies gilt beim übernahmerechtlichen Squeeze-Out in besonderem Maße, weil sich die Abfindung gerade im Fall der Angemessenheitsvermutung nach § 39a III 3 WpÜG am vorausgehenden Angebot und damit mittelbar über § 31 I, VII WpÜG, §§ 3 ff. WpÜG-AngVO am Börsenkurs orientiert, dessen Aussagekraft oftmals zweifelhaft ist.

Es lässt sich somit festhalten, dass eine volle wirtschaftliche Kompensation der auszuschließenden Minderheit nicht garantiert werden kann. Schon an dieser Stelle begegnet die Vereinbarkeit des § 39a III 3 WpÜG mit Art. 14 GG Bedenken.

---

369 *Rathausky*, AG-R 2004, R23.

(3) Schutz vor Missbrauch von Marktmacht

Die vom BVerfG formulierte zweite Anforderung an die Verfassungsmäßigkeit eines Ausschlusses von Aktionärsminderheiten betrifft den Schutz der Aktionäre vor Missbrauch wirtschaftlicher Macht durch den Hauptaktionär. Im Rahmen des Feldmühle-Urteils stellte der Senat für die übertragende Auflösung fest, dass das Aktienrecht dem Minderheitsaktionär durch die Instrumente der Anfechtungs- (§ 197 AktG a.F.) bzw. der Nichtigkeitsklage (§ 195 AktG a.F.) ausreichend wirksamen Schutz gewähre[370]. Missbrauche die Mehrheit des vertretenen Kapitals ihre Stimmrechtsmacht in der Gesellschaft, in dem sie bewusst eigensüchtig ohne Rücksicht auf die Minderheitsaktionäre handele, verstoße sie gegen die guten Sitten und erfülle damit den Tatbestand der Gesetzesverletzung i.S.d. § 197 AktG. Hauptversammlungsbeschlüsse, die auf einer solchen missbräuchlichen Ausnutzung beruhen, sind damit anfechtbar und unwirksam. Der Senat betont an dieser Stelle ausdrücklich, dass ein Missbrauch wirtschaftlicher Macht auch dann gegeben sein kann, wenn alle formalen Voraussetzungen für einen Minderheitenausschluss vorliegen[371]. Die ordentlichen Gerichte hätten im Einzelfall inhaltlich zu prüfen, dass Aktionärsminderheiten vor Missbrauch der Gesellschaftermehrheiten geschützt werden.

Auch im Beschluss DAT/Altanta weist das BVerfG darauf hin, dass die vom AktG zur Verfügung gestellten Anfechtungs- und Nichtigkeitsklagen (§§ 243, 246 bzw. § 249 AktG n.F.) einen ausreichenden Schutz gegen Zustimmungsbeschlüsse der Hauptversammlung bieten[372]. Der Gesetzgeber habe die Vorgaben der Feldmühle-Rechtsprechung beachtet und Hauptversammlungsbeschlüsse zur Eingliederung nach § 320 AktG bzw. zu Unternehmensverträgen nach § 293 AktG der Anfechtbarkeit zugänglich gemacht.

Dass ein solcher Hinweis auf die Klagemöglichkeiten der Minderheitsaktionäre sich nicht auch im Moto Meter-Beschluss finden lässt, der als konsequente Weiterentwicklung der Feldmühle- und DAT-Rechtsprechung zu sehen ist, kann nicht als Abkehr von dem Erfordernis eines solchen Schutzes verstanden werden. Vielmehr gestattet es die Natur der Entscheidung als Nichtannahmebeschluss dem Gericht lediglich, auf die verfassungsrechtlich problematischen Punkte einzugehen[373]. Da bereits im Feldmühle-Urteil geklärt worden ist, dass bei einer übertragenden Auflösung Anfechtungs- und Nichtigkeitsklage ausreichenden Schutz böten und die Rechtslage sich seitdem nicht verändert hat, konnte ein Verweis darauf mangels verfassungsrechtlicher Bedenken unterbleiben.

Dieses System der Kontrolle lässt sich auch auf den aktienrechtlichen Squeeze-Out nach §§ 327a ff. AktG übertragen. Der Regierungsentwurf dieser Vorschriften enthält in seiner Begründung ausdrücklich den Hinweis, dass mit dem Erfordernis des Haupt-

---

370 *BVerfG*E 14, 263, 283 ff.
371 *BVerfG*E 14, 263, 283 ff.
372 *BVerfG*E 100, 289, 304.
373 *Kreuder*, NJW 2001, 1243, 1246.

versammlungsbeschlusses gleichzeitig die Möglichkeit verbunden ist, Anfechtungsklage gegen die dort vorgenommenen Beschlüsse zu erheben[374]. Damit werde der Rechtsprechung des BVerfG Rechnung getragen. Im Edscha-Beschluss hat das BVerfG dieser Einschätzung zugestimmt und festgestellt, dass das vom Gesetzgeber bereitgestellte Anfechtungsverfahren den verfassungsrechtlichen Anforderungen an effektiven Rechtsschutz in Bezug auf das grundrechtlich geschützte Anteilseigentum genüge[375].

Bei allen bereits etablierten Formen des Ausschlusses von Minderheitsaktionären sind also Anfechtungs- und Nichtigkeitsklagen anerkannte Instrumente zum Schutz vor Missbrauch wirtschaftlicher Macht.

Diese Erkenntnis wirft die Frage auf, welche Möglichkeiten Anteilseignern zur Verfügung stehen, die nach den §§ 39a f. WpÜG ausgeschlossen werden sollen. Denn der übernahmerechtliche Squeeze-Out verlässt das tradierte gesellschaftsrechtliche Rechtsschutzsystem, indem er auf einen Hauptversammlungsbeschluss verzichtet, um dem Bieter ein zügiges Verfahren zu ermöglichen. Die Gesellschafter haben daher im Gegensatz zum aktienrechtlichen Squeeze-Out nicht die Möglichkeit, gegen den Beschluss im Klageverfahren vorzugehen[376].

Um die verfassungsrechtlich geschützte Gesellschafterstellung der Aktionäre trotz Fehlens eines anfechtbaren Hauptversammlungsbeschlusses gewährleisten zu können und zusätzlich eine Verfahrensbeschleunigung zu erreichen, hat der Gesetzgeber in §§ 39a V, 39b WpÜG eigenständiges Ausschlussverfahren geschaffen. Danach entscheidet das Landgericht Frankfurt a.M. über den Ausschlussantrag des Hauptaktionärs als Bieter. In diesem Antrag hat der Hauptaktionär zumindest[377] darzulegen, dass die Voraussetzungen des § 39a WpÜG vorliegen, er also entweder zum Ausschluss der verbleibenden Minderheit berechtigt ist oder aber gemäß § 39a IV 2 WpÜG bei Vollzug des Angebots dazu berechtigt sein wird. Die Höhe der Abfindung wird zwar zumindest bei Annahme einer unwiderleglichen Vermutung im Rahmen des § 39a III 3 WpÜG bei der Entscheidung über den Antrag nicht geprüft, aufgrund der Beteiligungsmöglichkeit am Verfahren[378] können die Minderheitsaktionäre aber vortragen, dass –unabhängig von der Frage der Abfindung– der Missbrauchstatbestand erfüllt ist und somit der Antrag des Bieters abzuweisen ist[379]. Mit der Möglichkeit der sofortigen

---

[374] BT-Drs. 14/7034, S. 32.

[375] *BVerfG*, NZG 2007, 587, 590.

[376] Ob daher konsequenterweise auch für den Squeeze-Out nach den §§ 39a f. WpÜG ein Hauptversammlungsbeschluss gefordert werden muss, wird unten unter S. 170 ff. beleuchtet; das als „klassische Systematik des deutschen Aktien- und Umwandlungsrechts" (*Mertens*, AG 2002, 377) bezeichnete Zusammenspiel von Anfechtungsklage und Spruchverfahren ist hier jedenfalls aufgegeben.

[377] An dieser Stelle soll noch nicht auf Einzelheiten eingegangen werden, weil diese unten (S. 185 ff.) ausführlich behandelt werden.

[378] BT-Drs. 16/1003, S. 22, vgl. dazu unten S. 196 ff.

[379] In diesem Zusammenhang ist aber darauf hinzuweisen, dass der regelmäßig bei Squeeze-Out-Beschlüssen nach den §§ 327a ff. AktG erhobene Einwand, ein Ausschluss von Minderheitsaktio-

Beschwerde nach § 39b III 3, 5 WpÜG wird den Aktionären die Möglichkeit gegeben, diesen Einwand auch vor dem Oberlandesgericht Frankfurt a.M. geltend zu machen.

Die Minderheitsaktionäre sind somit selbst bei Annahme einer unwiderleglichen Vermutung vor Missbrauch der wirtschaftlichen Macht durch den Hauptaktionär und damit vor einer groben Verletzung ihrer Rechte geschützt. Das übernahmerechtliche Squeeze-Out-Verfahren verlässt zwar das System einer „repressiven" Kontrolle durch die Möglichkeit der Anfechtung von Hauptversammlungsbeschlüssen, ersetzt dieses aber durch eine „präventive" Prüfung des zuständigen Gerichts. Einschränkend bleibt aber festzuhalten, dass ein Squeeze-Out seine Rechtfertigung bereits in sich trägt und dass daher eine materielle Beschlusskontrolle durch das Gericht bezüglich der Legitimität oder der wirtschaftlichen Berechtigung des Ausschlusses zu unterbleiben hat. Der Vortrag der Minderheitsaktionäre, der Bieter missbrauche seine Marktmacht, wird daher nur in wenigen Ausnahmefällen erfolgreich sein können. Weil sich Streitigkeiten darüber hinaus regelmäßig über die Höhe der Abfindung entzünden werden, wird der präventiven Missbrauchskontrolle im Vergleich zur gerichtlichen Überprüfbarkeit der Abfindung kaum Bedeutung zukommen.

Festzuhalten bleibt für die hier maßgebliche Frage der Verfassungsmäßigkeit der §§ 39a ff. WpÜG, dass die Regelungen einer Missbrauchskontrolle nach den Kriterien des BVerfG nicht entgegenstehen und somit gemessen an Art. 14 GG verfassungsrechtlich unbedenklich sind.

(4) Gerichtliche Überprüfbarkeit der Angemessenheit

Oben wurde bereits festgestellt, dass die Angemessenheit der Abfindung im Hinblick auf die vom BVerfG aufgestellten Kriterien für eine volle wirtschaftliche Entschädigung zweifelhaft sein kann. Da die Aktionäre nach einem aktienrechtlichen Squeeze-Out-Verfahren aber gemäß § 327f AktG, § 1 Nr. 3 SpruchG die Möglichkeit haben, diese Abfindung im Rahmen eines Spruchverfahrens überprüfen zu lassen, kann insbesondere nach der empirischen Untersuchung oben[380] und den dort dargestellten regelmäßigen Abfindungserhöhungen davon ausgegangen werden, dass sie im Ergebnis – also nach Durchführung des Spruchverfahrens– eine gerechte Entschädigung erhalten. Dass ein verfassungsrechtlich genügender Ausgleich oftmals erst nach Einschaltung der Gerichte erreicht werden kann, mag unglücklich erscheinen, ist aber wohl als unabänderlich hinzunehmen: Der abfindende Hauptaktionär wird immer versuchen, eine für ihn möglichst günstige Regelung zu erreichen. Es ist faktisch unmöglich, die Angemessenheit von Abfindungen durch gesetzliche Regelungen „präventiv" zu garantieren. Folglich werden die Gerichte im Rahmen der §§ 327a ff. AktG auf Initiative eines

nären sei per se verfassungswidrig, aufgrund der gefestigten Rechtsprechung von *BVerfG* und *BGH* auch im Verfahren nach § 39b WpÜG inzwischen nicht mehr ernsthaft vom Landgericht behandelt werden wird.

[380] Vgl. S. 94 ff.

oder mehrerer Minderheitsaktionäre eine Überprüfung im Nachhinein durchführen müssen.

Das BVerfG führt im Moto Meter-Beschluss aus, eine Überprüfung durch die Fachgerichte sei immer dann unentbehrlich, wenn die Interessen der Aktionärsminderheit nicht auf anderem Wege garantiert werden könnten. Für die in der Entscheidung in Rede stehende übertragende Auflösung nach § 179a AktG[381] befand die Kammer, dass eine gerichtliche Kontrolle ausnahmsweise deshalb nicht nötig sei, weil bei einer Übertragung auf einen unbeteiligten Dritten kein Schutzbedürfnis für die Minderheit entstehe[382]. Der Hauptaktionär habe nämlich selbst ein Interesse daran, eine möglichst hohe Abfindung zu erzielen und schütze somit in den Verhandlungen mit dem Dritten gleichzeitig die Vermögensinteressen der übrigen Aktionäre. Dieser Schutz versage aber in grundsätzlicher Weise, wenn das Gesellschaftsvermögen an den Großaktionär verkauft werde und dadurch ein Interessenkonflikt hinsichtlich der Abfindung zwischen den Gesellschaftergruppen entstehe. Die schutzwürdigen Rechte der zum Ausscheiden gezwungenen Aktionäre würden in verfassungswidriger Weise beeinträchtigt, wenn der Großaktionär diesen Interessengegensatz letztlich ohne jede gerichtliche Kontrolle auflösen könnte[383]. Mit anderen Worten –denen des BVerfG– gilt also: „Mit den grundrechtlichen Anforderungen steht es nicht im Einklang, dass in den fachgerichtlichen Verfahren an keiner Stelle geprüft worden ist, ob die Minderheitsaktionäre für den Verlust ihrer Aktien eine angemessene Abfindung erhalten haben."[384]

Die von der Kammer beschriebene Situation trifft ebenso auf Fälle des Squeeze-Out zu. So hat das BVerfG im Edscha-Beschluss hinsichtlich der Vereinbarkeit der §§ 327a ff. AktG mit Art. 14 GG festgestellt: „Der Gesetzgeber war von Verfassungs wegen [...] gehalten, eine Überprüfungsmöglichkeit für die Angemessenheit der Abfindung [...] zu schaffen"[385]. Beim Squeeze-Out werden die von einer Minderheit noch gehaltenen Aktien gegen eine zumindest mittelbar[386] vom Bieter (bzw. vom Hauptaktionär) zu bestimmende Abfindung auf diesen übertragen werden. Beide Seiten verfolgen somit unterschiedliche Interessen und es besteht die Gefahr, dass der Bieter (bzw. der Hauptaktionär) ohne unparteiische Kontrolle –mit Ausnahme des Schutzes vor Missbrauch wirtschaftlicher Macht– die Höhe der Abfindung einseitig zu seinen Gunsten festsetzt. Während die Ausgestaltung des aktienrechtlichen Squeeze-Out eine Benachteiligung der Minderheit durch die Möglichkeit der Einleitung eines Spruchverfahrens nach § 327f AktG, §§ 2 ff. SpruchG verhindert, fehlt eine solche Überprüfbarkeit der Abfindung im übernahmerechtlichen System der §§ 39a f. WpÜG.

[381] § 361 AktG a.F.; zum Sachverhalt vgl. oben S. 85 f.
[382] *BVerfG*, NZG 2000, 1117, 1119.
[383] *BVerfG*, NZG 2000, 1117, 1119.
[384] *BVerfG*, NZG 2000, 1117 – Orientierungssatz 2a (abrufbar im Internet unter der Adresse http://juris.de).
[385] *BVerfG*, NZG 2007, 587, 590.
[386] Beim Squeeze-Out nach den §§ 39a ff. WpÜG ist Grundlage für die Abfindung das Übernahme- oder Pflichtangebot, dessen Höhe unter Beachtung der §§ 3 ff. WpÜG-AngVO, § 31 WpÜG vom Bieter festgelegt wird.

Der Gesetzgeber hat trotz deutlicher Kritik der Literatur[387] und verschiedener anderer Stellen[388] weder ein Spruchverfahren vorgesehen, noch geht aus den Gesetzesmaterialien hervor, dass eine Beurteilung der Angemessenheit durch das über den Ausschlussantrag entscheidende Landgericht Frankfurt a.M. bzw. das Oberlandesgericht Frankfurt a.M. stattfinden solle[389]. Dies ist auch abgesehen von der Frage der Vermutungsregelung aus § 39a III 3 WpÜG unglücklich, weil der Gesetzgeber versäumt hat, klare Regelungen aufzustellen, wie die Abfindungshöhe für den Fall zu berechnen ist, dass die Angemessenheitsvermutung gerade nicht greift. Es ist nämlich davon auszugehen, dass in der Mehrzahl der Verfahren keine ausreichende Annahmequote besteht[390], so dass ein Lösungsvorschlag für diesen (Regel-)Fall vom Gesetzgeber völlig vergessen worden ist.

Das Übergehen dieser Frage kann nicht daran gelegen haben, dass der Gesetzgeber sich nicht der verfassungsrechtlichen Problematik bewusst war, da er im Gesetzgebungsverfahren zum Squeeze-Out nach §§ 327a ff. AktG die vom BVerfG aufgestellten Anforderungen zitiert und dabei darauf hingewiesen hat, dass „im Streitfall die Gerichte" für eine volle wirtschaftliche Kompensation zu sorgen hätten[391]. Hinsichtlich der Bedeutung der gerichtlichen Überprüfbarkeit fällt bei der Durchsicht der Literatur zum aktienrechtlichen Squeeze-Out auf, dass die Verfassungsmäßigkeit regelmäßig gerade deswegen bejaht wird, weil die Angemessenheit der Abfindung durch § 327f AktG abgesichert sei[392]. Gleiches gilt auch für die Überprüfbarkeit der Abfindungshöhe nach Abschluss eines Gewinnabführungs- oder Beherrschungsvertrages i.S.d. §§ 304 ff. AktG: So hat das BVerfG jüngst in einem Nichtannahmebeschluss

---

387 *Heidel/Lochner* in: Heidel-HdbKMR, § 39a WpÜG, Rn. 54; *Seibt/Heiser*, ZGR 2005, 201, 242; *dies.*, AG 2006, 301, 319; diesbezüglich schief *Johannsen-Roth/Illert* (ZIP 2006, 2157, 2159), die offenbar bei Erreichen der erforderlichen Annahmequote die unwiderlegliche Vermutung zugunsten der Angemessenheit der Abfindung akzeptieren, bei Unterschreiten der 90%-Schwelle eine gerichtliche Überprüfung aber „bereits aufgrund verfassungsrechtlicher Vorgaben" für erforderlich halten.

388 *DAV*, Gutachten, S. 15; *DAI*, Gutachten, S. 6; *DSW*, Gutachten, S. 6; *BDI*, Gutachten, S. 5; *ZKA*, Gutachten, S. 4; *Wulfetange*, Wortprotokoll des Finanzausschusses vom 10.5.2006, Protokollnummer 16/16, S. 13.

389 Zu dieser Frage und einem Lösungsvorschlag ausführlich unten, S. 136 ff.

390 *Tretzmüller-Szauer*, AG-R 2006, R83; *Schüppen*, Wortprotokoll des Finanzausschusses vom 10.5.2006, Protokollnummer 16/16, S. 31.

391 BT-Drs. 14/7034, S. 72.

392 Vgl. z.B. *OLG Hamburg*, AG 2003, 696 ff., Leitsatz 2: „Der verfassungsrechtliche Schutz der Aktionäre nach Art. 14 Abs. 1 GG schließt es nicht aus, Minderheitsaktionäre [...] auch gegen ihren Willen auszuschließen, weil ihre Vermögensinteressen aufgrund der zu zahlenden angemessenen Barabfindung (einschließlich der Bankgarantie und der Verzinsungspflicht) sowie der Möglichkeit der gerichtlichen Nachprüfung der Abfindungshöhe im Spruchstellenverfahren ausreichend geschützt sind." Ein Umkehrschluss bei fehlender Nachprüfung der Abfindungshöhe deutet nach dieser Ansicht auf eine Verletzung des Art. 14 durch den übernahmerechtlichen Squeeze-Out hin; ebenso *Buchta/Ott*, DB 2005, 990, 991: Das gerichtlich überprüfbare Verfahren sei „von entscheidender Bedeutung"; ebenso *Vetter*, AG 2002, 176, 190; *Ogorek*, EWiR 2007, 673, 674: „Dass insoweit voller Wertersatz geleistet wird, hat der Gesetzgeber [dadurch sichergestellt, dass die Aktionäre] die Möglichkeit haben, ein Spruchverfahren gem. § 327f AktG einzuleiten. Auf diese Weise können sie die Angemessenheit der Barabfindung gerichtlich überprüfen lassen.".

ausgeführt, die verfassungsrechtlich geschützte Eigentumsposition des außenstehenden Aktionärs sei zwar in zulässiger Weise eingeschränkt, diese Einschränkung müsse aber verfahrensrechtlich durch die Möglichkeit eines Spruchverfahrens abgesichert sein[393].

Die fehlende Überprüfbarkeit im Rahmen einer unwiderleglichen Vermutung nach § 39a III 3 WpÜG führt dazu, dass es den Fachgerichten verwehrt ist, die Angemessenheit der gezahlten Abfindung am Maßstab der Verfassungsvorgaben zu bewerten. Denn selbst wenn die gezahlte Abfindung offensichtlich nicht den vom BVerfG aufgestellten Kriterien entspricht, hätte das LG Frankfurt a.M. –mit Ausnahme der oben diskutierten, seltenen Missbrauchsfälle– keine Möglichkeit, den Antrag des Bieters mangels Angemessenheit der Abfindung abzuweisen.

Diese Erwägungen werden dogmatisch durch die Bürgschaftsrechtsprechung[394] des BVerfG gestützt. Dort hatte das Gericht ausgeführt, es gehöre zu den Hauptaufgaben des Zivilrechts, eine gestörte Machtbalance zwischen zwei Parteien mit divergierenden Interessen auszugleichen[395]. Unzweifelhaft ist zwischen Haupt- und Minderheitsgesellschaftern keine gleichstufige Verhandlungssituation gegeben[396]. Eine strukturelle Unterlegenheit der Minderheitsgesellschafter drückt sich beim Squeeze-Out schon in der Tatsache aus, dass ihre gesellschaftsrechtliche Beteiligung auch gegen ihren Willen entzogen werden kann. Das ist aufgrund der dem Ausschluss immanenten Rechtfertigung auch insoweit unbedenklich, doch mahnt das BVerfG in seinem Beschluss ausdrücklich an, dass effektive Maßnahmen zum Ausgleich gegenläufiger Interessen vorhanden sein müssen. Auch wenn *Zöllner* zu Recht ausführt, eine solche Judikatur könne nicht zu einem allgemeinen Schutzprinzip des Privatrechts erhoben werden[397], so ist die Moto Meter-Entscheidung doch erkennbar von dem Gedanken der Sicherung eines fairen Interessenausgleichs durch abfindungsbezogene Schutzmechanismen getragen. Dieses Prinzip wird aber bei Annahme einer unwiderleglichen Vermutung unterlaufen.

(a) Marktmechanismus als Ersatz einer gerichtlichen Überprüfung

Ein Schutzmechanismus für die außenstehenden Aktionäre ist aufgrund der systembedingten schwächeren Position der Aktionärsminderheit gegenüber dem Bieter erforderlich: Weil der Squeeze-Out keiner sachlichen Rechtfertigung bedarf[398], haben die Minderheitsaktionäre keine Möglichkeit, den Ausschluss zu verhindern[399]. Der Ge-

393 *BVerfG*, Nichtannahmebeschluss v. 19.4.2007, Az. 1 BvR 1995/06 = NZG 2007, 631.
394 *BVerfGE* 89, 214 ff.
395 *BVerfGE* 89, 214, 233; für eine Übertragung dieser Rechtsprechung auf das Verhältnis zwischen Aktionären: *Lutter/Drygala* in: Forster/Grunewald/Lutter/Semler, S. 205 und Fn. 58.
396 *Vetter*, AG 2002, 176, 182.
397 *Zöllner*, AcP 196 (1996), 1.
398 Vgl. oben S. 14 f.
399 Einzige Ausnahme bieten die oben angesprochenen Missbrauchsfälle, die in der Praxis aber eher selten sein werden; wie hier *Rühland*, WM 2000, 1884.

setzgeber hat ihnen darüber hinaus auch keine Möglichkeit verschafft, die Angemessenheit der Abfindung durch ein Spruchverfahren oder ein ähnliches Kontrollinstrument überprüfen zu lassen.

Dies führt zu folgender Überlegung: Da sich der übernahmerechtliche Squeeze-Out in weiten Teilen von seinem aktienrechtlichen Pendant und den übrigen gesellschaftsrechtlichen Instrumenten zur Verdrängung von Aktionärsminderheiten unterscheidet, könnte die vom BVerfG im Moto Meter-Beschluss geforderte gerichtliche Überprüfung insoweit nicht verbindlich sein, als der Gesetzgeber die dahinter stehenden Gedanken auch durch neue Maßnahmen umsetzen kann. Eine gerichtliche Überprüfung ist also möglicherweise dann nicht mehr erforderlich, wenn es andere, mindestens ebenso wirksame Wege gibt, eine Angemessenheit der Abfindung zu garantieren. Die formulierten Voraussetzungen sind schließlich nicht Selbstzweck, sondern dienen dem Schutz der zu auszuschließenden Aktionärsminderheit. Insofern ist sowohl *Heidel* als auch *Rühland* zu widersprechen, die konstatieren, das BVerfG habe „zutreffend den Grundsatz aufgestellt, dass [...] gemäß Art. 14 GG ausnahmslos eine gerichtliche Überprüfung" ausreichend sei[400]. Diese Ansicht scheint auch der BGH zu teilen, wenn er im Fall Macrotron feststellt: „Nach der Rechtsprechung des BVerfG muss gewährleistet sein, dass der Aktionär in einem gerichtlichen Verfahren überprüfen lassen kann, ob der ihm erstattete Betrag dem Wert des Anteils entspricht"[401].

Richtigerweise findet sich aber in den Entscheidungsgründen zu Moto Meter der Satz: „Der Großaktionärin war es dadurch möglich, den Preis [...] ohne jegliche Kontrolle, sei es *durch Marktmechanismen*, sei es durch ein Gericht, zu bestimmen."[402] Das BVerfG geht also selbst davon aus, dass eine gerichtliche Kontrolle durch einen Marktmechanismus ersetzt werden kann, wenn dieser ebenso effektiv ist. Zu betonen ist aber, dass das Gericht in seinen weiteren Ausführungen eine deutliche Präferenz für eine gerichtliche Überprüfung erkennen lässt[403]. Aufgrund seines weiten Gestaltungs-

---

400 *Heidel*, Gutachten, S. 16; *Heidel/Lochner*, DB 2001, 2031, 2032; inhaltlich ebenso *Rühland*, NZG 2006, 401, 404 ff.; ähnlich, aber vor dem Moto Meter-Beschluss des BVerfG *Lutter/Bezzenberger*: „Da die Minderheitsgesellschafter eine angemessene Kompensation [...] nicht selbstständig auf dem Verhandlungswege durchsetzen können, sind sie in besonderem Maße auf justizförmigen Rechtsschutz angewiesen." - wie hier *Seibt/Heiser*, ZGR 2005, 200, 243 f.

401 *BGH*, NZG 2003, 280, 283 (Macrotron) – zu diesem Fall ausführlich unten S. 172.

402 *BVerfG*, NZG 2000, 1117, 1120.

403 Denn neben der soeben zitierten Aussage spricht das Gericht davon, „mit den grundrechtlichen Anforderungen" stehe es „nicht in Einklang, dass in den *fachgerichtlichen Verfahren* an keiner Stelle geprüft worden ist, ob die Minderheitsaktionäre für den Verlust ihrer Aktien eine angemessene Entschädigung erhalten haben." (Leitsatz 2a). Weiter: „Die schutzwürdigen Rechte der zum Ausscheiden gezwungenen Minderheitsaktionäre würden in verfassungswidriger Weise beeinträchtigt, wenn der Großaktionär diesen Interessengegensatz *ohne jede gerichtliche Kontrolle* nach seinem Belieben auflösen könnte." (*BVerfG*, NZG 2000, 1117, 1119). Und schließlich: „Ebenso wenig kann der Umstand, dass theoretisch auch die Minderheitsaktionäre selbst oder Dritte das Gesellschaftsvermögen hätten erwerben können und von daher einer einseitigen Preisfestsetzung des Großaktionärs Vorschub geleistet sei, *eine gerichtliche Kontrolle ersetzen*." (*ibid.*). Es erscheint insoweit zumindest zweifelhaft, ob das BVerfG eine andere als eine gerichtliche Überprüfung tatsächlich für gleichwertig erachtet.

spielraums könnte der Gesetzgeber somit auf die gerichtliche Überprüfbarkeit verzichten, wenn er zum Ausgleich ein Äquivalent schaffte. Dazu wurde als Novum[404] im deutschen Recht ein Marktmechanismus als Grundlage der Angemessenheitsvermutung ausgestaltet: Die Abfindung sei dann als angemessen anzusehen, wenn 90% des vom Angebot betroffenen Kapitals dieses angenommen hätten. In den Gesetzgebungsmaterialien findet sich wiederholt die Auffassung, dass dieses Institut ausreichend sei, um die Angemessenheit der Abfindung „garantieren"[405] bzw. „gewährleisten"[406] zu können. Die zu untersuchende Frage muss also lauten, ob dieses neue System des Marktmechanismus ebenso wie eine gerichtliche Überprüfung z.B. nach § 327f AktG, § 1 Nr. 3 SpruchG geeignet ist, die Angemessenheit der Abfindung gewährleisten zu können, da es nur dann den Anforderungen des Art. 14 GG genügt[407].

Im Zweifelsfall –wenn Marktmechanismen also nicht sicher gewährleisten können, dass die Aktionäre den tatsächlichen inneren Wert ihrer Beteiligung erhalten– muss es aber bei der verfassungsrechtlichen Pflicht des Gesetzgebers bleiben, eine gerichtliche Angemessenheitskontrolle zu ermöglichen[408].

(aa) Bedenken an der Aussagekraft der Angemessenheitsvermutung

Der grundsätzliche Gedanke, die Akzeptanz einer Gegenleistung im Wege eines Marktmechanismus zu ermitteln und dadurch Rückschlüsse auf die Angemessenheit der Abfindung zu ziehen ist zweifellos nicht von der Hand zu weisen. Das Gesetz muss aber von Verfassungs wegen (Art. 14 GG) und aufgrund der Richtlinienvorgaben (Art. 15 V 1 ÜbRL) dafür Sorge tragen, dass eine angemessene Abfindung in jedem Fall garantiert wird. Die Befürworter dieser Lösung argumentieren regelmäßig mit dem Argument, ein von 90% der betroffenen Aktionäre angenommenes Angebot werde allein aufgrund der hohen Akzeptanz im Markt angemessen sein. Schließlich hätten diese bereits im Rahmen des Übernahme- oder Pflichtangebots einen möglichst hohen Preis erzielen wollen, und eine derart hohe Annahmequote könne nur dann erzielt werden, wenn die Aktionäre mit der Angebotshöhe zufrieden seien; der Markt habe somit für einen angemessenen Preis gesorgt[409]. Zwar wird die überwiegende Mehrheit der Aktionäre, die ein solches Angebot annimmt, das Angebot auch *für* angemessen

---

[404] Zu § 327b I 3 AktG-RegE 2001, der aber im Ergebnis wegen verfassungsrechtlicher Bedenken gestrichen wurde, vgl. unten S. 108 f.

[405] BR-Drs., 154/1/06, S. 10.

[406] BR-Drs., 154/1/06, S. 9.

[407] Insoweit weist *Santelmann* in: Steinmeyer/Häger, § 39a WpÜG, Rn. 11 zu Recht darauf hin, dass Ungerechtigkeiten im Einzelfall bei jeder Art von Kontrollinstrumenten vorkommen können. Hier geht es jedoch um die grundsätzliche Frage, ob ein System in der überwiegenden Mehrheit der Verfahren funktioniert oder nicht bzw. in seiner grundsätzlichen Konzeption verfassungsrechtlichen Anforderungen genügt.

[408] *BVerfG*, NZG 2000, 1117, 1119; *Heidel/Lochner*, Konzern 2006, 653, 656.

[409] *Austmann/Mennicke*, NZG 2004, 846, 850; *DAV*, Gutachten, S. 13; *Riemer*, Börsenzeitung vom 28.12.2006, S. 19.

halten. Dass diese Einschätzung insbesondere in Übernahmesituationen objektiv falsch sein kann, wird sogleich erörtert.

Doch verzerrt schon die Prämisse, dass bei einer Annahmequote von 90% eine Angemessenheit *wahrscheinlich* ist, den anzulegenden Maßstab: Exemplarisch konstatieren nämlich *Holzborn/Peschke*[410]: „Die hohe Akzeptanz am Markt dürfte *im Regelfall* ein hinreichender Garant für die Angemessenheit der Abfindung sein". Die Begriffe *Regelfall* und *Garant* schließen sich aber schon sprachlich aus. Eine solche Vermutung genügt nicht dem Inhalt der Richtlinie, die ausweislich Art. 15 V 1 ÜbRL eine angemessene Abfindung *garantiert* wissen will. Denn eine –vielleicht sogar hohe– Wahrscheinlichkeit für eine Angemessenheit kann nicht darüber hinwegtäuschen, dass es jedenfalls bei der Annahme einer unwiderleglichen Vermutung Fälle gibt, in denen die Minderheitsaktionäre nicht die garantierte volle wirtschaftliche Entschädigung erhalten[411]. Dass auch eine hohe Annahmequote aber nicht ausnahmslos geeignet ist, Rückschlüsse auf die Angemessenheit der Abfindung zu ziehen, soll im Folgenden gezeigt werden.

(α) Schnelle Akzeptanz einer unangemessen niedrigen Abfindung

Gegen die oben durchgeführte Schlussfolgerung, der Börsenpreis sei in bestimmten Fällen nicht geeignet, den wahren Wert des Unternehmens abzubilden, ließe sich nun anführen, Aktionäre erhielten zur Abfindung regelmäßig nicht nur den Verkehrswert ihrer Anteile. Denn insbesondere bei einem freiwilligen Übernahmeangebot, bei dem der Käufer daran interessiert ist, so viele Aktien wie möglich zu erwerben, liegt der Angebotspreis regelmäßig über dem Verkehrswert der Aktien, weil in der Regel nur ein höheres Angebot die Anleger zu einem Verkauf bewegen wird. Hinzukommt, dass gemäß § 31 VII, VI WpÜG, § 4 WpÜG-AngVO die Abfindung nicht niedriger sein darf als diejenige Gegenleistung, die bei Vorerwerben gezahlt wurde, die bis zu sechs Monate vor Veröffentlichung der Angebotsunterlage stattfanden. Der im Rahmen solcher Vorerwerbe gezahlte Preis ist, insbesondere unter Berücksichtigung von Paketaufschlägen, wie sie in der Praxis üblich sind, oftmals höher als der Börsenkurs zum Stichtag.

Eine solche Argumentation verfängt jedoch nicht: Nur weil die avisierte Abfindung über dem Börsenkurs liegt, muss sie nicht zwingend dem tatsächlichen (= inneren) Unternehmenswert entsprechen. Ein „kosmetisch" gutes Angebot, welches deutlich über dem Kurs liegt, bringt die Minderheitsaktionäre schnell in eine Zwangslage: Aus psychologischer Sicht werden Aktionäre, deren Anteile sowieso unterbewertet waren, schnell einen über dem Kurs liegenden Preis akzeptieren, weil sie glauben, sie hätten damit „ein gutes Geschäft gemacht", selbst wenn die Abfindung deutlich unter dem

[410] *Holzborn/Peschke*, BKR 2007, 101, 106 unter Verweis auf *Austmann/Mennicke*, NZG 2004, 846, 850.

[411] Dies gilt insbesondere im Lichte der Ergebnisse der empirischen Untersuchung, vgl. oben S. 94 f.

wahren Wert des Unternehmens liegt. Außerdem kann es, wie *Eidenmüller* zutreffend ausführt, geschehen, dass Aktionäre das Angebot nicht deshalb annahmen, weil ihnen das Angebot angemessen erscheint, sondern weil sie befürchten, in eine Minderheitsposition gedrängt zu werden und dann vom Bieter ausgebeutet zu werden[412]. Dieser sog. *pressure-to-tender* ist gerade bei Erfolg versprechenden Übernahmeangeboten von Bedeutung, weil Aktionäre hier besonders befürchten müssen, nach Ablauf der Annahmefrist nur noch in einer kleinen Restminderheit zu verbleiben.

Eine vorschnelle Annahme eines Angebots resultiert zum einen aus einem deutlichen Informationsnachteil der Minderheitsaktionäre gegenüber dem Bieter und der Zielgesellschaft. Als Bezugspunkt des tagesaktuellen Unternehmenswertes dient den Kleinaktionären in der Regel der Börsenkurs. Dieser gibt ihnen durch Kursbewegungen Informationen darüber, in welcher wirtschaftlichen Lage sich „ihre" Gesellschaft befindet. Den Aktionären fehlt aber in der Regel die Möglichkeit, den tatsächlichen inneren Wert ihrer Beteiligung einschätzen zu können, zum einen aufgrund mangelnder Fachkenntnis und der damit verbundenen Beurteilungsmöglichkeiten, zum anderen –und entscheidender– aufgrund mangelnder Daten. Dagegen hat der Hauptaktionär alle Möglichkeiten, den Wert des Zielunternehmens im Detail zu beurteilen:

Erstens wird vor einem Übernahmeangebot oftmals eine *due diligence* Prüfung des *target* durchgeführt, bei der die rechtliche, wirtschaftliche und finanzielle Situation des Unternehmens vollständig beleuchtet wird und damit den Bieter umfassend über den Wert der anvisierten Gesellschaft informiert. Häufig ist der Bieter schon weit vor dem Übernahme- oder Pflichtangebot als Großaktionär an der Gesellschaft beteiligt, so dass alle relevanten Informationen, die den Organen der Gesellschaft bekannt sind, de facto auch dem Bieter zugänglich sind[413]. Drittens kann er in gewissem Maße Einfluss auf die Informationspolitik des Unternehmens nehmen und so z.B. durch Zurückhalten von Informationen, die an der Börse positiv aufgenommen würden, den Kurs des Unternehmens kurz vor der Übernahme niedrig zu halten und diese damit so kostengünstig wie möglich zu gestalten. So weist *Rühland* zu Recht darauf hin, dass es zu unangemessenen Abfindungsbildungen kommen kann, wenn nach §§ 15, 13 WpHG publizitätspflichtige Informationen nicht veröffentlicht werden[414]. Publizitätspflichtige Informationen seien in besonderem Maße geeignet, im Fall ihres öffentlichen Bekanntwerdens den Börsen- und Marktpreis der betroffenen Papiere erheblich zu beeinflussen, so dass sich infolge der Nichtbekanntgabe ein Preis ergeben könne, der trotz Einhaltung der formalen Kriterien eine unangemessene Abfindung darstelle[415].

Zwar haben Vorstand und Aufsichtsrat des Zielunternehmens nach § 27 WpÜG eine begründete Stellungnahme zum Gebot des Hauptaktionärs abzugeben, in der u.a. die Angemessenheit der Gegenleistung darzulegen und zu begründen ist, wofür oft-

---

[412] *Eidenmüller*, JZ 2001, 1041, 1048.
[413] *Torggler*, GeS 2006, 58; *Petersen*, Wortprotokoll des Finanzausschusses vom 10.5.2006, Protokollnummer 16/16, S. 12
[414] *Rühland*, NZG 2006, 401, 405.
[415] *Rühland*, NZG 2006, 401, 405.

mals das *target* von beauftragten Prüfern (überschlägig) bewertet wird oder ein Wirtschaftsprüfungsunternehmen oder eine Investmentbank eine sog. *fairness opinion* erstellt. Dabei ist aber nicht sichergestellt, dass die zugrundegelegten Daten nicht zugunsten des späteren Bieters beeinflusst sind, denn sowohl der Vorstand als auch die von diesem eingesetzten Prüfer werden berücksichtigen müssen, dass sie nach einer erfolgreichen Übernahme von der Gunst des Übernehmers abhängen werden. Mit den prägnanten Worten *Wackerbarths*[416] gilt auch hier die Situation: „Wes' Brot ich ess, des' Lied ich sing". Im Gegensatz zum angloamerikanischen Rechtskreis, wo eine ähnliche Pflicht zur Stellungnahme existiert, die bei einer Pflichtverletzung zur persönlichen Haftung des Organmitglieds führt, hat der Vorstand im deutschen Recht keine solche Motivation. Denn obwohl man entgegen der wohl herrschenden Auffassung § 27 WpÜG richtigerweise als Schutzgesetz i.S.d. § 823 II BGB anzusehen hat[417], wird in der Praxis der Beweis einer Pflichtverletzung regelmäßig an einer unzureichenden Beweislage scheitern. Die Minderheitsaktionäre haben somit einen Informationsnachteil, den der Hauptaktionär nutzen kann, um ein vermeintlich gutes Angebot an die auszuschließende Mehrheit zu richten.

Zum anderen ist festzustellen, dass weder der Vorstand noch der Aufsichtsrat des Zielunternehmens dazu verpflichtet sind, die höchstmögliche (oder auch nur angemessene) Abfindung mit dem Hauptaktionär auszuhandeln[418]. Anderes gilt wiederum im Rechtsraum des Common Law: Dort ist das *Board of Directors* dazu verpflichtet, den *best shareholder value* im Rahmen der Übernahme auszuhandeln[419]. Dies führt dazu, dass Aktionäre englischer oder US-amerikanischer Unternehmen durchschnittlich Abfindungen erhalten, die zwischen 15% und 30% über dem Börsenkurs liegen, also deutlich mehr, als sie bei einer freien Deinvestitionsentscheidung am Markt zum Stichtag hätten erzielen können[420]. Verletzen Mitglieder des *boards* hierbei ihre Pflichten, treffen sie persönlich Haftungsansprüche der Aktionäre (sog. *Revlon Rule*)[421]. Eine solche Pflicht besteht im deutschen Recht nicht[422]. Einziger Anknüpfungspunkt für

---

[416] *Wackerbarth*, abrufbar im Internet unter der Adresse http://www.fernuni-hagen.de/REWI/BRU/blog/?p=44; auf die Interessenverpflichtungen von Wirtschaftsprüfern mit den sie beauftragenden Unternehmen und auf Methoden, wie durch günstige Berechnungen Abfindungen niedrig gehalten werden können, weisen *Wenger/Kaserer/Hecker*, ZBB 2001, 319, 327 hin.

[417] A.A. *Krause/Pötzsch* in: Assmann/Pötzsch/Schneider, § 27 WpÜG, Rn. 150 ff.; *Glade* in: Heidel-HdbKMR, § 27 WpÜG, Fn. 43; *Buck-Heeb*, Rn. 532; wie hier *Noack* in: SchwarkKMRK, § 27 WpÜG, Rn. 35; *Röh* in: FrankfKommWpÜG, § 27 WpÜG, Rn. 86.

[418] *Heidel/Lochner* in: Heidel-HdbKMR, § 39a WpÜG, Rn. 46.

[419] Rule 21.1, UK City Code; grundlegend zu dieser Pflicht: Inc. v. McAndrews & Forbes Holdings, Inc., 506 A.2d 173 (Del. 1985).

[420] *Rühland*, NZG 2001, 448, 450 m.w.N.

[421] Revlon, Inc. v. McAndrews & Forbes Holdings, Inc.; im Rahmen dieses Urteils wurde die *Revlon Rule* aufgestellt, die erstmalig zu folgendem *Ruling* führte: „Long term corporate interests are no longer considered - Sole interest at that point is to find the best price for the shareholders." Vgl. detailliert: *Simon Deakin*, "The Coming Transformation of Shareholder Value", in: Corporate Governance: An International Review 13 (1), 11–18 (2005); vgl. zur Schilderung der Haftungsrisiken im amerikanischen Recht auch *Meilicke*, AG 2007, 261, 270.

[422] Insofern muss auch hier die Frage aufgeworfen werden, ob das Ziel der Richtlinie, ein *level playing field* des europäischen Übernahmerechts zu schaffen, wirklich gelungen ist (s. dazu auch den

eine mögliche Haftung wäre § 93 AktG, der aber ausweislich seines eindeutigen Wortlautes in Abs. 2 und Abs. 4 nur die Gesellschaft schützt und damit den Gesellschaftsorganen nicht die Pflicht auferlegt, die Interessen der Minderheitsaktionäre zu schützen. Auch eine möglicherweise einschlägige Haftung aus § 400 AktG i.V.m. § 823 II BGB wegen Zurückhaltens von günstigen Informationen wird in der Praxis regelmäßig an dem Nachweis des Vorsatzes scheitern[423].

Somit ist festzuhalten, dass in einer Übernahmesituation aufgrund eines nur optisch angemessenen Preises die Minderheitsaktionäre schnell unter Druck gesetzt sind, das Angebot anzunehmen. Gründe dafür sind das Nichtbestehen einer Pflicht der Gesellschaftsorgane, die Interessen der Minderheitsaktionäre zu wahren und eine beeinflussbare Informationspolitik seitens des Hauptaktionärs.

(β) Annahme des Angebots aufgrund von Nebenabreden

Praxiserfahrungen bei Squeeze-Outs haben außerdem gezeigt, dass Faktoren auftreten können, die die 90%-Annahmequote unsachgemäß beeinflussen können: Ein einziger oder wenige Mehrheitsaktionäre können die Marktmechanismen völlig außer Kraft setzen, wenn ihnen ein beachtlicher Teil dieser 90% des vom Angebot betroffenen Kapitals gehören und sie das Angebot annehmen[424]. Ob ein solcher Zusammenschluss aufgrund von Vorteilsgewährungen durch den Bieter oder aus ureigener, möglicherweise strategischer Motivation entsteht (bspw., weil sich das Unternehmen eine bessere Geschäftsbeziehung zum Bieter verspricht), kann dahingestellt bleiben, da jedenfalls die Annahmequote in einem Maße verzerrt wird, das den ablehnenden Minderheitsaktionären keine Möglichkeit lässt, den Ausschluss zum Preis des vorausgehenden öffentlichen Übernahmeangebots zu verhindern. Selbst wenn man diese Situationen außer Acht lässt, wird es Fälle geben, bei denen der Bieter mit „befreundeten Adressen" zusammenarbeitet, die bereits vor der Durchführung des Übernahmeverfahren nichtmeldepflichtige Pakete erwerben und diese später absprachegemäß an den Bieter veräußern. Auch diese Bestände würden bei Berechnung der Annahmequote berücksichtigt, obwohl sie der Interessenlage nach eigentlich dem Bieter zuzurechnen wären[425]. Damit wird die der hohen Zustimmungsquote zugedachte Funktion einer vor-

Bericht der Kommission zur Umsetzung der Übernahmerichtlinie in Europa, in der die Kommission neben der zögerlichen Umsetzung auch protektionistische Tendenzen der Mitgliedstaaten bemängelt, vgl. *Fischer zu Cramburg*, NZG 2007, 298). Übernimmt beispielsweise ein deutsches Unternehmen eine englische company, wäre es hinsichtlich der Abfindungsverhandlungen mit größerem Widerstand konfrontiert als ein englisches Unternehmen bei der Übernahme eines deutschen *target*.

423 Zwar ist insoweit bedingter Vorsatz ausreichend (*Schaal* in: MünchKommAktG, § 400 AktG, Rn. 46; *Bernsmann* in: Heidel-HdbKMR, § 400 AktG, Rn. 8) aber auch an dessen Nachweis sind hohe Anforderungen zu knüpfen; vgl. auch *Meilicke*, AG 2007, 269.

424 *Heidel* in: Heidel-HdbKMR, § 39a WpÜG, Rn. 43; *DSW*, Gutachten, S. 6.

425 *DSW*, Gutachten, S. 6; vgl. zur Auswirkung von Paketerwerben auf die Annahmequote unten S. 152 ff.

angegangenen Marktkontrolle[426] und damit die Gewähr für die Angemessenheit der Abfindung unterlaufen.

(γ) Umsetzung trotz bekannter Bedenken: § 327b I 3 AktG-RegE 2001

Bemerkenswert ist in diesem Zusammenhang, dass die Idee der Verknüpfung der Angemessenheitsvermutung mit einem Marktmechanismus nicht erst im Rahmen der §§ 39a f. WpÜG aufkam, sondern schon im Gesetzgebungsverfahren zum aktienrechtlichen Squeeze-Out diskutiert wurde. Die Umsetzung wurde jedoch wegen massiver Zweifel an der Verfassungsmäßigkeit eines solchen Vorgehens fallengelassen. Der damals diskutierte § 327b I 3 AktG-RegE 2001 lautete ähnlich dem heutigen § 39a III 3 WpÜG: „Ist jemand Hauptaktionär auf Grund eines in den letzten sechs Monaten vor der Beschlussfassung der Hauptversammlung abgegebenen Angebotes nach dem Wertpapiererwerbs- und Übernahmegesetz geworden, so ist eine im Rahmen dieses Angebots angebotene Geldleistung als angemessene Barabfindung anzusehen, sofern das Angebot von mindestens neunzig vom Hundert der Aktionäre, an die es gerichtet war, angenommen worden ist." Auch damals wurde bekräftigend vorgetragen, eine große Aktionärsmehrheit könne hinsichtlich der Angemessenheit nicht irren. Die wohl überwiegende Auffassung in der Literatur hielt diese Regelung aus verschiedenen Gründen für verfassungswidrig und kritisierte sie nachhaltig[427]. Im Hinblick auf die geäußerten Bedenken, denen sich der Bundesrat anschloss[428], gab der Gesetzgeber sein Vorhaben schließlich auf und strich § 327b I 3 AktG-RegE 2001 vollständig[429].

(δ) Keine Vergleichbarkeit mit dem englischen Recht

Schließlich soll an dieser Stelle noch einer verbreiteten rechtsvergleichenden Fehlinterpretation der englischen Sec. 428 – 430F a.F.[430] des Companies Act 1985 widersprochen werden, nach denen die Angemessenheit der Gegenleistung ebenfalls bei einer Annahmequote von 90% der Aktionärsminderheit vermutet wird. Im Gesetzgebungsverfahren wurde insbesondere von *Merkt* insoweit richtig festgestellt, dass diese

---

[426] *Habersack*, ZIP 2001, 1230, 1238.

[427] Dazu plastisch *Heidel*, Wortprotokoll des Finanzausschusses vom 10.5.2006, Protokollnummer 16/16, S. 14: „Was 2001 verfassungswidrig gewesen ist, wird nicht dadurch verfassungsgemäß, dass es im europäischen Gewand daherkommt." Ebenso: Bundesrat BR-Drs. 154/01, S. 7 f.; *Rühland*, Diss., S. 235; *ders.*, NZG 2001, 448, 453; *Krause*, BB 2004, 113, 118; *Habersack*, ZIP 2001, 1230, 1238; *Lutter*, Ergänzende Stellungnahme zum Entwurf des WpÜG, Oktober 2001, S. 2 f., abrufbar im Internet unter der Adresse http://www.bundestag.de; *Heidel/Lochner*, DB 2001, 2031 ff.; *Ehricke/Roth*, DStR 2001, 1120, 1123; *Vetter*, AG 2002, 176, 188; *Thaeter/Barth*, NZG 2001, 545, 550; ein Teil der Kritik richtete sich außerdem gegen die Bestimmung der Annahmequote anhand der Kopfzahl der Aktionäre statt am Kapitalanteil: *Rühland*, Diss., S. 235 m.w.N.

[428] BT-Drs. 14/7034, S. 86 f.

[429] BT-Drs. 14/7477, 42, 54; BGBl. 2001 I, S. 3822, 3839.

[430] Jetzt Sec. 979 (1)-(4), 980 CA.

Regelung sehr erfolgreich ist[431] und die Ausschlussvorgänge nur mit wenigen Verfahren belastet sind[432]. Damit wird regelmäßig begründet, dass eine volle wirtschaftliche Kompensation auch ohne unabhängige Kontrolle durch einen Marktmechanismus gerechtfertigt werden könne.

Zunächst ist *Merkt* dahingehend zu widersprechen, dass es sich bei der englischen Regelung um eine unwiderlegliche Vermutung handele[433]. Im Gegenteil bestimmte Sec. 430C (1) CA 1985., dass der Minderheitsaktionär den Ausschluss binnen sechs Wochen überprüfen lassen kann[434]. Außerdem lässt sich die englische Regelung nicht auf das System des § 39a WpÜG übertragen. Denn diese sah vor, dass ein Squeeze-Out nur dann möglich sei, wenn die Annahmequote von 90% erreicht sei[435]. Würde eine geringere Quote erreicht, wäre der Ausschluss unzulässig und der Bieter mit seiner vollständigen Übernahme gescheitert. Ein Bieter, der eine bestimmte Schwelle erreichen muss, wird aber von vornherein ein Angebot vorlegen, welches keine Zweifel an einer wirtschaftlich vollen Entschädigung aufkommen lässt[436]. Im Vergleich zu der englischen Regelung sind die § 39a f. WpÜG bieterfreundlicher gestaltet, weil die Zulässigkeit des Ausschlusses nicht an die Annahmequote gekoppelt ist. Darüber hinaus bleibt dem (gescheiterten) Bieter jedenfalls die Möglichkeit eines aktienrechtlichen Ausschlussverfahrens. Im Ergebnis kann der Bieter somit erst einmal testen, ob er mit seinem vielleicht niedrigen Übernahmeangebot die erforderliche Annahmequote erreicht. Wird das Angebot nicht in ausreichendem Umfang angenommen kann er im für ihn ungünstigsten Fall aber auf die §§ 327a ff. AktG zurückgreifen. Es besteht für den Bieter somit keine Motivation, durch ein offensichtlich angemessenes Angebot das Erreichen der erforderlichen Ausschlussschwelle abzusichern.

(bb) Zwischenergebnis

Es sei unter Hinweis auf die früheren Ausführungen nochmals betont, dass die geübte Kritik nicht gegen einen Marktmechanismus als solchen spricht. Dieser mag durchaus geeignet sein, eine Indizienwirkung hinsichtlich der Angemessenheit zu entfalten. Weil er jedoch erstens missbraucht und zweitens in der Weise umgangen werden kann, dass seine Indizienwirkung fast gegenstandslos wird, ist er nicht geeignet, eine angemessene Abfindung garantieren zu können. Eine solche Garantie verlangt nämlich, dass eine Überprüfung uneingeschränkt möglich ist.

---

431 *Merkt*, Wortprotokoll des Finanzausschusses vom 10.5.2006, Protokollnummer 16/16, S. 30; Nachweise bei *Rühland*, NZG 2001, 448.

432 Dazu *Rühland*, NZG 2001, 448, 455.

433 *Merkt*, Wortprotokoll des Finanzausschusses vom 10.5.2006, Protokollnummer 16/16, S. 30: „Wir dürfen auch nicht vergessen, das ist eine Regelung, mit der man in England sehr erfolgreich gefahren ist in den letzten Jahren. Das ist im Grunde die englische Regelung, eine unwiderlegliche Vermutung.".

434 Vgl. in der englischen Rechtspraxis die einschlägigen Entscheidungen in Fn. 164 (Hoare etc).

435 Dies gilt ebenso für die entsprechende Vorschrift nach der Reform des CA, vgl. Sec. 979 (2) CA.

436 *Wenger/Kaserer/Hecker*, ZBB 2001, 317, 331; *Rühland*, WM 2000, 1884, 1887.

Zweifel an der Aussagekraft der Annahmequote können damit im Einzelfall nicht ausgeschlossen werden. Um die verfassungsrechtlichen Vorgaben einhalten zu können, muss damit ein Rückgriff auf eine gerichtliche Kontrolle erfolgen. Damit ist der Tendenz des BVerfG zur Kontrolle durch ein gerichtliches Verfahren[437] zuzustimmen.

(5) Ergebnis zur Notwendigkeit einer Überprüfbarkeit der Abfindung

Der deutsche Gesetzgeber hat es ungeachtet der Vorgaben des BVerfG versäumt, eine Überprüfbarkeit der Angemessenheit durch eine unabhängige Stelle zu normieren. Eine volle wirtschaftliche Entschädigung kann nicht dadurch garantiert werden, dass unwiderleglich auf die Annahme des Angebots durch die Mehrheit der verbleibenden Aktionäre abgestellt wird. Eine unabhängige Kontrolle ist nach der derzeitigen Ausgestaltung des § 39a III 3 WpÜG nicht möglich. Damit genügt der Versuch des Gesetzgebers, im Wege eines Marktmechanismus eine angemessenen Abfindung garantieren zu wollen, nicht den Anforderungen des Art. 14 GG.

(vii) Abhilfemöglichkeit: Annahme einer widerleglichen Vermutung

(1) Widerlegliche Vermutung nach § 292 ZPO

Die Legislative ist gehalten, das Verdikt der Verfassungswidrigkeit schnellstmöglich zu überwinden. Hier böte sich zunächst an, eine gerichtliche Überprüfbarkeit durch die Einführung einer Verfahrensvorschrift zu ermöglichen. Dies wäre aber mit hohem legislatorischem Aufwand durch neue Gesetzentwürfe, Lesungen und Beratungen verbunden und damit auch zeitaufwändig. Um das Institut des übernahmerechtlichen Squeeze-Out für die Praxis nutzbar zu machen und als Ausschlussverfahren zu etablieren, ist eine zügige Vorgehensweise jedoch unerlässlich. Dies könnte dadurch erreicht werden, dass nunmehr auch der Gesetzgeber in Übereinstimmung mit den Grundgedanken der Richtlinie und der abweichenden Literaturauffassung europa- und grundrechtskonform eine widerlegliche Angemessenheitsvermutung annähme.

Die widerlegliche Vermutung i.S.d. § 292 ZPO führt dazu, dass bei Vorliegen einer Ausgangstatsache zunächst auf das Vorliegen einer zweiten, tatbestandseigenen Tatsache geschlossen wird[438]. Dies hieße für die Vermutung der Angemessenheit, dass bei einer Annahmequote von 90% oder mehr des vom Angebot betroffenen Kapitals zunächst davon ausgegangen würde, dass die Abfindung tatsächlich angemessen gewesen wäre. Es verbleibt den Aktionären im Gegensatz zur unwiderleglichen Vermutung hier jedoch die Möglichkeit, das Gegenteil zu behaupten und zu beweisen[439]. Es stünde den Minderheitsaktionären also frei darzulegen, warum die Abfindung nicht angemessen sei (zu den Anforderungen an einen solchen Vortrag sogleich). Ob eine ge-

[437] Vgl. oben Fn. 392.

[438] Sog. Tatsachenvermutung, vgl. *Reichold* in: Thomas/Putzo, § 292 ZPO, Rn. 3; *Saenger* in: HKZPO, § 292 ZPO, Rn. 7.

[439] *Prütting* in: MünchKommZPO, § 292 ZPO, Rn. 22; *Saenger* in: HKZPO, § 292 ZPO, Rn. 10.

richtliche Überprüfung dann im Ausschlussverfahren selbst durchgeführt werden sollte, das Gericht bei substantiierten Einwänden der Aktionäre den Streit über die Höhe der Abfindung in ein Spruchverfahren verweisen kann, ist Gegenstand späterer Überlegungen[440].

(2) Anforderungen an eine Widerlegung der Angemessenheitsvermutung – Konkretisierung durch § 4 II 2 Nr. 4 SpruchG

Wenn den Aktionären also die Möglichkeit gegeben werden muss, die Höhe der Abfindung auch im Fall des Eingreifens der Angemessenheitsvermutung überprüfen zu lassen, stellt sich die Frage, welche Anforderungen an die Widerlegung des § 39a III 3 WpÜG zu stellen sind. Problematisch ist nämlich, dass ein Spannungsverhältnis zwischen der Konzeption des Gesetzes und den Möglichkeiten der Minderheitsaktionäre, Einwendungen zu erheben, besteht: Einerseits muss dem Charakter der Vermutungsregelung Rechnung getragen werden; die grundsätzliche Entscheidung des europäischen und des nationalen Gesetzgebers, dass eine Annahmequote von mindestens 90% im Regelfall für eine angemessene Abfindung spricht, kann nicht dadurch unterlaufen werden, dass schon bei Zweifeln an der Abfindungshöhe eine Überprüfung durchgeführt wird, auch weil ein solches Vorgehen den Anforderungen an den Beweis nach § 292 ZPO nicht gerecht würde. Der Antragsgegner hat nämlich den vollen Beweis des Nichtvorliegens der vermuteten Tatsache zu erbringen[441]. Dieser Beweis ist nicht Gegen-, sondern Hauptbeweis und erfordert, dass das Gericht vom Gegenteil der vermuteten Tatsache voll überzeugt ist[442].

Andererseits besteht das Problem, dass es den Minderheitsaktionären oftmals nicht möglich sein wird, den vollen Beweis selbständig zu erbringen, weil sie nicht den Zugang zu den erforderlichen Informationen oder Unterlagen im Unternehmen haben.

Man wird daher einen angemessenen Interessenausgleich nur über die prozessualen Grundsätze des Ausschlussverfahrens nach § 39b I WpÜG, § 12 FGG erreichen können. Denn unter Vorgriff auf die genauere Untersuchung unten[443] ist festzuhalten, dass der grundsätzlich im FGG-Verfahren geltenden Amtsermittlungsgrundsatz im Sonderfall des hier einschlägigen echten Streitverfahrens zwar weitgehend durch den Beibringungsgrundsatz verdrängt wird, bei erkennbaren Schwierigkeiten der Darlegungsmöglichkeiten einer Partei das Gericht aber dennoch selbst ermitteln muss. Die Minderheitsaktionäre müssen dem Gericht also bis zu einem gewissen Grad darlegen, warum sie die Annahmequote für nicht aussagekräftig halten. Um eine Konkretisierung des Umfangs einer solchen Darlegungslast erreichen zu können, bietet sich ein Rück-

440 Unten S. 136 ff.

441 *Prütting* in: MünchKommZPO, § 292 ZPO, Rn. 22; *Hartmann* in: Baumbach/Lauterbach/Albers/Hartmann, § 292 ZPO, Rn. 2; *Reichold* in: Thomas/Putzo, § 292 ZPO, Rn. 3.

442 *Prütting* in: MünchKommZPO, § 292 ZPO, Rn. 22; *Saenger* in: HKZPO, § 292 ZPO, Rn. 10; *Reichold* in: Thomas/Putzo, Vorbem. zu § 284 ZPO, Rn. 7.

443 Vgl. S. 161.

griff auf die von der Rechtsprechung entwickelten[444] vergleichsweise strengen Anforderungen an die Darlegungslast nach § 4 II 2 Nr. 4 1. HS SpruchG an. Diese sind schon deswegen geeignet, weil sich die Verfahrens- und Beibringungsgrundsätze des Spruchverfahrens und des Ausschlussverfahrens nach § 39b WpÜG ähneln; der grundsätzlich geltende Amtsermittlungsgrundsatz wird auch im Spruchverfahren weitgehend vom Beibringungsgrundsatz verdrängt[445]. Die Minderheitsaktionäre müssen damit konkrete Einwendungen erbringen. Lediglich formelhafte, aus jedem Gutachten und Unternehmensbericht ableitbare Standardbewertungsrügen sind damit nicht ausreichend[446], vielmehr muss ein substantiierter Vortrag erfolgen, an den strenge Anforderungen zu stellen sind. Ein solcher liegt z.B. –in Anlehnung an die Rechtslage in Österreich[447]– vor, wenn die Minderheitsaktionäre begründet behaupten können, dass eine manipulative Beeinflussung der Annahmequote durch Transaktionen von mit dem Bieter gemeinsam vorgehenden Rechtsträgern erreicht wurde oder die Annahmeentscheidung durch unrichtige oder unvollständige Informationen herbeigeführt wurde (so. z.B. bei Verstößen gegen die §§ 13, 14, 15 WpHG, gegen § 20a WpHG, bei Verstößen gegen § 11 WpÜG, § 2 WpÜG-AngVO oder bei irreführenden Stellungnahmen nach § 27 WpÜG[448]).

Damit ist eine Überprüfung nur unter strengen Voraussetzungen gewährleistet und der Anwendungsbereich der widerleglichen Vermutung auf ein der ratio des § 39a III 3 WpÜG entsprechendes Maß reduziert. Bleibt der Vortrag der Minderheitsaktionäre zu unsubstantiiert und ist das Gericht –ggf. auch nach eigenen Ermittlungen– nicht vollständig von der Unangemessenheit der Abfindung überzeugt, sind verbleibende Zweifel zum Nachteil der Minderheitsaktionäre auszulegen. Auf diese Weise wird der Vermutungsregelung des § 39a III 3 WpÜG ausreichend Rechnung getragen, ohne die ausgeschlossenen Aktionäre schutzlos zu stellen.

(3) Folge

Diese Beweislastverteilung führt dazu, dass dem Bieter prozessual kein Nachteil entsteht, weil er, ebenso wie bei der Annahme einer unwiderleglichen Vermutung, lediglich beweisen müsste, dass die Ausschlussvoraussetzungen vorliegen und er den Antrag innerhalb der Frist des § 39a IV 1 WpÜG gestellt hat. Durch die Annahme einer widerleglichen Vermutung entstünde ihm somit keine zusätzliche Beweislast. Diese Beweislastverteilung entspricht dem Prozessgrundsatz, dass jede Partei die ihr günsti-

---

[444] Insbesondere *OLG Frankfurt a.M.*, NZG 2007, 873; *OLG Frankfurt a.M.*, NZG 2007, 875 und *OLG Frankfurt a.M.*, NZG 2006, 574 - zu diesen Entscheidungen ausführlich *Wittgens*, NZG 2007, 853.

[445] Statt vieler *Winter/Nießen*, NZG 2007, 13 und *Puszkajler* in: KölnKommSpruchG, Vor §§ 7 bis 11 SpruchG, Rn. 24, jeweils m.w.N.

[446] BT-Drs. 15/371, Anlage 1, S. 13; *Bungert/Mennicke*, BB 2003, 2021, 2026.

[447] Regierungsvorlage, Materialien 1334 der Beilagen XXII. GP, S. 32 zu § 7 GesAusG – zum österreichischen Recht ausführlich unten S. 124 f.

[448] *Paefgen*, WM 2007, 765, 768.

gen Tatsachen zu beweisen hat[449]. Insoweit kommt dem Marktmechanismus exakt die Funktion zu, die die Richtlinie ihm zugedacht hat, nämlich eine Indizienwirkung und Beweislastverteilung zu schaffen.

Gegen den Vorschlag der Interpretation als widerlegliche Vermutung wendet sich die herrschende Lehre mit dem Argument, eine widerlegliche Vermutung würde der ratio des übernahmerechtlichen Squeeze-Out, einen zügigen Ausschluss der Minderheit zu erreichen, zuwiderlaufen. Richtig ist, dass bei Annahme einer widerleglichen Vermutung die Entscheidung über den Antrag des Bieters gewissen Verzögerungen unterliegt, selbst wenn man davon ausgeht, dass alle abfindungsbezogenen Streitigkeiten in ein gesondertes Spruchverfahren verlagert werden können. Wenn seitens der Literatur dieses Erfordernis als contra rationem legis ausgelegt wird, bleibt dem nur zu erwidern, dass die Anforderungen an eine verfassungsmäßige Norm nicht dem Willen des Gesetzgebers nach einem effektiven Kapitalmarktinstrument unterzuordnen sind. Weil die Legislative es versäumt hat, die Vorgaben der Richtlinie mit denen des BVerfG zu harmonisieren, muss sie nun hinnehmen, dass die Schnelligkeit der gesetzgeberischen Vorstellung eines *fast-track*-Verfahrens nun durch die gerichtliche Überprüfbarkeit der Angemessenheit gemindert wird. Wie *Schüppen*, der in Transaktionsfällen regelmäßig auf Bieterseite auftritt und daher durchaus eine unternehmensfreundliche Auffassung vertritt, zu Recht ausführt, kann ein Kapitalmarkt nur erfolgreich sein, wenn er in grundrechtssenitiven Fragen auch die Rechte der Kleinaktionäre in ausreichendem Maße wahrt[450]. Insofern ist auch ein kapitalmarktrechtliches Ausschlussinstrument nur dann effektiv, wenn es den verfassungsrechtlich gebotenen Schutz nicht Schnelligkeitserwägungen unterstellt.

Soweit schließlich insbesondere von *Krause* angeführt wird, es sei ausländischen Investoren schwer zu vermitteln, dass deutsche Gerichte die Abfindung der Aktionäre anheben könnten, weshalb im Hinblick auf einen prosperierenden Kapitalmarkt auf eine Überprüfung verzichtet werden sollte[451], muss Folgendes erwidert werden: Abgesehen von dem hier ebenfalls passenden Argument des Vorrangs der Verfassung, die nicht zugunsten vermeintlicher Befindlichkeiten von Investoren zurückstehen darf, hat *Krause* auch in der Sache Unrecht. Deutschland stünde mit der Überprüfbarkeit der Abfindung nicht allein. Denn erstens sieht die ganz überwiegende Zahl der europäischen Rechtsordnungen eine Möglichkeit vor, die Abfindung überprüfen und gegebenenfalls erhöhen zu können[452]. Zweitens knüpfen ausländische Rechtsordnungen, wie z.B. die US-amerikanische[453], beim Ausschluss von Minderheitsaktionären in abfindungsrelevanten Fragen an völlig andere Rechte und Pflichten an, so dass sie sich kaum als Maßstab für das deutsche Recht anbieten.

---

449 *Reichold* in: Thomas/Putzo, vor § 284 ZPO, Rn. 23.
450 Vgl. Fn. 353.
451 *Krause*, BB 2004, 113, 118.
452 Ausführlich zu den verschiedenen Umsetzungsakten in Europa ab S. 122 ff.
453 Vgl. die Nachweise in und um Fn. 421.

β) Ergebnis zu Art. 14 GG

Wird die Vermutungsregelung des § 39a III 3 WpÜG als unwiderleglich betrachtet, verstößt sie gegen die vom BVerfG aufgestellten Voraussetzungen zum Zwangssausschluss von Minderheitsaktionären: Erstens bestehen Bedenken hinsichtlich einer tatsächlichen vollen wirtschaftlichen Entschädigung im Rahmen des eigentlichen Ausschlussverfahrens. Diese wären aber aufgrund von Praxisschwierigkeiten hinzunehmen, wenn später im Rahmen einer unabhängigen Kontrolle die Angemessenheit der Gegenleistung überprüft werden könnte, und die Anteilseigner auf diesem Wege eine den Anforderungen des Art. 14 GG genügende Entschädigung erhielten. „Garantiert" (Art. 15 V 1 ÜbRL) werden könnte dies aber nur durch eine gerichtliche Kontrolle. Da der Gesetzgeber versäumt hat, eine solche zu ermöglichen, steht § 39a III 3 WpÜG im Widerspruch zu Art. 14 GG und ist somit verfassungswidrig. Dieses Ergebnis ließe sich durch die Annahme einer widerleglichen Vermutung ohne gesetzgeberische Änderungen vermeiden[454].

γ) Prüfungskompetenz des BVerfG: Prüfungsmaßstab und Ausspruch

Die festgestellte Verfassungswidrigkeit von § 39a III 3 WpÜG wäre aber für die Praxis unerheblich, wenn das Grundgesetz nicht tauglicher Prüfungsmaßstab für die Umsetzung der Richtlinie ist. Sowohl der Gesetzgeber als auch die Mehrheit des Schrifttums gehen davon aus, dass bei der Umsetzung des § 39a III 3 WpÜG deutschem Verfassungsrecht keine Bedeutung zuzumessen sei. In ihrer Gegenäußerung zu den vom Bundesrat vorgetragenen verfassungsrechtlichen Bedenken stellt die Bundesregierung fest: Der Vorrang des Europarechts vor dem nationalen Verfassungsrecht sei vom Bundesverfassungsgericht in seiner ständigen Rechtsprechung anerkannt, Bedenken des nationalen Verfassungsrechts könnten gegen die zwingend umzusetzenden Vorschriften der Richtlinie nicht vorgetragen werden[455]. Diese Auffassung wird von der überwiegenden Mehrheit der Literatur geteilt: Durch die *Solange II*- und die ihr folgende *Maastricht*-Entscheidung habe das BVerfG deutlich gemacht, dass europarechtliche Umsetzungsakte nicht an den Garantien des Grundgesetzes durch das BVerfG zu messen seien, sondern die Kontrolle ausschließlich durch den EuGH am Maßstab der europarechtlichen Grundfreiheiten vorzunehmen sei[456]. Jedoch wird auch von Vertretern dieser Auffassung bestätigt, es könne nicht ausgeschlossen werden, dass gerade

---

[454] Für die Widerleglichkeit der Vermutung, aber gegen einen Verstoß gegen Art. 14 GG plädieren *Hopt/Mülbert/Kumpan*, AG 2005, 109, 117.

[455] BT-Drs. 16/1342, S. 6.

[456] *Austmann/Mennicke*, NZG 2004, 846, 850; *Krause*, BB 2002, 2341, 2346; *Krause*, BB 2004, 113, 118; *Merkt*, Gutachten S. 19 f.; *Merkt/Binder*, BB 2006, 1285, 1290; *Krieger*, BB 2002, 53; *DAV*, Gutachten, S. 13; *Harbarth*, Wortprotokoll des Finanzausschusses vom 10.5.2006, Protokollnummer 16/16, S. 19.

hinsichtlich des hier in Frage stehenden Art. 14 GG das BVerfG die Kompetenz letztlich an sich zieht[457].

(i) Analyse

Zuzustimmen ist der herrschenden Auffassung dahingehend, dass das BVerfG in Abänderung seiner *Solange I*-Rechtsprechung[458] in *Solange II* seine Prüfungskompetenz hinsichtlich abgeleiteten Gemeinschaftsrechts zurückgestellt hat. Solange die europäischen Gemeinschaften, insbesondere die Rechtsprechung des Gerichtshof der Gemeinschaften einen wirksamen Schutz der Grundrechte gegenüber der Hoheitsgewalt der Gemeinschaften generell gewährleisteten, der dem Schutz des Grundgesetzes im Wesentlichen gleiche, werde das BVerfG seine Gerichtsbarkeit nicht mehr ausüben und EU-Recht nicht mehr am Maße des Grundgesetzes beurteilen[459]. Diese Rechtsprechung wurde im Beschluss *Bananenmarktordnung*[460] konkretisiert: „Sonach sind auch Verfassungsbeschwerden von vornherein unzulässig, wenn ihre Begründung nicht darlegt, dass die europäische Rechtsentwicklung einschließlich der Rechtsprechung des Europäischen Gerichtshofs nach Ergehen der *Solange II*-Entscheidung unter den erforderlichen Grundrechtsstandard abgesunken sei."

Damit lässt sich festhalten, dass eine Überprüfung von europäischen Umsetzungsakten wie Umsetzungsgesetzen von Richtlinien am Grundgesetz nur in dem theoretischen[461] Fall möglich ist, dass die Grundrechtsgewährleistungen der EU unter den Schutzstandard des Grundgesetzes gesunken ist. Ein solcher vom BVerfG geforderter Nachweis lässt sich praktisch nicht führen[462], womit eine Überprüfung des § 39a III 3 WpÜG an Art. 14 GG nicht möglich wäre.

Aus der Sicht des Gesetzgebers und der herrschenden Literatur, die in § 39a III 3 WpÜG eine unwiderlegliche Vermutung sehen, ist diese Auffassung konsequent. Würde die Richtlinie tatsächlich die Führung eines Gegenbeweises gegen die Angemessenheitsvermutung ausschließen, hätte der deutsche Gesetzgeber bei Gestaltung des Umsetzungsaktes nationalem Verfassungsrecht keine Beachtung schenken dürfen.

Um diese Klippe zu umschiffen und den übernahmerechtlichen Squeeze-Out doch dem Prüfungsmaßstab des Grundgesetzes unterwerfen zu können, führt eine Einzelmeinung in der Literatur an, das BVerfG habe in seiner Entscheidung zum europäischen Haftbefehl[463] eine Überprüfbarkeit von abgeleitetem Sekundärrecht angenom-

---

[457] *Austmann/Mennicke*, NZG 2004, 846, 850. *DAV*, Gutachten, S. 13; *Ruppert* in Umbach/Clemens/Dollinger, § 90 BVerfGG, Rn. 58.
[458] *BVerfG*E 37, 271 ff (Solange I).
[459] *BVerfG*E 73, 339, 340 (Solange II).
[460] *BVerfG*, EuZW 2000, 702 (Bananenmarktordnung).
[461] *Bergmann* in: Umbach/Clemens/Dollinger, Abschnitt III., Rn. 18.
[462] *Arndt*, S. 138.
[463] *BVerfG*, NJW 2005, 2289 (EU-Haftbefehl).

men. Das BVerfG habe festgestellt, dass der Gesetzgeber die Umsetzung von Gemeinschaftsrecht abzulehnen habe, wenn er durch den Umsetzungsakt gegen deutsches Verfassungsrecht verstoßen würde. Auf § 39a III 3 WpÜG bezogen bedeute dies, dass der Gesetzgeber die Vorgaben zum Squeeze-Out nicht in nationales Recht hätte umsetzen dürfen, wenn er an seiner Interpretation der Unwiderleglichkeit der Angemessenheit festhielte. Eine solche Umsetzung zöge nämlich einen Verstoß gegen Art. 14 GG nach sich.

Dieser Auffassung ist jedoch zumindest in ihrer Begründung nicht zuzustimmen. Das Gesetz zum europäischen Haftbefehl beruhte nämlich im Gegensatz zu dem Übernahmerichtlinie-Umsetzungsgesetz nicht auf einer Richtlinie, sondern auf einem Rahmenbeschluss der europäischen Gemeinschaft. Das Bundesverfassungsgericht hat eine Überprüfung fehlerhafter Rahmenbeschlüsse gerade nicht zugelassen, sondern eine eigene Prüfungskompetenz nur angenommen, wenn der deutsche Umsetzungsakt anders als der europäische Rahmenbeschluss deutsche Grundrechte in seiner Ausgestaltung verletzt. Vielmehr ist der entscheidende Punkt bei der Überprüfbarkeit von abgeleitetem Gemeinschaftsrecht die Frage, ob der mögliche Verstoß gegen das deutsche Verfassungsrecht bereits in dem zugrundeliegenden Gemeinschaftsakt angelegt ist oder erst durch den Umsetzungsakt des deutschen Gesetzgebers begründet wird[464]. Wenn eine Richtlinie, die auch ohne nationalen Umsetzungsakt unmittelbare Wirkung in den Mitgliedstaaten entfalten kann[465], eine Regelung vorschreibt, die mit dem deutschen Verfassungsrecht nicht vereinbar ist, hat das BVerfG nach seiner *Solange II*-Rechtsprechung keine Möglichkeit, diesen Verstoß am Maßstab des Grundgesetzes zu prüfen. In diesem Fall wäre der Verstoß bereits in dem in Rede stehenden Gemeinschaftsakt begründet. Grund für diese Folge und die alleinige Prüfungskompetenz des EuGH ist die besondere Legitimation von Richtlinien durch den Europäischen Rat, die bei einem Rahmenbeschluss wie im Fall des Europäischen Haftbefehlsgesetzes als „Dritte Säule" der europäischen Union nicht geschuldet ist.

Lässt jedoch das sekundäre Gemeinschaftsrecht –hier in Form der Richtlinie, im Fall des Europäischen Haftbefehls in Form des Rahmenbeschlusses[466]– dem nationalen Gesetzgeber einen Umsetzungs- oder Interpretationsspielraum hinsichtlich einer konkreten Regelung, hat der Gesetzgeber bei dessen Transformation in das Umsetzungsgesetz seine Grundrechtsbindung aus Artt. 20 III, 1 III GG zu beachten und die grundrechtsschonenste Umsetzung zu wählen[467]. Dies hat das BVerfG bereits in seiner

464 *Rühland*, NZG 2006, 401, 407.

465 *EuGH*, NJW 1992, 165 (Francovich); dazu *Rühland*, NZG 2006, 401, 406.

466 Das *BVerfG* erstreckt seine Äußerungen zur Überprüfbarkeit ausdrücklich auf Umsetzungsspielräume sowohl im Rahmen von Richtlinien als auch von Rahmenbeschlüssen, weil es sich in seinen Ausführungen auf „sekundäre Unionsrechtsakte" (NJW 2005, 2291) bezieht und im selben Atemzug Richtlinien „Sekundärrechtsquellen" nennt (ibid., 2292).

467 *BVerfG*, NJW 2005, 2289, 2291; ähnlich *Schüppen*, Wortprotokoll des Finanzausschusses vom 10.5.2006, Protokollnummer 16/16, S. 31: „Das deutsche Verfassungsrecht, also Art. 14, der Eigentumsschutz, ist jedenfalls insoweit anwendbar, als der deutsche Gesetzgeber einen eigenen Spielraum hat. Und dieser eigene Speilraum besteht."

Tabakerzeugnis-Entscheidung[468] festgestellt und im Fall *Europäischer Haftbefehl* betont, dass die Legislativorgane diese politische Gestaltungsmacht ohne Einschränkungen haben[469]. Ist im Rahmen der Umsetzung des sekundären Gemeinschaftsrechts ein Verstoß gegen deutsches Verfassungsrecht vermeidbar und verstößt der Gesetzgeber trotzdem gegen die Vorgaben des Grundgesetzes, hat das BVerfG auch im Lichte von *Solange II* die Kompetenz, eine Regelung für verfassungswidrig zu erklären[470]. Ein verfassungsrechtlicher Verstoß wäre dann nämlich nicht schon in dem zugrunde liegenden Gemeinschaftsakt, sondern erst in der nationalen Umsetzung angelegt. In diesem Fall besteht dann aber kein Grund, die Bindungen des nationalen Gesetzgebers an Artt. 1 III, 20 III GG dadurch zu relativieren, dass man im Rahmen der Gestaltungsfreiheit des Umsetzungsspielraums den Grundrechten weniger Bedeutung beimisst.

Das bedeutet für die Überprüfbarkeit des § 39a III 3 WpÜG Folgendes: Liegt ein möglicher Verfassungsverstoß bereits in der Übernahmerichtlinie, wäre das BVerfG nicht zuständig. Hat der Gesetzgeber jedoch trotz der Möglichkeit, die Richtlinie verfassungskonform umzusetzen, eine Regelung geschaffen, die mit dem Grundgesetz nicht vereinbar ist, wäre die Kompetenz des BVerfG ohne Einschränkungen gegeben[471]. Die oben durchgeführte Auslegung der Richtlinie hat ergeben, dass es das Ziel des europäischen Gesetzgebers war, eine widerlegliche Vermutung aufzustellen. Die Richtlinie stellt es den Mitgliedstaaten aber frei, eine unwiderlegliche Vermutung zu wählen. Der Gesetzgeber hat den dadurch entstehenden Umsetzungsspielraum also europarechtlich zulässigerweise genutzt, jedoch auf der Ebene des nationalen Rechts gegen die Vorgaben des BVerfG hinsichtlich Art. 14 GG verstoßen. Diese Verfassungsverletzung war noch nicht in der Richtlinie selbst angelegt, sondern wurde erst durch den Umsetzungsakt begründet.

Das Bundesverfassungsgericht hat somit eine uneingeschränkte Prüfungskompetenz hinsichtlich einer Unvereinbarkeit des § 39a III 3 WpÜG mit Art. 14 GG. Der Vorwurf der Verfassungswidrigkeit kann damit nicht wegen vermeintlich fehlender Prüfungskompetenz des BVerfG als unbeachtlich abgetan werden.

(ii) Möglicher Ausspruch des BVerfG

Wird einer Verfassungsbeschwerde wegen der Verletzung von Grundrechten stattgegeben, ist die angegriffene Vorschrift für nichtig zu erklären, § 95 III BVerfGG. Eine solche Folge würde sich wegen der verfassungsrechtlichen Bedeutung der Abfindung für den Squeeze-Out wohl auf die gesamte Vorschrift des §§ 39a, b WpÜG zu bezie-

---

468 *BVerfG*, EuZW 1997, 734 (Tabakerzeugnis) mit Anmerkungen *Dauses*, EuZW 1997, 705: *Dauses* bezeichnet diese Entscheidung als *Solange III*, da sie einen neuen Standard für die Überprüfbarkeit von Umsetzungsakten am Grundgesetz aufstelle.

469 *BVerfG*, NJW 2005, 2289, 2291 (EU-Haftbefehl); s. dazu auch die abweichende Meinung des Richters *Broß*, NJW 2005, 2289, 2299.

470 Dies impliziert auch der Bundesrat in seiner Prüfbitte, BR-Drs. 154/1/06, S. 8.

471 So auch *Rengeling/Middeke/Gellermann* in: HdbRSEU, § 35, Rn. 46 f.; *Rößler*, S. 149.

hen haben. Allerdings spricht das Gericht in der Praxis häufiger eine Unvereinbarkeitserklärung als eine Nichtigkeitserklärung aus[472]. Von Letzterer wird jedenfalls dann regelmäßig kein Gebrauch gemacht, wenn der Gesetzgeber die Möglichkeit hat, einen verfassungsgemäßen Zustand auf einem einfacheren Wege als einer Streichung oder Neufassung der betreffenden Vorschrift zu erreichen[473]. Da dies hier im Wege der oben vorgeschlagenen Neuinterpretation ohne legislativen Aufwand möglich ist, ist zu erwarten, dass das BVerfG § 39a III 3 WpÜG für unvereinbar mit Art. 14 GG erklären wird und dem Gesetzgeber aufgibt, die Verfassungswidrigkeit im Wege der Neuinterpretation, die in diesem Fall letztlich eine verfassungskonforme Auslegung ist, zu beheben.

d) Ausdehnung der Angemessenheitsvermutung auch auf Pflichtangebote

Nachdem belegt ist, dass die Angemessenheitsvermutung des § 39a III 3 WpÜG eine widerlegliche Vermutung darstellen muss, ergibt sich die Frage, ob die Vermutungsregelung auch auf das Pflichtangebot auszudehnen war. § 39a III 3 WpÜG bestimmt, dass „die im Rahmen des Übernahme- *oder Pflichtangebots* gewährte Gegenleistung" unter den Voraussetzungen der oben erläuterten Annahmequote als angemessen anzusehen ist. Dabei fällt auf, dass diese Formulierung die Angemessenheitsvermutung auch auf Pflichtangebote nach § 35 WpÜG erstreckt. Dies ist auf den ersten Blick konsequent, denn es scheint keinen Sinn zu machen, die Abfindung, die unabhängig von der Rechtsnatur des zugrundeliegenden Angebots angemessen sein muss, an unterschiedliche Voraussetzungen zu knüpfen. Die Richtlinie hingegen differenziert hinsichtlich der Abfindungsregelung zwischen dem Übernahme- und dem Pflichtangebot (Art. 15 V):

> *Unterabs. 2:*
> *Bei einem freiwilligen Angebot in den in Absatz 2 Buchstaben a) und b) vorgesehenen Fällen gilt die im Angebot angebotene Abfindung dann als angemessen, wenn der Bieter durch die Annahme des Angebots Wertpapiere erworben hat, die mindestens 90 % des vom Angebot betroffenen stimmberechtigten Kapitals entsprechen.*
>
> *Unterabs. 3:*
> *Bei einem Pflichtangebot gilt die Gegenleistung des Angebots als angemessen.*

Grund für eine derartige Differenzierung ist, dass nach der Richtlinie gemäß Art. 5 IV ÜbRL ausschließlich für Pflichtangebote eine verbindliche Preisregelung vorgesehen

---

[472] *Stark* in: Umbach/Clemens/Dollinger, § 95 BVerfGG, Rn. 88; Richter am BVerfG *Steiner* stellt in NJW 2001, 2919, 2922 fest, dass der Unvereinbarkeitsausspruch „inzwischen fast die Regel geworden ist".

[473] *BVerfGE* 100, 104 (136); *BVerfGE* 85, 226 (237 f.); *Stark* in: Umbach/Clemens/Dollinger, § 95 BVerfGG, Rn. 92 ff.

ist[474]. Während die Preisbildung der Gegenleistung bei Pflichtangeboten also bestimmte Kriterien erfüllen muss, unterliegt der Bieter bei freiwilligen Übernahmeangeboten keinen Richtlinienvorgaben, so dass er die Gegenleistung frei bestimmen kann. Daher soll im Fall von freiwilligen Übernahmeangeboten mit Hilfe eines Markttests die Angemessenheit der Gegenleistung, die im Fall einer hohen Annahmequote auch für die Abfindung im Squeeze-Out Verfahren als angemessen gilt, beurteilt werden. Dabei ist allerdings festzuhalten, dass es sich trotz der Preisbildungsregeln bei der Angemessenheitsvermutung im Rahmen von Pflichtangeboten nicht um eine unwiderlegliche Vermutung handeln sollte. Die Winter-Kommission führt dazu aus, dass zwar die Abfindung nach einem Pflichtangebot als angemessen gelten solle, sogar wenn die für Übernahmeangebote erforderliche Annahmequote nicht erreicht wurde; trotzdem müsse auch hier die Höhe der Abfindung überprüfbar sein:

„Auch hier würde die Annahme [Anm.: der Angemessenheit der Abfindung] *für eine bestimmte Frist gelten und sollte unter bestimmten Umständen anfechtbar sein.“*[475]

Es stellt sich also erstens die Frage, warum der Gesetzgeber bei der Umsetzung dieser Vorschriften von einer widerleglichen, nicht an einen Markttest geknüpften Vermutung bei Pflichtangeboten abgewichen ist und zweitens, ob er europarechtlich dazu befugt war.

In der Begründung zu § 39a III WpÜG-E führt die Bundesregierung aus: „Da das Wertpapiererwerbs- und Übernahmegesetz dieselben verbindlichen Preisregeln bei Übernahme- und beim Pflichtangebot vorsieht, ist die Vermutungsregelung auch auf Pflichtangebote anzuwenden.“ Auch wenn weitergehende Ausführungen gänzlich fehlen, bezieht die Regierung sich hiermit offensichtlich auf die Stellungnahme des DAV[476] zum Gesetzentwurf. Dieser hatte darauf hingewiesen, dass gemäß § 35 III WpÜG das Übernahmeangebot als befreiendes Angebot ausgestaltet ist, ein Pflichtangebot somit dann nicht mehr notwendig ist, wenn die Kontrolle im Unternehmen aufgrund eines vorherigen Übernahmeangebots erlangt wurde. Insofern bestimme § 39 WpÜG i.V.m. § 31 I, VII WpÜG, dass für Übernahme- und Pflichtangebote die gleichen Preisregeln zu gelten hätten. Diese zutreffende Beobachtung nimmt der DAV dann zum Anlass festzustellen, es gebe daher keinen sachlichen Grund, die Angemessenheitsvermutung beim übernahmerechtlichen Squeeze-Out für ein Übernahmeangebot anders auszugestalten als für ein Pflichtangebot[477]. Da die Regelungen über den Squeeze-Out als Interessenausgleich zwischen Bieter und Minderheitsaktionären zu verstehen seien, könne die Vermutung, dass eine durch das Erreichen einer Annahmequote bestätigte Abfindung angemessen sei, auch auf Übernahmeangebote erstreckt

[474] Vgl. dazu auch *Mülbert*, NZG 2004, 633, 640, der wegen des Wortlauts von Art. 5 IV ÜbRL jegliche Mindestpreisregeln für freiwillige Übernahmeangebote für europarechtswidrig hält.

[475] *Winter-Report*, S. 76, p. 65 f.; die englische Fassung lautet: „Here again, the presumption would be subject to a time limit and should be rebuttable in particular circumstances".

[476] *DAV*, Gutachten, S. 13 ff.

[477] *DAV*, Gutachten, S. 15.

werden. Insofern böte es sich zur Vereinfachung an, auf Marktmechanismen vollständig zu verzichten und „die im Rahmen des Übernahme- oder Pflichtangebots gewährte Gegenleistung" ohne weitere Überprüfung und unwiderleglich „als angemessene Abfindung anzusehen"[478].

Im Lichte dieser Schlussfolgerung ist es erstaunlich, dass die Bundesregierung, dieselbe Prämisse („gleiche Preisregeln für beide Arten der Angebote") zugrunde gelegt, zu einem diametral anderen Ergebnis gelangt: Die unwiderlegliche Vermutung müsse zurücktreten zugunsten eines Marktmechanismus, der auf beide Arten der Angebote erstreckt werden soll. Hinsichtlich der Ausgestaltung der Abfindungsregelungen für Übernahme- und Pflichtangebote stehen somit drei unterschiedliche Möglichkeiten zur Verfügung: Keines der Angebote wird einem Markttest unterzogen, die Angemessenheit wird vielmehr unwiderleglich vermutet (so der *DAV*), beide Angebote werden einem Markttest unterzogen (so § 39a III 3 WpÜG), oder es bleibt bei der Differenzierung, die die Richtlinie selbst vornimmt.

Für erstere Variante spricht, dass sich bei Nichterreichen einer möglichen Annahmequote die Frage stellen würde, wie das Ausschlussverfahren und damit insbesondere die Abfindungsbemessung durchzuführen wäre. Dieses Problem ließe sich mit dem *DAV* umgehen, wenn man auf den Markttest zugunsten einer unwiderleglichen Vermutung völlig verzichtete. Entscheidend gegen diese Lösung spricht allerdings ihre Verfassungswidrigkeit, weil eine unwiderlegliche Vermutung einen Verstoß gegen Art. 14 GG bedeutete. Es verbleibt damit eine Entscheidung zwischen der umgesetzten Lösung des § 39a III 3 WpÜG und dem Wortlaut der Richtlinie, wobei dem Gesetzgeber dann eine Einschätzungs- und Umsetzungsprärogative eingeräumt werden muss, wenn sein Ergebnis mit der Richtlinie zu vereinbaren ist.

Gegen eine Ausdehnung auf beide Arten von Angeboten lässt sich anführen, dass eine solche angesichts der klaren Unterscheidung in Art. 15 V Unterabs. 2 und 3 ÜbRL nicht der Konzeption der Richtlinie entspricht, die im Rahmen von Übernahmeangeboten strengere Voraussetzungen an die vermutete Angemessenheit der Abfindung knüpfen wollte als bei Squeeze-Outs nach Pflichtangeboten, bei denen die Angemessenheit der Gegenleistung bereits im Rahmen des eigentlichen Angebots überprüft worden ist. Andererseits lässt sich aber festhalten, dass der Gesetzgeber durch die Richtlinie zumindest nicht gehindert war, den Marktmechanismus auch auf das Pflichtangebot auszudehnen[479]. Denn die Richtlinie stellt mit der Forderung nach einem Marktmechanismus für das Übernahmeangebot lediglich einen Minimalstandard auf, der eine strengere Regelung für Squeeze-Outs nach Pflichtangeboten (nämlich die

---

478 *DAV*, Gutachten, S. 16; so auch der *Bundesrat*, der entsprechende Regelung bereits in einer Prüfungsanfrage an die Bundesregierung vorgeschlagen hatte, BT-Drs. 16/1342, S. 4.

479 So auch *Austmann/Mennicke*, NZG 2004, 846, 849, allerdings mit der zweifelhaften Begründung, dieses Ergebnis ergäbe sich schon aus dem Wortlaut: Hätte die Richtlinie eine Differenzierung der Regelungen zwischen Pflicht- und Übernahmeangebot zwingend anordnen wollen, hätte der Wortlaut gelautet, dass „nur" die den Vermutungsregelungen entsprechenden Abfindungen angemessen seien.

nochmalige Überprüfung der Angemessenheit durch die Erfüllung einer Annahmequote) nicht ausschließt. Nach der Richtlinieninterpretation des Gesetzgebers war die Wahl zwischen dem differenzierten Modell der Richtlinie und der derzeitigen Fassung des § 39a III 3 WpÜG die einzig richtige Lösung. Denn eine Differenzierung für die Abfindungsbemessung wäre bereits deswegen nicht möglich gewesen, weil die Auslegung als unwiderlegliche Vermutung dann konsequenterweise auch auf das Pflichtangebot hätte ausgedehnt werden müssen, mit der Folge, dass die Abfindung zwingend als angemessen gegolten hätte, ohne dies zusätzlich an einen Markttest zu knüpfen. Ein Verzicht auf den Marktmechanismus bei gleichzeitiger Unwiderleglichkeit der Vermutung wäre aber im Lichte der Moto Meter-Ausführungen so evident verfassungswidrig gewesen, dass dem Gesetzgeber nur die Alternative blieb, die sich derzeit in § 39a III 3 WpÜG findet.

Auch wenn man im Rahmen einer bloß widerleglichen Vermutung in verfassungskonformer Weise und in direkter Anlehnung an die Richtlinienvorgaben auf den Markttest bei Pflichtangeboten verzichten könnte, sprechen die besseren Argumente dafür, im Lichte der verbindlichen und einheitlichen Preisvorgaben des § 31 WpÜG, §§ 3 ff. WpÜGAngVO sowohl für Übernahme- als auch für Pflichtangebote auch eine einheitliche Lösung für beide Angebotsarten im Rahmen der Angemessenheitsvermutung zu finden. Dazu stellt sich die Frage, ob der Gesetzgeber nicht vollständig auf den Markttest durch Einführung einer Annahmequote hätte verzichten können. Dieser auf den *DAV* zurückgehende Vorschlag (der allerdings eine unwiderlegliche Vermutung annahm) wäre in entsprechender Umdeutung in eine widerlegliche Vermutung verfassungsrechtlich unproblematisch.

Allerdings bestehen Zweifel, ob eine derartige Umsetzung europarechtlich zulässig ist. Wie oben bereits ausgeführt, ist es aufgrund des Rahmencharakters der Richtlinie und der sich daraus ergebenden Beschränkung auf Mindeststandards durchaus zulässig, abweichend von der Richtlinie auch Pflichtangebote an eine Annahmequote zu knüpfen, weil dadurch strengere Voraussetzungen, nämlich das Bestehen eines Markttests, für den Ausschluss geschaffen werden. Nicht zulässig erscheint es hingegen, den von der Richtlinie vorgegebenen Mindeststandard des Erreichens einer Annahmequote im Rahmen der Angemessenheitsvermutung bei Übernahmeangeboten zu unterschreiten. Dadurch würde eine Mindestvorgabe der Richtlinie in unzulässiger Weise aufgeweicht. Dies mag insbesondere im Hinblick auf das deutsche einheitliche Preisbildungssystem für Übernahme- und Pflichtangebote misslich erscheinen, weil in der Tat vieles dafür spricht, auf das Erfordernis einer Annahmequote zu verzichten; die Aktionäre sind durch die Annahme einer widerleglichen Vermutung ausreichend geschützt, um in Ausnahmefällen, in denen der Markttest versagt, entsprechende Einwendungen vortragen zu können. Dennoch kann auch durch derartige Zweckmäßigkeitserwägungen das Problem einer europarechtlichen Unzulässigkeit kaum umgangen werden. Dazu hilft auch nicht, Art. 15 ÜbRL als ein zugunsten des Bieters eingeführtes Ausschlussinstrument zu sehen, um über die Interpretation eines notwendigen Interessenausgleichs zwischen Bieter und Minderheitsaktionären eine Aufweichung der Richtlinienstandards zu erreichen[480]; dieses –an sich durchaus schlüssige– Konzept ändert nichts daran, dass es sich bei der Koppelung der Vermutungsregelung bei Übernahmeangeboten mit einem Markttest um einen Mindeststandard handelt, der nicht unterschritten werden kann.

War der Gesetzgeber aber verpflichtet, die Angemessenheitsvermutung bei Übernahmeangeboten an das Erreichen einer Annahmequote zu knüpfen, spricht wegen der einheitlichen Preisregeln im deutschen Recht viel dafür, auch Pflichtangebote mit einem Markttest zu verbinden und somit auch im Rahmen des § 39a WpÜG einen Gleichlauf der beiden Angebotsarten zu erreichen.

e) Regelungen in anderen europäischen Umsetzungsakten

Die Auslegung der Angemessenheitsvermutung als widerleglich steht im Einklang mit den Grundgedanken der zugrundeliegenden Richtlinie. Dieses Ergebnis wird durch die überwiegende Zahl der europäischen Richtlinienfassungen bestätigt[481] und auch durch die deutsche Fassung nicht ausgeschlossen[482]. Hinsichtlich der Umsetzung in deutsches Recht ist diese Auslegung schon von Verfassungs wegen geboten. Zum Abschluss dieses Abschnittes soll rechtsvergleichend ein Blick auf die Ergebnisse der Umsetzungen in das nationale Recht einiger anderer Mitgliedstaaten geworfen werden.

aa) England

England hat die Umsetzung der Übernahmerichtlinie und anderer europäischer Vorgaben zum Anlass genommen, seinen seit 1985 bestehenden und immer wieder ergänzten *Companies Act 1985* vollständig zu reformieren. Die bisherigen gesellschaftsrechtlichen Regelungen wurden nahezu vollständig ersetzt, Bereiche des *case law* kodifiziert und der Anwendungsbereich des Gesetzes auch auf Nordirland ausgedehnt. Der CA wurde zum umfangreichsten[483] britischen Gesetzeswerk und gilt als eine der wichtigsten Reformen der letzten Jahrzehnte[484]. Am 8.11.2006 hat das Regelwerk den *Royal Assent* erhalten und soll sukzessive zum Oktober 2008 in Kraft treten. Bereits am 6.4.2007 sind in Form von sog. *Statuatory Instruments* (Verordnungen) u.a. die hier interessierenden Squeeze-Out Regelungen wirksam geworden, weil die Umsetzungsfrist des Art. 21 ÜbRL abzulaufen drohte. Die alten Ausschlussregelungen (Sec. 428 –

---

480 Dies versucht aber der *DAV*, vgl. Gutachten, S. 14.

481 Vgl. oben S. 71 ff.

482 Vgl. oben S. 70 f.

483 Trotzdem wird in der englischen Rechtswissenschaft weiterhin bezweifelt, ob die Neufassung des CA für das englische Recht ausreichend ist, da viele Regelungen weiterhin durch Verordnungen und verbindliche *rulings* ausgefüllt werden müssen, vgl. *Alcock/Birds/Gale* im Vorwort.

484 Zu den Änderungen *Meyer*, RIW 2007, 645; zur Gesetzgebungsgeschichte: *Torwegge*, GmbHR 2006, 919; eine Zusammenfassung der durch die Übernahmerichtlinie notwendig gewordenen Änderungen des Companies Act finden sich im Internet unter der Adresse http://www.dti.gov.uk/files/ file28530.doc.

430F ff. CA 1985) wurden auch aufgrund der Vorgaben des Art. 15 ÜbRL modifiziert und finden sich nun in den Sec. 979 – 991 CA. Bemerkenswert ist dabei, dass diese Vorschriften in der Gesamtschau der Reform die wenigsten Änderungen erfahren haben, was auch darauf zurückzuführen ist, dass sich Teile des Art. 15 ÜbRL die englischen Regelungen zum Vorbild genommen haben.

Nach den Sec. 979 ff. CA kann ein Bieter nach einem *takeover offer*[485] die übrigen Aktionäre aus der Gesellschaft ausschließen, wenn er mindestens 90% der vom Angebot betroffenen Aktien erworben hat oder sich dazu vertraglich bindend verpflichtet hat (Sec. 979 (1), (2) CA). Durch diese Regelung wird gewährleistet, dass dem Bieter vor Durchführung des Squeeze-Out zumindest 90% der Aktien der Gesellschaft gehören[486]. Im Gegensatz zum CA 1985 ist nach der neuen Regelung außerdem erforderlich, dass der Bieter mindestens 90% der Stimmrechte hält[487]. Bezog sich das Angebot auf Aktien verschiedener Gattungen, ist das Erreichen der Beteiligungsschwelle einzeln zu bestimmen (Sec. 979 (3), (4) CA). Die Anforderungen an die erforderliche Ausschlussbeteiligung richten sich damit nach dem „englischen Konzept" des Art. 15 II b) ÜbRL[488]. Wird die erforderliche Annahmequote innerhalb von sechs Monaten erreicht[489], hat der Bieter in Übereinstimmung mit Art. 15 IV ÜbRL drei Monate Zeit, das Ausschlussrecht auszuüben[490]. Die Höhe der Abfindung richtet sich gemäß Sec. 981 (2) CA nach der Gegenleistung des vorausgegangenen *takeover offer*. Wegen der schon zur Ausschlussberechtigung erforderlichen Annahmequote von 90% des betroffenen Kapitals war es nicht erforderlich, eine abweichende Preisbestimmung zu kodifizieren, weil die Voraussetzungen der Angemessenheitsvermutung des Art. 15 V Unterabs. 2 ÜbRL in jedem Fall erfüllt sind und sich die Abfindung daher am Angebotspreis orientieren konnte.

In Übereinstimmung mit den Vorgaben des Art. 15 V ÜbRL bestimmt Sec. 986 CA, dass die Angemessenheitsvermutung durch die Minderheitsaktionäre widerlegt werden kann. Wie in der in dieser Arbeit vorgeschlagenen Lösung müssen die Minderheitsaktionäre dann aber den Beweis führen, dass die festgelegte Abfindung der Höhe nach tatsächlich unangemessen ist. Sollte dies der Fall sein, ist eine Unternehmensbewer-

---

485 Sec. 974 – 978 CA; zur Abgrenzung von *takeover offer* und *invitation to offer one's shares* vgl. *Re Chez Nico Restaurants Ltd*, BCLC 1992, 192; zu Sinn und Zweck dieser Vorschriften nach englischem Recht vgl. insb. *Re Greythorn Ltd.*, 1 BCLC 2002, 437, 447 f.

486 Dazu *Mayson/French/Ryan*, 8.8.2.1: „The squeeze-out right cannot be excercised until the bid is 90 per cent successful." - Gibt der Bieter sein Angebot ab, ohne zuvor an der Gesellschaft beteiligt zu sein, hält er nach Durchführung des Angebots bei einer Annahmequote von 90% auch 90% der Aktien der Gesellschaft. Bei einer Beteiligung des Bieters vor Abgabe des Angebots in Höhe von 20% an der Gesellschaft, gehören ihm bei einer Annahmequote von 90% bereits 92% aller Aktien der Gesellschaft.

487 *Worthington* in: Morse/Davies, S. 719.

488 Dazu oben, S. 25 ff.

489 Sec. 980 (2) (b) CA.

490 Sec. 980 (2) (a) CA.

tung durchzuführen, auf Basis derer das Gericht die Abfindung zu bestimmen hat[491]. Versuchen Minderheitsaktionäre die Vermutung zu widerlegen, müssen sie die entstehenden Verfahrenskosten nur tragen, wenn die Verfahrenseinleitung unnötig, unsachlich oder missbräuchlich war oder verspätet eingeleitet wurde.

bb) Österreich

Österreich hat insbesondere aufgrund der Vorgaben der Übernahmerichtlinie sein seit 1999 bestehendes Übernahmegesetz (ÜbG) reformiert und durch Art. 6 des Gesetzes zur Änderung des Übernahmegesetzes[492] das neue Gesellschafter-Ausschlussgesetz (GesAusG[493]) eingeführt. Der Ausschluss, der im Gegensatz zum deutschen Recht nicht nur für Aktiengesellschaften, sondern auch für Gesellschaften mbH möglich ist, knüpft insbesondere an eine Beteiligung des Hauptgesellschafters i.H.v. 90% des Grundkapitals und an die Beschlussfassung der Hauptversammlung mit einfacher Mehrheit an[494] (§ 1 GesAusG). Die vom Hauptgesellschafter festgesetzte Abfindung ist von einem gerichtlich bestellten unabhängigem Sachverständigen bereits vor Beschlussfassung der Hauptversammlung auf ihre Angemessenheit zu überprüfen, daneben steht jedem Aktionär nach der Hauptversammlung die Einleitung eines sog. Gremialverfahrens zur Überprüfung frei. Ein bedeutender Unterschied zum deutschen Recht findet sich in § 1 IV GesAusG, nach dem die Satzung der Gesellschaft bestimmen kann, dass ein Squeeze-Out nicht oder nur unter erschwerten Voraussetzungen zulässig sein soll.

---

491 Die einschlägigen Vorschriften der Sec. 986 CA lauten wie folgt: „(1) Where a notice is given under section 979 to a shareholder, the court may, on an application made by him, order […] (b) that the terms on which the offeror is entitled and bound to acquire the shares shall be such as the court thinks fit. […] (4) On an application under subsection (1) or (3) (a) the court may not require consideration of a higher value than that specified in the terms of the offer ("the offer value") to be given for the shares to which the application relates unless the holder of the shares shows that the offer value would be unfair; (b) the court may not require consideration of a lower value than the offer value to be given for the shares. No order for costs or expenses may be made against a shareholder making an application under subsection (1) or (3) unless the court considers that (a) the application was unnecessary, improper or vexatious, (b) there has been unreasonable delay in making the application, or (c) there has been unreasonable conduct on the shareholder's part in conducting the proceedings on the application.".

492 Bundesgesetz zur Änderung des Übernahmegesetzes vom 20. Mai 2006, öBGBl. I Nr. 75/2006.

493 Bundesgesetz über den Ausschluss von Minderheitsgesellschaftern vom 20. Mai 2006, öBGBl. I Nr. 75/2006.

494 §§ 1 I, II, 4 I GesAusG.

Abweichend von diesen Grundsätzen sieht § 7 GesAusG[495] in enger Anlehnung an Art. 15 ÜbRL vor, dass im Anschluss an ein öffentliches Übernahmegebot die stimmberechtigte Aktionärsminderheit ausgeschlossen werden kann, wenn dem Hauptgesellschafter 90% des stimmberechtigten Kapitals gehören. Die Vorzugsaktionäre können ausgeschlossen werden, wenn der Hauptgesellschafter 90% des gesamten Grundkapitals hält. Abweichend von den §§ 39a, 39b WpÜG muss aber auch im Fall des „übernahmerechtlichen Gesellschafterausschlusses" die Hauptversammlung über den Ausschluss befinden. Nehmen mindestens 90% der durch das Angebot betroffenen Aktionäre dieses an, wird vermutet, dass die höchste im Rahmen des Angebots gezahlte Gegenleistung angemessen ist (§ 7 III GesAusG). Bei Berechnung der Annahmequote sind außerhalb des Angebots parallel getätigte bilaterale Transaktionen mit einzubeziehen (§ 7 III 2 GesAusG)[496]. Aus der Gesetzesbegründung ergibt sich ausdrücklich, dass es sich hierbei um eine widerlegliche Vermutung handeln soll[497]. Als Widerlegungsgründe werden in den Materialien beispielsweise manipulative Beeinflussung durch Transaktionen von mit dem Bieter gemeinsam vorgehenden Rechtsträgern sowie die Herbeiführung der Annahmeentscheidung durch unrichtige oder unvollständige Informationen genannt[498]. Außerdem kann nach verbreiteter Auffassung die Angemessenheitsvermutung bei äußerst geringem Angebotsvolumen widerlegt werden[499]. Wird die Vermutung widerlegt, ist eine gesonderte Bewertung des Unternehmens erforderlich[500].

---

495 § 7 GesAusG lautet wie folgt: „(1) Hat der Hauptgesellschafter seine Beteiligung durch ein Übernahmeangebot im Sinn des ÜbG erworben oder erweitert und war das Übernahmeangebot auf Erwerb aller Aktien der Zielgesellschaft gerichtet, so ist der Ausschluss der Minderheitsaktionäre nach Maßgabe der folgenden Bestimmungen zulässig, wenn die Hauptversammlung den Beschluss über den Ausschluss der Minderheitsaktionäre innerhalb von drei Monaten nach Ablauf der Angebotsfrist fasst. Die Satzung kann von diesen Bestimmungen nicht abweichen.(2) Hauptgesellschafter ist, wem Aktien an der Zielgesellschaft im Ausmaß von mindestens 90 vom Hundert des gesamten stimmberechtigten Grundkapitals der Aktiengesellschaft und 90 vom Hundert ihrer Stimmrechte gehören; für die Berechnung gilt § 1 Abs. 3 sinngemäß. Das Ausschlussrecht erstreckt sich nur auf die übrigen stimmberechtigten Aktien. Hält der Hauptgesellschafter zusätzlich 90 vom Hundert des gesamten Grundkapitals, so kann die Hauptversammlung auch die Übertragung der stimmrechtslosen Vorzugsaktien auf den Hauptgesellschafter beschließen. Haben mehrere Bieter gemeinsam ein Angebot abgegeben, so ist auf ihre gemeinsame Beteiligung abzustellen; enthält die Angebotsunterlage keine abweichende Angaben zur Aufteilung der Aktien, so werden den Bietern die Aktien zu gleichen Teilen übertragen. (3) Eine Barabfindung unter dem Wert der höchsten Gegenleistung des Übernahmeangebots ist jedenfalls nicht angemessen. Hat der Bieter im Rahmen des Übernahmeangebots oder in Zusammenhang mit dem Übernahmeangebot mehr als 90 vom Hundert der durch das Angebot betroffenen Aktien erworben, so wird vermutet, dass eine Barabfindung in Höhe des Werts der höchsten Gegenleistung angemessen ist. Die Berechnung ist für jede Aktiengattung getrennt vorzunehmen. § 16 Abs. 7 ÜbG gilt sinngemäß."

496 *Kalss/Zollner*, § 7 GesAusG, Rn. 35.

497 Regierungsvorlage, Materialien 1334 der Beilagen XXII. GP, S. 32 zu § 7 GesAusG; *Althuber/Krüger*, AG 2007, 194, 199.

498 Regierungsvorlage, Materialien 1334 der Beilagen XXII. GP, S. 32 zu § 7 GesAusG; *Kalss/Zollner*, § 7 GesAusG, Rn. 36.

499 *Gall/Winner*, M&A-Rev 2007, 213, 218.

500 *Gall/Winner*, M&A-Rev 2007, 213, 218.

cc) Frankreich

Frankreich hat sein bestehendes System von Ausschlussvorschriften (*retraites obligatoires*) erweitert, um den Vorgaben der Übernahmerichtlinie gerecht zu werden. Die Art. L433-4 (1) und (2) des *Code Monetaire et Financier* (CMF), die grob den §§ 327a ff. AktG ähneln, wurden um zwei Absätze erweitert, die Vorschriften enthalten, die einen Ausschluss im Anschluss an ein Übernahmeangebot ermöglichen. Entsprechend der bereits vorhandenen Regelungen setzen die Art. L433-4 (3) und (4) CMF aber nur die Rahmenbedingungen, während die materielle Ausgestaltung der AMF (*Autorité des Marchés Financiers*), also der Aufsichtsbehörde über die Kapitalmärkte, obliegt[501]. Daraus ist ein relativ kompliziertes Geflecht an Normen und Verweisungsvorschriften entstanden, wobei durch die Umsetzung der Übernahmerichtlinie nicht nur ein „übernahmerechtlicher" Squeeze-Out eingeführt wurde, sondern auch ein Ausschlussinstitut im Anschluss an ein sog. *offre public de retrait*, das etwa eine Mischung aus Squeeze-Out- und Sell-Out-Recht darstellt. Im Folgenden wird wegen der hier vorrangig maßgeblichen Frage der Angemessenheitsvermutung aber nur der „übernahmerechtliche" Ausschluss behandelt. Die diesen betreffenden Regelungen finden sich in den Art. 237-14 – 237-19 des zweiten Buches der *Règlement Général de l'Autorité des Marchès Financiers* (RegAMF). In Verbindung mit den Art. L433-4 (3) und (4) CMF ergibt sich daraus, dass ein Bieter, der im Anschluss an ein öffentliches Übernahmeangebot mindestens 95% des stimmberechtigten Kapitals hält, die verbleibenden Aktionäre auffordern kann, ihre Aktien auf ihn zu übertragen. Die Abfindung entspricht gemäß Art. L433-4 (3) CMF der Höhe nach der Gegenleistung, die im vorausgehenden Übernahmeangebot gezahlt wurde.

Dabei ist Folgendes bemerkenswert: Erstens hat Frankreich die Differenzierung des Art. 15 V ÜbRL ausgegeben und erweitert die Angemessenheitsvermutung auf alle Arten von Übernahmeangeboten, wobei festzuhalten ist, dass es im französischen Recht keine direkte Entsprechung zu § 29 ff. WpÜG gibt. Dies hat dazu geführt, dass die Gegenleistung des vorausgehenden Übernahmeangebots nun auch ohne Markttest bzw. Annahmequote als angemessene Abfindung gilt. Hierbei ist zweitens bemerkenswert, dass der Wortlaut des Gesetzes[502] (*est égale*) zunächst darauf hindeutet, dass es sich um eine unwiderlegliche Vermutung handelt. Dies ist aber nicht der Fall, da die AMF gemäß Art. 237-16 RegAMF die Abfindung überprüft und bei zu geringer Abfindung den Antrag des Bieters auf Ausschluss der übrigen Aktionäre abweisen kann. Die Höhe der Abfindung ist gemäß Art. 433-4 (2) CMF und Art. 237-16 (2) RegAMF an einer dem deutschen Ertragswertverfahren ähnlichen Unternehmensbewertung zu überprüfen. Außerdem steht es den Minderheitsaktionären frei, die Abfindung durch einen oder mehrere unabhängige Sachverständige überprüfen zu lassen (Art. 261-1 RegAMF). Im Kern handelt es sich somit um eine widerlegliche Angemessenheitsvermutung. Bezüglich des Ausschlussverfahrens bestimmt Art. 237-15 RegAMF zu-

---

[501] Dort Art.237-1 ff. RegAMF.

[502] Die betreffende Stelle in Art. 433-4 (3) CMF lautet: *„l'indemnisation est égale, par titre, au prix proposé lors de la dernière offre"*.

nächst, dass der Squeeze-Out nur zulässig ist, wenn der Bieter sich sein Recht in der Angebotsunterlage ausdrücklich vorbehalten hat. Der Bieter hat daraufhin zusammen mit der AMF ein Datum zu bestimmen, an dem der Ausschluss stattfinden soll. Dazu hat der Bieter eine entsprechende Meldung zu veröffentlichen, die das Ausschlussverlangen, die Höhe der Abfindung und den Stichtag des Ausschlusses bezeichnet (Art. 237-17 f. RegAMF). Am Stichtag werden die Aktien der Minderheitsaktionäre durch die verbuchenden Kreditinstitute auf den Bieter übertragen; der Bieter überweist den Abfindungsbetrag auf ein ausschließlich dafür vorgesehenes Konto, das zur Befriedigung der Abfindungsansprüche der übrigen Aktionäre eingerichtet wurde.

dd) Spanien

Spanien hat einen überaus interessanten, aber ungewöhnlichen Weg zur Umsetzung der Vorgaben der Übernahmerichtlinie gewählt, der den Anwendungsbereich des Squeeze-Out stark einschränkt. Mit königlichem Erlass (*real decreto no. 1066/2007*) vom 27. Juli 2007 erhielt ein vollständiges überarbeitetes Übernahmerecht Einzug in das spanische Recht[503]. Gemäß dessen Art. 47 (1) kann ein Bieter verlangen, dass ihm die übrigen Aktionäre im Anschluss an sein öffentliches Angebot ihre Anteile verkaufen, wenn er 90% der stimmrechtsvermittelnden Aktien der Zielgesellschaft hält. Außerdem –hierin liegt die Abweichung der spanischen Regelung gegenüber denen der übrigen Mitgliedstaaten– kann der Bieter den Squeeze-Out nur durchführen, wenn 90% des vom Angebot betroffenen Kapitals das Angebot angenommen haben, Art. 47 (1) b). Die Angemessenheitsvermutung aus Art. 15 V Unterabs. 2, 3 ÜbRL wird somit Tatbestandsvoraussetzung für den Ausschluss der Minderheitsaktionäre. Ob eine solche Umsetzung europarechtlich zulässig ist, soll an in dieser Arbeit nicht beurteilt werden. Gemäß Art. 47 (3) wird bei Vorliegen dieser Voraussetzungen die im Übernahmeangebot gezahlte Gegenleistung als angemessene Abfindung angesehen. Die Differenzierung in der Richtlinie, die zwischen einer widerleglichen Angemessenheitsvermutung im Fall eines freiwilligen Übernahmeangebots („*se presumirá*") und einer unwiderleglichen Vermutung im Fall eines Pflichtangebots („*se considerará*") ausging[504], wurde damit aufgegeben, eine Unterscheidung der beiden Angebotsarten findet nicht mehr statt. Dies ist konsequent, da auch das spanische Recht, ähnlich dem deutschen Preisvorschriften in beiden Fällen nach den gleichen Regeln bemisst (Art. 9). Da auch die offizielle Gesetzesbegründung keine weiteren Ausführungen zur Vermutungsregelung macht[505], ist davon auszugehen, dass das spanische Recht eine unwiderlegliche Angemessenheitsvermutung vorsieht.

Zusätzlich wird der Anwendungsbereich des Squeeze-Out dadurch eingeschränkt, dass der Bieter sich das Recht zum Squeeze-Out in der Angebotsunterlage zwingend

---

503 Mit diesem Erlass wurde ein *real decreto* aus dem Jahre 1991 außer Kraft gesetzt (*rd 1197/1991 de 26 de julio 1991 sobre régimen de las ofertas públicas de adquisición de valores*).

504 Zur spanischen Richtlinienfassung oben S. 76.

505 Vgl. deren S. 6; die Begründung ist abrufbar im Internet unter der Adresse http://rdmf.files.wordpress.com/2007/07/dictamen-consejo-de-estado-1505-2007-sobre-real-decreto-de-opas.pdf.

vorbehalten muss; andernfalls ist er nicht zum Ausschluss berechtigt (Art. 48 (2)). Der Bieter muss die Annahmequote seines Angebots mitteilen und innerhalb von drei Tagen die nationale Börsenkommission (*Comisión Nacional del Mercado de Valores*) davon unterrichten, ob die Ausschlussvoraussetzungen erreicht sind, Art. 48 (3). Danach hat er der Kommission innerhalb der Drei-Monatsfrist des Art. 48 (1) mitzuteilen, ob er von seinem Ausschlussrecht Gebrauch machen will (Art. 48 (4)). Er muss nach Veröffentlichung seines Vorhabens durch die Kommission innerhalb von 15 bis 20 Tagen ein verbindliches Datum festsetzen, an dem die Aktien der übrigen Aktionäre auf ihn übergehen sollen. Die Aktionäre können dann durch ihre Banken die Art der Abfindung wählen, wobei eine Geldleistung immer möglich sein muss, Art. 48 (5). Der Bieter, der zuvor eine Bankgarantie zur Besicherung der Abfindungsansprüche hinterlegen muss, hat die Abfindung Zug-um-Zug gegen Verbuchung der Anteile an die Banken zu zahlen. Weitere Verfahrensregeln und –konditionen hat die nationale Börsenkommission festzusetzen, die zum Zeitpunkt der Abgabe der Arbeit aber noch nicht veröffentlicht waren.

Unter den gleichen Voraussetzungen steht den gemäß Art. 47 (1) Aktionären ein entsprechendes Sell-Out-Recht zu.

ee) Italien

Der Legislativakt (*decreto legilativo*), der die Vorgaben der Übernahmerichtlinie in italienisches Recht umsetzt, hat die Gesetzgebungsverfahren durchlaufen, ist aber noch nicht in Kraft getreten. Der *Consiglio die Ministri* hat den Erlass am 9. November 2007 endgültig beschlossen, so dass voraussichtlich Anfang Januar 2008 ein verändertes Übernahmerecht in Italien Gesetz wird, das viele Neuerungen bringt. Die Vorgaben des Art. 15 ÜbRL entsprechen hingegen weitgehend der bereits vorhandenen Regelung des Art. 111 *testo unico finanziario* (TUF[506]). Der neue Akt modifiziert dessen Abs. 1 und 2, die Rechtsfolgenregelung des Art. 111 III TUF bleibt unverändert erhalten. Art. 111 I TUF n.F. bestimmt, dass ein Bieter, dem 95% des stimmberechtigten Kapitals gehören und dem dadurch Stimmrechte in gleicher Höhe zustehen, von den übrigen Aktionären verlangen kann, dass diese ihm ihre Aktien verkaufen. Voraussetzung ist aber –ähnlich der spanischen und französischen Umsetzung–, dass der Bieter sich die Ausübung dieses Rechts ausdrücklich in der Angebotsunterlage vorbehalten hat. Der Bieter hat den Squeeze-Out innerhalb von drei Monaten nach Angebotsende auszuüben. Die ursprüngliche Regelung des Art. 111 I TUF a.F., die eine Beteiligung von 98% des stimmberechtigten Grundkapitals vorsah und den Squeeze-Out an eine Ausschlussfrist von vier Monaten knüpfte, wurde damit richtlinienkonform angepasst. Bezüglich der Preisregeln verweist Art. 111 II TUF n.F. auf die entsprechenden Regelungen zum Sell-Out in Art. 108 III-V TUF n.F.

---

506 *Testo Unico Finanziario – Leg. 58/1998* in der Fassung vom 28. Dezember 2005.

Diese Vorschriften bestimmen, dass die Abfindung im Fall eines Pflichtangebotes grundsätzlich als angemessen gilt, im Fall eines freiwilligen Übernahmeangebots nur dann, wenn der Bieter 90% des vom Angebot betroffenen Kapitals erreicht. Italien differenziert damit zwar im Gegensatz zu der spanischen Regelung und eng an der Richtlinie zwischen den beiden Angebotsarten, trifft aber im Rahmen der Angemessenheitsvermutung keine Unterscheidung zwischen widerleglicher und unwiderleglicher Vermutung. Dies war zu erwarten, weil der Wortlaut der italienischen Richtlinienfassung als einziger sowohl bei einem Übernahme- als auch bei einem Pflichtangebot von einer unwiderleglichen Vermutung ausgeht („*da considerare*"). Die Umsetzung in das *decreto legislativo* erfolgte daher offenbar als unwiderlegliche Vermutung[507]. Andererseits verwendet Art. 108 TUF eine der französischen Umsetzung entsprechende Wortwahl („è pari" – „est égale"); es ist daher nicht auszuschließen, dass die italienischen Regelungen ebenso wie die französischen trotz des Wortlauts von einer widerleglichen Vermutung ausgehen. Die im öffentlichen Übernahmeangebot offerierte Gegenleistung gilt damit als angemessene Abfindung, wenn der Bieter –im Fall eines freiwilligen Übernahmeangebots– die entsprechende Annahmequote erreicht.

Erreicht der Bieter nach einem freiwilligen Übernahmeangebot die erforderliche Annahmequote nicht, hat die italienische Börsenaufsichtsbehörde (*Commissione Nazionale per le Società e la Borsa* – CONSOB) gemäß Art. 108 IV TUF n.F. den Preis festzusetzen. Dies erfolgt unter Berücksichtigung des Börsenkurses der Zielgesellschaft des letzten halben Jahres. Hinsichtlich der Preisbestimmung in diesem Fall und dem Ausschlussverfahren werden der CONSOB weitgehende Regelungsbefugnisse eingeräumt, von denen sie aber bisher noch keinen Gebrauch gemacht hat. Angesichts der aufsichtsrechtlichen Anordnungen zu Art. 111 TUF a.F. kann aber davon ausgegangen werden, dass die CONSOB ein detailliertes Regelungswerk vorlegen wird, in dessen Rahmen auch auf die noch unklare Behandlung der Vermutungsregelung eingegangen werden wird.

ff) Niederlande

Die Niederlande haben die Übernahmerichtlinie erst zum 28. Oktober 2007 vollständig umgesetzt[508]. Ähnlich dem deutschen Recht bestand schon zuvor ein „aktienrechtlicher" Squeeze-Out in Art. 92a des *Burgerlijk Wetboek* (Bürgerliches Gesetzbuch),

---

[507] Art. 108 III TUF n.F. lautet: "Nell'ipotesi di cui al comma 1, nonché nei casi di cui al comma 2 in cui la partecipazione ivi indicata sia raggiunta esclusivamente a seguito di offerta pubblica totalitaria, il corrispettivo è pari a quello dell'offerta pubblica totalitaria precedente, sempre che, in caso di offerta volontaria, l'offerente abbia acquistato a seguito dell'offerta stessa, titoli che rappresentano non meno del novanta per cento del capitale con diritto di voto compreso".

[508] Gesetz zur Umsetzung der Richtlinie 2004/25/EG vom 24. Mai 2007 - Uitvoering van richtlijn nr. 2004/25/EG van het Europees Parlement en de Raad van de Europese Unie van 21 april 2004 betreffende het openbaar overnamebod, abrufbar im Internet unter der Adresse http://www.jwb.nl/wa/download.asp? wid=115&wsid=2053.

dessen zweites Buch (*BW2*) Vorschriften zu juristischen Personen enthält. Dieser Squeeze-Out ist ähnlich den §§ 327a ff. AktG nicht an ein Übernahmeangebot geknüpft und erlaubt es dem Hauptaktionär mit einer Beteiligung von 95% des Grundkapitals, durch Antrag bei dem zuständigen Gericht die übrigen Aktionäre aus einer Aktiengesellschaft (*Naamloze vennootschap*) auszuschließen. Der neue „übernahmerechtliche" Squeeze-Out wurde in einem neuen Abschnitt 8a als Art. 359c eingefügt. Dieser bestimmt, dass der Bieter die übrigen Aktionäre ausschließen kann, wenn er 95% des Grundkapitals[509] und 95% der Stimmrechte selbst oder durch Zurechnung hält (Abs. 1). Sind verschiedene Aktiengattungen ausgegeben, kann der Ausschluss nur in der Gattung erfolgen, in der der Bieter die Schwellenwerte des 359c I BW2 erreicht (Abs. 2). Das Verfahren kann durch Antrag bei der *ondernemingskamer* (Handelskammer) des Gerichtshofs in Amsterdam eingeleitet werden (Abs. 4), allerdings nur innerhalb einer Frist von drei Monaten nach Ablauf der Angebotsfrist (Abs. 3).

In Umsetzung des Art. 15 V ÜbRL bestimmen die Sätze 2 und 3 des Art. 359c VI BW2, dass nach einem Übernahmeangebot die im Angebot offerierte Gegenleistung als angemessen gilt, wenn der Bieter eine Annahmequote von mindestens 90% des vom Angebot betroffenen Kapitals erreicht. Nach einem Pflichtangebot gilt die Abfindung als angemessen, ohne diese Vermutung an eine Annahmequote zu knüpfen. Damit folgt die niederländische Umsetzung eng den Vorgaben der Übernahmerichtlinie, die hinsichtlich der Vermutungsregelung ebenfalls zwischen Übernahme- und Pflichtangebot unterscheidet. Dabei sind zwei Punkte bemerkenswert: Erstens werden nicht die in der Übernahmerichtlinie verwendeten Begriffe benutzt (*wordt verweezen / wordt aangenomen*)[510] um eine Differenzierung zwischen den Angebotsarten deutlich zu machen. Vielmehr wird für beide Fälle das Wort *achten* (*wordt geacht*) gebraucht. Daraus folgt zweitens, dass nicht unmittelbar aus dem Gesetzeswortlaut ersichtlich ist, ob es sich um eine widerlegliche oder eine unwiderlegliche Vermutung handeln soll. Aufschluss gibt aber die Gesetzesbegründung: Dort heißt es, dass das Eingreifen der Vermutungsregelung in beiden Fällen eine (nur) widerleglichen Vermutung zur Folge haben soll[511]. Die Minderheitsaktionäre können die Vermutung durch Vorbringen vor der über den Ausschluss befindenden *ondernemingskamer* die Vermutungen entkräften. Werden die Vermutungen widerlegt oder wird die erforderliche Annahmequote im Fall eines Übernahmeangebots nicht erreicht, bestimmt die Kammer eine angemessene Abfindung (Art. 359c VI 1 BW2). Dazu wird der Wert der Aktien von einem bzw. drei Sachverständigen im Wege einer Unternehmensbewertung bestimmt (Art. 359c VI 4f. BW2), die sich nach allgemeinen Regeln richtet (Art. 350f. BW2).

---

509 Es wird also abweichend von Art. 15 II 2 a) ÜbRL nicht an das stimmberechtigte Grundkapital, sondern an das gesamte Grundkapital angeknüpft.

510 Zur niederländischen Richtlinienfassung oben S. 76.

511 „Het betreft hier een weerlegbaar vermoeden" – Dies betrifft hier eine widerlegliche Vermutung; vgl. Begründung S. 48, abrufbar im Internet auf den Seiten des niederländischen Finanzministeriums unter http://www.minfin.nl/binaries/minfin/assets/doc/dossiers/financi-le-markten/overname-richtlijn-mvt.doc.

gg) Dänemark

Dänemark hat den übernahmerechtlichen Squeeze-Out in das bereits bestehende System aus Squeeze-Out- und Sell-Out-Vorschriften (Sec. 20b – 20d) im Aktiengesetz (*lov om aktieselskaber* - LA) in eine neue Sec. 20e eingefügt. Die neue Vorschrift beschränkt sich zu großen Teilen darauf, die Vorgaben der Übernahmerichtlinie zu übernehmen und verweist zu Fragen des Ausschlussverfahrens auf die bereits bestehenden Vorschriften. Danach kann ein Bieter, der 90% des stimmberechtigten Kapitals und gleichzeitig 90% der Stimmrechte hält, den Vorstand der Gesellschaft von seinem Ausschlussverlangen unterrichten, worauf folgendes Verfahren in Gang gesetzt wird, das in Europa einzigartig ist (Sec. 20e LA i.V.m. 20c LA):

Die übrigen Aktionäre werden über das Ausschlussverlangen sowie die zu leistende Abfindung und deren Berechnung informiert, wobei die Mitteilungsform derjenigen zu entsprechen hat, die zur Einberufung einer Hauptversammlung erforderlich ist (Sec. 20c § 1 LA i.V.m. Sec. 20b § 1 LA). Diese Mitteilung enthält die Aufforderung, innerhalb von vier Wochen ihre Anteile auf den Bieter zu übertragen. Werden auf diesem Wege nicht alle Aktien eingereicht, hat der Bieter seine Aufforderung im ersten Dänischen Amtsblatt (*Statstidende*) des folgenden Quartals zu wiederholen und den Aktionären eine Frist von mindestens sechs Monaten zur Übertragung ihrer Aktien einzuräumen (Sec. 20c § 1 LA). Gibt es auch dann noch Anteile, die nicht dem Bieter gehören, hat er eine Abfindung in entsprechender Höhe zu hinterlegen, woraufhin die Aktien der verbleibenden Minderheitsaktionäre für kraftlos erklärt werden (Sec. 20c § 4 LA). Die Höhe der Abfindung entspricht grundsätzlich der im vorausgehenden öffentlichen Angebot gezahlten Gegenleistung. Halten die Aktionäre die Abfindung aber für zu niedrig, können sie diese durch unabhängige Experten überprüfen lassen; wird bei dieser Überprüfung die Abfindung erhöht, gilt der erhöhte Betrag für alle Aktionäre, so dass bereits abgefundene Aktionäre einen Nachzahlungsanspruch haben (Sec. 20e § 3 i.V.m. Sec. 20b § 3 LA). Der Bieter muss den Ausschluss innerhalb von drei Monaten nach Ende des Angebotsverfahrens verlangen (Sec. 20e § 5 LA).

hh) Finnland

Die Umsetzung der Übernahmerichtlinie selbst hat nur wenige Änderungen am finnischen Aktiengesellschaftsgesetz[512] (*Osakeyhtiölaki* - OYL) erforderlich gemacht, insbesondere weil bei den mehrjährigen Vorbereitungen zur Reform dieses Regelwerkes die zu erwartenden Vorgaben der Übernahmerichtlinie bereits einbezogen wurden. Das reformierte Recht ist zum 1. September 2006 in Kraft getreten.

---

[512] Das finnische Aktiengesetz (Osakeyhtiölaki) unterscheidet zwischen privaten Aktiengesellschaften („Oy") und öffentlichen Aktiengesellschaften („Oyj"), wobei nur Wertpapiere einer öffentlichen Aktiengesellschaft im öffentlichen Handel sein können. Die private Aktiengesellschaft ist die am weitesten verbreitete Form der Kapitalgesellschaft in Finnland. Im finnischen Recht gibt es keine einer deutschen GmbH vergleichbare Kapitalgesellschaft.

Gemäß Chap. 18 Sec. 1 OYL kann ein Mehrheitsaktionär den Ausschluss durchführen, wenn ihm mindestens 90% der Aktien und eine entsprechende Stimmrechtsmehrheit gehören. Unter diesen Voraussetzungen steht den Minderheitsaktionären auch ein Sell-Out-Recht zu. Zur Einleitung des Verfahrens muss der Mehrheitsaktionär dem Vorstand der Zielgesellschaft Mitteilung über das Erreichen der erforderlichen Beteiligungsmehrheit machen, wodurch der Vorstand verpflichtet wird, diese Information zu veröffentlichen (Chap. 18 Sec. 2 OYL). Die Abfindung bemisst sich grundsätzlich nach dem marktüblichen Preis für die Aktie im Zeitpunkt des Ausschlussverlangens (Chap. 18 Sec. 7 (1) OYL). Ist dem Ausschlussverlangen ein Pflichtangebot vorausgegangen, bestimmt sich die Höhe der Abfindung grundsätzlich nach der im Rahmen des Angebots gezahlten Gegenleistung; hat der Mehrheitsaktionär zuvor ein freiwilliges Übernahmeangebot abgegeben, gilt das Gleiche, wenn die Annahmequote des vom Angebot betroffenen Kapitals mindestens 90% betrug. In beiden Fällen können die Minderheitsaktionäre aber vorbringen, dass besondere Umstände vorgelegen haben, aufgrund derer die Gegenleistung des Angebots keine angemessene Abfindung darstellt (Chap. 18 Sec. 7 (2) und (3) OYL). Ist die Höhe der Abfindung streitig, können beide Parteien die zentrale Handelskammer anrufen, die unparteiische und unabhängige Schiedsrichter bestellt; die Schiedsrichter haben aus ihrer Mitte einen Vorsitzenden zu bestimmen (Chap. 18 Sec. 3 OYL).

Die Kosten für das Schiedsverfahren sind grundsätzlich von dem das Verfahren einleitenden Mehrheitsaktionär zu tragen, es sei denn, die Schiedsrichter gelangen zu der Überzeugung, dass die Kosten ganz oder zum Teil den Minderheitsaktionären aufzuerlegen sind (Chap. 18 Sec. 8 OYL). Die Minderheitsaktionäre können einen besonderen Vertreter wählen, der ihre Rechte gegenüber dem Schiedsgericht vertritt (Chap. 18 Sec. 5 OYL). Nachdem die Schiedsrichter die Höhe der Abfindung festgelegt und ihr Schiedsgutachten vorgelegt haben, können sowohl der Mehrheitsaktionär als auch die Minderheitsaktionäre Berufung zum zuständigen *käräjäoikeus* (entspricht einem deutschen Landgericht) einlegen, um die festgesetzte Höhe der Abfindung überprüfen zu lassen (Chap. 18 Sec. 10 (1) OYL). Die Entscheidung des Landgerichts kann mit der Revision zum obersten Gerichtshof, dem *korkein oikeus*, angegriffen werden (Chap. 18 Sec. 10 (2) OYL).

ii) Schweden

Schweden hat die Richtlinienvorgaben bereits zum 1. Januar 2006 umgesetzt und mit deren Implementierung eine vollständige Reform des *Aktiebolagslagen* (Aktiengesellschaftsgesetz)[513] von 1975 verbunden. Das Herausdrängen von Aktionärsminderheiten aus einem *aktiebolag* war bis zur Reform an eine Regelung geknüpft, die starke Ähn-

[513] *Aktiebolagslagen*, myndighet Justitiedepartementet L1, utfärdad: 16.6.2005, SFS nr: 2005:551 (Aktiengesellschaftsgesetz, ausgefertigt vom Justizministerium, Abteilung L1, ausgefertigt am 16.6.2005, Vorhabennummer 2005:551); in Schweden gibt es nur eine Form der Kapitalgesellschaft, die *aktiebolag*; einen Überblick über die Reform gibt *Skog*, AG 2007, 238.

lichkeit mit der Eingliederung nach §§ 320 – 320b AktG aufwies[514]. Die neuen Regelungen ähneln in weiten Teilen dem finnischen Recht, sind aber weit weniger ausführlich. Nach dem reformierten schwedischen *Aktiebolagslagen* bestimmt Chap. 22 Sec. 1, § 1 AB, dass ein Hauptaktionär, der mehr als 90% des Grundkapitals hält, die Anteile der Minderheit aufkaufen kann, den Minderheitsaktionären aber ebenso ein Andienungsrecht unter gleichen Tatbestandsvoraussetzungen zusteht. Die Höhe des zu zahlenden Preises bestimmt Sec. 2, indem grundsätzlich auf den Börsenwert abgestellt wird. Abweichungen von dieser Preisbestimmung sind aber möglich, soweit besondere Umstände dies rechtfertigen. In diesem Fall haben die Aktionäre das Recht, einen Zwangsverkauf ihrer Anteile unter Verweis auf eine zu geringe Abfindung zu verweigern. Der Bieter muss den Vorstand der Zielgesellschaft dann dazu auffordern, drei Schiedsrichter zur Schlichtung zu berufen. Eine Sonderregelung ergibt sich ausweislich Chap. 22 Sec. 2, § 4 AB dann, wenn dem Squeeze-Out unmittelbar ein Übernahme- oder Pflichtangebot vorausgegangen ist. In diesem Fall soll die Abfindung dem im Angebot offerierten Preis entsprechen, wenn das Angebot von mindestens 90% des betroffenen Kapitals angenommen wurde. Dies gilt aber ausweislich des Gesetzestextes nur dann, wenn nicht besondere Umstände einen anderen Preis erforderlich machen. Auch bei Eingreifen der Vermutungsregelung haben die Aktionäre die Möglichkeit, ihre Abfindung durch ein Schiedsgericht überprüfen zu lassen (Chap. 22 Sec. 5, § 2, Nr. 2 AB). Die Minderheitsaktionäre haben einen Anspruch auf Verzinsung ihrer Abfindung ab Einleitung des Schiedsverfahrens (Chap. 22 Sec. 3 AB) und können für das Verfahren einen gemeinsamen Vertreter bestimmen, dem die Wahrnehmung ihrer gemeinsamen Rechte obliegen soll (Chap. 22 Sec. 8 ff. AB).

jj) Ergebnis zu anderen Umsetzungsakten

Die Vorgaben aus Art. 15 ÜbRL wurden auf unterschiedliche Weise umgesetzt. Ein einheitliches Bild von Squeeze-Out Verfahren in Europa gibt es damit nicht; das Ziel der Übernahmerichtlinie, ein Ausschlussverfahren unter bestimmten Voraussetzungen in allen europäischen Mitgliedstaaten zu gewährleisten, ist aber erreicht. Bezüglich der hier in Rede stehenden Frage der Umsetzung der Vermutungsregelung ergibt sich ein klares Bild: Die untersuchten Rechtsordnungen sehen vor, dass auch bei Eingreifen der Angemessenheitsvermutung eine Überprüfung gewährleistet werden muss, sei es durch eine nachträgliche gerichtliche Kontrolle oder im Wege einer Überprüfung durch Sachverständige. Einzig der Wortlaut der italienischen Vorschrift deutet darauf hin, dass es sich um eine unwiderlegliche Vermutung handeln könnte, wobei aber erstens die entscheidenden Regelungen der CONSOB noch nicht ausgearbeitet sind und zweitens die französische Vorschrift einen entsprechenden Wortlaut aufweist, aber von einer widerleglichen Vermutung ausgeht.

Festzuhalten bleibt, dass die Umsetzung der Übernahmerichtlinie durch die übrigen Mitgliedstaaten keine direkte Konsequenz auf das deutsche Recht und die Interpretati-

[514] *Skog*, AG 2007, 238, 241.

on des § 39a III 3 WpÜG hat. Sie bleibt aber aufschlussreich im Hinblick darauf, wie der europäische Gesetzgeber die Vermutungsregelung des Art. 15 V ÜbRL ausgestaltet wissen wollte und mag andeuten, dass die Vorstellung des deutschen Gesetzgebers, aufgrund eines europarechtlichen Zwanges eine unwiderlegliche Vermutung umsetzen zu müssen[515], nicht haltbar ist.

f) Zusammenfassung zur Umsetzung des § 39a III 3 WpÜG

Die Umsetzung der Richtlinienvorgaben aus Art. 15 V ÜbRL ist misslungen. Dem Gesetzgeber sind im Rahmen der Umsetzung handwerkliche Fehler unterlaufen, die im Ergebnis zur Verfassungswidrigkeit der Norm führen. Diese begannen mit der fehlerhaften Interpretation der Richtlinie, die bei genauer Analyse von einer widerleglichen Vermutung der Angemessenheit der Abfindung ausgeht. Auch wenn man zugunsten des Gesetzgebers davon ausgeht, dass er sich bewusst entgegen der Richtlinie, innerhalb des ihm tatsächlich zustehenden Umsetzungsspielraums, für eine unwiderlegliche Vermutung entschieden hat, ist ihm zumindest Fahrlässigkeit im Umgang mit den Vorgaben des BVerfG vorzuwerfen. Denn ihm hätte die Diskussion um § 327b I 3 AktG-E noch hinreichend bewusst gewesen sein müssen, um wie bei dieser Norm Abstand von einer ähnlichen Gestaltung zu nehmen. Exemplarisch für diesen Prozess können die Worte *Merkts* stehen, der in der Sachverständigenanhörung des Finanzausschusses[516] hinsichtlich der einer an einen Marktmechanismus geknüpften unwiderleglichen Vermutung Folgendes sagte:

„Aber ich glaube, wir könnten hier ruhig etwas mutiger sein und könnten sagen, bei dieser Regelung probieren wir etwas aus, wir testen das, wir sammeln Erfahrungen. Und wenn sich wirklich feststellen sollte, dass das in der Praxis nicht funktioniert, dann kann man immer noch zu § 327b AktG [517] zurückgehen".

Dem scheint der Gesetzgeber gefolgt zu sein. Er hat eine Regelung „ausprobiert", die zuvor schon vom Bundesrat und Teilen der Literatur als nicht vereinbar mit den Vorgaben des BVerfG erkannt worden war. Die hat zur Folge, dass die Regelung des § 39a III 3 WpÜG verfassungswidrig umgesetzt wurde, wenn man sie in der gleichen Weise auslegt, wie die Gesetzesbegründung es fordert. Es bleibt unverständlich, wieso sich der Gesetzgeber in Kenntnis der verfassungsrechtlichen Problematik auf verfassungsrechtlich derart dünnes Eis begeben hat[518]. Insgesamt zeigt sich, dass der Umset-

---

515 BT-Drs. 16/1003, S. 22.

516 *Merkt*, Wortprotokoll des Finanzausschusses vom 10.5.2006, Protokollnummer 16/16, S. 31, zu BT-Drs. 16/1003, S. 30 f.

517 Anmerkung: Gemeint ist § 327b AktG in der aktuellen Fassung.

518 Ob *Ekkenga* auch die §§ 39a f. WpÜG, die unter dem zeitlichen Druck der Umsetzungsfrist entstanden sind, angesichts der hier aufgezeigten handwerklichen Fehler als „Lamfalussy-getriebenes Wegwerfgesetz", das „handwerklich nicht belastbar ist", bezeichnen würde (so zur Umsetzung des § 31 II 1 WpHG, vgl. BB 2007, vor 1905, I) kann nicht beantwortet werden, soll als These aber in den Raum gestellt sein.

zungsbefehl der Richtlinie hinsichtlich der Angemessenheitsvermutung nur teilweise befolgt wurde und dennoch nicht im Einklang mit deutschem Verfassungsrecht steht.

g) Fazit: Neuinterpretation des § 39a III 3 WpÜG für die Praxis erforderlich

In der Praxis ist kurzfristig nicht davon auszugehen, dass der Gesetzgeber § 39a III 3 WpÜG verändern wird. Dennoch ist jedoch ein europa- und grundrechtskonformes Verständnis der Regelung als widerlegliche Vermutung dringend erforderlich, um dem Verdikt der Verfassungswidrigkeit zu entgehen und so den übernahmerechtlichen Squeeze-Out für die Praxis „wasserdicht" zu machen und auf diese Weise eine sichere Rechtslage bei Übernahmeverfahren zu erreichen. Hierzu reicht es aus, den Text der Vorschrift unverändert zu lassen, die Vermutungsregelung aber anders als vom Gesetzgeber gewollt zu interpretieren. Dass diese Auslegung nicht zu schwerwiegenden Nachteilen für das Verfahren führt, wurde bereits oben nachgewiesen[519]. Trotz der grundsätzlichen Befugnis des Gesetzgebers, auch eine unwiderlegliche Vermutung zu normieren, sind die erkennenden Gerichte wegen der europarechtlichen Pflicht zu einer richtliniengetreuen Umsetzung (Artt. 243 III, 10 EGV) befugt, auch gegen den ausdrücklichen Willen des historischen Gesetzgebers eine europarechts„nähere" Interpretation vorzunehmen[520]. Aber auch und insbesondere aus nationalen verfassungsrechtlichen Gesichtspunkten ist eine vom gesetzgeberischen Willen abweichende Auslegung zulässig[521]. Sie wäre darüber hinaus systemkonform und in ihrer Konsequenz unproblematisch umzusetzen.

III. Analyse der Folgekonstellationen und Bewertungsgrundsätze

Bei der verfassungsrechtlich gebotenen Annahme einer widerleglichen Vermutung sowohl nach einem Übernahme- als auch nach einem Pflichtangebot sind drei Folgekonstellationen möglich, deren Konsequenzen im Weiteren untersucht werden sollen: Wird die gemäß § 39a III 3 WpÜG erforderliche Annahmequote erreicht, kann erstens die angebotene Gegenleistung tatsächlich als angemessene Abfindung gelten, weil die Minderheitsaktionäre keine Einwendungen vortragen, oder ihnen ein substantiierter Vortrag nicht gelingt. Es kann zweitens der Fall eintreten, dass das Gericht nicht von der Angemessenheit der Gegenleistung überzeugt ist und somit die Vermutungsregelung des § 39a III 3 WpÜG widerlegt wird. Als dritte Möglichkeit kommt die –wohl häufige[522]– Situation in Betracht, dass die erforderliche Annahmequote nicht erreicht wird.

---

519 Vgl. oben, S. 114 ff.

520 Dazu insbesondere *Herrmann*, S. 128 ff.

521 *Heidel/Lochner* in: Heidel-HdbKMR, § 39a WpÜG, Rn. 65 unter Verweis auf RGZ 103, 177 ff., 328 ff. und *Säcker* in: MünchKommBGB, Einleitung Bd. 1, Rn. 35.

522 *Tretzmüller-Szauer*, AG-R 2006, R83; *Schüppen*, Wortprotokoll des Finanzausschusses vom 10.5.2006, Protokollnummer 16/16, S. 31.

1. Angemessenheitsvermutung wird nicht entkräftet

Gelingt es den Minderheitsaktionären bei Zweifeln über die Angemessenheit der Abfindung nicht, das Gericht von der Unangemessenheit der Abfindung zu überzeugen, entspricht die Abfindung dem Preis, der im vorausgehenden Übernahme- oder Pflichtangebot gezahlt wurde.

2. Angemessenheitsvermutung wird widerlegt

Wird eine ausreichende Annahmequote erreicht, aber die Angemessenheitsvermutung entkräftet, stellen sich mehrere Fragen, wie in diesem Fall vorzugehen ist.

a) Erhöhung der Angemessenheit oder Möglichkeit der Abweisung des Antrages?

Zunächst ist grundlegend zu fragen, ob das mit dem Squeeze-Out betraute Gericht überhaupt die Möglichkeit hat, eine Erhöhung der Abfindung vorzunehmen, sei es im Ausschlussverfahren selbst oder durch Verweisung des Streits in ein gesondertes Spruchverfahren. So wurde die Frage aufgeworfen, ob im Fall der tatsächlichen Unangemessenheit der Abfindung der Antrag des Bieters auf Ausschluss der übrigen Aktionäre nicht schlicht abzuweisen sei, wenn das Gericht zu einer entsprechenden Auffassung gelangt[523]. Davon abgesehen, dass die diesem Vorschlag zugrunde liegende Argumentation fragwürdig ist[524], wäre dem Bieter mit einer schlichten Abweisung des Antrages nicht gedient. Er müsste nämlich entweder von seinem Ziel, Alleinaktionär der Gesellschaft zu sein, Abstand nehmen, oder auf den aktienrechtlichen Squeeze-Out ausweichen[525]. Bei letzterer Variante besteht aber der spürbare Nachteil, Aufwand und Kosten für die Abhaltung der Hauptversammlung aufbringen zu müssen, um, wie im Ergebnis wie auch beim Verfahren nach den §§ 39a, 39b WpÜG, die Abfindung ge-

[523] *Santelmann* in: Steinmeyer/Häger, § 39a WpÜG, Rn. 33 ff.

[524] Die Begründung *Santelmanns* (§ 39a WpÜG, Rn. 33 ff.) bezieht sich zwar auf das Nichterreichen der Annahmequote, die Erwägungen treffen aber ebenso für den hier beschriebenen Fall zu, weil es um die Vorgehensweise geht, wenn die Vermutung aus § 39a III 3 WpÜG nicht eingreift: *Santelmann* schlägt vor, in diesem Fall auf die Mindestpreisvorschriften des vorausgehenden Angebots abzustellen (§ 31 WpÜG i.V.m. §§ 3 ff. WpÜGAngVO) und nur in besonderen Fällen, nämlich bei Illiquidität der Aktien (§§ 5 IV, 6 VI WpÜGAngVO) eine eigenständige Unternehmensbewertung zuzulassen. Dies ist aber deshalb nicht sinnvoll, weil sich schon der Preis des vorausgehenden öffentlichen Angebots an den zitierten Vorschriften orientieren muss, und eine Unterschreitung der im Angebot offerierten Gegenleistung im Rahmen einer angemessenen Abfindung in der Praxis kaum vorkommen wird. Insofern wird die zulässige Höhe der Angemessenheit wohl immer zumindest den Preisvorschriften der WpÜGAngVO entsprechen. Ist dies nicht der Fall, wird der Antrag schon aus diesen Gründen und nicht wegen einer behaupteten Unangemessenheit abgewiesen. Es ist darüber hinaus festzustellen, dass *Santelmann* keine Lösung für den (Regel)-Fall anbietet, in dem die Angemessenheitsvermutung nicht erreicht (oder wie hier: widerlegt) wurde und kein Fall der §§ 5 IV, 6 VI WpÜG-AngVO vorliegt.

[525] Dies scheint auch der Gesetzgeber für eine mögliche Lösung zu halten: BT-Drs. 16/1342, S. 7.

richtlich überprüfen lassen zu müssen. Die Erfahrung zeigt, dass praktisch alle Ausschlussverfahren nach den §§ 327a ff. AktG inzwischen mit Anfechtungsklagen blockiert werden[526]. Ein Umschwenken auf das aktienrechtliche Verfahren bei Nichterreichen der Annahmequote würde somit bei gleichem Ergebnis einen deutlich höheren Zeit- und Kostenaufwand mit sich bringen.

Aber auch die Konzeption des übernahmerechtlichen Ausschlussverfahrens lässt nicht darauf schließen, dass der Gesetzgeber von einer schlichten Abweisung des Antrages bei Unangemessenheit der Abfindung ausgeht. Im Gegensatz zu den §§ 327a ff. AktG, die die Höhe der zu zahlenden Abfindung an eine Unternehmensbewertung knüpfen, wird beim übernahmerechtlichen Squeeze-Out bereits durch die Höhe der im vorausgehenden Angebotsverfahren offerierten Gegenleistung eine faktische Untergrenze erreicht, die in der Praxis bei der Bemessung der Abfindungshöhe kaum unterschritten werden wird.. Der Gesetzgeber hat darauf Wert gelegt, dieses Verfahren als kapitalmarktrechtlich geprägten Annex direkt im Anschluss an ein Angebot nach dem WpÜG umzusetzen. Das Gesetz wurde dergestalt konzipiert, um dem Bieter die Möglichkeit zu geben, auf schnellem und effektivem Wege den Ausschluss der Minderheit durchführen zu können. Mit diesem gesetzgeberischen Ziel ist es aber schon aus prozessökonomischer Sicht nicht zu vereinbaren, den Ausschlussantrag des Bieters abzuweisen, ohne ihm die Gelegenheit zur Verbesserung der Abfindung auf Grundlage einer vorausgehenden Anteilsbewertung zu geben.

b) Unternehmensbewertung im Ausschlussverfahren oder Spruchverfahren?

Ergibt also der Interessenausgleich zwischen dem Bieter und den Minderheitsaktionären, dass das Ausschlussverfahren nicht einfach durch Zurückweisung des Antrages beendet werden darf, wenn die Angemessenheitsvermutung erfolgreich widerlegt wurde, stellt sich die Frage, wie weiter vorzugehen ist. Dabei stehen sich zwei Konzepte gegenüber: Einmal könnte eine Unternehmensbewertung innerhalb des Ausschlussverfahrens durchgeführt werden, durch die der Anteilswert der von den Aktionären gehaltenen Wertpapiere ermittelt werden kann. Zum anderen könnte den Aktionären, hielten sie weiterhin an ihren Einwänden gegen die Höhe der Abfindung fest, die Möglichkeit eröffnet werden, die Abfindungsrügen in einem gesonderten Spruchverfahren geltend zu machen und so die Höhe der Abfindung überprüfen zu lassen.

Vorgaben oder Hinweise, wie die Höhe der Abfindung in diesen Fällen zu bestimmen ist, bietet die Übernahmerichtlinie nicht. Bemerkenswert ist in diesem Zusammenhang aber, dass der Richtlinienvorschlag 2002 noch eine Regelung enthielt, die eine Unternehmensbewertung im Ausschlussverfahren vorsah. Art. 14 IV S. 2 ÜbRL 2002 lautete:

---

[526] *DAV*, Gutachten, S. 17, wonach „die Übertragungsbeschlüsse praktisch ohne Ausnahme" angegriffen werden; *Gehling/Heldt/Royé*, S. 32.f.: 96,1% im Jahr 2006, dazu auch *Jahn*, AG-R 2007, R486; eine andere Größenordnung (mehr als ein Viertel) belegt *Rathausky*, AG-R 2004, R24, allerdings im Rahmen einer sehr begrenzten Studie.

„In allen anderen Fällen [Anm.: wenn die Angemessenheitsvermutung nicht greift] *muss die Abfindung von einem unabhängigen Sachverständigen festgesetzt werden."*

Diese Regelung folgt dem Vorschlag der Winter-Kommission, die in ihrem Bericht empfahl[527]:

„In anderen Fällen (d.h. wenn keine Annahme im Umfang von 90% erreicht wird oder wenn kein obligatorisches Angebot gemacht wurde oder die Frist abgelaufen ist) empfiehlt die Gruppe, dass die anzubietende Gegenleistung von einem oder mehreren Sachverständigen festgelegt wird, die von einem Gericht oder der für das Übernahmeangebot zuständigen Aufsichtsbehörde benannt werden."

Auf eine entsprechende Regelung wurde in der ÜbRL verzichtet, um die Mitgliedstaaten Verfahrensfragen eigenständig und nach den Besonderheiten ihres nationalen Rechts regeln zu lassen. Der deutsche Gesetzgeber unterliegt bei der Festlegung einer angemessenen Abfindung –mit Ausnahme der Angemessenheitsvermutung- keinen europäischen Vorgaben.

Weder das Gesetz, noch die amtliche Begründung liefern aber Anhaltspunkte für den Willen des Gesetzgebers. Es kann nur als erstaunlich bezeichnet werden, das im gesamten Gesetzgebungsverfahren an keiner Stelle ausführlich über die Handhabung dieser Konstellation diskutiert und beraten wurde. Es hätte erwartet werden können, dass der Gesetzgeber die Beantwortung dieser „entscheidenden" und „schwierigen" Rechtsfrage[528] nicht zunächst der Literatur und den Gerichten überlassen wollte, zumal das Nichterreichen der Annahmequote wohl eher Regelfall denn Ausnahme sein dürfte[529]. Das Gesetz schweigt damit zur Regel und trifft in § 39a III 3 WpÜG (gezwungen durch Art. 15 V ÜbRL) nur Bestimmungen zu Sonderfällen. Allerdings findet sich in den Erläuterungen zum Ziel des Gesetzes[530] und in einer Gegenäußerung zu den Prüfbitten des Bundesrates[531] ein Hinweis seitens der Bundesregierung, eine Ü-

527 *Winter-Report*, S. 76, p. 66.

528 So der *DAV*, Gutachten, S. 15; *Deilmann* stellt in NZG 2007, 721, 724 fest, der Gesetzgeber sei „im Gesetzgebungsverfahren von zahlreichen Kommentatoren davor gewarnt worden, von einer entsprechenden Regelung abzusehen".

529 *Tretzmüller-Szauer*, AG-R 2006, R83; *Schüppen*, Wortprotokoll des Finanzausschusses vom 10.5.2006, Protokollnummer 16/16, S. 31.

530 BT-Drs. 16/1003, S. 14: „Durch das Antragsverfahren vor dem Landgericht Frankfurt am Main wird ein zügiger und kostengünstiger Ausschluss verbleibender Aktionäre ermöglicht. Langjährige gerichtliche Auseinandersetzungen im Spruch- oder Klageverfahren infolge der Anfechtung von Hauptversammlungsbeschlüssen werden hierdurch vermieden".

531 BT-Drs. 16/1342, S. 7: „Ein besonderes Verfahren zur Feststellung der angemessenen Gegenleistung für den Fall, dass die Angemessenheitsvermutung des § 39a Abs. 3 Satz 3 WpÜG-E nicht eingreift, ist nicht erforderlich. Der Ausschluss nach den §§ 39a und 39b WpÜG-E gewährt dem Bieter eine einfache und praktikable Möglichkeit des Ausschlusses der verbleibenden Aktionäre durch Gerichtsbeschluss. Dies wird von der Praxis ausdrücklich begrüßt. Der Bieter bedarf nicht der besonderen verfahrensrechtlichen Möglichkeiten, die ihm eine Anteilsübertragung nach einem Squeeze out nach den §§ 327a ff. des Aktiengesetzes erst ermöglichen. Das übernahmerechtliche Ausschlussverfahren verzichtet gerade auf einen Hauptversammlungsbeschluss, der mit der Folge

berprüfung der Angemessenheit im Spruchverfahren sei nicht erforderlich. Beide enthalten aber keine tragfähige Begründung, weil sie eine ungewollte Regelungslücke bei Verfehlen der Annahmequote (bzw. nach zutreffender Interpretation auch bei Widerlegung der Angemessenheitsvermutung) entstehen lassen:

An erstgenannter Stelle spricht die Bundesregierung lediglich davon, dass durch die Ausgestaltung des Gesetzes langjährige Spruchverfahren vermieden würden, ohne aber eine Lösung anzubieten, wie im Fall des Nichterreichens der Annahmequote vorzugehen ist. Es ist damit davon auszugehen, dass der Gesetzgeber schlicht übersehen hat, diesen Fall zu regeln. Insofern ist die amtliche Begründung kaum geeignet, den Willen des Gesetzgebers gegen ein Spruchverfahren zu belegen. In der Gegenäußerung zu den Prüfbitten des Bundesrates führt die Regierung aus, es bedürfe schon deswegen keines Spruchverfahrens, weil es im Gegensatz zu dem Verfahren nach den §§ 327a ff. AktG keinen Hauptversammlungsbeschluss und kein Freigabeverfahren gebe. Der übernahmerechtliche Squeeze-Out sei vielmehr eine einfache und praktikable Ausschlussmöglichkeit. Davon abgesehen, dass die konzeptionellen Unterschiede zum aktienrechtlichen Squeeze-Out (Hauptversammlungsbeschluss, entsprechend ein Freigabeverfahren) nicht geeignet sind, eine Aussage über ein mögliches Verfahren zur Überprüfung der Abfindung zu treffen, beantwortet der Gesetzgeber auch nicht, wie die Bestimmung einer angemessenen Abfindung bei Nichterreichen oder bei Widerlegung der erforderlichen Annahmequote zu behandeln ist. Vielmehr scheint er mit dem Hinweis auf die Schnelligkeit und Praktikabilität des Verfahrens davon auszugehen, dass die Angemessenheit in keinem Fall zu überprüfen sei. Dies kann aber, selbst wenn man von der Unwiderleglichkeit der Vermutung im Fall des § 39a III 3 WpÜG ausgehen wollte, nicht richtig sein, weil die Vermutungsregelung ausschließlich im Fall einer 90%igen Annahmequote greift. Insofern wird man dieser Äußerung des Gesetzgebers kein maßgebliches Gewicht zukommen lassen dürfen.

In der Literatur finden sich dazu Befürworter beider[532] Lösungen[533], ohne jedoch die Auffassungen näher zu begründen oder gar ein ausführliches Konzept vorzulegen.

einer Registersperre angefochten werden kann, so dass ein Freigabeverfahren und eine Überprüfung der Angemessenheit der Abfindung im Spruchverfahren erforderlich werden können. Zudem hat es der Bieter letztlich in der Hand, sein Angebot ausreichend attraktiv zu gestalten, so dass er in den Genuss der Angemessenheitsvermutung kommt.".

532 *Hopt/Mülbert/Kumpan*, AG 2005, 109, 117 i.V.m. 115 schlagen als dritten Weg vor, den Rechtsschutz differenzierend auszugestalten: Nach einem Übernahmeangebot sollen die Aktionäre die Möglichkeit haben, die Abfindung im Wege eines Spruchverfahrens überprüfen zu lassen; nach einem Pflichtangebot solle hingegen ein KapMuG-Verfahren stattfinden, da in diesem Fall „nicht der wahre innere Wert des Unternehmens ermittelt werden" solle (ibid., 115). Die Autoren wollen eine solche Überprüfung aber nur im Zusammenspiel mit einem neu einzuführenden System der Preisbildung bei Übernahme- und Pflichtangeboten einführen, das nicht weiter aufgegriffen wurde und nach hier vertretener Auffassung nicht erforderlich ist. Da das System der §§ 29 ff. WpÜG im Wesentlichen auch nach Umsetzung der ÜbRL unverändert geblieben ist, wird man den Vorschlag als obsolet betrachten dürfen. Er wird daher an dieser Stelle nicht weiter behandelt.

533 Für eine Unternehmensbewertung im Rahmen des Ausschlussverfahrens: *Deilmann*, NZG 2007, 721, 724; *DSW*, Gutachten, S. 9; *Paefgen*, WM 2007, 765, 770; unklar *Heidel/Lochner* in: Heidel-HdbKMR, § 39a WpÜG, Rn. 54f. (gegen ein Spruchverfahren), dann aber anders *Heidel*, Gutach-

Daher sollen im Folgenden beide Konzepte zunächst vorgestellt werden, um dann in einer Stellungnahme deren Vor- und Nachteile aufzuzeigen und einer Entscheidung zuzuführen.

aa) Eigenständige Unternehmensbewertung

Für eine verbindliche Feststellung der Abfindungshöhe im Ausschlussverfahren selbst wäre eine vollständige Unternehmensbewertung erforderlich. In diesem Fall würde die Bewertung erstmalig durchgeführt werden, weil eine Kontrolle durch die Aktionäre hinsichtlich der Angemessenheit der im Angebotsverfahren offerierten Gegenleistung mangels Drittbeteiligungsrecht nicht möglich ist[534]. Eine Unternehmensbewertung wäre jedenfalls von einem gerichtlich zu bestellenden Sachverständigen durchzuführen; die Beauftragung eines Prüfers durch den Bieter oder das Zielunternehmen ist schon deshalb nicht empfehlenswert, weil Untersuchungen ergeben haben, dass Vertragsprüfer regelmäßig einen geringeren Unternehmenswert errechnen als die später eingeholten Gerichtsgutachten[535]. Deshalb kann durch die gerichtliche Bestellung eines Prüfers von vornherein jeglicher Anschein der Parteilichkeit vermieden werden.

Hinsichtlich der konkreten Bewertung ist die Frage aufzuwerfen, welche Faktoren in die Bemessung der Abfindung einzufließen haben. Das Gesetz schreibt keine Bewertungsmethode zur Berechung der Abfindungshöhe vor. Grundsätzlich lässt sich auf die in der Praxis maßgeblichen Bewertungsregeln der „Grundsätze zur Durchführung von Unternehmensbewertungen (IDW S 1)“[536] zurückgreifen. Eine Unternehmensbewertung wird danach überwiegend im Wege des Ertragswertverfahrens durchgeführt. In der Bewertungspraxis wird daneben zunehmend auch die Discounted-Cash-Flow-Methode (DCF) eingesetzt[537]. Im Lichte des Gebots des BVerfG, dass der ausscheidende Aktionär immer mindestens den Gegenwert zu erhalten habe, den er bei einer autonomen Deinvestitionsentscheidung am freien Markt hätte erzielen können, ist neben diesen Ansätzen zur Bemessung der Abfindung auf den Börsenkurs abzustellen[538].

Dabei stellt sich im Gegensatz zum aktienrechtlichen Squeeze-Out bei den §§ 39a ff. WpÜG nicht das zurzeit vehement diskutierte Problem um die Bestimmung

ten, S. 21; für ein Spruchverfahren: *Bundesrat*, BR-Drs 154/06, S. 8 f.; *Austmann/Mennicke*, NZG 2004, 846, 851 und 854; *DAV*, Gutachten, S. 15 f.; *BDI*, Gutachten, S. 5; *Hasselbach*, ZGR 2005, 387, 413 und 415; *Simon*, Konzern 2006, 12, 17; *Schüppen*, BB 2006, 165, 168.

534 *Böckmann/Kießling*, DB 2007, 1796, 1801 mit Verweis auf *OLG Frankfurt a.M.*, DB 2003, 1372 (Pro Sieben), *OLG Frankfurt a.M.*, DB 2003, 1374 (Wella I) und *OLG Frankfurt a.M.*, DB 2003, 1782 (Wella II); *Noack* in: SchwarkKMRK, § 48 WpÜG, Rn. 11 ff.; *Möller* in: Assmann/Pötzsch/Schneider, § 48 WpÜG, Rn. 29; *Schüppen*, BB 2006, 165, 168.

535 *Büchel*, NZG 2003, 793, 801.

536 Hrsg.: Institut der Wirtschaftsprüfer e.V. i.d.F. vom 18.10.2005; wie hier *DAV*, Gutachten S. 15.

537 Grundlegend zu Bewertungsverfahren bei Squeeze-Outs *Mauerer*; vgl. auch *Grzimek* in: Geibel/Süßmann, § 327b AktG, Rn. 14 ff.

538 *BVerfG*E 100, 289 ff. (DAT/Altana).

des Referenzzeitraumes für den durchschnittlichen Kurswert[539]: Einzig sinnvoller Bewertungsstichtag ist der Tag der Antragsstellung des Ausschlussverlangens, denn nur auf diesen Tag kann sich die vom BVerfG zitierte Deinvestitionsentscheidung des Aktionärs beziehen. Um, wie vom BVerfG[540] und dem BGH[541] gefordert, starke Kursschwankungen und ungewöhnliche Veränderungen ausgleichen zu können, ist auch beim übernahmerechtlichen Squeeze-Out ein Referenzzeitraum zu bestimmen, der vom Bewertungsstichtag an rückwärts zu datieren ist und innerhalb dessen ein nach Börsenumsätzen gewichteter Durchschnittsbörsenkurs zu errechnen wäre. Hier böte sich ein Zeitraum von drei Monaten an, wobei sich dessen Dauer entweder der fachgerichtlich gefestigten Rechtsprechung zum Ausschluss von Minderheitsaktionären entnehmen oder systemimmanent aus den Vorschriften über die Gegenleistung von Übernahmeangeboten (insb. § 5 I WpÜG-AngVO) ableiten ließe. Zu beachten ist dabei nach ständiger Rechtsprechung, dass der errechnete Kurswert repräsentativ und nicht aufgrund von Manipulation oder anderen Umständen beeinflusst ist. Der Referenzkurs bildet dann die Untergrenze der zu bestimmenden angemessenen Abfindung, die ggf. um die Differenz zum Ergebnis der Ertragswertmethode erhöht wird.

Um die Unternehmensbewertung zu umgehen, wurde von *Austmann/Mennicke* vorgeschlagen, den Bieter die Höhe der Abfindung bestimmen zu lassen[542]. Doch dieser Vorschlag begegnet Bedenken.

Erstens spricht nichts für eine solche Auslegung: Soweit zustimmend angeführt wird, der Kommissionsvorschlag sehe im Gegensatz zu seiner ursprünglichen Fassung nicht mehr ausdrücklich vor, dass bei Nichterreichen der Annahmequote die Abfindung von einem Sachverständigen zu überprüfen sei, ist zu entgegnen, dass die Kommission ausdrücklich dem Vorschlag der Expertengruppen folgen wollte, die sich gegen eine Überprüfung durch den Bieter ausgesprochen hatte[543].

Zweitens lässt sich gegen den Vorschlag anführen, dass eine an den aktienrechtlichen Squeeze-Out-Vorschriften angelehnte Abfindungsfestsetzung durch den Bieter systemfremd wirkt, weil sich die Abfindungsbemessung im Übernahmerecht grundsätzlich am vorausgehenden öffentlichen Angebot und damit an den Vorgaben der §§ 3 ff. WpÜG-AngVO ausrichtet. Damit unterliegt die Abfindung strengen Bestimmungen wie der Berücksichtigung von Vorerwerben und der Orientierung des höchsten Börsenkurses auch an ausländischen Märkten. Der Bieter kann also im Hinblick

[539] Vgl. *BGH*, ZIP 2001, 734, 737, der ausführt, dass maßgebliche Bewertungsgrundlage der Durchschnittskurs der letzten drei Monate vor dem Tag der Hauptversammlung sei; abweichend *OLG Stuttgart*, BB 2007, 682; es bleibt abzuwarten, ob der *BGH* an seiner Linie festhalten wird, insbesondere, nachdem ihm immer mehr obergerichtliche Entscheidungen widersprechen und nun auch das *BVerfG* in BB 2007, 343, 345 geäußert hat, es „mögen auf der Ebene des einfachen Rechts sogar gute Gründe für die im Schrifttum geäußerte Ansicht sprechen".

[540] *BVerfG*E 100, 289, 309. (DAT/Altana).

[541] *BGH*, BB 2001, 1053, 1055.

[542] *Austmann/Mennicke*, NZG 2004, 846, 850.

[543] *Winter-Report*, S. 76, p. 66.

auf die Höhe der Abfindung im Vergleich zum Hauptaktionär beim aktienrechtlichen Squeeze-Out eine deutlich weniger autonome Entscheidung treffen.

Schließlich lässt sich aus praktischen Erwägungen anführen, dass dieser Vorschlag sowohl zeit- als auch kostenintensiv ist, denn regelmäßig werden die ausscheidenden Aktionäre geltend machen, die Abfindung sei zu niedrig. Die Möglichkeit der gerichtlichen Überprüfbarkeit ist schon aus verfassungsrechtlichen Gründen geboten, so dass im Verfahren jedenfalls eine Kontrolle der Abfindung durch einen gerichtlich zu bestellenden[544] Sachverständigen durchzuführen wäre[545]. Insofern wäre es verfahrensökonomischer, nach Antragstellung beim LG Frankfurt a.M. die Angemessenheit der im Rahmen des Angebots gewährten Gegenleistung gleich durch einen Sachverständigen prüfen zu lassen. In diesem Rahmen kann auf die oben genannten Bewertungskriterien zurückgegriffen werden, so dass „im Ergebnis kein Weg an der Ertragswertbetrachtung bei der Zielgesellschaft vorbeiführen wird“[546].

Abschließend sei noch einmal darauf verwiesen, dass auch an dieser Stelle sowohl die handwerklichen Fehler im Gesetzgebungsverfahren als auch der Reformbedarf des übernahmerechtlichen Squeeze-Out deutlich werden. Ein klärendes Wort des Gesetzgebers wäre dringend erforderlich.

Da bei Annahme einer eigenständigen Unternehmensbewertung über die Höhe der Abfindung nur im Ausschlussverfahren gestritten werden kann, wird man den Minderheitsaktionären zubilligen müssen, Gegengutachten in das Verfahren einzubringen. Dies hätte entsprechend auch in der Beschwerdeinstanz zu gelten, weil diese nicht auf die Beurteilung von Rechtsfragen beschränkt ist. Bewertungsfragen werden somit auch im Verfahren vor dem OLG eine Rolle spielen.

---

544 Eine Überprüfung durch einen vom Hauptaktionär bestimmten Sachverständigen würde erheblichen Zweifeln begegnen. Dazu sei verwiesen auf *Wackerbarth*, der zum Aufsatz von *Meilicke*, AG 2007, 261 Stellung nimmt: „Wenn der 2. Senat etwa meint, die Festlegung der Abfindung durch den Hauptaktionär (!) sei ohne Bedeutung, weil sie in einem zweiten Schritt von unabhängigen Prüfern (die freilich vom Hauptaktionär vorgeschlagen werden!) geprüft werde, so spricht aus dieser Aussage schon ein ganz erhebliches Maß an Naivität oder aber Unehrlichkeit: Wer zuerst sagen darf, um wie viel es gehen soll, setzt selbstverständlich einen Rahmen, von dem letztlich nur in gewissen Grenzen abgewichen werden wird. Und wer dem Gericht vom Hauptaktionär als Prüfer vorgeschlagen worden ist, wird letztlich doch sehr wohl wissen, wem er seinen Prüfungsauftrag verdankt (Wes Brot ich ess, usw., so auch zu Recht *Meilicke*, S. 265). Über diesen verfassungsrechtlich zweifelhaften Verstoß gegen das Gebot der Waffengleichheit hilft auch nicht der erstaunlich pauschale Hinweis des BGH hinweg, einzelne Missstände bei Wirtschaftsprüfern dürften nicht einen ganzen Berufsstand in Misskredit bringen.“ abrufbar im Internet unter der Adresse http://www.fernuni-hagen.de/REWI/BRU/blog/?p=44.

545 Das erkennen auch *Austmann/Mennicke* , NZG 2004, 846, 850 an.

546 *DAV*, Gutachten, S. 16.

bb) Spruchverfahren

Möglich ist auch eine Verlagerung des Streits über abfindungsrelevante Fragen in ein Spruchverfahren nach dem SpruchG. Damit würde am Verfahrensablauf und an den Verfahrensgrundsätzen zunächst nichts geändert. Erreicht der Bieter eine Annahmequote von mehr als 90% des vom Angebot betroffenen Kapitals, wird die Angemessenheitsvermutung des § 39a III 3 WpÜG ausgelöst mit der Folge, dass die Minderheitsaktionäre die Unangemessenheit der Abfindung darzulegen hätten. Werden keine derartigen Einwände erhoben oder gelingt es den Minderheitsaktionären nicht, das Gericht von der behaupteten Unangemessenheit zu überzeugen, hat das Gericht bei Vorliegen der weiteren Ausschlussvoraussetzungen dem Ausschlussantrag des Bieters stattzugeben.

Wird die Annahmequote verfehlt oder können die Minderheitsaktionäre substantiierte Einwendungen gegen die festgelegte Abfindungshöhe erheben, ist die Situation prinzipiell vergleichbar mit der im aktienrechtlichen Ausschlussverfahren. Zunächst ist festzustellen, dass es jedenfalls auch im Fall der Verlagerung des Streits in ein Spruchverfahren einer Unternehmensbewertung bedarf, um überhaupt eine Vorstellung über die Höhe der Abfindung und einen konkreten Wert zu erhalten. Wie oben bereits dargestellt, wäre es in diesem Fall nicht möglich, den Ausschlussantrag des Bieters zu den im Angebotsverfahren gewährten Konditionen schlicht „durchzuwinken" und die Minderheitsaktionäre zu dieser Abfindungshöhe zunächst auszuschließen, um *alle* Streitfragen zur Abfindung in ein Spruchverfahren zu verlagern. Ein solches Vorgehen würde die Differenzierung zwischen Fällen der Angemessenheitsvermutung des § 39a III 3 WpÜG und allen anderen Fällen aufheben. Der Sonderfall der Vermutung aus § 39a III 3 WpÜG würde damit zum Grundsatz erhoben, nur um die Angemessenheit in einem darauf folgenden Spruchverfahren zu erhöhen. Gegen die Möglichkeit, die Aktionäre stets zu den Konditionen des vorausgehenden öffentlichen Übernahmeangebots auszuschließen, um jegliche Bewertungsarbeiten in ein anschließendes Spruchverfahren zu verlagern, spricht auch der Wortlaut des § 39a III 1 WpÜG, der bestimmt, dass „*die Art* der Abfindung [...] der Gegenleistung des Übernahme- oder Pflichtangebots zu entsprechen" habe. Im Umkehrschluss kann die Höhe der Abfindung sich nicht stets an den Konditionen des öffentlichen Angebots orientieren.

Im Gegensatz zum zuvor beschriebenen Vorgehen der Unternehmensbewertung ausschließlich in einem Verfahren nach § 39b WpÜG besteht bei einer Koppelung zwischen erstmaliger Bewertung im Verfahren und der Verlagerung von Einwendungen, die gegen diese Bewertung vorgebracht werden, der Vorteil, dass das Gericht den vom sachverständigen Prüfer ermittelten Wert als angemessene Abfindung annehmen und auf Basis dieser Bewertung das Ausschlussverfahren durchführen kann. Halten die Minderheitsaktionäre die ermittelte Abfindung für zu niedrig, steht ihnen die Einleitung eines Spruchverfahrens offen, in dem sie die Abfindung überprüfen lassen können. Die Einführung von Gegengutachten oder Einwände gegen das vom sachverständigen Prüfer vorgelegte Gutachten wären damit nicht mehr zulässig. Ebenfalls nicht zulässig wäre es, Bewertungsfragen im Beschwerdeverfahren vor dem OLG zu behandeln.

Eine Anwendung des SpruchG beim übernahmerechtlichen Squeeze-Out ist möglich und begegnet keinen Bedenken[547]. Zwar nennt § 1 SpruchG, der den Anwendungsbereich des Gesetzes definiert, nicht ausdrücklich die Möglichkeit der Einleitung eines Spruchverfahrens für die §§ 39a, 39b WpÜG, dies aber auch nicht zwingend erforderlich, weil die Aufzählung in § 1 SpruchG nicht abschließend ist und Analogien ermöglicht, deren Anwendung aufgrund des weiten Rahmens unbedenklich sind[548]. Die für eine analoge Anwendung zunächst erforderliche vergleichbare Interessenlage besteht: Eine Vergleichbarkeit mit § 1 Nr. 3 SpruchG ist gegeben, weil bei einer anlogen Anwendung der Vorschrift im Rahmen des übernahmerechtlichen Ausschlussverfahrens ebenfalls Bewertungsrügen von Minderheitsaktionären nach einem Squeeze-Out erfasst würden. Eine daneben zu fordernde Regelungslücke besteht, weil trotz zahlreicher Hinweise aus der Literatur weder im Gesetz, noch im Gesetzgebungsverfahren ein Hinweis darauf gegeben wurde, wie mit der Bemessung der Abfindung umzugehen sei, wenn die Angemessenheitsquote nicht erreicht würde. Lediglich die Frage der Planwidrigkeit der Regelungslücke ist zu hinterfragen. Wie oben ausgeführt, wird man aber Äußerungen des Gesetzgebers, mit denen er die Einführung eines Spruchverfahrens verneint hat, insoweit kein großes Gewicht zukommen lassen dürfen, weil ihm seinerzeit offensichtlich nicht bewusst war, dass eine Regelungslücke in diesem Fall entstehen würde. Da es aber zur Bemessung der Abfindung einer Regelung bedarf, ist davon auszugehen, dass die entstehende Regelungslücke planwidrig ist.

Wenn nun die analoge Anwendbarkeit des SpruchG gesichert ist, stellt sich die Frage, ob es in spruchverfahrensrechtlicher Hinsicht Schwierigkeiten beim übernahmerechtlichen Squeeze-Out geben kann, die einer Anwendung im Wege stünden. Solche sind aber nicht ersichtlich. Im Gegenteil kann durch Rückgriff auf das bewährte Verfahrenskorsett des SpruchG und die zu § 1 Nr. 3 SpruchG geklärten Fragen eine umfassende Rechtssicherheit erreicht werden.

Als Anknüpfungspunkt für den Beginn der Drei-Monats-Frist des § 4 I SpruchG müsste parallel zur Regelung betreffend den aktienrechtlichen Squeeze-Out (§ 4 I 1 Nr. 3 SpruchG) der Tag sein, an dem das Ausschlussverfahren rechtskräftig abgeschlossen wurde. Eine ausführliche Erläuterung des Spruchverfahrens ist wegen der großen inhaltlichen Übereinstimmung der §§ 39a, 39b WpÜG mit den §§ 327a ff. AktG bei Bewertungsfragen nicht erforderlich und würde den gebotenen Rahmen dieser Arbeit überschreiten. Insofern wird auf die umfangreiche Literatur und Rechtspre-

---

547 Vgl. auch *Hasselbach*, ZGR 2005, 387, 413 und 415, insbesondere zu Fragen bei parallelen Spruchverfahren nach Squeeze-Out und Sell-Out.

548 Allgemeine Meinung: BT-Drs. 15/838, S. 16; *BGH*, Konzern 2003, 226 ff.; *BayObLG*, ZIP 2004, 1952, 1955; *Wasmann* in: KölnKommSpruchG, § 1 SpruchG, Rn. 1; *Simon* in: Simon, § 1 SpruchG, Rn. 1; *Büchel*, NZG 2003, 793, 794; *Bungert/Mennicke*, BB 2003, 2021, 2022.

chung zu diesem Thema verwiesen[549]. Eingegangen sei jedoch auf eine Frage, die als Argument gegen eine Anwendung des SpruchG beim übernahmerechtlichen Squeeze-Out geäußert wurde: *Heidel/Lochner* führen an, die „gesqueezten Aktionäre [seien] nur in sehr beschränktem Maße in der Lage, substantielle Einwendungen gegen die Höhe der ihnen beim übernahmerechtlichen Squeeze-Out oktroyierten Barabfindung vorzutragen“[550]. Insbesondere wegen der fehlenden Informationsgrundlagen sei es ihnen daher nicht möglich, innerhalb der Antragstellung gemäß § 4 II Nr. 4 SpruchG konkrete Einwendungen zu erheben.

Diese Bedenken können jedoch aus mehreren Gründen nicht durchgreifen: Zum einen steht ihnen die bereits im Ausschlussverfahren durchgeführte Unternehmensbewertung zur Verfügung. Insofern besteht kein Unterschied zu der Situation von Minderheitsaktionären, die nach §§ 327a ff. AktG ausgeschlossen worden sind. Zum anderen ist, wie *Heidel* früher selbst erkannt hat[551], das Spruchgericht wegen des § 17 I SpruchG und dessen Verweis auf die Grundsätze des FGG gehalten, bei fehlenden Informationsmöglichkeiten der Parteien von Amts wegen zu ermitteln. Zwar ist der Amtsermittlungsgrundsatz seit der Neufassung des SpruchG eingeschränkt worden, er erlangt aber immer noch dort Bedeutung zur Tatsachen- und Sachverhaltserforschung, wo Aktionäre Einwendungen erheben aber nicht belegen können[552]. Dies ist schon wegen des Verfahrensgrundsatzes der Billigkeit und Waffengleichheit zwischen den Parteien erforderlich[553]. In diesen Fällen muss das Gericht auf Hinweis der Anteilseigner selbst tätig werden. Schließlich sind die Minderheitsaktionäre, wie Praxiserfahrungen zeigen, nicht schutzlos gestellt; sie haben keine Probleme, den Anforderungen an die Beibringung konkreter Einwendungen zu genügen, und treten mit professioneller Unterstützung auf oder sind erfahrene Vertreter von Wertpapierschutzvereinigungen[554].

---

549 Zur Neuregelung des SpruchG: Überblick bei *Bungert/Mennicke*, BB 2003, 2021 und bei *Lamb/Schluck-Amend*, DB 2003, 1259; zu Verfahrensfragen *Winter/Nießen*, NZG 2007, 13; zu Bewertungsfragen *Wittgens/Redeke*, ZIP 2007, 2015; zum Spruchverfahren und Unternehmensbewertungen nach dem IDW ES 1 *Wasmann/Gayk*, BB 2005, 955; zum Rechtsschutz des Unternehmens *Linnerz*, ZIP 2007, 662.

550 *Heidel/Lochner* in Heidel-HdbKMR, § 39a WpÜG, Rn. 54.

551 *Meilicke/Heidel*, DB 2003, 2267, 2273.

552 *Emmerich* in: Emmerich/Habersack, KonzernR, § 10 SpruchG, Rn. 12; *Emmerich* in: Keller/Plassmann/v. Falck, S. 925, 932; *Vollrath* in: Widmann/Mayer, § 10 SpruchG, Rn. 4; *Winter/Nießen*, NZG 2007, 13, 15.

553 *Puszkajler* in: KölnKommSpruchG, Vorb. §§ 7 bis 11 SpruchG, Rn. 21; dazu auch *Winter* in: Simon, vor § 7 SpruchG, Rn. 12 ff.

554 Dazu *Büchel*, NZG 2003, 793, 796: *„In den Spruchverfahren treten, wie ein regelmäßiger Erfahrungsaustausch der damit befassten Richter bestätigt, quer durch die Bundesrepublik fast immer die gleichen Antragsteller und die gleichen Anwälte auf. Von ihnen kann erwartet und verlangt werden, dass sie die geforderte Begründung geben.*“.

cc) Stellungnahme

Wird die Annahmequote nicht erreicht, lässt sich nach hier vertretener Ansicht eine Unternehmensbewertung nicht vermeiden. Dies ist dadurch begründet, dass ein Ausschluss allein auf Basis der im Angebotsverfahren gezahlten Gegenleistung nicht möglich ist, weil sonst die klare Unterscheidung des Gesetzes zwischen dem Erreichen der Annahmequote und ihrem Verfehlen verwischt würde. Die Frage, die es zu beantworten gilt ist also, ob man den zu erwartenden nachfolgenden Streit über die Bewertung im eigentlichen Ausschlussverfahren nach § 39b WpÜG belassen sollte oder diesen – was wie gezeigt möglich ist– in ein gesondertes Spruchverfahren verlagert.

Der Gesetzgeber hat die Vorschriften der Übernahmerichtlinie mit dem Ziel umgesetzt, ein kapitalmarktrechtliches Ausschlussverfahren zu normieren, das im Gegensatz zu dem regelmäßig mit Anfechtungsklagen belasteten aktienrechtlichen Squeeze-Out im Anschluss an ein öffentliches Übernahmeangebot zügig abgeschlossen werden kann. Wo dies möglich ist, sollten die widerstreitenden Interessen beim Ausschlussverfahren in einer Weise in Einklang gebracht werden, dass dieses Ziel erreicht wird. Insofern macht es Sinn, abfindungsrelevante Streitigkeiten vom eigentlichen Ausschlussverfahren zu lösen und in ein Spruchverfahren zu übergeben. Dies ist gerade deswegen zu berücksichtigen, weil mit der –richtigen und zulässigen[555]– Entscheidung des Gesetzgebers, auf einen Hauptversammlungsbeschluss zu verzichten, die Gefahr der Verzögerung von Strukturmaßnahmen und unternehmerischen Entscheidungen durch (missbräuchliche) Anfechtungsklagen gebannt wurde. Dieser Zugewinn an Schnelligkeit sollte nicht durch jahrelange[556] Auseinandersetzungen über die Angemessenheit der Abfindung verzögert werden, die zur Folge hätten, dass der Squeeze-Out nicht rechtskräftig werden kann. Dies gilt insbesondere, weil durch die Auslagerung in ein Spruchverfahren Bewertungsfragen in der Beschwerdeinstanz völlig ausgeklammert werden. Insofern ist zu erwarten, dass viele Beschwerden gar nicht erst erhoben werden, weil die Beschwerdeführer die sie oftmals einzig interessierende Frage einer Abfindungserhöhung im Beschwerdeverfahren nicht erreichen können. Dadurch kann der Ausschlussbeschluss früher rechtskräftig werden, wodurch dem eigentlichen Sinn und Zweck des übernahmerechtlichen Ausschlussverfahrens gedient ist.

Der zeitliche Zugewinn wird noch deutlicher im Fall des § 39a I 2 WpÜG: Will der Bieter durch seinen Antrag gleichzeitig die Vorzugsaktionäre ausschließen, kann es Konstellationen geben, in denen eine Aktiengattung allein das Verfahren in die Länge

---

555 S. dazu noch unten, S. 170 ff.

556 Spruchverfahren können in Extremfällen 10 Jahre und länger dauern, vgl. *Bilda*, NZG 2000, 296. Würde der Streit über die Höhe der Abfindung im Ausschlussverfahren geführt werden, würde dieses auf eine ähnliche Dauer gestreckt. Zwar ist bei Auslagerung des Streits in ein Spruchverfahren keine bedeutende Verkürzung der Auseinandersetzung zu erwarten, jedenfalls aber wäre der Ausschluss der Minderheitsaktionäre rechtskräftig, der Ruf nach dem Gesetzgeber zur Vermeidung überlanger Verfahren wird auch in der Literatur immer deutlicher, z.B. jüngst *Steinbeiß-Winkelmann*, ZRP 2007, 177; s. auch *BVerfG*, NJW 2007, 1933 und *EGMR*, Nr. 53341/99 (Hartmann ./. Tschechische Republik).

zieht. Zu denken ist z.B. an den Fall, dass wegen der gesonderten Ermittlung der Annahmequote nach § 39a III 4 WpÜG die Annahmequote von Stammaktionären über 90% liegt, die der Vorzugsaktionäre aber darunter. Da bei einem Squeeze-Out-Vorhaben hinsichtlich beider Aktiengattungen ein isolierter Ausschlussbeschluss nach der derzeitigen Fassung des § 39a I 2 WpÜG nicht zulässig ist[557], würde bei einem Streit über die Abfindungshöhe allein der Vorzugsaktionäre innerhalb des Ausschlussverfahrens auch der Ausschluss der Stammaktionäre bis zum Verfahrensabschluss, möglicherweise erst nach zwei Instanzen, hinausgezögert. Bei einer Verlagerung in ein Spruchverfahren müsste, soweit die Stammaktionäre in diesem Beispiel keine Einwendungen erheben, nur noch eine Bewertung der Vorzugsaktien erfolgen, um alle Aktionäre zügig ausschließen zu können. Es wäre dann nur noch über die Höhe der Abfindung der Vorzugsaktionäre zu verhandeln.

Die Minderheitsaktionäre erleiden durch diese Lösung keinen Schaden: Während des gesamten Spruchverfahrens sind sie nach hier vertretener Auslegung durch die bei Einleitung des Ausschlussverfahrens beizubringende Bankgarantie[558] und eine entsprechende Verzinsung des Anspruchs geschützt. Ihnen entstehen auch keine zusätzlichen Kosten, da die Kostenregelung des § 15 SpruchG derjenigen des § 39b VI WpÜG entspricht. Die Kosten, die für das Spruchverfahren anfallen, werden im Regelfall durch Einsparungen wegen der Verkürzung des Verfahrens nach § 39b WpÜG ausgeglichen werden, wenn das Gericht nicht schon aus Billigkeitsgründen die Kostentragungslast auf den Bieter gemäß § 15 IV SpruchG bzw. § 39b VI 8 WpÜG verlagert.

Insgesamt stellt eine Auslagerung der abfindungsrelevanten Fragen in ein gesondertes Spruchverfahren eine interessengerechte Lösung dar, die daneben das Ziel der Vorschrift, eine Beschleunigung des Ausschlussverfahrens zu erreichen, fördert.

3. Erforderliche Annahmequote wird nicht erreicht

Für die dritte Konstellation, dass die Annahmequote von vornherein nicht erreicht wird, gelten die gleichen Erwägungen wie bei substantiellen Einwendungen gegen die widerlegliche Angemessenheitsvermutung: Nach einer erstmaligen Unternehmensbewertung werden die Minderheitsaktionäre auf Basis des ermittelten Wertes ausgeschlossen. Streitigkeiten über die Höhe der Abfindung werden ausschließlich in einem Spruchverfahren behandelt.

---

557 Vgl. dazu oben S. 36 ff

558 Vgl. dazu unten S. 195 ff.; diese umfasst allerdings nicht etwaige Abfindungserhöhungen, die im Spruchverfahren zugesprochen werden können, vgl. ibid.

IV. Maßnahmen zum Erreichen der Annahmequote und deren Berechnung

Will der Bieter in den Genuss der widerleglichen Vermutung kommen, muss er gemäß § 39a III 3 WpÜG Aktien in Höhe von mindestens 90% des vom Angebot betroffenen Grundkapitals erworben haben. Da gemäß § 32 WpÜG (ggf. i.V.m. § 39 WpÜG) Teilangebote unzulässig sind, zählen zu dem „vom Angebot *betroffenen* Grundkapital" grundsätzlich alle Aktien, die nicht dem Bieter gehören. Von der Berücksichtigung im Rahmen der Annahmequote sind aber von vornherein auch solche Anteile ausgenommen, die dem Bieter nach § 39a II WpÜG, § 16 IV AktG zuzurechnen sind, weil es Sinn und Zweck des Markttests verbieten, Aktien einzurechnen, über deren Veräußerung der Bieter selbst zu entscheiden befugt ist[559]. Da über die Höhe der Annahmequote durch die Aktionäre aber eine Aussage über die Angemessenheit des Angebots getroffen werden soll, stellt sich die Frage, ob tatsächlich *alle* bieterfremden Anteile in den Schwellenwert von 90% einfließen können. Denn der mit der Erfolgsschwelle bezweckte Markttest könnte dann versagen, wenn äußere Faktoren, wie z.B. Nebenabreden zur Annahme des Angebots geführt haben. An dieser Stelle ist nun die oben[560] noch offen gelassene Frage zu beantworten, wie sich Paketerwerbe und *irrevocables* auf die Annahmequote auswirken. Dabei ist zu beachten, dass ausweislich des Wortlauts des § 39a III 3 WpÜG derartige Erwerbe nur Auswirkungen auf die Annahmequote haben können, wenn der Bieter die Aktien *„aufgrund des Angebots"* erworben hat.

Paketerwerbe können allenfalls dann in die Berechnung der Erfolgsschwelle einfließen, wenn sie während der Angebotsphase geschlossen werden. Aktienpakete, die der spätere Bieter vor Veröffentlichung des Angebots oder zu einem Zeitpunkt dinglich erwirbt, der zwischen der Veröffentlichung der Mitteilung nach § 10 WpÜG und der Veröffentlichung der Angebotsunterlage nach § 14 III WpÜG liegt, sind für die hier angestellten Überlegungen unbeachtlich; denn die von einem solchen Erwerb erfassten Anteile sind mangels Veröffentlichung eines Angebots nicht von diesem *„betroffen"* bzw. werden nicht *„aufgrund des Angebots"* erworben[561].

Solche Paketerwerbe, die während der Laufzeit des Angebots individualvertraglich getätigt werden, sind bei der Berücksichtigung der Annahmequote mit einzubeziehen. Zwar hat sich der Bieter bewusst für einen Paketerwerb außerhalb des formalen Angebotsverfahrens entschieden, so dass mit der Verkaufsentscheidung des veräußernden Aktionärs nicht zwangsläufig eine Aussage über die Angemessenheit der im Angebotsverfahren offerierten Gegenleistung verbunden ist[562]. Auch ist nicht von vornherein auszuschließen, dass etwaige, in Paketkaufvertrag einbezogene Nebenabreden letztlich den Ausschlag für die Annahmeentscheidung des das haltenden Aktionärs gegeben haben.

---

559 *Johannsen-Roth/Illert*, ZIP 2006, 2157, 2160; *Paefgen*, WM 2007, 765, 769.

560 Vgl. oben, jeweils S. 51 und 52.

561 A.A. *Paefgen*, WM 2007, 765, 769, der aber im Ergebnis ebenfalls eine Berücksichtigung verneint.

562 *Johannsen-Roth/Illert*, ZIP 2006, 2157, 2160.

Dies ist aber kein Grund dafür, Pakete grundsätzlich von der Berechnung der Annahmequote auszunehmen. Denn erstens sind sie nach dem Wortlaut des § 39a III 3 WpÜG auch *„vom Angebot betroffen"*, zweitens erhöhen etwaige Paketzuschläge[563] bzw. ein im Paketkaufvertrag vereinbarter höherer Kaufpreis auch die Gegenleistung, die die übrigen Aktionäre im Rahmen des öffentlichen Übernahmeangebots erhalten haben (vgl. § 31 IV WpÜG) – insofern werden die Kriterien des Markttests erfüllt[564]. Die Tatsache, dass ein Paketkaufvertrag geschlossen wurde, erlaubt auch nicht den zwingenden Rückschluss, dass diesem günstige Nebenabreden zugrunde lagen. Sollte in der Tat die Entscheidung eines Verkäufers auch auf derartige Nebenabreden zurückzuführen sein, haben die Minderheitsaktionäre die Möglichkeit, die Vermutungsregelung des § 39a III 3 WpÜG durch einen entsprechenden Vortrag zu widerlegen – entsprechend der österreichischen Rechtslage nach § 7 GesAusG[565]. Wie im ersten Ausschlussverfahren nach § 39a WpÜG[566] geschehen, hat der Bieter offen zu legen, auf welche Weise die Annahmequote erreicht wurde. Ergeben sich hieraus für den Verkäufer vorteilhafte Nebenabreden, kann das LG Frankfurt a.M. die Angemessenheitsvermutung für widerlegt erklären bzw. den Paketerwerb bei Berechnung der Annahmequote unberücksichtigt lassen. Die Restgefahr, dass der Bieter kollusiv mit dem Verkäufer zusammenarbeitet und Nebenabreden trifft, die nicht im Paketkaufvertrag aufgenommen werden, ist nicht ausreichend, Paketkaufverträge vollständig von der Berechnung der Annahmequote auszuklammern[567].

Eine Übereinstimmung zu Paketerwerben besteht bei *irrevocables* dergestalt, dass die dem Erwerb der Aktien zugrunde liegende Vereinbarung außerhalb des Angebotsverfahrens geschlossen wird, nämlich zeitlich vorgelagert vor der Veröffentlichung der Entscheidung aus § 10 WpÜG. Man könnte also erwägen, sie nicht in die 90%-Erfolgsschwelle einzubeziehen. Dies stünde aber im Widerspruch zum Wortlaut des § 39a III 3 WpÜG, der solche Aktien berücksichtigt, die der Bieter *„aufgrund des Angebots"* erworben hat. Das ist bei *irrevocables* der Fall, weil sie im Rahmen des formellen Angebotsverfahrens veräußert werden. Der Kaufpreis richtet sich also nach dem Gegenwert, der auch für die übrigen Aktionäre gilt. In der Praxis werden *irrevocables* regelmäßig ohne weitere Nebenabreden geschlossen, der Nutzen für den Veräußerer besteht lediglich darin, die Konditionen des öffentlichen Übernahmeangebots im Voraus mit dem Bieter abstimmen zu können. Insofern ist davon auszugehen, dass die Angemessenheitsvermutung ihre Gültigkeit behält, weil der Veräußerer das Angebot wegen einer angemessenen Gegenleistung und nicht wegen für ihn günstiger Nebenabreden annimmt. *Irrevocables* sind somit bei Berechnung der Annahmequote zu berücksichtigen[568].

---

563 Dazu ausführlich von *Oertzen/Zens*, DStR 2005, 1040, 1044.

564 *Paefgen*, WM 2007, 765, 769; *Diekmann*, NZG 2007, 721, 723.

565 Dazu *Kalss/Zollner*, § 7 GesAusG, Rn. 35.

566 *LG Frankfurt a.M.*, Beschluss vom 2.8.2007, Az. 3-5 O 138/07, dazu ausführlich unten, S. 213 ff.

567 Wie hier: *Paefgen*, WM 2007, 765, 769; *Deilmann*, NZG 2007, 721, 723; A.A.: *Johannsen-Roth/Illert*, ZIP 2006, 2157, 2160.

568 *Paefgen*, WM 2007, 765, 769; wohl auch *Johannsen-Roth/Illert*, ZIP 2006, 2157, 2160.

Santelmann hat die Frage aufgeworfen und bejaht, dass auch die Annahmebereitschaft derjenigen Aktionäre zu berücksichtigen ist, deren Stimmrechte dem Bieter nach § 30 WpÜG zugerechnet werden[569]. Dem ist nach hier vertretener Auffassung nicht beizutreten: Die Einbeziehung von Paketerwerben in die Annahmequote wurde deshalb bejaht, weil grundsätzlich auch bilateralen Verträgen eine Aussagekraft über die Angemessenheit der Abfindung zukommt. Problematisch sind solche Verträge nur, wenn aufgrund von Nebenabreden oder engen Beziehungen zwischen dem Paketaktionäre und dem Bieter der Verkauf auf anderen Erwägungen als der Angemessenheit der Gegenleistung beruht. Bei Aktien, die dem Bieter nach § 30 WpÜG zuzurechnen sind, besteht im Gegensatz zu Paketkaufverträgen nicht nur in Ausnahmefällen, sondern regelmäßig eine enge Verbindung zwischen Bieter und Aktionären, so dass den Aktionären typischerweise die kritisch-rationale Distanz zum Angebot fehlt und sie deshalb nicht als objektiv urteilende, unabhängige Marktteilnehmer zu beurteilen sind[570].

Die erreichte Annahmequote ist wegen der Differenzierung zwischen Stamm- und Vorzugsaktien gemäß § 39a III 4 WpÜG für beide Aktiengattungen getrennt zu ermitteln.

---

[569] *Santelmann* in: Steinmeyer/Häger, § 39a WpÜG, Rn. 28; *Santelmann* verweist dazu auf *Steinmeyer* in: Steinmeyer/Häger, § 35 WpÜG, Rn. 98 und zu dem dort besprochenen Streit, ob Aktien, die dem Bieter nach § 30 WpÜG zugerechnet werden, von der Angebotspflicht nach § 35 WpÜG ausgenommen werden können; wobei diese richtigerweise von der Angebotspflicht auszunehmen sind, dazu *Noack* in: SchwarkKMRK, § 35 WpÜG, Rn. 42; *Schlitt* in: MünchKommAktG, § 35 WpÜG, Rn. 200; a.A.: *von Bülow* in: KölnKommWpÜG, § 39 WpÜG, Rn. 34 – weitere Nachweise bei *Steinmeyer* in: Steinmeyer/Häger, § 35 WpÜG, Fn. 201.

[570] *Johannsen-Roth/Illert*, ZIP 2006, 2157, 2160.

D. Ausschlussfrist, Vorrang der §§ 39a f. WpÜG und kurze Zusammenfassung der Ausschlussvoraussetzungen

I. Ausschlussfrist

§ 39a IV 1 WpÜG beruht auf Art. 15 IV ÜbRL und bestimmt, dass der Bieter den Ausschlussantrag innerhalb von drei Monaten nach Ablauf der Annahmefrist stellen muss. Gemäß § 39a IV 2 WpÜG kann er dies bereits tun, wenn sein Angebot in einem Umfang angenommen worden ist, der ihn bei späterem Vollzug zum Ausschluss nach § 39a I WpÜG berechtigen würde.

1. Fristbeginn

Unklarheit besteht darüber, wann die Antragsfrist nach § 39a IV 1 WpÜG beginnt. Fraglich ist nämlich, ob mit der Formulierung „nach Ablauf der Annahmefrist" die ursprüngliche, in der Angebotsunterlage bestimmte Frist gemeint ist, oder ob nicht vielmehr auf möglicherweise verlängerte Fristen nach den §§ 16, 21, 22 WpÜG abzustellen ist: Nach § 16 II WpÜG können Aktionäre, die das öffentliche Angebot[571] des Bieters nicht innerhalb der Annahmefrist angenommen haben, dieses innerhalb einer weiteren Frist von zwei Wochen annehmen (sog. weitere Annahmefrist oder Zaunkönigregelung). Damit verschiebt sich der in der Angebotsunterlage vorgesehene Zeitpunkt des Fristendes um zwei Wochen. Nach § 16 III, IV WpÜG besteht seitens der Zielgesellschaft die Möglichkeit, nach Veröffentlichung der Angebotsunterlage eine Hauptversammlung einzuberufen mit der Folge, dass sich die Annahmefrist unabhängig von der in der Angebotsunterlage bestimmten Frist auf zehn Wochen verlängert. Schließlich bestimmt § 21 V WpÜG, dass sich die Angebotsfrist bei Änderung des Angebots unter bestimmten Voraussetzungen um zwei Wochen verlängert, was gemäß § 22 II WpÜG in gewissen Fällen auch für ein konkurrierendes Angebot gilt[572]. Es gibt also mehrere Anknüpfungspunkte für den Beginn der Frist, innerhalb derer der Bieter den Ausschlussantrag stellen muss.

Die Übernahmerichtlinie gibt in dieser Frage keinen Aufschluss. Art. 15 IV ÜbRL lautet:

„Beabsichtigt der Bieter das Ausschlussrecht auszuüben, so hat er dies innerhalb von drei Monaten nach Ablauf der in Artikel 7 genannten Frist für die Annahme des Angebots zu tun."

---

[571] § 16 II WpÜG gilt wegen § 39 WpÜG nicht für Pflichtangebote. Selbst wenn man wie hier die Frist des § 39a IV 1 WpÜG erst mit Ablauf etwaiger Verlängerungen (also auch § 16 II WpÜG – dazu sogleich) beginnen lassen will, besteht in der daraus resultierenden unterschiedlichen Behandlung von Übernahme- und Pflichtangebot keine systematische Schwäche: Anknüpfungspunkt ist immer das Ende der Angebotsfrist, unabhängig davon, ob das Gesetz Fristverlängerungen (§§ 16, 21, 22 WpÜG) vorsieht oder nicht.

[572] Zur Inkongruenz dieser Regelung vgl. *Böckmann/Kießling*, DB 2007, 1796.

Art. 7 ÜbRL lautet:

(1)Die Mitgliedstaaten schreiben vor, dass die Frist für die Annahme des Angebots nicht weniger als zwei Wochen und nicht mehr als zehn Wochen ab der Bekanntmachung der Angebotsunterlage betragen darf. Sofern der allgemeine Grundsatz nach Artikel 3 Absatz 1 Buchstabe f) eingehalten wird, können die Mitgliedstaaten vorsehen, dass die Frist von zehn Wochen unter der Bedingung verlängert werden kann, dass der Bieter seine Absicht zur Schließung des Angebots mindestens zwei Wochen zuvor bekannt gibt.

(2)Die Mitgliedstaaten können in bestimmten Fällen Vorschriften zur Änderung der in Absatz 1 genannten Frist vorsehen. Ein Mitgliedstaat kann eine Aufsichtsstelle ermächtigen, eine Abweichung von der in Absatz 1 genannten Frist zu gestatten, damit die Zielgesellschaft zur Prüfung des Angebots eine Hauptversammlung der Aktionäre einberufen kann.

Für die Frage, ob die Ausschlussfrist mit Ablauf der in der Angebotsunterlage bestimmten (ursprünglichen) Annahmefrist oder erst mit Ablauf der möglicherweise verlängerten Annahmefristen beginnt, ist also zunächst maßgeblich, ob sich der Verweis in Art. 15 IV ÜbRL auf Art. 7 ÜbRL ausschließlich auf die ursprüngliche oder auch auf verlängerte Annahmefristen bezieht. Denn wenn ausschließlich die ursprüngliche Annahmefrist gemeint ist, scheidet eine Bezugnahme auf die verlängerten Annahmefristen aus. Insofern ist aber festzustellen, dass sich Art. 15 IV ÜbRL auf den gesamten Art. 7 ÜbRL bezieht. Art. 7 ÜbRL enthält in Abs. 1, Satz 2 die Möglichkeit, die eigentliche Maximalfrist von zehn Wochen unter Beachtung des Art. 3 I f) ÜbRL verlängern zu können. Damit werden solche Verlängerungen ermöglicht, wie sie sich bereits in § 16 II WpÜG finden[573]. Art. 7 II ÜbRL erfasst solche Verlängerungen, die bereits vor Umsetzung der ÜbRL in den §§ 16 III, IV, 21 V, 22 II WpÜG normiert waren. Die Frist zur Einleitung des Squeeze-Out in Art. 15 IV ÜbRL bezieht sich damit auch auf mögliche Fristverlängerungen, die die Mitgliedstaaten einführen können oder bereits eingeführt haben. Nicht mit hinreichender Sicherheit ist geklärt, ob die Richtlinie die Mitgliedstaaten verpflichten wollte, die Frist zur Ausübung des Squeeze-Out erst mit Ablauf etwaiger Fristverlängerungen beginnen zu lassen, die Gesetzgebungsmaterialien schweigen dazu. Jedenfalls lassen die Richtlinienvorgaben ein solches Vorgehen zu.

Der Wortlaut des § 39a IV 1 WpÜG spricht von Ablauf der „Annahmefrist" und scheint damit nicht mögliche Verlängerungen einzubeziehen, weil die Terminologie des WpÜG zwischen dem Begriff der „Annahmefrist" und der „weiteren Annahmefrist" (§ 16 II WpÜG) unterscheidet[574]. Da § 39a IV 1 WpÜG den Wortlaut der Richtlinienvorgabe ohne große Änderungen übernommen hat, darf bezweifelt werden, ob

[573] *Seibt/Heiser*, ZGR 2005, 200, 211 f.; *Mülbert*, NZG 2004, 633, 639.
[574] *Heidel/Lochner*, Konzern 2006, 653, 659.

der Gesetzgeber dieses Problem gesehen hat. Diesem Argument ist daher keine überragende Bedeutung beizumessen.

Auch die Regierungsbegründung zu § 39a IV 1 WpÜG trägt zur Klärung der Frage nicht bei. Dort heißt es:

„Die Annahmefrist ergibt sich aus der Angebotsunterlage“.[575]

Diese Begründung wirft aber weit mehr Fragen auf, als sie beantwortet: Will man diese Äußerung wörtlich nehmen, wären jegliche Fristverlängerungen der §§ 16, 21 V, 22 IV WpÜG bei Berechnung der Squeeze-Out-Frist unbeachtlich. Dies würde in bestimmten Fällen zu dem absurden Ergebnis führen, dass die Frist zu laufen begänne, ohne dass die tatsächliche Angebotsfrist abgelaufen wäre (vgl. den Beispielsfall in Fn. 576). Dies kann schon aufgrund der Konzeption der §§ 39a f. WpÜG als Annexverfahren zum öffentlichen Übernahmeangebot nicht gewollt sein, weil dies voraussetzte, dass das Angebotsverfahren bereits abgeschlossen ist. Wenn der Squeeze-Out darüber hinaus die Erfolgsprämie für ein besonders erfolgreiches Angebotsverfahren sein soll, besteht auch kein Grund, dem Bieter mögliche Annahmen vorzuenthalten, die erst nach dem Ende der ursprünglichen Annahmefrist erklärt werden. Es wäre unsinnig, dem Bieter die Gelegenheit zu verwehren, die erforderliche Ausschlussschwelle zu erreichen, nur weil die im ursprünglichen Angebot bezeichnete Annahmefrist abgelaufen ist. Insofern wird man –wohl entgegen der gesetzgeberischen Intention– richtigerweise davon auszugehen haben, dass die Frist des § 39a IV 1 WpÜG nicht vor Ablauf der ggf. vorzunehmenden Fristverlängerungen nach den §§ 16 II, III, IV, 21 V, 22 II WpÜG beginnen kann[577].

2. Antragstellung schon vor Vollzug des Angebots möglich

Gemäß § 39a IV 2 WpÜG kann der Bieter den Ausschlussantrag bereits stellen, wenn das vorausgehende Angebot in einem Umfang angenommen worden ist, nach dem ihm

---

[575] BT-Drs. 16/1003, S. 22.

[576] Beispielsfall: Bieter B ist zu 20% an der A-AG beteiligt und gibt ein öffentliches Übernahmeangebot nach §§ 29 ff. WpÜG ab. In der Angebotsunterlage benennt er als Annahmefrist einen Zeitpunkt vier Wochen nach Veröffentlichung der Angebotsunterlage. Nach dem Wortlaut der Regierungsbegründung müsste zu dem benannten Zeitpunkt die Frist des § 39a IV 1 WpÜG beginnen. Wenn aber gemäß § 16 III WpÜG die Hauptversammlung der A-AG eine Woche nach Veröffentlichung der Angebotsunterlage einberufen wird, verlängert sich die Annahmefrist auf zehn Wochen nach Veröffentlichung der Angebotsunterlage. Dies führt dazu, dass die Frist nach § 39a IV 1 WpÜG schon sechs Wochen, also zur Hälfte, abgelaufen ist, bevor die Annahmefrist abläuft. Die Zielgesellschaft hätte es also in der Hand, die Squeeze-Out-Frist des Bieters einseitig zu verkürzen.

[577] Wie hier, allerdings ohne Begründung: *Austmann/Mennicke*, NZG 2004, 846, 853; *Hasselbach*, ZGR 2005, 387, 395; *Santelmann* in: Steinmeyer/Häger, § 39a WpÜG, Rn. 37; A.A. *Heidel/Lochner*, Konzern 2006, 653, 659; *Harbarth*, Wortprotokoll des Finanzausschusses vom 10.5.2006, Protokollnummer 16/16, S. 19.

bei Vollzug der Annahmeerklärungen eine zum Ausschluss ausreichende Beteiligung gehört. Diese Regelung macht eine Ausnahme von dem Grundsatz der dinglichen Berechtigung an den Wertpapieren im Zeitpunkt der Antragstellung nach § 39a IV 1 WpÜG und beruht auf einem wortgleichen Vorschlag des *DAV*[578]. Der Grund für diese Regelung besteht darin, dass insbesondere bei bedeutenden Übernahmefällen der angestrebte Zusammenschluss oftmals von der zuständigen Fusionskontrollbehörde freigegeben werden muss[579], also die behördliche Entscheidung über einen Kartellvorbehalt abgewartet werden muss. Eine Verschiebung der Ausschlussfrist auf einen Zeitpunkt, zu dem der Zusammenschluss kartellbehördlich genehmigt ist, ist wegen Art. 15 IV ÜbRL nicht möglich[580]. Auf der anderen Seite kann der Ausschluss nicht ohne dingliche Berechtigung des Bieters an der Ausschlussmehrheit wirksam werden.

§ 39a IV 2 WpÜG löst diesen Konflikt, indem er die Verfahrenseinleitung bereits zu einem Zeitpunkt zulässt, in dem das Angebot in einem ausreichenden Umfang angenommen worden ist und somit zwischen Bieter und außenstehenden Aktionären vereinbart ist, dass die Anteile der Gesellschaft auf den Bieter übergehen sollen. § 39a IV 2 WpÜG gewährleistet i.V.m. § 39b III 2 WpÜG aber gleichzeitig, dass der eigentliche Ausschluss nicht stattfindet, bevor der Bieter nicht Eigentümer der relevanten Wertpapiere geworden ist, und genügt somit den Anforderungen der Übernahmerichtlinie an eine dingliche Berechtigung[581].

II. Vorrang des übernahmerechtlichen Squeeze-Out vor den §§ 327a ff. AktG

Gemäß § 39a VI WpÜG finden die §§ 327a ff. AktG nach Stellung eines Ausschlussantrages bis zum rechtskräftigen Abschluss des Ausschlussverfahrens keine Anwendung. Ein aktienrechtlicher Squeeze-Out kann also nicht durchgeführt werden, bis der Ausschlussantrag des Bieters entweder als unzulässig oder unbegründet abgewiesen worden ist oder der Bieter den Antrag zurückgenommen hat[582]. Da nach § 39b III 3 WpÜG gegen die erstinstanzliche Entscheidung die sofortige Beschwerde zulässig ist, wird die erforderliche Rechtskraft erst erreicht, wenn entweder die Beschwerdefrist nach § 22 I 1 FGG verstrichen ist oder das OLG Frankfurt a.M. eine abschließende Entscheidung über den Ausschlussantrag getroffen hat. Umgekehrt ist nicht ausdrücklich geregelt, dass während eines aktienrechtlichen Ausschlussverfahrens die §§ 39a ff. WpÜG keine Anwendung finden sollen. Jedoch ist angesichts der Regierungsbegründung, nach der beide Verfahren nicht nebeneinander betrieben werden können[583], auch

---

578 *DAV*, Gutachten, S. 20 f.

579 *DAV*, Gutachten, S. 20 f.

580 Art. 15 IV ÜbRL stellt zwar keine Maximalvorgabe im engeren Sinne dar; wegen des Zeitrahmens, den eine kartellrechtliche Genehmigung in Anspruch nehmen kann, würde die Vorgabe von drei Monaten aber regelmäßig weit überschritten, so dass nicht davon auszugehen ist, dass eine Ausdehnung auf z.B. eine Frist von einem Jahr noch innerhalb der Rahmenbestimmung des Art. 15 IV ÜbRL läge.

581 Vgl. oben S. 42 ff.

582 Vgl. unten S. 200.

583 BT-Drs. 16/1003, S. 26.

in diesem Fall von einer verfahrensrechtlichen Unzulässigkeit auszugehen[584]. Von dem Anwendungsverbot des § 39a VI WpÜG sind neben dem Bieter auch diesen kontrollierende Gesellschaften erfasst[585].

Angesichts der Richtlinienvorgaben stellt sich die Frage, ob § 39a VI WpÜG nicht zu eng gefasst ist: Hält ein Bieter in engem zeitlichem Zusammenhang nach einem Übernahme- oder Pflichtangebot 95% des Grundkapitals, wäre er sowohl nach § 39a I 2 WpÜG, als auch nach § 327a I AktG ausschlussberechtigt. Möchte er im Anschluss einen Squeeze-Out durchführen, besteht ein Wahlrecht zwischen beiden Ausschlussverfahren. So könnte der Bieter bei einer Wahlmöglichkeit auch nach einem Übernahme- oder Pflichtangebot auf die §§ 327a ff. AktG ausweichen mit der Folge, dass er nicht an eine Ausschlussfrist gebunden wäre, dass er außerdem keine eigenen Aktien anbieten müsste, wenn er dies auch im Ausschlussverfahren nicht getan hat und dass er selbst die Höhe der Abfindung bestimmen kann.

Dies wäre europarechtlich unzulässig, wenn die Übernahmerichtlinie bei Vorliegen der Voraussetzungen des Art. 15 ÜbRL nur einen Ausschluss nach den auf selbigem Artikel beruhenden Ausschlussverfahren zuließe. Zwar stellen die §§ 39a f. WpÜG das bieterfreundlichere Ausschlussverfahren dar, weswegen die Wahl zumindest bei Vorliegen der Voraussetzungen des § 39a III 3 WpÜG regelmäßig auf den übernahmerechtlichen Squeeze-Out fallen wird. Das Beispiel verdeutlicht aber, dass es in anderen Mitgliedstaaten durchaus liberalere Ausschlussregelungen geben kann, deren sich ein Bieter bedienen kann, um nicht an die möglicherweise strengeren Vorgaben des Art. 15 ÜbRL bzw. seine nationalen Umsetzungsakte gebunden zu sein. Für eine ausschließliche Geltung der Vorgaben des Art. 15 ÜbRL in dessen Anwendungsbereich scheint auch Erwägungsgrund 24 zu sprechen, dessen Sätze 3 und 4 bestimmen:

„Diese Ausschluss- und Andienungsverfahren sollten nur unter bestimmten Bedingungen im Zusammenhang mit Übernahmeangeboten gelten. Die Mitgliedstaaten können unter anderen Umständen auf Ausschluss- und Andienungsverfahren weiterhin ihre nationalen Vorschriften anwenden.“

Dies könnte bedeuten, dass die bestehenden nationalen Ausschlussverfahren *nur* in Fällen, in denen kein Übernahme- (oder Pflichtangebot) vorausgegangen ist (*„unter anderen Umständen“*) zur Anwendung kommen sollen. Eine solche Auslegung würde dazu führen, dass § 39a VI WpÜG europarechtswidrig –weil zu eng gefasst– ist und die §§ 327a ff. AktG innerhalb einer Frist von drei Monaten nach einem öffentlichen Übernahmeangebot keine Anwendung finden dürften. Eine solche Auslegung insbesondere des Erwägungsgrundes 24 wäre aber zu undifferenziert. Vielmehr kann dieser auch als Ermächtigung an die Mitgliedstaaten verstanden werden, trotz einer europäischen Squeeze-Out Regelung weiterhin ihre nationalen Ausschlussregelungen beibe-

584 *Schnorbus* in: Schmidt/Lutter, Vor §§ 327a – 327f AktG, Rn. 7; *Fleischer* in: GroßkommAktG, vor §§ 327a – f AktG, Rn. 31; *van Kann/Just*, DStR 2006, 328, 331.

585 *Süßmann* in: Geibel/Süßmann, § 39a WpÜG, Rn. 22.

halten zu dürfen, einen Squeeze-Out mithin nicht allein auf Fälle, denen ein öffentliches Angebot vorausgeht, beschränken zu müssen. Durch die Vorschrift des Art. 15 ÜbRL soll lediglich sichergestellt werden, dass nach einem Übernahme- oder Pflichtangebot die Möglichkeit zur Ausübung eines Ausschlusses besteht.

Daneben gibt es keine Veranlassung, eine ausschließliche Geltung der Vorgaben des Art. 15 ÜbRL in seinem Anwendungsbereich zu fordern. Die gesamte Konzeption des Ausschlussverfahrens auf europäischer Ebene ist sichtlich von der Bestrebung getragen, dem Bieter nach dem Aufwand für ein öffentliches Übernahmeangebot den Ausschluss der übrigen Aktionäre zu ermöglichen und ist insbesondere aufgrund der Angemessenheitsvermutungen derart marktorientiert und bieterfreundlich, dass der Bieter in der Regel kein Bedürfnis haben wird, auf die bestehenden nationalen Regelungen zurückzugreifen. Dies gilt jedenfalls für den hier einzig zu entscheidenden Fall der deutschen Umsetzung. Selbst wenn man also die Richtlinienvorgaben und die zitierte Stelle des Erwägungsgrundes 24 im Lichte des Art. 3 ÜbRL spiegelt und davon ausgeht, dass das Schutzniveau sowohl des Bieters als auch der auszuschließenden Aktionäre und der Zielgesellschaft bei Vorliegen der Voraussetzungen des Art. 15 ÜbRL nicht unter dasjenige fällt, das durch die ÜbRL vermittelt wird, ist ein daneben möglicher Rückgriff auf die §§ 327a ff. AktG unproblematisch. Denn der Schutzstandard für Aktionäre und Zielgesellschaft bleibt, zumindest bei Annahme der Überprüfbarkeit und der Absicherung[586] der Abfindung gleich.

Der Bieter ist –vor die Wahl zwischen den Ausschlussalternativen gestellt– nicht schutzwürdig, weil er jedenfalls auf die durch Art. 15 ÜbRL vermittelte Regelung zurückgreifen kann. Insofern besteht in europarechtlicher Hinsicht keine Veranlassung, den §§ 39a f. WpÜG in ihrem Anwendungsbereich eine vollständige Sperrwirkung gegenüber den §§ 327a ff. AktG einzuräumen. Daher war es –akzeptiert man in grundsätzlicher Hinsicht einen Vorrang des übernahmerechtlichen Squeeze-Out– richtig, den Rückgriff auf die §§ 327a ff. AktG gemäß § 39a VI WpÜG erst mit Antragstellung und nicht schon mit Erfüllung der Tatbestandsvoraussetzungen zu versperren, um dem Bieter ein Wahlrecht hinsichtlich der von ihm bevorzugten Ausschlussmöglichkeit zu überlassen[587].

Nach dieser Schlussfolgerung stellt sich aber die Folgefrage, ob es wirklich notwendig ist, den aktienrechtlichen Squeeze-Out bis zu einem rechtskräftigen Abschluss des Verfahrens nach den § 39a f. WpÜG für nicht anwendbar zu erklären. Ein von manchen behaupteter[588] systematischer Vorrang des übernahmerechtlichen Squeeze-Out vor den §§ 327a ff. AktG ist nicht festzustellen. Die Übernahmerichtlinie will nur sicherstellen, dass im Anwendungsbereich des Art. 15 ÜbRL überhaupt eine Ausschlussmöglichkeit besteht. Der übernahmerechtliche Squeeze-Out ist nach seiner Konzeption aber nicht *lex specialis*, sondern eher ein *aliud* zum aktienrechtlichen Aus-

586 Zur Notwendigkeit der Absicherung der Abfindung vgl. unten S. 195 ff.

587 Wie hier: *Hopt/Mülbert/Kumpan*, AG 2005, 109, 118; a.A. (Sperrung der §§ 327a ff. AktG während der Antragsfrist des § 39a IV 1 WpÜG): *Austmann/Mennicke*, NZG 2004, 846, 855.

588 *DAV*, Gutachten, S. 20.

schlussverfahren. Davon abgesehen, dass ein Bieter zumindest bei Vorliegen der Ausschlussvoraussetzungen nach § 39a I WpÜG und einer ausreichenden Annahmequote nach § 39a III 3 WpÜG regelmäßig von diesem Verfahren Gebrauch machen wird[589] und außerdem zwei getrennte Ausschlussverfahren einen nicht zu unterschätzenden Aufwand für den Bieter bedeuten, besteht auch in praktischer Hinsicht kein Bedürfnis danach, den Weg eines aktienrechtlichen Ausschlussverfahrens zu versperren.

Im Gegenteil wäre es aus der Perspektive des Bieters wünschenswert, wenn er das aktienrechtliche Ausschlussverfahren schon eingeleitet hätte, sollte sein Ausschlussantrag nach §§ 39a f. WpÜG vom Gericht als unzulässig oder unbegründet erachtet werden. Beide Verfahren können nebeneinander geführt werden[590], was in der Praxis – zumindest bei der richtigerweise zu erfolgenden Ausklammerung von Streitigkeiten über Bewertungsfragen im Ausschlussverfahren und deren Auslagerung in ein gesondertes Spruchverfahren- bei erfolgreichem Antrag des Bieters regelmäßig dazu führen wird, dass der übernahmerechtliche Squeeze-Out zuerst abgeschlossen ist. Das aktienrechtliche Ausschlussverfahren würde dann von Gesetzes wegen beendet. Sollte ausnahmsweise das aktienrechtliche Verfahren schneller durchgeführt worden sein, könnte der Bieter seinen Ausschlussantrag schlicht zurücknehmen, um das Verfahren nach § 39b WpÜG zu beenden. In diesem Fall würde er die Kosten des Ausschlussverfahrens nach § 39b VI 8 WpÜG allein zu tragen haben.

Es wird nicht verkannt, dass ein solches Vorgehen nicht ohne gesetzgeberisches Handeln, also z.B. eine Streichung des § 39a VI WpÜG, möglich ist. In der Praxis wird es daher zunächst bei dem europarechtlich nicht zu beanstandenden Vorrang der §§ 39a f. WpÜG vor den §§ 327a ff. AktG zu bleiben haben[591].

III. Kurze Zusammenfassung der Ergebnisse in den Teilen B., C. und D.

Nach einer Einleitung in den übernahmerechtlichen Squeeze-Out wurde in Teil B. dieser Arbeit die Frage behandelt, auf welche Weise der Bieter die zum Ausschluss erforderliche 95%-Mehrheit erreichen kann. Hier wurde festgestellt, dass der Bieter an den Aktien grundsätzlich dinglich berechtigt sein muss. Er kann seine Beteiligung durch Vor-, Nach- und Zwischenerwerbe erhöhen, wobei Nacherwerbe in einem engen zeitlichen Zusammenhang mit dem öffentlichen Übernahmeangebot stehen müssen. Die zu den §§ 327a ff. AktG diskutierten Missbrauchsfälle lassen sich aufgrund systematischer Unterschiede nicht auf die §§ 39a ff. WpÜG übertragen. In Teil C. wurde die

589 Dies gilt zumindest, sobald die Frage der Bemessung der Abfindung geklärt ist; wie hier *Austmann/Mennicke*, NZG 2004, 846, 855.

590 Wohl auch *Hopt/Mülbert/Kumpan*, AG 2005, 109, 118, die darauf hinweisen, dass der aktienrechtliche Squeeze-Out unter bestimmten Umständen günstiger für die übrigen Aktionäre sein könne; unklar dann aber *dies.*, ibid., die eine „Wahlfreiheit des Bieters" anerkennen.

591 Nicht eingegangen wird auf eine mögliche Priorität des übernahmerechtlichen Squeeze-Out gegenüber dem Sell-Out nach § 39c WpÜG, weil der Sell-Out nicht Bestandteil dieser Arbeit ist. Insofern sei verwiesen auf die Ausführungen *Hasselbachs* in ZGR 2005, 387, 414.

den Aktionären zu zahlende Abfindung behandelt, wobei im Kern durch die Auslegung der Übernahmerichtlinie und durch die Interpretation der Vorgaben des BVerfG zum Ausschluss von Minderheitsaktionären die Verfassungswidrigkeit des § 39a III 3 WpÜG herausgearbeitet wurde. Anschließend wurde neben einer rechtsvergleichenden Analyse die Frage beantwortet, wie Abfindungsfragen im Rahmen des übernahmerechtlichen Squeeze-Out in Zukunft zu behandeln sind. Teil D. behandelt die Antragsfrist und in die Frage des Vorrangs des übernahmerechtlichen Squeeze-Out gegenüber den §§ 327a ff. AktG, der aber nach hier vertretener Ansicht nicht erforderlich ist.

E. Ausschlussverfahren

Mit der Behandlung des Ausschlussverfahrens zum übernahmerechtlichen Squeeze-Out wird eine terra incognita im Übernahmerecht betreten. Zwar ist § 39b WpÜG strukturell und inhaltlich in weiten Teilen der Vorschrift über die gerichtliche Entscheidung im aktienrechtlichen Statusverfahren (§ 99 AktG) nachgebildet, eine inhaltliche Auseinandersetzung mit dem übernahmerechtlichen Ausschlussverfahren hat bis jetzt aber praktisch noch nicht stattgefunden[592]. Dies soll in den nachstehenden Ausführungen zu den §§ 39a V, 39b I – V WpÜG geschehen. Entgegen der Gliederung in den Teilen B., C. und D., die sich grob an der Struktur des § 39a WpÜG orientierte, soll Teil E. dem chronologischen Verlauf des Ausschlussverfahrens folgen, in dessen Rahmen die einzelnen Verfahrensfragen diskutiert werden. Nicht behandelt wird die Kostenregelung des § 39b VI WpÜG, weil sie für die rechtliche Darstellung und Analyse des Ausschlussverfahrens nur von untergeordneter Bedeutung ist.

Zuvor sind einige einleitende Bemerkungen zum Verfahren und seiner Konzeption zu machen.

I. Keine Vorgaben in der Übernahmerichtlinie

Festzuhalten ist zunächst, dass keine europarechtlichen Vorgaben bei der Normierung des Ausschlussverfahrens zu beachten waren. Die Artt. 15 und 16 ÜbRL beziehen sich inhaltlich nur auf die (materiellen) Voraussetzungen von Ausschluss- und Andienungsrecht und äußern sich nicht zu Verfahrensfragen. Etwaigen Hinweisen zum Verfahren, die sich aus Interpretationen des Wortlauts ergeben sollen, wird man nur wenig Bedeutung beimessen können. Auch wenn die deutsche Richtlinienfassung in Art. 15 II 1 ÜbRL davon spricht, dass der Bieter von den auszuschließenden Aktionären verlangen kann, dass diese ihm ihre Wertpapiere „verkaufen“, sollte daraus nicht ein Hinweis auf ein umzusetzendes Verfahren gelesen werden. Aus dieser Wortwahl ergibt sich nämlich nicht zwingend, dass die Minderheitsaktionäre (beispielsweise durch gerichtliche Anordnung) ihre Anteile zu veräußern haben und deshalb ein die konstitutive Handelsregistereintragung legitimierender Hauptversammlungsbeschluss unzulässig sein soll[593]; ebenso wenig, dass eine Anteilsveräußerung nur Zug-um-Zug gegen Gewährung der Abfindung stattfinden soll[594].

Gegen eine solche Auslegung spricht schon der Wortlaut des Art. 15 V 1 ÜbRL, der von einer zu zahlenden „Abfindung“ und nicht von dem bei einem Vertrag zu erwartenden „Preis“ spricht. Derartige Inkongruenzen bestehen daneben mit dem Wortlaut

---

[592] Bislang einzig substantiiert *Süßmann* in: Geibel/Süßmann, § 39b WpÜG und *Heidel/Lochner*, Konzern 2006, 653, 657 ff.

[593] *Austmann/Mennicke*, NZG 2004, 846, 851.

[594] So aber *Heidel/Lochner*, Konzern 2006, 653, 655, die sich auf den Wortlaut des Art. 15 II ÜbRL („...dass ein Bieter von allen verbleibenden Wertpapierinhabern verlangen kann, dass sie ihm ihre Wertpapiere zu einem angemessenen Preis *verkaufen*“) berufen.

der übrigen nationalen Richtlinienfassungen und innerhalb derselben[595]. Weder in den Formulierungen der Vorschriften, noch in den Erwägungsgründen oder den Materialien finden sich damit zweifelsfreie Hinweise auf eine inhaltliche Ausgestaltung des Ausschlussverfahrens. Angedeutet wird nur, dass es in den Mitgliedstaaten höchst unterschiedliche Regelungen bei bereits bestehenden Squeeze-Out-Rechten gibt, so dass davon ausgegangen werden kann, dass die nationalen Besonderheiten nicht zugunsten einer einheitlichen europäischen Regelung verdrängt werden sollten[596]. Eine Notwendigkeit der (Rahmen-)Harmonisierung bestand nur insoweit, als einheitliche (materielle) Voraussetzungen für das Ausschluss- und das Andienungsrecht von Minderheitsaktionären geschaffen werden sollten[597], die Ausgestaltung der Verfahrensvorschriften ist demgegenüber sekundär und führt nicht zu einer dem Richtliniengedanken zuwiderlaufenden fehlenden Einheitlichkeit des europäischen Übernahmerechts.

II. Abkehr vom tradierten aktienrechtlichen System

1. Überblick über das Ausschlussverfahren

Wie oben bereits angedeutet, handelt es sich entgegen anders lautenden Stimmen[598] bei § 39b WpÜG nicht um ein neuartiges gerichtliches Verfahren oder gar ein Verfahren sui generis.

Die Vorschrift ist vielmehr § 99 AktG nachgebildet, der das gerichtliche Verfahren bei Streitigkeiten über die Zusammensetzung des Aufsichtsrats (sog. Statusverfahren nach §§ 98 f. AktG) regelt, auf das auch andere aktienrechtliche Vorschriften Bezug nehmen[599]. Der Bieter, der einen übernahmerechtlichen Squeeze-Out durchführen möchte, hat einen entsprechenden Antrag beim LG Frankfurt a.M. zu stellen, welcher durch das Gericht in den Gesellschaftsblättern bekannt zu machen ist. Das Ausschlussverfahren richtet sich vorbehaltlich anderer Bestimmungen in § 39b WpÜG nach dem FGG. Das LG Frankfurt a.M. entscheidet über den Antrag unter Beachtung insbesondere der Verfahrensvorschriften des FGG durch einen begründeten Beschluss, der aber frühestens einen Monat nach Bekanntmachung des Ausschlussantrages ergehen darf. Sobald die stattgebende Entscheidung rechtskräftig ist, also keine sofortige Beschwerde zum OLG Frankfurt a.M. eingelegt wurde oder aber das OLG bereits über diese entschieden hat, gehen alle bieterfremden Aktien auf den Bieter über. Die Aktionäre haben dann einen fälligen Anspruch auf Zahlung der in dem Beschluss bestimmten Abfindung.

---

595 Z.B. spricht die englische Richtlinienfassung (Art. 15 II ÜbRL) sowohl von einem „Verkauf", wie auch von einem angemessenen „Preis" („...to sell him/her those securities at a fair price"). Gleiches gilt für die französische Richtlinienfassung („...qu'ils lui vendent ces titres pour un juste prix."), die italienische („...di vendergli tali titoli ad un giusto prezzo") und die spanische Formulierung („...di vendergli tali titoli ad un giusto prezzo.").

596 *Winter-Report*, S. 55 f., p. 56 f.

597 *Winter-Report*, S. 57, p. 63.

598 *Merkt*, Gutachten, S. 21.

599 Vgl. §§ 30 III 2, 31 III 2, 132 III, 260 III, 306 II AktG.

Die Entscheidung des Gesetzgebers, den übernahmerechtlichen Squeeze-Out im Wege einer gerichtlichen Entscheidung durchzuführen, überraschte zunächst, weil diese Möglichkeit im Vorfeld des Übernahmerichtlinie-Umsetzungsgesetzes nicht diskutiert worden war und sich die Autoren vielmehr auf die Möglichkeiten eines Übertragungsaktes durch die BaFin bzw. einen legitimierenden Hauptversammlungsbeschluss –dazu sogleich– konzentriert hatten.

Andererseits ist die Idee, einen Ausschluss von Minderheitsaktionären durch gerichtlichen Beschluss durchzuführen, nicht neu. So hat bereits *Vetter*, der schon früh den Squeeze-Out über einen Hauptversammlungsbeschluss kritisiert hatte[600], zum Diskussionsentwurf der §§ 327a ff. AktG vorgeschlagen, eine Entscheidung des Landgerichts am Sitz der Gesellschaft vorzuziehen[601]. Dieser Gedanke, der wie § 39a I 1 WpÜG einen Ausschlussantrag des Bieters ausreichen ließ, wurde allerdings im weiteren Gesetzgebungsverfahren zum aktienrechtlichen Squeeze-Out nicht weiter aufgegriffen.

2. Ablehnung alternativer Verfahrensgestaltungen

a) Vorgeschalteter Übertragungsanspruch des Bieters?

Während des Gesetzgebungsverfahrens wurde vom Bundesrat angeregt, den Bieter zunächst nicht auf das Ausschlussverfahren zu verweisen, sondern ihm einen Übertragungsanspruch gegen die Aktionäre zu gewähren, sobald er die erforderliche Ausschlussschwelle erreicht hat[602]. Zur Begründung wird angeführt, dass nach dem Wortlaut des Art. 15 II ÜbRL sicherzustellen ist, dass der Bieter den Verkauf der übrigen Aktien *verlangen kann.* Dies spreche dafür, dass der Bieter einen derartigen Anspruch nur notfalls gerichtlich durchzusetzen habe. Das gerichtliche Verfahren hingegen berge mehrere Nachteile: Zum einen trage der Minderheitsaktionär keine Prozesskosten, so dass er seine Abfindung im Ausschlussverfahren zu Lasten des Bieters in die Höhe treiben könnte. Zum anderen würde das über den Ausschluss entscheidende Gericht in unnötiger Weise belastet, da man die Aktien auch ohne Einschaltung des Gerichts privatrechtlich übertragen könne.

Ein solches Vorgehen ist aber aus mehreren Gründen abzulehnen. Die Übernahmerichtlinie enthält keine Vorgaben zur Verfahrengestaltung, so dass ein sofortiger Verweis in ein gerichtliches Verfahren zulässig ist. Einem Übertragungsanspruch wäre in der Praxis wohl wenig Erfolg beschieden: Es ist nicht zu erwarten, dass jeder außenstehende Aktionär, der das Angebot nicht angenommen hat, plötzlich gewillt ist, seine Anteile an den Bieter zu veräußern, so dass ein gerichtliches Ausschlussverfahren in jedem Fall durchgeführt werden müsste; dies gilt insbesondere, wie *Heidel* zutreffend ausführt, weil die betreffenden Aktien verpfändet, sicherungsübereignet oder mit sons-

[600] *Vetter*, ZIP 2000, 1817; *ders.*, DB 2001, 743; *ders.*, AG 2002, 176.
[601] *Vetter*, ZIP 2000, 1817, 1821.
[602] BR-Drs. 154/1/06, S. 6 f. mit Gegenäußerung Bundesregierung BT-Drs. 16/1342, S. 6.

tigen Rechten Dritter belastet sein können[603], so dass eine Übertragung ohne gerichtlichen Übereignungsakt unzulässig wäre. Das Verfahren wird von der Anzahl der sich beteiligenden Aktionäre aber kaum beeinflusst, so dass sowohl die Verfahrensdauer als auch der zu betreibende Aufwand unabhängig von einem vorgeschalteten Übertragungsanspruch bleibt.

Außerdem ergäbe sich ein Spannungsverhältnis mit anderen Vorschriften im Abschnitt 5a des WpÜG. Zum einen ist die Frist, innerhalb derer der Bieter den Ausschlussantrag nach § 39b WpÜG stellen kann, knapp bemessen. Hat der Bieter nach Ablauf der Annahmefrist für das öffentliche Übernahmeangebot die gewünschte Ausschlussschwelle noch nicht erreicht, kann er innerhalb eines engen zeitlichen Zusammenhangs mit dem Angebot Nachkäufe tätigen, nach hier vertretener Ansicht also innerhalb von sechs Wochen[604]. Veröffentlicht er danach die Mitteilung nach § 23 I Nr. 4 WpÜG, die einzig sinnvoller Anknüpfungspunkt für einen Übertragungsanspruch wäre, bliebe dem Bieter selbst bei Verkaufsbereitschaft der übrigen Aktionäre nur wenig Zeit, alle verbliebenden Aktien „einzusammeln". Zu berücksichtigen ist nämlich, dass die Aktionäre erst Kenntnis von dem Erreichen der Ausschlussschwelle durch den Bieter erlangen müssen und danach die Abwicklung einleiten können. Es ist zu unterstellen, dass nicht einmal alle verkaufswilligen Aktionäre die entsprechende Frist einhalten, so dass der Bieter wiederum gezwungen wäre, das Ausschlussverfahren nach § 39b WpÜG einzuleiten. Zum anderen übersieht der Bundesrat, dass der von ihm vorgeschlagene Anspruch sich nicht vom Sell-Out Recht nach § 39c WpÜG unterscheidet. Nach dieser Vorschrift ist ein Bieter, der seine Ausschlussberechtigung nach § 23 I Nr. 4 WpÜG bekannt gegeben hat, dazu verpflichtet, Verkaufsangebote der übrigen Aktionäre anzunehmen. Mit Einführung eines vorgeschalteten Übertragungsanspruchs wäre das Sell-Out Recht, abgesehen von der Regelung des § 39c S. 2 WpÜG, gegenstandslos. Ein solcher Anspruch des Bieters gegen die übrigen Aktionäre ist damit abzulehnen.

b) Handelsregistereintragung nach Hauptversammlungsbeschluss?

In Anbetracht der kurzen Darstellung des Verfahrens nach § 39b WpÜG oben drängt sich die Frage auf, warum der Gesetzgeber von dem Ausschlussverfahren der §§ 327a ff. AktG abgewichen ist. Denn es sieht zumindest aufgrund der Gebräuchlichkeit[605] des aktienrechtlichen Squeeze-Out so aus, als habe die Praxis das Verfahren akzeptiert. Hinzukommt, dass viele bei Einführung der §§ 327a ff. AktG noch offene Fragen und Auslegungsschwierigkeiten inzwischen durch ober- oder höchstrichterliche Recht-

---

603 *Heidel*, Gutachten, S. 30.

604 Vgl. S. 50 ff.

605 *Bayer/Stange*, AG-R 2007, R320 weisen nach, dass es seit dem 1.1.2002 bis zur Veröffentlichung ihrer Untersuchung 292 Hauptversammlungsbeschlüsse gegeben hat, die den Ausschluss nach den §§ 327a ff. AktG zum Inhalt hatten; die Praxis habe von diesem Ausschlussinstitut „ausgiebig Gebrauch gemacht".

sprechung entschieden sind und somit ein gewisses Maß an Rechtssicherheit erreicht ist, von dem letztlich alle am Ausschlussverfahren beteiligten Parteien profitieren.

Dennoch bestand im Gesetzgebungsverfahren, wenn auch in Detailfragen umstritten, Einigkeit darüber, dass eine Übertragung des aktienrechtlichen Ausschlussverfahrens auf den übernahmerechtlichen Squeeze-Out nicht wiederholt werden sollte[606]. Dies hatte seine Gründe weniger im Hinblick auf systematische Ansätze, etwa den kapitalmarktrechtlichen Minderheitenausschluss vom seinem verbandsrechtlichen Pendant abgrenzen zu wollen. Ausschlaggebend war vielmehr eine praktische Erwägung, auf ein Ausschlussverfahren durch Hauptversammlungsbeschluss und darauf folgende Handelsregistereintragung zu verzichten, nämlich der Schutz der Gesellschaft vor missbräuchlichen Anfechtungsklagen. Seit Bestehen der Anfechtungsmöglichkeit von Hauptversammlungsbeschlüssen[607] ist der Gesetzgeber dem Missbrauch dieses Instrumentes trotz zahlreicher Versuche nie vollständig Herr geworden. Das Problem, dass „räuberische Aktionäre" Anfechtungsklagen gegen Hauptversammlungsbeschlüsse erheben, um gegenüber der Gesellschaft ein Erpressungspotential aufzubauen, besteht nicht erst seit Einführung des Squeeze-Out-Rechts im Jahre 2001. Gerade bei Squeeze-Outs ist aber diese Instrumentalisierung des Aktienrechts, bei der sich die Anfechtenden ihre Klage „abkaufen" lassen, indem sie die Klagen gegen die Zahlung von teilweise horrenden Summen zurücknehmen, derart verbreitet, dass die Diskussion über die Fachliteratur hinaus auch regelmäßig Beachtung in der Tagespresse findet.

Dabei geht es aber, anders als vielfach dargestellt, nicht um die Befürchtung der Gesellschaft, im Rahmen des Ausschlusses eine höhere Abfindung leisten zu müssen, sondern vielmehr um das Beschwernis der Registersperre, die beispielsweise beim aktienrechtlichen Squeeze-Out Folge einer Anfechtungsklage ist (§§ 327e II, 319 V 2 AktG) und die die von der Gesellschaft für notwendig erachteten (Struktur-)Maßnahmen bis zur rechtskräftigen Entscheidung im Hautsacheverfahren verzögert. Inzwischen wird die ganz überwiegende Mehrzahl der Squeeze-Out-Beschlüsse angefochten[608]. Bemerkenswert ist bei derart missbräuchlichem Vorgehen, dass es sich bei querulatorischen Anfechtungsklägern oftmals um dieselben Personen handelt, die häufig nur eine oder wenige Aktien der Gesellschaft halten. Ebenso regelmäßig werden die Klagen auf fadenscheinigste[609], standardisierte Argumente gestützt, die zwar einerseits ein zusätzlicher Beleg dafür sind, dass es den Anfechtenden nicht um inhaltliche Fragen im konkreten Fall, sondern um das Erreichen einer Sonderzahlung geht; andererseits ist zu beobachten, dass auch diese standardisierten Vorträge ihre Wirkung nicht

606 *Arnold*, AG-R 2006, R224; „interministeriell diskutiert, aber abgelehnt", vgl. auch *Seibt/Heiser*, AG 2006, 317.

607 So befürchtete bereits der Gesetzgeber der Aktienrechtsreform von 1884 „erpresserische und chikanöse Anfechtungsklagen", vgl. *Hommelhoff* in: Schubert/Hommelhoff, S. 467.

608 *DAV*, Gutachten, S. 17, wonach die „Übertragungsbeschlüsse praktisch ohne Ausnahme" angegriffen werden; *Gehling/Heldt/Royé*, S. 32.f.: 96,1% im Jahr 2006, dazu auch *Jahn*, AG-R 2007, R486; eine andere Zahl legt *Rathausky*, AG-R 2004, R24 in einer allerdings sehr begrenzten Studie vor: danach werden mehr als ein Viertel der Beschlüsse angefochten.

609 So *Krause*, BB 2004, 113, 118.

verfehlen[610]. Anders gewendet: „Wer wenige Euro riskiert, kann Beschlüsse einer Hauptversammlung über Millionenwerte blockieren“[611].

Hinsichtlich der „erkauften“ Klagerücknahme führt *Krause* zu Recht aus, derartige Abfindungszahlungen seien „reine Phantasiepreise“, Aufschläge von bis zu 100% auf den gemäß IDW-Standard ermittelten Wert der Abfindung seien kein Einzelfall[612]. Dies hat tatsächlich mit einer *angemessenen* Abfindung i.S.d. § 327a I AktG als Kompensation für den Verlust der Anteilsbeteiligung nichts zu tun. Auch der Entschluss der Gesellschaft, auf das Verlangen der Berufskläger nicht einzugehen und ihr Heil im Freigabeverfahren zu suchen, bringt keine erhebliche Verbesserung. Denn Freigabeverfahren erstrecken sich regelmäßig über zwei Instanzen und enden oftmals mit Vergleichen, in denen die Streitwertgrenze des § 247 AktG nicht gilt und durch die Vielzahl der Kläger und der Verdopplung der Verfahrenswege (Anfechtungs- und Freigabeverfahren) erhebliche Kostenlasten auf die Gesellschaften und deren Hauptaktionäre zukommen[613]. Aus diesem Grunde geht die Argumentation fehl, jahrelange Anfechtungsverfahren müssten als in der Natur der Sache liegend hingenommen werden, da es bei Squeeze-Outs um große Vermögenswerte gehe[614]; denn im Ergebnis werden Anfechtungsklagen, hinter denen kein vernünftiges, am Wohle der Gesellschaft orientiertes Interesse steht, dazu missbraucht, auf Kosten der Gesellschaft Einzelne zu bereichern. Die Rechtsordnung darf ein solches Verhalten nicht dadurch unterstützen, dass das als störanfällig erkannte Ausschlussverfahren der §§ 327a ff. AktG im Rahmen der §§ 39a ff. WpÜG wiederholt wird.

Dieses Problem in der Breite darzustellen, ist aber weder Aufgabe noch Ziel dieser Arbeit; insofern wird auf die zahlreiche Literatur zu diesem Thema verwiesen[615]. Festzuhalten bleibt freilich, dass Gegentendenzen zu beobachten sind: Das UMAG[616] hat die Anfechtungsmöglichkeit insbesondere hinsichtlich abfindungsbezogener Informationsmängel deutlich eingeschränkt[617] und lässt Anfechtungsklagen nur von Aktionären zu, die ihre Beteiligung bereits vor der Bekanntgabe der Einberufung zur Hauptversammlung erworben haben; durch langjährige Rechtssprechung zum Squeeze-Out wurden viele Einzelfragen geklärt und können deshalb im Rahmen eines Anfechtungs-

610 So hat beispielsweise das *LG Hamburg* (ZIP 2003, 951ff.) in Übereinstimmung mit anderen Instanzgerichten die Verfassungsmäßigkeit der §§ 327a ff. AktG bejaht, hielt aber eine hierauf gestützte Klage nicht für offensichtlich unbegründet i.S.d. §§ 327e II, 319 VI AktG und lehnte deshalb den im Unbedenklichkeitsverfahren gestellten Antrag der beklagten Gesellschaft ab.

611 *Noack*, BB 2007, vor 1681, I.

612 *Krause*, BB 2004, 113, 118.

613 *DAV*, Gutachten, S. 17.

614 A.A. *DSW*, Gutachten, S. 3.

615 Aus jüngerer Zeit: *Baums*, Gutachten F für den 63. Deutschen Juristentag, S. 144; *Jahn*, BB 2005, 5; *Buchta/Sasse*, DStR 2004, 958; *v. Schnurbein*, AG 2005, 725; *Duve/Basak*, BB 2006, 1345; *Keul*, ZIP 2003, 566; *Weißhaupt*, WM 2004, 705; *Priester*, DNotZ 2006, 403; *Götz/Holzborn*, WM 2006, 157; *Kuthe*, BB 2004, 449.

616 Zu einer „*impact control*“ des UMAG jüngst *Seibert*, NZG 2007, 841.

617 Dazu ausführlich *Noack/Zetzsche*, ZHR 2006, 218.

vortrages nicht mehr erfolgreich angegriffen werden[618]; die Gerichte sind im Wissen um missbräuchliche Anfechtungsklagen stärker als früher gewillt, vom Freigabeverfahren Gebrauch zu machen, auch weil sie aufgrund der gefestigten Rechtsprechung die nach §§ 327e II, 319 VI AktG erforderliche offensichtliche Unbegründetheit der Aktionärsklage bejahen. In jüngster Zeit wurde gar ein als „Berufskläger“ bekannter Aktionär zur Zahlung von Schadensersatz verurteilt, weil er nach Ansicht des Gerichts in missbräuchlicher Weise Anfechtungsklage erhoben hatte[619].

Dennoch: Das grundsätzliche Problem von missbräuchlich erhobenen Anfechtungsklagen gegen Übertragungsbeschlüsse zum Ausschluss von Minderheitsaktionären ist damit nicht behoben[620], auch weil die durch das UMAG geschaffenen Möglichkeiten von den Gerichten nicht konsequent genug verfolgt werden. Es wird abzuwarten sein, ob mittelfristig ein weiteres Reformvorhaben Lösung in dieser Angelegenheit bringen wird. An beachtenswerten Vorschlägen dazu mangelt es jedenfalls nicht[621].

---

618 So z.B. die klärende Entscheidung des *BGH*, dass die auf Hauptversammlungen immer wieder zu Blockadezwecken gestellten Sonderprüfungsanträge nicht zur Abstimmung gestellt werden müssen, vgl. *BGH*, BB 2006, 2543, 2546 – mit Anmerkung *Bungert*, BB 2006, 2761.

619 *LG Frankfurt a.M.*, BB 2007, 2362 (nicht rechtskräftig) mit insgesamt zustimmender Anm. *Peters*, NZG 2007, 935. Die Entscheidung ist begrüßt, vereinzelt aber auch kritisiert worden: *Wackerbarth* nennt das Urteil eine „Entscheidung aus dem Mittelalter des Kapitalmarktrechts“, abrufbar im Internet unter der Adresse http://www.fernuni-hagen.de/REWI/ BRU/blog/?p=55; vgl. auch *Jahn*, FAZ vom 16.10.2007, S. 23: „Berufskläger zu Schadensersatz verurteilt“.

620 BT-Drs. 16/6845, S. 2; im Jahr 2006 wurden 96,1% der Übertragungsbeschlüsse börsennotierter Aktiengesellschaften angefochten, während im Jahr 2002 nur jeder fünfte Übertragungsbeschluss zur Anfechtung durch einen oder mehrere Aktionäre geführt hat. Die Anfechtungsquote aller (auch nicht börsennotierter) Gesellschaften betrug im Jahr 2006 78,1%, während sie sich im Jahr 2002 noch auf 14,3% belief, vgl. *Gehling/Heldt/Royé*, S. 32 f.; *Baums/Keinath/Gajek* kommen in ihrer umfassenden empirischen Studie (ZIP 2007, 1629) zu dem Ergebnis, dass seit dem Jahr 1980 die Zahl der Beschlussmängelklagen um das sechzigfache gestiegen ist und sich relativ, bezogen auf die gestiegene Zahl der Gesellschaften, immer noch ein Anstieg um mehr als das achtfache ergibt.

621 *Noack*, BB 2007, vor 1681, I, schlägt vor, dass die Anfechtungsklage erst ab einer Kapitalbeteiligung von 1% möglich sein sollte: „Die Klage kann erheben, wer den hundertsten Teil des Grundkapitals erreicht.“; in ähnliche Richtung geht auch die Antwort der Bundesregierung auf eine Kleine Anfrage der FDP-Fraktion vom 26.10.2007: Es sei unbefriedigend, dass sich eine Gruppe von professionellen Klägern herausgebildet habe. Lösungsvorschläge würden geprüft (BT-Drs. 16/6845, S. 2); vgl. auch *Peltzer*, FAZ vom 16.10.2007: „Die Anfechtung sollte voraussetzen, dass Kläger einzeln oder gemeinsam über Aktiennennwerte von mindestens 100.000 Euro verfügen. Die Konzentration der Zuständigkeit auf ein Landgericht je Bundesland sollte vorgeschrieben werden – oder eine erstinstanzliche Zuständigkeit der Oberlandesgerichte. Eintragungen im Freigabeverfahren sollten hinsichtlich der Interessenabwägung nicht nur der Gesetzesbegründung zufolge, sondern ausdrücklich erleichtert werden. Die Dreimonatsfrist für den Erlass des Freigabebeschlusses sollte auf einen Monat verkürzt werden. Und der Gegenstandswert sollte sich am Aktienbesitz des Klägers orientieren.“ - kritisch zur Einführung eines mit einem Quorum verbundenen Anfechtungsrechts jüngst *Schwintowski*, DB 2007, 2695, 2696 und 2700. Am 20.12.2007 hat das Land Baden-Württemberg eine Bundesratsinitiative eingebracht, die sich ebenfalls gegen das Erfordernis eines Mindestquorums richtet und vielmehr Beschlussmängelklagen und Spruchverfahren erstinstanzlich bei den Oberlandesgerichten konzentrieren will, vgl. AG-R 2007, R527. Der Entwurf ist abrufbar im Internet unter der Adresse http://www.bundesrat.de/cln_051/nn_8336/ SharedDocs/Drucksachen/2007/0901-1000/901-07,templateId=raw,property=publicationFile.pdf/-

c) Übertragender Verwaltungsakt bzw. Antragsprüfung durch die BaFin?

Gute Argumente sprechen damit gegen ein durch Hauptversammlungsbeschluss und Handelsregistereintragung geprägtes Verfahren, um die negativen Erfahrungen mit dem störungsanfälligen aktienrechtlichen Squeeze-Out nicht zu wiederholen. Damit ist aber der Rückschluss auf einen Minderheitenausschluss mittels gerichtlicher Entscheidung (§§ 39a IV, 39b WpÜG) noch nicht zwingend. Denn ein Blick auf andere Rechtsordnungen in Europa zeigt, dass auch andere Verfahrensarten durchaus erfolgreich sind[622]. So ähnelt das niederländische Verfahren demjenigen, welches der Gesetzgeber nun für § 39b WpÜG gewählt hat, während z.B. Italien und Frankreich den Ausschluss unter Einschaltung der zuständigen Aufsichtsbehörde durchführen. Im Hinblick auf letztere Variante stellt sich die Frage, ob nicht der Squeeze-Out unter Einschaltung der Bundesanstalt für Finanzdienstleistungsaufsicht das effizientere Ausschlussverfahren gewesen wäre. So wurden insbesondere aus der Praxis Stimmen laut, die sich für ein aufsichtsbehördliches Verfahren aussprachen[623]. Denn es sei nicht erforderlich, die bereits überlasteten deutschen Gerichte in jedem Fall mit dem Ausschlussverlangen des Bieters zu beschäftigen, diese sollten vielmehr erst im Streitfall angerufen werden[624]. Hinsichtlich der Verfahrensvorschriften ließe sich auf bereits bestehende Vorschriften zurückgreifen, so dass der Squeeze-Out analog zum vorausgehenden Angebotsverfahren organisiert werden könnte: Zu Übermittlung und ggf. Untersagung des Ausschlussverlangens könnten die §§ 14, 15 WpÜG Anwendung finden, § 14 III WpÜG regelte die Veröffentlichung des Antrags. Nachdem die BaFin die Antragsvoraussetzungen geprüft habe, und den Minderheitsaktionären eine dem Rechtsschutz dienende, ausreichende Frist gewährt worden sei, könnten entweder deren Rechte aus den Aktien durch Anordnung der BaFin ruhen[625] oder durch einen übertragenden Verwaltungsakt der BaFin auf den Bieter übergehen[626] und die Aktienurkunden den Abfindungsanspruch verbriefen. Ein entsprechendes Vorgehen sei zeiteffizient, da die BaFin sich bereits im Rahmen ihrer Prüfung der Angebotsunterlage aus dem vorausgegangenen öffentlichen Angebot mit dem konkreten Übernahmeverfahren beschäftigt habe[627].

901-07.pdf. Als (Zwischen)Ergebnis kann das Aktionärsrechterichtlinien-Umsetzungsgesetz (ARUG) gesehen werden, welches das Anfechtungsrecht insbesondere durch die Änderung der Vorschriften über das Freigabeverfahren (z.B. §§ 246a, 319 III AktG) in die vorgenannte Richtung modifizieren sollen. Der Referentenentwurf dieses Gesetzes ist abrufbar im Internet unter der Adresse http://www.bmj.bund.de/files/-/3140/RefE%20Gesetz%20zur%20Umsetzung%20der%20-Aktionärsrechterichtlinie.pdf.

622 Zum Rechtsvergleich der durch die ÜbRL (neu) eingeführten Squeeze-Out-Vorschriften bereits oben.

623 Vgl. insbesondere *Seibt/Heiser*, ZGR 2005, 200, 247 f., anders dann aber *dies.*, AG 2006, 301, 317; *Austmann/Mennicke*, NZG 2004, 846, 852 f.; *Hopt/Mülbert/Kumpan*, AG 2005, 109, 115, mit Formulierungsvorschlag.

624 *Austmann/Mennicke*, NZG 2004, 846, 853.

625 *Hopt/Mülbert/Kumpan*, AG 2005, 109, 115, die dies aber im Ergebnis ablehnen.

626 *Hopt/Mülbert/Kumpan*, AG 2005, 109, 115; *Austmann/Mennicke*, NZG 2004, 846, 853.

627 *Austmann/Mennicke*, NZG 2004, 846, 853.

Für diese Ansicht spricht zunächst tatsächlich die große Sachnähe, die die BaFin durch ihre aufsichtsrechtliche Funktion in Übernahmeverfahren im Allgemeinen und bei Prüfung der konkreten Angebotsunterlage des Bieters hat. Allerdings sollte dieser vorausgehenden Prüfung nach §§ 14, 15 WpÜG auch keine zu große Bedeutung beigemessen werden. Denn sie bezieht sich auf die Angebotsunterlage, die aber die entscheidenden Tatbestandsvoraussetzungen des Squeeze-Out gar nicht enthält: So kann sie zum einen weder die erforderliche Anteilsbeteiligung des Bieters darlegen, die regelmäßig erst durch das Angebot oder nach Abschluss des Angebots erreicht werden kann. Zum anderen erlaubt die Feststellung, dass die im Übernahmeverfahren gezahlte Gegenleistung angemessen i.S.d. § 31 (i.V.m. § 39) WpÜG war, keinen Rückschluss auf die Angemessenheit der Abfindung im Ausschlussverfahren, die weder der Art, noch der Höhe nach notwendigerweise derjenigen des Angebots entsprechen muss[628], weil ihr ein abweichender Angemessenheitsbegriff zugrunde liegt[629]. Gleiches gilt für die Überprüfung der widerleglichen Angemessenheitsvermutung aus § 39a III 3 WpÜG, deren Voraussetzungen erst durch das Angebot geschaffen werden. Insofern kann die Vorbefassung der BaFin kein gewichtiges Argument für ein aufsichtsrechtliches Ausschlussverfahren sein. Insbesondere weil der übernahmerechtliche Squeeze-Out am Gerichtsstandort Frankfurt a.M. bei den dortigen Kammern für Handelssachen bzw. dem Wertpapiersenat des OLG konzentriert ist, ergibt sich auch nichts anderes aus Kompetenzgesichtspunkten.

Entscheidend gegen ein Ausschlussverfahren unter Beteiligung der BaFin spricht, dass gegenüber dem gerichtlichen Verfahren in zeitlicher Hinsicht jedenfalls kein Vorteil, möglicherweise sogar ein Nachteil besteht. Denn schon aus der Rechtsweggarantie des Art. 19 IV GG ergibt sich, dass der übertragende Verwaltungsakt bzw. die Entscheidung der BaFin überprüfbar sein muss. Will man nicht vollständig von dem Rechtsschutzverfahren des WpÜG abweichen, wäre dazu zunächst ein Widerspruchsverfahren (§ 41 WpÜG, §§ 68 ff. VwGO) erforderlich. Daraufhin wäre zumindest die Beschwerde gegen die Verfügung der BaFin zum OLG Frankfurt a.M. statthaft (§§ 48 ff., 67 WpÜG). Jedenfalls das Widerspruchsverfahren nach § 41 WpÜG hätte aufschiebende Wirkung, grundsätzlich gilt unter den Einschränkungen des § 50 WpÜG gleiches für das gerichtliche Beschwerdeverfahren. Wie die Erfahrung mit den §§ 327a ff. AktG gezeigt hat, wird die überwiegende Zahl der Squeeze-Out-Verfahren angegriffen, so dass Minderheitsaktionäre den übernahmerechtlichen Ausschluss oftmals zumindest bis zum OLG Frankfurt a.M. durchfechten werden[630]. Ist aber eine streitige Auseinandersetzung mit den auszuschließenden Minderheitsaktionären zu erwarten, spricht viel dafür, die Entscheidung über den Ausschlussantrag von vornherein einem Gericht zu überlassen. Daneben ist auch die prozessuale Begrenzung auf eine Erst- und eine Beschwerdeinstanz aus §§ 39a V 1, 39b III 5, 6 WpÜG in zeitlicher Hinsicht

---

628 A.A. *DAV*, Gutachten, S. 17.

629 Vgl. oben, S. 93.

630 Zur Möglichkeit der sog. außerordentlichen Rechtsbeschwerde nach § 574 ZPO und der hierzu noch ungeklärten Situation s. noch unten, Fn. 776; es gilt aber schon hier zu betonen, dass der Anwendungsbereich selbst dann äußerst gering wäre, wenn man die Möglichkeit der außerordentlichen Rechtsbeschwerde –anders als in dieser Arbeit vertreten– bejahte.

förderlich. Dies wird inzwischen auch von Verfechtern des aufsichtsrechtlichen Ausschlussverfahrens bestätigt[631].

Festzuhalten ist damit, dass der Gesetzgeber mit der Ausgestaltung der §§ 39a V, 39b WpÜG den richtigen Weg gegangen ist. Dieser ist zeit- und kosteneffizient und erlaubt die Durchführung des Ausschlussverfahrens, ohne die problematischen Erfahrungen mit den §§ 327a ff. AktG zu wiederholen.

III. Übertragung durch Gerichtsbeschluss – Verfahrensgang

Nach der Feststellung, dass das gerichtliche Ausschlussverfahren die sinnvollste Möglichkeit zur Durchführung eines Squeeze-Out-Verfahrens ist, wird im Folgenden – soweit möglich– die Chronologie des Verfahrens nachgezeichnet und anhand dieses Leitfadens das Ausschlussverfahren darzustellen. Wegen bemerkenswerter Besonderheiten ist aber zunächst auf die Verfahrenskonzeption und deren Grundsätze nach § 39b WpÜG einzugehen.

1. Zuständigkeit des Gerichtsstandorts Frankfurt am Main

Das Ausschlussverfahren ist konzentriert am Gerichtsstandort Frankfurt a.M.. Zuständig ist erstinstanzlich das Landgericht gemäß § 39a V 1 WpÜG, genauer die Kammern für Handelssachen (§ 66 II WpÜG[632], §§ 93 ff. GVG). Beschwerdeinstanz ist gemäß §§ 39b III 5, 39a V 1 i.V.m. § 66 II, § 67 WpÜG der Wertpapiererwerbs- und Übernahmesenat des Oberlandesgerichts. Die Verfahrenskonzentration an einem Gericht wurde aus rechtlichen und rechtspolitischen Erwägungen kritisiert. Während der Regierungsentwurf die örtliche Zuständigkeit mit dem Sitz der BaFin begründet, bringt *Heidel* vor, die Wahl des Standortes Frankfurt a.M. und die Bezugnahme zur BaFin seien willkürlich[633]: Erstens habe die BaFin ausweislich § 1 II FinDAG neben Frankfurt a.M. ihren Sitz auch in Bonn. Zweitens habe die BaFin beim Squeeze-Out keinerlei Kompetenzen, da sich ihre Zuständigkeit spätestens nach Abschluss des Übernahmeverfahrens erledigt habe. Der Bundesrat mahnt zudem an[634], es gebe keinen Grund für eine Verfahrenskonzentration: Eine fachliche Spezialisierung der entscheidenden Richter sei durch landesrechtliche Regelungen gewährleistet, nach denen Spezialverfahren auf ein Gericht konzentriert werden könnten. Die Gefahr divergierender Entscheidungen bestünde auch bei einem bundesweit zuständigen Gericht(sstandort), da jedenfalls der aktienrechtliche Squeeze-Out weiterhin an vielen Gerichten entschieden würde, die unterschiedliche Rechtsauffassungen verfolgten. Außerdem seien auch

---

631 So *Seibt/Heiser* AG 2006, 301, 317; *dies.* noch anders ZGR 2005, 200, 247f.

632 Zwar handelt es sich beim übernahmerechtlichen Ausschlussverfahren wegen seines FGG-Charakters eigentlich nicht um eine „Rechtsstreitigkeit" i.S.d. § 66 II WpÜG; jedoch bestimmt der Verweis aus § 39a V 2 WpÜG eine entsprechende Anwendung.

633 *Heidel*, Gutachten, S. 25.

634 BR-Drs. 154/06, S. 11.

wirtschaftliche Standortentscheidungen zu berücksichtigen, die alleinige Zuständigkeit in Frankfurt a.M. würde dazu führen, dass sich entsprechende Kanzleien und Berater nur dort ansiedelten.

Diese Bedenken können jedoch allesamt entkräftet werden. In der Praxis spielt es für Berater jedoch keine Rolle, wo Verfahren stattfinden: Kapitalmarktbezogene Strukturmaßnahmen und übernahmerechtliche Sachverhalte werden praktisch ausschließlich von Großkanzleien oder hochspezialisierten Boutiquen betreut, weil nur diese über ausreichende Kapazitäten bzw. entsprechende Spezialkenntnisse verfügen; diese sind dann aber in der Regel an mehreren Standorten in Deutschland vertreten oder sind ausreichend mobil, um auch solche Mandate zu betreuen. Es ist zudem äußerst fraglich, ob die Standortentscheidung einer Kanzlei davon beeinflusst wird, dass kapitalmarktrechtliche (Rand-)Verfahren wie der übernahmerechtliche Squeeze-Out an einem Gericht konzentriert sind. Auch der Hinweis auf eine Entscheidungsvielfalt im Rahmen der §§ 327a ff. AktG und eine daraus abgeleitete Grundsatzkritik an einem allein zuständigen Gericht geht fehl: Denn die Problematik divergierender Entscheidungen liegt in der erheblichen Rechtsunsicherheit. Rechtsfragen zum aktienrechtlichen Squeeze-Out betreffen das übernahmerechtliche Ausschlussverfahren jedoch praktisch nicht. Es wurde bereits herausgearbeitet, dass beide Institute wenig gemeinsam haben und eine Übertragung der Rechtsfragen zwischen beiden nur in begrenztem Rahmen möglich ist. Insofern ist nicht zu befürchten, dass sich Rechtsunsicherheiten zu den §§ 327a ff. AktG auf die §§ 39a, 39b WpÜG auswirken.

Die Verfahrenskonzentration schafft im Gegenteil eine für das aktienrechtliche Ausschlussverfahren ungekannte Rechtssicherheit. Es ist angesichts der Konzeption des § 39b WpÜG auch notwendig, dass keine unterschiedlichen Entscheidungen mehrerer Oberlandesgerichte vorliegen, weil ein weiterführendes Verfahren zum BGH und somit eine abschließende Entscheidung durch § 39b III 6 WpÜG ausgeschlossen ist. *Heidel* ist zuzugeben, dass eine inhaltliche Anknüpfung an den Sitz der BaFin zur Begründung einer Verfahrenskonzentration weit hergeholt erscheint; entscheidet man sich aber aus den genannten Gründen für die Zuständigkeit eines einzigen Standortes, spricht wegen des Sitzes der Abteilung „Wertpapieraufsicht" der BaFin und wegen des spezialisierten Wertpapiersenats des dortigen OLG viel für Frankfurt a.M..

2. Verfahrensgrundsätze

Gemäß § 39b I WpÜG finden die Vorschriften des FGG Anwendung, soweit § 39b II – V WpÜG nicht Abweichendes bestimmt. Da in § 39b WpÜG aber keinerlei Vorschriften zu Verfahrensmaximen, zu Verfahrensvorschriften oder zu Beibringungs- und Substantiierungsgrundsätzen zu finden sind, muss überwiegend auf die Vorschriften des FGG zurückgegriffen werden. Allerdings gilt auch dies nur in abgemilderter Form, da sich im Ausschlussverfahren nach § 39a WpÜG mit dem Bieter und den auszuschließenden Minderheitsaktionären Verfahrensbeteiligte gegenüberstehen, über deren behauptete subjektive Rechte das Gericht der Freiwilligen Gerichtsbarkeit eine materiell rechtskräftige Entscheidung trifft, nämlich über das Eigentum an den Aktien und die aus diesen entstehenden Mitgliedschafts- und Vermögensrechte. Das Ausschlussverfahren kann von gegensätzlichen Interessen geprägt sein, wenn die Minderheitsaktionäre gegen ihren Willen aus der Gesellschaft gedrängt werden oder Streit über die Höhe der Abfindung herrscht; gegensätzliche Interessen bestehen aber schon dann, wenn die Beteiligten einverständlich das Gericht anrufen und keine streitige Verhandlung stattfindet[635].

Es handelt sich damit um ein sog. echtes Streitverfahren, für das Vorschriften des FGG zwar anwendbar sind, in vielen Punkten aber in Richtung eines streitigen Verfahrens der ZPO modifiziert werden. So ist der Grundsatz des Amtsbetriebs[636] ersetzt durch die Verfahrenseinleitung durch Antrag[637]. Ebenso tritt der grundsätzlich für alle FGG-Verfahren geltende Amtsermittlungsgrundsatz des § 12 FGG im echten Streitverfahren hinter die Dispositionsmaxime zurück[638]. Das Gericht muss nur dann ermitteln, wenn der Vortrag der Beteiligten dazu Anlass bietet, bei glaubhaftem Sachvortrag der Beteiligten kann in der Regel von weiteren Ermittlungen abgesehen werden[639]. Wegen des Interesses der Parteien an einem erfolgreichen Verfahrensausgang kann davon ausgegangen werden, dass diese die für sie günstigen Umstände von sich aus vorbringen[640]; dieser Grundsatz findet z.B. eine gesetzliche Verankerung in § 39b III 2 WpÜG, der von dem Bieter die Glaubhaftmachung seiner (dinglichen) Ausschlussberechtigung verlangt. Der Dispositionsgrundsatz führt auch dazu, dass Anträge bis zur gerichtlichen Entscheidung zurückgenommen werden können[641]; der Bieter hat damit die Möglichkeit, vor drohender Abweisung des Ausschlussantrags oder der Festsetzung einer nach seiner Auffassung zu hohen Abfindung das Verfahren zu beenden und auf diese Weise die Verfahrenskosten zu begrenzen[642].

---

635 *Schmidt* in: Keidel/Kuntze/Winkler, § 12 FGG, Rn. 226.

636 *Schmidt* in: Keidel/Kuntze/Winkler, § 12 FGG, Rn. 3.

637 *Schmidt* in: Keidel/Kuntze/Winkler, § 12 FGG, Rn. 11.

638 Es ist allerdings nicht unbestritten, dass der Amtsermittlungsgrundsatz derart weit hinter die Beibringungsmaxime zurücktritt, s. z.B. *Holzborn/Müller* in: HeidelbKommAktG, §§ 39a-39c WpÜG / Anh. § 327a AktG, Rn. 18; auch *Semler* (MünchKommAktG, § 99 AktG, Rn. 8) vertritt, dass das Gericht selbst im echten Streitverfahren bis zur Entscheidungsreife selbst zu ermitteln habe und Rücksichtnahme auf den Parteivortrag oder Beweisangebote nicht erforderlich seien. Den Parteien obläge „nur eine gewisse Mitwirkungspflicht" (ebenso *Bezzenberger*, FS Priester, S. 30 f). Ein Streit über den Umfang der Beibringungspflichten der Parteien kann aber in dieser Arbeit dahinstehen, da hier der Auffassung gefolgt wird, die die strengsten Voraussetzungen an die Beteiligten stellt und somit alle weiteren Interpretationen des echten Streitverfahrens in dieser Hinsicht ebenfalls abgedeckt sind.

639 *BGHZ* 146, 241, 249; *BGH*, NJW 1988, 1839, 1840; *BayObLG*, DNotZ 1999, 1009, 1010 f.

640 *BGH*, MDR 1980, 108; *Schmidt* in: Keidel/Kuntze/Winkler, § 12 FGG, Rn. 229.

641 *Schmidt* in: Keidel/Kuntze/Winkler, § 12 FGG, Rn. 39.

642 Der Bieter wird dann zwar grundsätzlich die Gerichtskosten nach § 2 Nr. 1 KostO zu tragen haben; die vorzeitige Beendigung des FG-Verfahrens kann aber aufgrund des Ermessensspielraums des Gerichts dazu führen, dass der Bieter bei Unzulässigkeit oder offensichtlicher Unbegründetheit nicht die eigenen Kosten der Minderheitsaktionäre nach § 39b VI 8 WpÜG zu tragen hat.

3. Einleitung des Verfahrens, Form und Frist

Bei Vorliegen aller Tatbestandsvoraussetzungen des § 39a WpÜG kann der Bieter das Ausschlussverfahren beim Landgericht Frankfurt a.M. einleiten, indem er einen „Antrag auf Übertragung der Aktien nach den §§ 39a, 39b WpÜG"[643] stellt. Die Tatsache, dass das Verfahren direkt durch den Bieter eingeleitet werden kann und nicht etwa der Zwischenschaltung einer Aufsichtsbehörde bedarf, entspricht der Kompetenzverteilung im echten Streitverfahren nach dem FGG, da die Verfahrensbeteiligten selbst die ihren Antrag substantiierenden Tatsachen vorbringen müssen. Es liegt damit am Bieter, zumindest bei Antragstellung die für den Ausschluss erforderlichen Voraussetzungen zu schaffen, um das befasste Gericht in die Lage zu versetzen, seinen Antrag zu prüfen. Der Antrag selbst kann schriftlich, in Textform oder als Fax eingereicht werden. Zulässig ist auch eine Antragseinreichung über das sog. Elektronische Gerichts- und Verwaltungspostfach der Stadt Frankfurt a.M.[644]. Hierfür erforderlich ist eine qualifiziert elektronische Signatur i.S.d. § 130a I 1 ZPO[645]; unter der Internetadresse des Elektronischen Postfachs[646] kann aber eine spezielle Zugangssoftware heruntergeladen werden, die Dokumente automatisch mit einer entsprechenden Signatur ausstattet.

Hinsichtlich der Antragsfrist des § 39a IV 1 WpÜG wird auf die Bearbeitung oben[647] verwiesen. Zur deren Berechnung finden gemäß § 17 FGG die §§ 187 ff. BGB Anwendung.

4. Verfahrenseinleitung ohne wesentliche Mitwirkung der Zielgesellschaft

a) Squeeze-Out als einseitiges Ausschlussrecht des Mehrheitsaktionärs

Im Rahmen der §§ 327a ff. AktG muss der Vorstand dem Hauptaktionär Auskunft über die Verhältnisse der Gesellschaft geben, um diesem die Bewertung einer angemessenen Barabfindung zu ermöglichen (§ 327b I 2 AktG); er muss ihm außerdem die Gelegenheit geben, die in § 327c III AktG aufgeführten Unterlagen in den Geschäftsräumen der Gesellschaft und während der Hauptversammlung (§ 327d 1 AktG) auszulegen und kann ihm gestatten, den Entwurf des Übertragungsbeschlusses mündlich zu erläutern (§ 327d 2 AktG). Schließlich muss er den Übertragungsbeschluss der Hauptversammlung zum Handelsregister anmelden (§ 327e I AktG). Der übernahmerechtliche Squeeze-Out beschränkt die Pflichten des Vorstandes der Zielgesellschaft nach dem Wortlaut des § 39b V 5 WpÜG lediglich darauf, den rechtskräftigen Übertra-

---

[643] So die offizielle Bezeichnung am ausschließlich zuständigen LG Frankfurt a.M., vgl. *LG Frankfurt a.M.*, Beschluss vom 2.8.2007, Az. 3-5 O 138/07.

[644] *Santelmann* in: Steinmeyer/Häger, § 39b WpÜG, Rn. 38 unter Verweis auf Teil I, 2005, S. 794f. des Gesetz- und Verordnungsblattes der Landes Hessen; die entsprechende Verordnung ist als pdf-Dokument abrufbar im Internet unter http://www.egvp.de/software/dokumente/VO_EGVP_alle_Registergerichte.pdf.

[645] *Schmidt* in: Keidel/Kuntze/Winkler, § 12 FGG, Rn. 13.

[646] Das EGVP ist erreichbar im Internet unter der Adresse http://www.egvp.de.

[647] Vgl. S. 150.

gungsbeschluss des Gerichts zum Handelsregister anzumelden. Dieser Mitwirkungsakt der Zielgesellschaft ist darauf zurückzuführen, dass Registerangelegenheiten grundsätzlich nicht von den Gesellschaftern –also auch nicht vom Hauptaktionär– sondern allein vom Vorstand als Vertreter der Gesellschaft übernommen werden können[648].

Die Pflichten des Vorstandes der Zielgesellschaft sind darüber hinaus aber zu erweitern: Der Bieter ist verpflichtet, im Rahmen des Squeeze-Out eine angemessene Abfindung zu zahlen. In Konstellationen, in denen die Angemessenheitsvermutung aus § 39a III 3 WpÜG nicht eingreift oder es der Aktionärsminderheit gelingt, die Vermutung zu widerlegen, kann deshalb eine vollständige Unternehmensbewertung erforderlich werden, um den von Art. 14 GG geschützten tatsächlichen Wert der Anteilsbeteiligung ermitteln zu können. In diesem Rahmen muss die Zielgesellschaft verpflichtet werden können, alle Informationen offen zu legen, die zur Bestimmung der Abfindung benötigt werden[649]. Dabei haben –ebenso wie im aktienrechtlichen Ausschlussverfahren– Interessen der Zielgesellschaft im Zweifel zurückzustehen[650], eine Beschränkung ähnlich des § 131 III, IV AktG gilt nicht[651]. Eine entsprechende Pflicht ließe sich aus einer analogen Anwendung des § 327b AktG herleiten, kann aber auch auf eine erweiterte teleologische Auslegung des § 39a I 1 WpÜG („angemessene Abfindung") gestützt werden.

Abgesehen von diesen wenigen Pflichten spielt die Zielgesellschaft damit bei der eigentlichen Durchführung des Squeeze-Out keine Rolle mehr, das gesamte Verfahren wird nach Einleitung durch den Bieter vom Gericht geführt. Diese Rollenverteilung entspricht der Rechtsnatur der §§ 39a, 39b WpÜG als einseitiges Ausschlussrecht des Bieters und wird im Verfahren insbesondere dadurch deutlich, dass nicht die Gesellschaft (vertreten durch den Vorstand) Partei im FGG-Verfahren sein kann, sondern nur deren Aktionäre[652]. Im Gegensatz zum aktienrechtlichen Squeeze-Out, bei dem der Hauptaktionär den Vorstand der Zielgesellschaft über den bevorstehenden Ausschluss der Minderheitsaktionäre informieren muss, ist ein solcher Hinweis nicht erforderlich. Auffällig ist jedoch, dass Mitwirkungsakte der vom Squeeze-Out betroffenen Gesellschaft nach den §§ 327a ff. AktG insbesondere im Rahmen der Hauptversammlung von Bedeutung sind. Daran schließt sich die Frage an, warum im Rahmen des übernahmerechtlichen Squeeze-Out auf das Erfordernis eines Hauptversammlungsbeschlusses verzichtet wurde und ob ein solcher Verzicht zulässig ist.

---

648 *Zimmermann* in: Keidel/Kunze/Winkler, § 13 FGG, Rn. 4.

649 Dies gilt insbesondere nach der Rechtsprechung des BGH, der bei der Frage der Verfassungsmäßigkeit des aktienrechtlichen Squeeze-Out ausdrücklich auf die unabhängige Bewertung durch einen sachverständigen Prüfer abstellt, vgl. *BGH*, NZG 2006, 117 f.

650 Zu § 327b AktG *Grunewald* in: MünchKommAktG, § 327b AktG, Rn. 5.

651 *Hasselbach* in: KölnKommWpÜG, § 327b AktG, Rn. 9.

652 Vgl. dazu noch unten, S. 196.

b) Verzicht auf einen Hauptversammlungsbeschluss zulässig?

Der Hauptversammlungsbeschluss, die den Minderheitsaktionären gehörenden Aktien gegen Zahlung einer angemessenen Barabfindung auf den Hauptaktionär zu übertragen (§§ 327a I 1, 327c, d AktG), wurde durch den gerichtlichen Beschluss nach § 39b WpÜG ersetzt[653]. Dies ist bereits deswegen bemerkenswert, weil die Hauptversammlung als Entscheidungsgremium der Gesellschafter im beschlussorientierten System[654] des deutschen Aktienrechts zumindest über solche Fragen zu beschließen hat, die wesentliche Veränderungen der Grundlagen der Gesellschaft zur Folge haben können[655]. Exemplarisch seien genannt die Nrn. 5 – 8 des in § 119 I AktG aufgeführten Maßnahmenkataloges, aber auch die §§ 274 I, II, 319 I, 320 I AktG bzw. die §§ 65, 73 UmwG und §§ 179a, 174 ff. UmwG. Neben diesen kodifizierten Sachverhalten ist spätestens seit der Holzmüller-Rechtsprechung des BGH[656] anerkannt, dass es ungeschriebene Hauptversammlungszuständigkeiten gibt, die jedenfalls dann eingreifen, wenn es um grundlegende Entscheidungen für die Gesellschaft geht. Im Lichte dieser Kompetenzverteilung stellt sich die Frage, ob ein Squeeze-Out, unabhängig von seiner rechtlichen Qualifikation im Einzelnen, nicht ebenfalls der Zustimmung der Hauptversammlung bedarf. Der Gesetzgeber hat diese Frage beim aktienrechtlichen Ausschluss durch Ausgestaltung der §§ 327a I 1, 327c, d AktG bejaht, für die §§ 39a ff. WpÜG aber verneint.

Gegenstand der folgenden Überlegungen soll daher sein, ob ein Hauptversammlungsbeschluss nicht im Lichte der vorgenannten Dogmatik oder jedenfalls zugunsten eines erhöhten Schutzniveaus der Minderheitsaktionäre erforderlich wäre. Auffällig ist jedenfalls bei der Durchsicht der –durchaus übersichtlichen– Literatur zu diesem Thema, dass sich die Befürworter eines Hauptversammlungsbeschlusses praktisch ausschließlich auf derartige dogmatisch-theoretische Argumente stützen, während sich die überwiegend aus der Praxis stammende ablehnende Auffassung auf negative praktische Erfahrungen mit Inhalt und Folgen von Hauptversammlungsbeschlüssen beruft.

aa) Mitwirkung der Aktionäre bei grundsätzlichen Entscheidungen

Auch wenn der Gesetzgeber bei bestimmten Sachverhalten eine Hauptversammlungszuständigkeit nicht angeordnet hat, hat sich der BGH mehrfach dafür ausgesprochen, bei grundlegenden, die Zukunft der Gesellschaft in ihrer bisherigen Form verändernden Maßnahmen eine Entscheidungskompetenz der Gesellschafterversammlung anzunehmen. Zu nennen sind die Entscheidungen *Holzmüller*, *Macrotron* und *Gelatine I* und *II*, deren Sachverhalte und die das hier zu diskutierende Problem betreffenden Entscheidungsgründe kurz zusammengefasst werden sollen. Danach soll anhand der

[653] Dieser entfaltet im Gegensatz zum Hauptversammlungsbeschluss der §§ 327a ff. AktG auch konstitutive Wirkung für die Übertragung, dazu unten S. 207.

[654] *Noack*, BB 2007, vor 1681, I.

[655] So auch *Wilsing/Kruse*, WM 2003, 1110, 1111.

[656] *BGHZ* 83, 122 (Holzmüller) mit Anmerkung *Sünner*, AG 1983, 169, dazu sogleich S. 172.

gefundenen Ergebnisse die Frage beantwortet werden, ob nicht auch der übernahmerechtliche Squeeze-Out in die Kategorie derjenigen Maßnahmen fällt, die eines (ungeschriebenen) Hauptversammlungsbeschlusses bedürfen. Insofern ist zwar die Einschätzungsprärogative des Gesetzgebers, der bewusst auf die Notwendigkeit eines Hauptversammlungsbeschlusses bei den §§ 39a ff. WpÜG verzichtet hat, zu respektieren; die grundsätzliche Frage bleibt aber bestehen, ob nicht ein Squeeze-Out, durch den den Aktionären die Mitgliedschaft in der Gesellschaft gegen ihren Willen genommen wird, ohne vorherigen Hauptversammlungsbeschluss einen Fremdkörper im System des Aktienrechts darstellt, und damit im Gesetzgebungsverfahren tragende gesellschaftsrechtliche Grundsätze, die dazu von höchstrichterlicher Rechtsprechung geprägt sind, missachtet wurden.

bb) Ungeschriebene Hauptversammlungskompetenzen: Holzmüller[657]

Eine Aktiengesellschaft betrieb einen Seehafen, der annähernd 80% der Aktiva der Gesellschaft ausmachte. Sie gliederte diesen auf die zu diesem Zweck gegründete „Holzmüller Seehafenbetrieb KGaA" aus, an der sie sowohl alle Kommanditanteile als auch die alleinige Beteiligung an der Komplementärs-GmbH hielt. Der Erwerb und die Beteiligung waren von einer durch die Hauptversammlung beschlossenen nachträglichen Satzungsänderung ebenso gedeckt wie eine vollständige oder teilweise Betriebsüberlassung. Die eigentliche Ausgliederung des Seehafenbetriebs nahm der Vorstand jedoch vor, ohne von der Hauptversammlung dazu ausdrücklich ermächtigt zu sein. Nach Ansicht des BGH wurde mit der Ausgliederung des „wertvollsten Betriebszweiges" der „Kernbereich der Unternehmenstätigkeit" berührt und die „Unternehmensstruktur von Grund auf geändert". Der BGH trat einer restriktiven Auslegung des § 119 I AktG mit der Feststellung entgegen, die Zuständigkeitszuordnung für Belange der Hauptversammlung im AktG könne nur als punktuelle Lösung betrachtet werden. Auch ohne ausdrückliche Ermächtigung im Gesetz gebe es Strukturmaßnahmen, die erheblich in das mitgliedschaftliche Verwaltungsrecht des einzelnen Aktionärs eingriffen. Diese könnten nicht ohne ausdrückliche Zustimmung der Hauptversammlung getroffen werden. Der Vorstand habe deswegen vernünftigerweise nicht davon ausgehen dürfen, er könne eine für die Aktionäre derart maßgebliche Entscheidung alleine treffen, und habe somit seine Sorgfaltspflichten verletzt.

cc) Hauptversammlung erforderlich beim Delisting: Macrotron[658]

Die Ingram Macrotron AG für Datenerfassungssysteme war an zwei inländischen Börsen notiert. Ein nur geringer Anteil von 1,07% der Stammaktien und 8,5% der Vorzugsaktien befand sich in Streubesitz. Auf der Hauptversammlung der Gesellschaft

---

[657] *BGHZ* 83, 122 (Holzmüller) mit Anmerkung *Sünner*, AG 1983, 169.

[658] *BGHZ* 153, 47 (Macrotron) = *BGH*, ZIP 2003, 387, 389 mit Anmerkung *Streit*, ZIP 2003, 392; vgl. auch *Schmidt*, NZG 2003, 601.

wurde das reguläre Delisting von beiden Börsen beschlossen. Auch wenn das grundsätzliche Erfordernis eines Hauptversammlungsbeschlusses bei einem Delisting nicht Kern des Verfahrens war, hatte der BGH dennoch im Rahmen der Ausführungen zur Revisionserwiderung Gelegenheit, zu dem Problem Stellung zu beziehen. Er führt aus, dass durch ein Delisting die Verkehrsfähigkeit der Aktie maßgeblich beeinträchtigt werde und „wirtschaftlich gravierende Nachteile" mit sich bringe, über die zu befinden allein die Hauptversammlung berufen sei. Eine solche Zuständigkeit ergebe sich aber nicht aus den Grundsätzen der Holzmüller-Entscheidung, sondern aus verfassungsrechtlichen Gesichtspunkten. Der Verkehrswert und die Fähigkeit, diesen durch jederzeitige Deinvestitionsentscheidung realisieren zu können, seien nämlich nach ständiger Rechtssprechung des BVerfG durch die Eigentumsgarantie des Art. 14 GG geschützt. Ein nachteiliger Eingriff in die Verkehrsfähigkeit der Aktie sei damit eine Frage des mitgliedschaftlichen Vermögenswertes, über den nicht die Geschäftsleitung, sondern die Hauptversammlung zu entscheiden habe.

dd) Einschränkung der Holzmüller-Rechtsprechung: Gelatine[659]

Die Gelatine-Rechtsprechung wird ganz überwiegend als Korrektiv der weit gefassten Holzmüller-Entscheidung gesehen und als Versuch, die in der Folge von Holzmüller diskutierte „weit ausufernde Kompetenzzuweisung der Hauptversammlung auch in Bagatellfällen"[660] zu begrenzen. Im Streit stand die Deutsche Gelatine Fabriken Stoess AG, die 100% der Beteiligungen an einer deutschen, einer schwedischen und einer englischen Tochtergesellschaft hielt. Im Wege einer Sachkapitalerhöhung brachte die Stoess AG die schwedische und die englische Gesellschaft, die für das Konzernergebnis eine Bedeutung von ca. 30% hatten, in die deutsche Tochter ein. Diese Konzernumstrukturierung, die aus den beiden ausländischen Tochtergesellschaften Enkelinnengesellschaften werden ließ, wurde ohne Mitwirkung der Hauptversammlung beschlossen und durchgeführt. Die an der Mutter-AG beteiligten Kläger hielten die fehlende Mitwirkung der Hauptversammlung für unzulässig, ein Gesellschaftervotum sei im Lichte der Holzmüller-Rechtsprechung erforderlich gewesen. Der BGH lehnt diese Auffassung ab und führt dazu aus, dass ungeschriebene Mitwirkungsbefugnisse der Hauptversammlung „nur ausnahmsweise und in engen Grenzen anzuerkennen" seien. Sie kämen nur dann in Betracht, „wenn eine Umstrukturierung der Gesellschaft an die Kernkompetenz der Hauptversammlung, die Verfassung der Aktiengesellschaft zu bestimmen, heranreicht, weil sie Veränderungen nach sich zieht, die denjenigen zumindest nahe kommen, welche allein durch eine Satzungsänderung herbeigeführt werden können".

---

[659] *BGHZ* 159, 30 (Gelatine I) = *BGH*, ZIP 2004, 993 mit Anmerkung *Altmeppen*, ZIP 2004, 999 und *BGH*, ZIP 2004, 1001 (Gelatine II).

[660] *Liebscher*, ZGR 2005, 1, 13.

ee) Kurze Zusammenfassung

Die aus den zitierten Entscheidungen gewonnenen, hier interessierenden Erkenntnisse lassen sich wie folgt zusammenfassen: Auch wenn alle drei Entscheidungen auf einer Linie liegen, hebt sich Macrotron ab. Während die anderen beiden Entscheidungen für gewisse, einschneidende Strukturmaßnahmen in analoger Anwendung des § 119 I AktG bzw. in Ermessensreduktion des § 119 II AktG eine ungeschriebene Hauptversammlungszuständigkeit sehen, stützt der BGH die Ausführungen zu Macrotron auf individualschützende Erwägungen, namentlich den Schutz des Vermögens aus Art. 14 GG. Im Ergebnis kann jedoch -unabhängig von der dogmatischen Grundlage- in Ausnahmefällen die Zuständigkeit der Hauptversammlung auch dann begründet sein, wenn das Gesetz eine solche Kompetenzzuweisung nicht ausdrücklich vorsieht. Es muss eine Störung der aktienrechtlichen Zuständigkeitsordnung vorliegen. Ein solcher Ausnahmefall kann dann gegeben sein, wenn derartig schwerwiegend in die Rechtsstellung der Aktionäre eingegriffen wird, wie es sonst nur durch eine Änderung der Satzung möglich gewesen wäre. Diese von der Hauptversammlung zu beurteilende Maßnahme bedarf keiner sachlichen Rechtfertigung[661].

ff) Bisherige Rechtsprechung als Indiz für das Erfordernis eines Gesellschafterbeschlusses?

Der übernahmerechtliche Squeeze-Out weist durchaus Gemeinsamkeiten mit den Sachverhalten auf, die den zitierten Entscheidungen zugrunde liegen. Insbesondere Übereinstimmungen mit dem im Zusammenhang mit Macrotron behandelten (regulären) Delisting sind nicht zu übersehen. Dennoch lässt sich der Squeeze-Out weder den (durch die Gelatine-Entscheidungen konkretisierten) Holzmüller-Grundsätzen unterordnen, noch passen die Macrotron-Erwägungen in Inhalt oder Rechtsfolge: Wie oben[662] herausgearbeitet, handelt es sich beim Squeeze-Out nicht um eine Grundlagen- oder Strukturentscheidung, bei der wesentliche Anteile des Vermögens der Gesellschaft und damit mittelbar des Vermögens der Aktionäre betroffen sind, weil sich das Vermögen der Gesellschaft bei einem durch einen Ausschluss bedingten Wechsel der Aktionäre nicht ändert. Aber auch wenn man die Holzmüller-Doktrin über derartige Maßnahmen hinaus auf den Squeeze-Out anwenden wollte, fehlt den Rechtsinstituten die notwendige inhaltliche Gemeinsamkeit: Nach der BGH-Rechtsprechung ist eine Hauptversammlung in Holzmüller-Sachverhalten erforderlich, weil ein schwerer Eingriff in die Mitgliedschaftsrechte der Aktionäre stattfindet[663]. Diese sollen davor geschützt werden, dass ihre Investition ohne ausreichendes Mehrheitsvotum nach Durchführung der betreffenden Maßnahme weniger wert ist, als zuvor.

---

661 *BGHZ* 153, 47, 58 f. und LS 2; dazu *Wilsing/Kruse*, ZIP 2003, 1110, 1114.

662 Vgl. oben S. 6 f.

663 *Altmeppen*, ZIP 2004, 999, 1000.

Diese Situation passt nicht zu den §§ 39a f. WpÜG, weil die ehemaligen Aktionäre nach Durchführung des Squeeze-Out keinen geringeren Vermögenswert haben als zuvor, sondern vielmehr ihre Vermögensbeteiligung an der Gesellschaft mit Durchführung des Ausschlussverfahrens durch beteiligungsloses Vermögen ersetzt wird. Dagegen kann auch nicht vorgebracht werden, die Holzmüller-Grundsätze müssten gerade im Wege eines Erst-Recht-Schlusses auf den Squeeze-Out angewendet werden, weil die Aktionäre nicht nur einen Teil(wert) ihrer Beteiligung verlören, sondern ihre Beteiligung im Ganzen; eine solche Argumentation griffe zu kurz: Während die Aktionäre im Fall des übernahmerechtlichen Squeeze-Out wegen § 39a I 1, III WpÜG für den Verlust ihrer Rechtsposition eine angemessene Abfindung erhalten, die sie nach ständiger Rechtssprechung des BVerfG wirtschaftlich voll entschädigen muss, sind die Aktionäre in Holzmüller-Fällen gerade deswegen schutzwürdig, weil ihre Beteiligung durch die Entziehung eines Teils des Gesellschaftsvermögens ohne jegliche Abfindung geschmälert wird. Anders gewendet: Zwar ist der Verlust der Rechtsposition im Falle des Squeeze-Out wegen des vollständigen Verlustes der mitgliedschaftlichen Beteiligung stärker, wird aber im Ergebnis durch Zahlung der angemessenen Abfindung voll entschädigt. Das tatsächliche Vermögen der Aktionäre erfährt keine Minderung. Im Gegensatz dazu sind die Holzmüller-Sachverhalte durch eine nicht entschädigte Entziehung von Vermögen geprägt. Der durch einen Squeeze-Out ausgeschlossene Aktionär ist in diesem Sinne also nicht in größerem Maße schutzwürdig[664].

Bei unbefangener Herangehensweise an die Begründung der Macrotron-Entscheidung findet sich allerdings eine Stelle, aus der sich die Notwendigkeit einer Einschaltung der Hauptversammlung bei einem Squeeze-Out herauslesen ließe: Der BGH führt aus, eine solche könne nicht daraus hergeleitet werden, dass die innere Struktur der Gesellschaft verändert werde oder „der Bestand des Mitgliedschaftsrechts –wie etwa bei der Regelung des Squeeze-Out i.S.d. §§ 327a ff. AktG– berührt“ werde[665]. Nun ließe sich vertreten, dass der BGH meint, sobald der Bestand des Mitgliedschaftsrechts berührt werde, werde ein Hauptversammlungsbeschluss erforderlich. Dies ist aber gerade nicht der Fall. Vielmehr geht der BGH in diesen Ausführungen auf gesellschaftsrechtliche Maßnahmen ein, die ein Votum der Hauptversammlung voraussetzen, sei es ausdrücklich im Gesetz angeordnet oder aus ungeschriebenen Grundsätzen hergeleitet. Diese Maßnahmen durchleuchtet er auf die Frage, ob aus ihnen eine Hauptversammlungszuständigkeit für das im Fall Macrotron interessierende Delisting abgeleitet werden kann. Diese Überlegungen sind demnach vielmehr in der Weise zu verstehen, dass bereits bestehende Institute analysiert werden, bei denen die

664 Damit sei aber auch nicht gesagt, der von einem Squeeze-Out betroffene Aktionär sei *weniger* schutzwürdig. Es handelt sich vielmehr um Situationen, die entgegen dem ersten Anschein nicht vergleichbar sind. Selbstverständlich ist der Aktionär allein wegen des Verlustes seiner mitgliedschaftlichen Stellung in der Gesellschaft schützenswert. Diese wird aber bei sachgerechter Anwendung der Abfindungsregeln des § 39a I 1, III WpÜG (d.h. Interpretation des § 39a III 3 WpÜG als widerlegliche Vermutung) in allen Fällen durch die angemessene Abfindung erreicht. Die Schutzwürdigkeit des Aktionärs ist damit im Vergleich nicht eine geringere, sondern schlicht eine andere.

665 *BGHZ* 153, 47, 54 (Macrotron) = *BGH*, ZIP 2003, 387, 389 mit Anmerkung *Streit*, ZIP 2003, 392.

Notwendigkeit eines Hauptversammlungsbeschlusses als gegeben angesehen wird, ohne diese kritisch zu hinterfragen. Der BGH respektiert damit die Entscheidung des Gesetzgebers, der wegen der Nähe des aktienrechtlichen Squeeze-Out zur Eingliederung eine Hauptversammlungszuständigkeit in den §§ 327a I 1, 327c, d AktG für erforderlich gehalten hat.

Damit ist aber noch keine Aussage darüber getroffen, ob der BGH einen Hauptversammlungsbeschluss beim Squeeze-Out für erforderlich hält. Jedenfalls grenzt er den Squeeze-Out ausdrücklich von den Holzmüller-Grundsätzen ab und hält ihn ebenfalls ausdrücklich für ungeeignet, um im Fall Macrotron eine Hauptversammlungszuständigkeit zu begründen[666]. Dies spricht nicht dafür, dass der BGH wegen des zitierten Verlustes der Mitgliedschaft nach einem Squeeze-Out einen Hauptversammlungsbeschluss für zwingend erforderlich hält. Daneben passt die Macrotron-Entscheidung schon von ihrem Ausgangspunkt nicht auf den hier zu besprechenden Fall: Im Gegensatz zum regulären Delisting verlieren die Anteilseigener beim Squeeze-Out nicht nur die Möglichkeit, ihre Aktien an der Börse zu handeln (Fungibilitätseinbußen), sondern verlieren vollständig ihre Gesellschafterstellung. Im Gegenzug fordert § 39a I 1 WpÜG die Zahlung einer angemessenen Abfindung durch den Bieter, während im Fall des regulären Delistings die Pflicht zur Zahlung einer Abfindung bzw. zur Abgabe eines Angebots an alle Aktionäre bis zur Macrotron-Entscheidung nicht endgültig geklärt war. Die Notwendigkeit einer Hauptversammlung resultiert im Fall Macrotron also aus einem Schutzbedürfnis der Aktionäre, das im Fall des übernahmerechtlichen Squeeze-Out wegen der Abfindungspflicht nicht besteht[667]. Eine Übertragung der Grundsätze der Macrotron-Rechtsprechung auf die §§ 39a f. WpÜG ist damit schon ihrem grundsätzlichen Anknüpfungspunkt nach nicht möglich.

Gegen eine Anwendung der Holzmüller-Doktrin auf die §§ 39a ff. WpÜG spricht auch in grundsätzlicher Hinsicht, dass die Ausgangssituation eine andere ist: Denn der BGH führt aus, eine ungeschriebene Erweiterung der Hauptversammlungszuständigkeit sei in Holzmüller-Sachverhalten ausnahmsweise und nur deswegen erforderlich, weil eine Störung der aktienrechtlichen Zuständigkeitsordnung bestehe[668]. Der Vorstand nimmt Aufgaben wahr, die von derart überragendem qualitativem oder quantitativem Gewicht sind, dass ein Votum der Gesellschafter erforderlich wäre[669]. Beim Squeeze-Out besteht dieser Anknüpfungspunkt einer Anmaßung oder Überschreitung der Vorstandskompetenzen gerade nicht. Denn sowohl bei den §§ 39a, 39b WpÜG als auch den §§ 327a ff. AktG ist die Zuständigkeitsordnung nicht gestört, weil nicht der Vorstand, sondern der Bieter (bzw. Hauptaktionär) die zum Rechtsverlust führende Maßnahme einleitet. Der Vorstand der Gesellschaft maßt sich demnach gerade nicht das Recht für Entscheidungen an, die er „vernünftigerweise nicht hätte alleine treffen

666 *BGHZ* 153, 47, 54 (Macrotron) = *BGH*, ZIP 2003, 387, 389 mit Anmerkung *Streit*, ZIP 2003, 392.
667 Ähnlich *Seibt/Heiser*, ZGR 2005, 200, 248.
668 *BGHZ* 83, 122, 134 (Holzmüller) = *BGH*, DB 1982, 795, 797 mit Anmerkung *Sünner*, AG 1983, 169.
669 *Liebscher*, ZGR 2005, 1, 23 ff.

dürfen"[670], sondern führt lediglich das einseitige Bieterverlangen durch, welches dieser aufgrund seiner Rechte aus den §§ 39a ff. WpÜG bzw. §§ 327a ff. AktG geltend machen kann.

Der BGH spricht sich damit nicht ausdrücklich für oder gegen die Notwendigkeit eines Hauptversammlungsbeschlusses beim Squeeze-Out aus. Es finden sich allerdings Indizien, dass er ein Gesellschaftervotum nicht für erforderlich hält. Jedenfalls in dogmatischer Hinsicht lässt sich eine Hauptversammlungszuständigkeit aus der Holzmüller-Doktrin oder aus individualschützenden, verfassungsrechtlichen Erwägungen im Sinne der Macrotron-Rechtsprechung nicht begründen.

α) Informationsbedürfnis der Aktionäre

Wenn nun aus dogmatischen Gesichtspunkten die Befassung der Hauptversammlung mit dem Ausschlussverlangen des Bieters nicht erforderlich ist, stellt sich die Frage, ob eine Zuständigkeit des Gesellschaftergremiums nicht aus anderen Gründen erforderlich gewesen wäre. Da sowohl die Stammaktionäre als auch die Vorzugsaktionäre unmittelbar vor einem Squeeze-Out nur eine kleine Minderheit in der Gesellschaft stellen (§ 39a I 1, 2 WpÜG), kommen dafür insbesondere Schutzaspekte in Frage. Weil der zwangsweise Ausschluss einer Aktionärsminderheit einen Eingriff in das durch Art. 14 GG geschützte Aktieneigentum bedeutet, wird insbesondere von *Heidel* vertreten, die Abhaltung einer Hauptversammlung sei wegen der dort zu erwartenden Informationen für die Anteilseigner schon aus verfassungsrechtlichen Gründen unbedingt erforderlich. Insofern müsse auch beim übernahmerechtlichen Squeeze-Out in Anlehnung an § 327c II 1 AktG der Bieter einen schriftlichen Bericht vorlegen, in dem er das Erreichen der Ausschlussvoraussetzungen des § 39a I 1 WpÜG (Bieter des vorausgehenden Angebots, Erreichen der Beteiligungsmehrheit von 95% des stimmberechtigten Kapitals bzw. des Grundkapitals) und die Angemessenheit der Abfindung detailliert darlegt und damit zur Disposition der Aktionäre stellt[671].

Ob ein schriftlicher Bericht und die Gelegenheit zur Stellungnahme durch den Hauptaktionär auf einer Hauptversammlung (§ 327d 2 AktG) beim aktienrechtlichen Squeeze-Out erforderlich sind, soll hier nicht beurteilt werden[672]; für die §§ 39a ff. WpÜG jedenfalls ist er es nicht. Hinsichtlich des Nachweises und der Erläuterungen bezüglich des Erreichens der erforderlichen Ausschlussmehrheit ist die auszuschließende Aktionärsminderheit nicht schutzwürdig. Das Ausschlussrecht ist ein einseitiges Gestaltungsrecht des Bieters des vorausgehenden öffentlichen Übernahmeangebots, welches dieser im Rahmen der gesetzlichen Bestimmungen jederzeit ausüben kann,

---

670 *BGHZ* 83, 122, 131.

671 *Heidel/Lochner*, Konzern 2006, 653, 654; *Heidel/Lochner* in: Heidel-HdbKMR, § 39a WpÜG, Rn. 24; *DSW*, Gutachten, S. 1, 3 f.; ebenso *Heise* und *Petersen*, Wortprotokoll des Finanzausschusses vom 10.5.2006, Protokollnummer 16/16, S. 11 f.

672 Mit beachtlichen Argumenten wird dies insbesondere von *Vetter* bezweifelt, vgl. AG 2002, 176, 187; ebenso *ders.*, DB 2001, 743 ff.

solange die Abfindung der Aktionäre in verfassungsrechtlich nicht zu beanstandender Weise gesichert ist[673]. Insofern kann auch das Fragerecht der Aktionäre nach § 131 AktG für das Erreichen der Ausschlussschwelle keine Rolle spielen[674], weil der Bieter den Aktionären hierüber keine Rechenschaft schuldig ist. Diese sind insoweit ausreichend geschützt, als das LG Frankfurt a.M. die Voraussetzungen im Wege der Amtsermittlung zu überprüfen hat und etwaige Einwände seitens der Aktionärsminderheit in dem Verfahren gehört werden.

Etwas anderes könnte für Art und Höhe der zu gewährenden Abfindung gelten. Da die auszuschließenden Anteilseigner Adressaten der Abfindungszahlung sind und die Abfindung den Verlust ihres Aktieneigentums wirtschaftlich vollständig kompensieren muss, ließe sich vertreten, der Bieter habe Höhe und Bildung der Abfindung etwa analog §§ 327c II 1, 327d 2 AktG darzulegen. Es stellt sich aber die Frage, ob ein Schutzbedürfnis der Aktionäre insoweit tatsächlich besteht. Denn die systematischen Unterschiede zwischen den §§ 327a ff. AktG und den §§ 39a ff. WpÜG sind zumindest in diesem Punkt derartig groß, dass ein schützenswertes Informationsinteresse der Aktionäre nicht ohne weiteres bejaht werden kann. Im Rahmen des aktienrechtlichen Squeeze-Out besteht das Erfordernis eines Hauptversammlungsbeschlusses vornehmlich aus zwei Gründen: Zum einen, weil die Aktionäre durch ihren Beschluss, der zur konstitutiven Eintragung des Aktienübergangs im Handelsregister führt, zumindest mittelbar über ihren eigenen Ausschluss entscheiden. Zweitens, und entscheidender, damit sie durch den Bericht des Hauptaktionärs und insbesondere durch ihr Fragerecht nach § 131 AktG von diesem solche relevanten Informationen bekommen, die ihnen bei fehlenden Voraussetzungen des Ausschlussrechts die Anfechtungsklage bzw. bei zu geringer Abfindung die Einleitung eines Spruchverfahrens eröffnen. Durch den Bericht und durch die mündliche Auskunft haben es die Aktionäre damit im Kern selbst in der Hand, die Voraussetzungen für ihren eigenen Rechtsschutz zu schaffen, auf den sie bei Einleitung eines Anfechtungs- oder Spruchverfahrens angewiesen sind. Im Ergebnis dient die Hauptversammlung damit dazu, den Aktionären überhaupt einen Anknüpfungspunkt für Klagen zu verschaffen.

Eine völlig andere Situation besteht beim übernahmerechtlichen Ausschlussverfahren: Das Landgericht hat aufgrund des zumindest subsidiär geltenden Amtsermittlungsgrundsatzes das Vorliegen der Tatbestandsvoraussetzungen des § 39a WpÜG zu überprüfen. Insbesondere die –wohl regelmäßig umstrittenste– Frage der Angemessenheit der Abfindung hat das Gericht bei Nichtvorliegen der widerleglichen Vermutung des § 39a III 3 WpÜG zunächst durch Sachverständigengutachten zu ermitteln, bevor es Streitigkeiten über die Höhe der Abfindung in ein Spruchverfahren verweisen kann. Während also Fragen bezüglich der Ausschlussvoraussetzungen und der Abfindung beim aktienrechtlichen Squeeze-Out regelmäßig durch die von unterschiedlichsten Motivationen geprägten subjektiven Blickwinkel der Parteien geprägt sind, entscheidet im Fall der §§ 39a, 39b WpÜG das Gericht in objektiver, unabhängiger Wei-

[673] Vgl. zur erforderlichen Besicherung der Abfindung unten S. 195 ff.
[674] A.A. *Heidel/Lochner*, Konzern 2006, 653, 654.

se. Das Recht der Aktionäre, dem Bieter auf der Hauptversammlung kritische Fragen zu stellen, wird im Verfahren nach § 39b WpÜG durch das Recht der Aktionäre ersetzt, das Gericht darauf hinzuweisen, in welche Richtung es ermitteln und welche Fragestellungen es behandeln sollte[675].

Diese Möglichkeit wird auch nicht etwa dadurch vereitelt, dass die Aktionäre keinerlei Anhaltspunkte hätten, in welchen Punkten sie das Gericht zu Ermittlungen anhalten sollten[676]: Im Gegensatz zum aktienrechtlichen Ausschlussverfahren können die Aktionäre für grundlegende Informationen auf die nach § 11 WpÜG veröffentlichte Angebotsunterlage zurückgreifen, zumal die darin enthaltenen Informationen wegen der Frist des § 39a IV 1 WpÜG auch im Ausschlussverfahren noch ausreichend aktuell sind[677]. Es bleibt daher festzuhalten, dass beim übernahmerechtlichen Ausschlussverfahren das Schutzniveau der Aktionäre nicht geringer, sondern durch die Entscheidung des unabhängigen Gerichts eher höher ist als im aktienrechtlichen Verfahren. Es besteht somit auch aus verfassungsrechtlichen Gesichtspunkten kein Schutzbedürfnis der auszuschließenden Aktionäre, auf einer (außerordentlichen) Hauptversammlung relevante Informationen vom Bieter zu erhalten.

Gleiches gilt in noch größerem Maße bei Erreichen der Annahmequote des § 39a III 3 WpÜG, durch die die widerlegliche Angemessenheitsvermutung ausgelöst wird. In diesem Fall muss der Bieter auch im gerichtlichen Verfahren die Angemessenheit der Abfindung den Aktionären nicht darlegen, weil eine gesetzliche Vermutung zu seinen Gunsten eingreift. Halten die Aktionäre die Abfindung für unangemessen, haben vielmehr sie dem Landgericht entsprechende Gründe vorzutragen, um die Vermutung zu entkräften. Die Darlegungslast trifft im Falle des § 39a III 3 WpÜG damit gerade nicht den Bieter, der mithin auch nicht verpflichtet ist, den Aktionären zu berichten. In die-

---

675 So für das FGG-Verfahren, welches ausweislich § 39b I WpÜG auch für das übernahmerechtliche Ausschlussverfahren gilt: *Schmidt* in: Keidel/Kuntze/Winkler, § 12 FGG, Rn. 229 ff.

676 So aber *Heidel/Lochner* in: Heidel-HdbKMR, § 39a WpÜG, Rn. 54 und *dies.*, Konzern 2006, 653, 657.

677 Dort sind jedenfalls Angaben zum Bieter und zu solchen Anteilen veröffentlicht, die dem Bieter hinsichtlich seiner Beteiligungshöhe am *target* im späteren Ausschlussverfahren nach § 16 IV AktG zugerechnet werden (§ 11 II, IV WpÜG i.V.m. § 2 Nr. 1, Nr. 5 WpÜG-AngVO). Bei einem reinen Tauschangebot ist die Werthaltigkeit der zum Tausch angebotenen Wertpapiere zu erläutern ((§ 11 II 1, IV WpÜG i.V.m. § 2 Nr. 2 WpÜG-AngVO). Außerdem finden sich Angaben zur Ermittlung der Gegenleistung und deren Zustandekommen durch Anwendung angemessener Bewertungsgrundsätze (§ 11 II 1, IV WpÜG i.V.m. § 2 Nr. 3 WpÜG-AngVO). Zwar weisen *Steinmeyer/Häger*, § 11 WpÜG, Rn. 55 darauf hin, dass sich die Angemessenheit nur auf die angewandten Bewertungsgrundsätze beziehen muss und damit nichts über die Angemessenheit der Gegenleistung selbst gesagt ist. In der Praxis werden aber regelmäßig Ausführungen zur Angemessenheit der Gegenleistung gemacht (vgl. die veröffentlichten Angebotsunterlagen auf der Homepage der BaFin (http://www.bafin.de) – beispielhaft diejenige der Porsche AG vom 30.4.2007 oder der Dritten BV hinsichtlich der Wertpapiere der Schering AG vom 13.4.2006). Die genannten Informationen beziehen sich zwar ausschließlich auf das dem Squeeze-Out vorausgehende öffentliche Übernahmeangebot und –dies sei betont- treffen keine Aussage über die Angemessenheit der Abfindung im Ausschlussverfahren. Sie können aber für die Aktionäre als flankierende Informationsquelle dienen; wie hier *Austmann/Mennicke*, NZG 2004, 846, 853.

sem Fall ist ein schützenswertes Informationsbedürfnis seitens der Minderheitsaktionäre schon aufgrund der gesetzlichen Wertungen nicht festzustellen, so dass auch aus diesem Grund keine Notwendigkeit für einen Hauptversammlungsbeschluss besteht.

β) Praktische Erwägungen

Wenn nun weder dogmatische Erwägungen noch Schutzzweckgedanken geeignet sind, ein Hauptversammlungserfordernis zu begründen, mögen letztlich praktische Erwägungen für oder gegen die Befassung des Gesellschaftergremiums mit dem Ausschlussverfahren sprechen. Dabei muss aber zunächst zwei Argumenten, die oftmals gegen einen Hauptversammlungsbeschluss vorgebracht werden, widersprochen werden:

Zum einen wird teilweise angeführt, mit der Regelung eines Minderheitenausschlusses per Hauptversammlungsbeschluss stünde Deutschland allein, eine Umsetzung stehe daher in Widerspruch zu den Rechtsordnungen aller anderen Mitgliedstaaten[678]. Dem ist zu entgegnen, dass die Umsetzungsmodalitäten der Richtlinienvorgaben in anderen europäischen Staaten zumindest dann für das deutsche Recht unbeachtlich sind, wenn beispielsweise aufgrund von verfassungsrechtlichen Vorgaben eine direkte Beteiligung des Gesellschaftergremiums erforderlich wäre. Insofern muss das Recht anderer Mitgliedstaaten nicht zwingend maßgeblich sein. Darüber hinaus ist die Aussage auch sachlich unrichtig, da jedenfalls in Österreich der Ausschluss durch die Hauptversammlung beschlossen werden muss (§§ 1 I, 4 I, II GesAusG).

Zum anderen wird vertreten, das Beschlusserfordernis einer im Zweifel außerordentlich einzuberufenden Hauptversammlung sei wegen der Beteiligungsverhältnisse bloße Formalität: Der Hauptaktionär, der zumindest 95% des stimmberechtigten Grundkapitals halte, könne mit seinen eigenen bzw. den ihm zuzurechnenden Stimmen allein den Ausschluss beschließen. Eine Sperrminorität könnten die Minderheitsgesellschafter nicht aufbauen, ebenso wenig sei ein Sonderbeschluss der auszuschließenden Aktionäre statthaft[679]. Insofern sei der Squeeze-Out beschlossen, sobald der Bieter sich entschließe, den Antrag zu stellen. So richtig wie dieses Argument aus praktischer Sicht ist, so sehr geht es aus minderheitsschützenden Erwägungen fehl. Zu Recht weist *Kiem* nämlich solche Argumente mit der Bemerkung zurück, ein Verzicht auf Befassung der Hauptversammlung stelle dort, wo feste Mehrheiten sichere Beschlussergebnisse garantierten, einen Rückfall in Zeiten der „*Hibernia*"-Rechtsprechung des

---

678 *Austmann/Mennicke*, NZG 2004, 846, 851; *Seibt/Heiser*, ZGR 2005, 200, 247 – beide Beiträge sind aber vor Inkrafttreten des GesAusG veröffentlicht worden und konnten diese Entwicklung deshalb wohl nicht berücksichtigen oder absehen.

679 *Vetter*, DB 2001, 743, 744; *ders.*, ZIP 2000, 1817, 1820; *ders.*, AG 2002, 176, 185f.; in die gleiche Richtung auch *Habersack*, ZIP 2001, 1230, 1237; *Schiessl*, AG 1999, 442, 452; Auch *Meyer*, WM 2006, 1135, 1143 spricht davon, der Hauptversammlungsbeschluss sei „angesichts der in Squeeze Out-Fällen vorherrschenden Mehrheitsverhältnisse ohnehin eine reine Förmelei".

Reichsgerichts dar[680]. Denn eine Hauptversammlung verpflichtet die Verwaltung zur plausiblen Darlegung ihrer Pläne und damit dazu, alle Argumente für die beabsichtigte Entscheidung kritisch zu überprüfen[681] und gibt den Aktionären die Möglichkeit, gegen die Entscheidung gerichtlich vorgehen zu können. Insbesondere sind viele Sachverhalte, in denen die Holzmüller-Doktrin Anwendung findet, von beschlussentscheidenden Mehrheiten geprägt.

Zwar gilt im speziellen, hier interessierenden Fall der §§ 39a, 39b WpÜG ein solches Bedürfnis der Aktionäre hinsichtlich der Erläuterungen durch die Verwaltungsorgane ausnahmsweise nicht. Dies liegt aber nicht daran, dass Stimmrechtsmehrheiten geeignet sein sollen, einen Hauptversammlungsbeschluss überflüssig zu machen, sondern vielmehr an dem oben dargelegten unabhängigen Beschluss durch die Gerichte. Ein Hauptversammlungsbeschluss ist demnach auch bei vorher feststehendem Ergebnis gerade nicht überflüssig und deswegen mehr als eine lästige Formalität; deshalb sollte einer entsprechenden Argumentation kein maßgebliches Gewicht beigemessen werden.

Wenn dogmatische und minderheitsschützende Erwägungen im Rahmen der §§ 39a f. WpÜG nicht durchgreifen können, sprechen entscheidend gegen das Erfordernis eines Hauptversammlungsbeschlusses diejenigen Überlegungen, die den Gesetzgeber dazu bewogen haben, dem tradierten aktienrechtlichen Ausschlussverfahren den Rücken zu kehren und ein dem § 99 AktG nachgebildetes Verfahren einzuführen: Eine Hauptversammlung bietet den Aktionären Gelegenheit, auch missbräuchliche Anfechtungsklagen gegen getroffene Beschlüsse zu erheben, entsprechend sind derartige Klageerhebungen insbesondere bei Squeeze-Out-Beschlüssen regelmäßig der Fall[682]. Der Gesetzgeber hat auf die negativen Erfahrungen im Umgang mit den §§ 327a ff. AktG reagiert und wollte mit der Umsetzung des übernahmerechtlichen Ausschlussverfahrens ein Instrument schaffen, das geeignet ist, die Minderheitsaktionäre ohne lähmende Registersperre aus der Gesellschaft auszuschließen. Dieses Ziel hätte er bei Festhalten am Erfordernis eines Hauptversammlungsbeschlusses nicht erreicht. Der Verzicht darauf war daher sinnvoll.

γ) Zusammenfassung

Der Squeeze-Out nach den §§ 39a ff. WpÜG erfordert keinen legitimierenden Beschluss der Gesellschafterversammlung. Gegenteiliges ergibt sich weder aus den Rechtsprechungsgrundsätzen der Holzmüller-Entscheidung, noch aus individualschüt-

---

680 *Kiem*, RWS-Forum Gesellschaftsrecht 2001, 330, 336; RGZ 68, 235, 246 (*Hibernia*): „... im übrigen sind die [...] Beschlüsse der Mehrheit für die Minderheit auch dann maßgebend, wenn sie dieser als verkehrt, wirtschaftlich nachteilig und den Bestrebungen der Minderheit schädigend erscheinen. [...] Mit dieser Tatsache muß sich jeder abgefunden haben, der Aktien erwirbt; [...]" – zu diesem Urteil und seinen Folgen: *Schmidt*, GesR, S. 613 ff.

681 *Kiem*, RWS-Forum Gesellschaftsrecht 2001, 330, 336.

682 Vgl. dazu ausführlich oben, S. 160 ff.

zenden Gesichtspunkten. Schützenswert ist allerdings das Interesse der Anteilseigner an abfindungsrelevanten Informationen. Diese müssen aber nicht auf einer Hauptversammlung erteilt werden, sondern können mindestens ebenso substantiiert im eigentlichen Ausschlussverfahren vermittelt werden. Insofern kommen die systematischen Unterschiede zwischen dem kapitalmarktrechtlichen Ausschlussverfahren und den verbandsrechtlich geprägten §§ 327a ff. AktG zum Tragen. Ausschlaggebend für den Verzicht auf einen Hauptversammlungsbeschluss sind zudem die Erfahrungen mit räuberischen Berufklägern oder querulantischen Anteilseignern, die ohne eigenes wirtschaftliches Interesse maßgebliche Entscheidungen der Gesellschaft über Jahre lahm legen können.

5. Antragstellung auf Ausschlussverlangen vor dem LG Frankfurt a.M.

Trotz der subsidiären Geltung der Vorschriften des FGG und des daraus resultierenden Amtsermittlungsgrundsatzes[683], wird das Verfahren durch Antrag des Bieters eingeleitet. Die Dispositionsmaxime findet daher insoweit Anwendung, als der Bieter bei den alleinig zuständigen Handelskammern des Landgerichts Frankfurt a.M. einen Antrag nach §§ 39a, 39b WpÜG stellen muss. Neben dem eigentlichen Antrag auf Einleitung des Ausschlussverfahrens hat der Bieter diejenigen Unterlagen beizufügen, die seine Berechtigung zum Squeeze-Out darlegen, also zu zeigen, dass er die Tatbestandsvoraussetzungen des § 39a I – IV WpÜG erfüllt.

a) Einschub: Vorgeschaltete Mitteilungspflichten

Vor der eigentlichen Antragstellung beim Landgericht Frankfurt a.M. sind Mitteilungspflichten zu beachten. Diese sind nicht Voraussetzung für eine wirksame Antragstellung, sind dieser aber zeitlich vorgelagert, so dass sie an dieser Stelle behandelt werden sollen.

aa) Publizitätspflicht(en) nach § 15 WpHG?

Bislang nur unzureichend geklärt ist die Frage, ob die Entscheidung des Bieters zur Durchführung des Squeeze-Out nach den §§ 39a, 39b WpÜG eine publizitätspflichtige Insiderinformation darstellt, die dieser gemäß § 15 WpHG im Wege einer Ad-hoc-Mitteilung zu veröffentlichen hat. Die Annahme einer solcher Pflicht setzt voraus, dass es sich bei der Entscheidung für den Ausschluss der Minderheitsaktionäre um einen nicht öffentlich bekannten Umstand handelt, der bei Bekanntwerden der Information geeignet ist, den Börsen- oder Marktpreis des Emittenten erheblich zu beeinflussen (Insiderinformation, § 13 I 1 WpHG). Ob eine Pflicht zur Veröffentlichung besteht, bleibt damit immer eine Frage des Einzelfalls. Hinsichtlich einer Publizitätspflicht der

---

[683] *Schmidt* in: Keidel/Kuntze/Winkler, § 12 FGG, Rn. 229 ff., vgl. auch oben, S. 161.

Zielgesellschaft wird zumindest seit Einführung des neuen § 15 WpHG vermehrt vertreten, dass die Unterbreitung eines Ausschlussverlangens i.S.d. aktienrechtlichen Squeeze-Out durch den Hauptaktionär eine Insiderinformation sei, die veröffentlicht werden müsse[684]. Diese Information berühre die Zielgesellschaft unmittelbar, da der Ausschluss der Minderheitsaktionäre die Aktionärsstruktur der Gesellschaft verändere und darüber hinaus die Unterbreitung des Ausschlussverlangens regelmäßig kurserheblich sei. Diese Überlegungen sind jedoch nur in modifizierter Weise auf den übernahmerechtlichen Squeeze-Out zu übertragen. Denn im Gegensatz zum aktienrechtlichen Squeeze-Out, bei dem eine Mehrheitsbeteiligung von zumindest 95% des Grundkapitals über Jahre bestehen kann, bevor der Hauptaktionär seinen Ausschlusswillen unterbreitet, zeichnet sich der übernahmerechtliche Ausschluss durch seine Nähe zum vorausgehenden öffentlichen Übernahmeangebot aus.

Wenn in der Angebotsunterlage bereits auf die Durchführung des Squeeze-Out bei ausreichender Anteilsbeteiligung des Bieters hingewiesen wurde[685], handelt es sich nicht um eine Insidertatsache. Denn der Wille des Bieters, einen Squeeze-Out durchzuführen, wird bereits vor der Einleitung des Ausschlussverfahrens publiziert und ist damit kein „nicht öffentlich bekannter Umstand" i.S.d. § 13 I WpHG mehr. Dies gilt insbesondere, weil die Einleitung des Ausschlussvorganges nur innerhalb der Drei-Monatsfrist des § 39a IV 1 WpÜG zulässig ist, und somit die Ankündigung eines möglichen Ausschlusses in der Angebotsunterlage nur innerhalb eines sehr begrenzten Zeitraums Wirkung entfalten muss; wird hingegen der Ausschluss nach den §§ 39a, 39b WpÜG nicht genutzt und zu einem späteren Zeitraum auf die §§ 327a ff. AktG zurückgegriffen, ist im Sinne der oben genannten Erwägungen eine Ad-hoc-Mitteilung durch den Vorstand der Zielgesellschaft zu veröffentlichen. Dies hat unverzüglich nach der Unterbreitung des Ausschlusswillens durch den Hauptaktionär zu geschehen[686] Wird in der Angebotsunterlage nicht auf die Durchführung eines übernahmerechtlichen Squeeze-Out bei ausreichender Anteilsbeteiligung hingewiesen, ist ebenfalls eine Mitteilung nach § 15 WpHG seitens der Zielgesellschaft erforderlich und zwar unverzüglich nach Kenntnis des Ausschlussverlangens. Kenntnis besteht im - wohl seltenen - Fall, dass der Bieter den Vorstand der Zielgesellschaft nicht vorab informiert, spätestens mit Bekanntmachung des Ausschlussantrags in den Gesellschaftsblättern (§ 39b II WpÜG) oder mit einer entsprechenden Ad-hoc-Mitteilung des Bieters (dazu sogleich). Andernfalls ist eine Mitteilung nach Ankündigung des Bieters, das Ausschlussverfahren durchführen zu wollen, erforderlich.

Der Bieter selbst ist mitteilungspflichtig, wenn er Emittent i.S.d. § 2 VI, VII WpHG (also z.B. eine börsennotierte Aktiengesellschaft mit Sitz im In- oder Ausland) ist, und darüber hinaus die Ankündigung oder Durchführung des übernahmerechtlichen Ausschlussverfahrens geeignet ist, den Börsen- oder Marktwert der von ihm emittierten

684 *Assmann* in: Assmann/Schneider, § 15 WpHG, Rn. 84; ebenso *Singhof*, § 327c AktG, Rn. 14; *Habersack* in: Emmerich/Habersack, KonzernR, § 327c AktG, Rn. 3.

685 So im Fall der Schuler AG, vgl. deren Angebotsunterlage, S. 27, abrufbar im Internet unter der Adresse http://www.bafin.de.

686 *Singhof* in: Spindler/Stilz, § 327c AktG, Rn. 14.

Wertpapiere erheblich zu beeinflussen[687]. Die Entscheidung darüber ist wiederum eine Frage des Einzelfalls. Grundsätzlich wird ein Zugewinn von weniger als fünf Prozent der Wertpapiere eines anderen Unternehmens auch dann keine großen Kursschwankungen auslösen, wenn durch den Vorgang alle stimmberechtigten Aktien auf den Bieter übergehen. Im Fall des Ausschlusses nach § 39a I WpÜG, durch den der Bieter Alleinaktionär der übernommenen Gesellschaft wird, kann jedoch die Pflicht zur Ad-hoc-Veröffentlichung erfüllt sein. Auch der von der BaFin herausgegebene Emittentenleitfaden aus dem Jahre 2002 führte aus, dass die vollständige Übernahme und spätere Konzerneingliederung der Zielgesellschaft „zu einer Neubewertung führen kann, wenn beispielsweise Verluste steuermindernd verrechnet werden können“[688]. Der aktuelle Emittentenleitfaden (2005) weicht von dieser Auffassung nicht ausdrücklich ab. Sowohl hinsichtlich des Bieters als auch hinsichtlich der Zielgesellschaft stellt sich in der Praxis allerdings die Frage, ob eine Veröffentlichung nach § 15 WpHG nicht „zur Sicherheit“ durchgeführt werden sollte, um Sanktionen zu entgehen. So wird zwar angesichts der unklaren Rechtslage ein Anspruch aus § 37b WpHG in der Regel wegen dessen Abs. 2 nicht in Frage kommen, möglich sind aber jedenfalls Ahndungen nach § 39 II Nr. 5a, IV WpHG bei pflichtwidrig unterlassener Mitteilung.

bb) Mitteilung nach §§ 23 I 1 Nr. 4, 14 WpÜG

Spätestens bei Einleitung des Verfahrens ist der Mitteilungspflicht nach den §§ 23 I 1 Nr. 4, 14 WpÜG nachzukommen. Die Vorschrift des § 23 I 1 Nr. 4 WpÜG wurde durch das Übernahmerichtlinie-Umsetzungsgesetz eingeführt. Danach muss der Bieter unverzüglich das Erreichen der Ausschlussmehrheit aus § 39a I 1 WpÜG veröffentlichen und der BaFin mitteilen. Dies gilt bereits dann, wenn das vorausgehende öffentliche Übernahmeangebot in einem ausreichenden Umfang angenommen worden ist[689].

Vorrangig soll die Vorschrift dazu dienen, die Minderheitsaktionäre über die bestehende Möglichkeit eines Sell-Out nach § 39c WpÜG zu informieren; sie ist damit nicht zwingende Voraussetzung zur Einleitung eines Squeeze-Out. Gleichwohl ist es aber in der Praxis dringend geboten, die Veröffentlichung nach §§ 23 I 1 Nr. 4, 2 WpÜG vorzunehmen: Ein Verstoß gegen diese Veröffentlichungspflicht stellt eine Ordnungswidrigkeit dar und kann strafrechtliche Folgen haben[690]. Ein entsprechender Ordnungswidrigkeitstatbestand ist bereits dann erfüllt, wenn die Mitteilung nicht „un-

---

687 Zum Ganzen: *Braun* in: Möllers, S. 141 ff.

688 In der (überholten) Fassung vom 26.4.2002 – dazu *Hopt* in: Schimanski/Bunte/Lwowski, § 107, Rn. 8: „Der Emittentenleitfaden ist keine Rechtsverordnung, sondern eine nur intern bindende, norminterpretierende Verwaltungsvorschrift, die aber zu einer ständigen, dann auch nach dem Gleichheitssatz (Art. 3 GG) Außenwirkung entfaltenden Verwaltungspraxis führen wird. Gerichte sind daran zwar nicht gebunden, werden sich aber voraussichtlich ganz wesentlich daran orientieren“.

689 Vgl. § 39a IV 2 WpÜG.

690 So kann ein Verstoß gegen § 23 I WpÜG den Tatbestand der Marktmanipulation nach § 20a WpHG auslösen, vgl. *Steinhardt* in: Steinmeyer/Häger, § 23 WpÜG, Rn. 38; Ordnungsgelder können bis zur Höhe von 500.000 EUR verhängt werden, vgl. § 60 I Nr. 1 b), III WpÜG.

verzüglich" erfolgt; spätestens bei Einleitung des Ausschlussverfahrens ist dem Bieter aber seine Beteiligung von 95% zumindest an den stimmberechtigten Aktien der Zielgesellschaft bewusst und ein Verstoß gegen § 23 I 1 Nr. 4, 2 WpÜG damit zumindest grob fahrlässig. Eine entsprechende Veröffentlichung sollte also unbedingt zeitnah ergehen[691].

Dazu hat der Bieter das Erreichen der jeweiligen Ausschlussmehrheit nach § 39a I 1 WpÜG oder § 39a I 2 WpÜG im Internet (§§ 23 I 2, 14 III 1 Nr. 1 WpÜG), also regelmäßig auf seiner Homepage, zu veröffentlichen und gleichzeitig im elektronischen Bundesanzeiger (§§ 23 I 2, 14 III 1 Nr. 2 WpÜG) bekannt zu machen[692]. Gleichzeitig muss der Bieter der BaFin gemäß §§ 23 I 3 WpÜG, 14 III 2 WpÜG anzeigen, dass eine Mitteilung nach § 23 I 1 Nr. 4 WpÜG im elektronischen Bundesanzeiger erfolgt ist.

b) Allgemeines

Sind die erforderlichen Mitteilungspflichten erfüllt, folgt die Antragstellung beim Landgericht. Im Antrag sind der Bieter und die Zielgesellschaft näher zu bezeichnen. Entsprechende Mindestangaben sind Zulässigkeitsvoraussetzung eines Antrags auch im echten Streitverfahren nach dem FGG[693]. Handelt es sich bei dem Bieter um eine natürliche Person, sind personenbezogene Angaben (Name, Anschrift) zu machen; bei Gesellschaften sind Firma, Sitz und Rechtsform der Gesellschaft anzugeben. Hinsichtlich der Zielgesellschaft sind ebenfalls Firma, Sitz und Rechtsform in den Antrag aufzunehmen. Dabei handelt es sich aber um reine Mindestangaben. Es bietet sich

---

691 Der Grund dafür liegt in einem Spannungsverhältnis zwischen der Nichtbeachtung der Mitteilungspflicht aus § 23 I 1 Nr. 4, 2 WpÜG und dem Sell-Out-Recht aus § 39c WpÜG: Wenn Minderheitsaktionäre erst kurz vor dem Abschluss des Ausschlussverfahrens oder erst danach von einer entsprechenden Beteiligung des Bieters erfahren (die Entscheidung muss gemäß § 39b IV 1 WpÜG den nicht am Verfahren beteiligten Aktionäre nicht zugestellt werden), können sie ihr Ausschlussrecht kaum noch ausüben; die Regelung des § 39c S. 2 WpÜG ändert daran nichts, da die Minderheitsaktionäre nach Abschluss des Squeeze-Out-Verfahrens ihre Aktionärseigenschaft verloren haben und somit kein Recht mehr aus § 39c WpÜG herleiten können. Für den (seltenen) Fall, dass die im Rahmen eines Sell-Out zu zahlende Gegenleistung höher lag, als die Abfindung beim Squeeze-Out, hätten die außenstehenden Aktionäre wegen fehlender Mitteilung aus § 23 I 1 Nr. 4 WpÜG damit einen Vermögensnachteil erlitten; auch wenn ein Verstoß gegen § 23 WpÜG grundsätzlich keinen Schadensersatzanspruch i.V.m. § 823 II BGB und zumindest im Fall des Abs. 1, 1 Nr. 4 keinen Schadensersatzanspruch aus § 12 WpÜG auslöst, stellt sich gerade beim Sell-Out die Frage, ob wegen des Vertragscharakters des Auskaufsrechts nicht doch zivilrechtliche (vor)vertragliche Schadensersatznormen Anwendung finden; jedenfalls anwendbar wäre der (enge) Rahmen der § 826 BGB, § 823 II BGB i.V.m. § 263 StGB. Eine weiterführende Auseinandersetzung würde aber den gebotenen Rahmen dieser Arbeit überdehnen.

692 Ausreichend ist auch ein Hinweis im elektronischen Bundesanzeiger, dass eine Information gemäß § 23 I Nr. 4 WpÜG bei einer geeigneten Stelle zur kostenlosen Ausgabe ausliegt (§§ 23 I 2, 14 III 1 Nr. 2, 1. HS, 2. Var. WpÜG). Dies ist aber bei einer üblicherweise kurzen Mitteilung wie § 23 I Nr. 4 WpÜG wohl wenig sinnvoll.

693 *Schmidt* in: Keidel/Kuntze/Winkler, § 12 FGG, Rn. 21 ff.

daneben an, bereits an dieser Stelle einen kurzen Überblick über die Zielgesellschaft und das vorausgegangene Übernahmeverfahren, die Art der zu übertragenden Aktien sowie deren WK- bzw. ISI-Nummern und –sollte der Bieter eine Gesellschaft sein und mit der Zielgesellschaft in einem Konzernverbund stehen– die Konzernstruktur darzulegen. Handelt es sich bei dem Bieter um eine ausländische Gesellschaft, sind Registerauszüge und eine kurze Beschreibung der Gesellschaftsstruktur zur Entscheidung über den Ausschlussantrag förderlich.

c) Beteiligungshöhe

Zum Nachweis der erforderlichen Beteiligung in Höhe von 95% zumindest des stimmberechtigten Grundkapitals ist die Höhe des Grundkapitals der Gesellschaft insgesamt und dessen Aktienstückelung darzulegen, letztere insbesondere dann, wenn neben Stammaktien auch Vorzugsaktien ausgegeben sind. Zum Nachweis der Höhe des Grundkapitals genügt ein Auszug aus dem Handelsregister; da sich jedoch aus der Satzung sowohl Grundkapital als auch Aktienstückelung ergeben, wird eine beglaubigte Kopie der Satzung der Einfachheit halber vorzugswürdig sein, um beide Punkte mit einem Dokument abzudecken. Sind damit Höhe und Stückelung des Grundkapitals dargelegt, ist in einem zweiten Schritt die erforderliche Beteiligung nachzuweisen. Ist der Bieter bereits an 95% des stimmberechtigten Grundkapitals dinglich berechtigt, ist ein Depotauszug des auf den Bieter lautenden Wertpapierdepots ausreichend. Dies gilt entsprechend im Rahmen der Zurechnungsnorm des § 39a II WpÜG, § 16 II, IV AktG. Sollen Beteiligungen eines abhängigen Unternehmens aufgezeigt werden, so genügt grundsätzlich ein Nachweis der gesellschaftsrechtlich vermittelten Abhängigkeit zum Bieter und ein Depotauszug des abhängigen Unternehmens. Für die Zurechnung von Aktien, die für die Rechnung des Bieters von einem Dritten gehalten werden (§ 39a II WpÜG, § 16 IV 2. Var. AktG), genügt der Nachweis in Form der zugrunde liegenden schuldrechtlichen Abrede, also z.B. des Treuhand- oder Kommissionsverhältnisses und ein entsprechender Depotauszug des Dritten.

Etwas anderes gilt nur im Fall der §§ 39a IV 2 WpÜG. Ein Bieter, der noch nicht zum Ausschluss berechtigt ist, muss nachweisen, dass er bei dinglichem Vollzug des vorausgehenden öffentlichen Übernahmeangebots mindestens 95% des stimmberechtigten Grundkapitals der Zielgesellschaft hält. Da die Wertpapiere bis zum dinglichen Vollzug noch nicht im Depotbestand des Bieters verbucht werden können, sondern vielmehr bei demjenigen Wertpapierdienstleistungsunternehmens verbucht sind, welches gemeinsam mit dem Bieter das öffentliche Angebot durchführt, ist ein gesonderter Depotauszug dieses Unternehmens notwendig, gebucht auf den Tag des Fristablaufs für das Angebot. Dieser zeigt an, wie viele Aktien im Rahmen des Angebots zur Annahme der Barabfindung umgebucht wurden. Aus der Summe dieser Wertpapiere und den bereits vom Bieter gehaltenen Aktien lässt sich die Berechtigung des Bieters aus § 39a I 1, IV 2 WpÜG errechnen.

d) Fristberechnung seit Ablauf der Annahmefrist

Der Bieter muss nachweisen, dass ein öffentliches Übernahmeangebot durchgeführt wurde und seit Ablauf der Annahmefrist nicht mehr als drei Monate vergangen sind, vgl. § 39a IV 1 WpÜG. Im Rahmen der Antragstellung dürfte es ausreichend sein, die Angebotsunterlage als Anhang dem Ausschlussantrag beizufügen und in der Begründung des Ausschlussantrages darzulegen, dass dieser innerhalb der Frist des § 39a IV 1 WpÜG gestellt worden ist.

e) Angemessenheit der Abfindung

Schließlich muss der Bieter die Angemessenheit der zu zahlenden Abfindung darlegen. Die Anforderungen an Begründung und Darlegungslast unterscheiden sich abhängig davon, ob der Bieter aufgrund des öffentlichen Angebots mindestens 90% des vom Angebot betroffenen Kapitals erworben hat und somit die Vermutungsregelung des § 39a III 3 WpÜG auslöst.

aa) Angemessenheit bei Nichterreichen der 90%-Schwelle

Wird die Annahmeschwelle aus § 39a III 3 WpÜG nicht erreicht, ist die Angemessenheit der Abfindung zu begründen. Nicht ausreichend wäre es, hier lediglich auf die Ausführungen der Angebotsunterlage zur Gegenleistung zu verweisen. Denn erstens verlangen weder WpÜG noch WpÜG-AngVO Angaben zur Angemessenheit der Gegenleistung[694]; zweitens unterscheidet sich der Angemessenheitsbegriff des WpÜG von demjenigen, welches das BVerfG zum Ausschluss von Minderheitsaktionären verwendet[695]. Dennoch sollte die Angebotsunterlage auch zur Begründung der Angemessenheit eingereicht werden, ebenso wie etwaige Erwerbsvorgänge außerhalb des Angebotsverfahrens, also z.B. Paketerwerbe, auf die innerhalb der Angebotsunterlage verwiesen wird. Hierdurch erhält das Gericht eine historisch lückenlose Dokumentation über die Preisbildung im Angebotsverfahren, die Auswirkungen auf die Abfindung im Ausschlussverfahren haben kann.

Der Antragsteller hat die Angemessenheit umfassend zu begründen; erforderlich wird jedenfalls eine vollständige Bewertung des Zielunternehmens und eine Stellungnahme dahingehend sein, ob der somit errechnete Wert dem „wahren“ inneren Wert entspricht, den die Aktionäre bei ihrem Ausschieden erhalten müssen. Kann eine Bewertung nicht in der engen Frist des § 39a IV 1 WpÜG erfolgen, kann diese bei Antragstellung vorbehalten werden. Daneben ist auf den derzeitigen Börsenkurs und auf

---

694 Dies ergibt sich aus dem Umkehrschluss zu § 2 Nr. 3 WpÜG-AngVO: Erforderlich ist danach lediglich eine zur Ermittlung der Gegenleistung angemessene Bewertungsmethode; dennoch ist der Bieter selbstverständlich über die §§ 3 ff. WpÜG-AngVO zur Festsetzung einer i.S.d. § 31 I 1 WpÜG (ggf. i.V.m. § 39 WpÜG) angemessenen Gegenleistung verpflichtet.

695 Vgl. oben S. 89.

seine Entwicklung seit dem Ablauf der Annahmefrist für das öffentliche Angebot einzugehen[696]. Wird ein Aufschlag auf die im Übernahmeangebot offerierte Gegenleistung gezahlt, sollte dessen Höhe erläutert werden. Wird kein Aufschlag gezahlt, sollte auch dies begründet werden. Diese umfassende Begründungspflicht ist insbesondere vor dem Hintergrund zu sehen, dem Gericht bereits bei Antragstellung Anhaltspunkte über die Bildung der Abfindung zu vermitteln, so dass erstens das Ausschlussverfahren möglichst zügig abgeschlossen werden kann und zweitens das Gericht nicht mangels ausreichender Begründung den Antrag schlicht abweist, wenn es die Höhe der Abfindung für unangemessen hält und deren Berechnung nicht nachvollziehen kann. Falls das vorausgehende öffentliche Angebot als Gegenleistung lediglich Aktien des Bieters vorgesehen hat, wäre schließlich noch auf den Umrechnungsschlüssel der Aktien in eine Barabfindung einzugehen, vgl. § 39a III 2 WpÜG. Hierbei sollte jedoch ein Verweis auf den Kurswert der bietereigenen Aktie zu einem Stichtag unmittelbar vor der Stellung des Ausschlussantrags genügen.

Die vorgenannten Ausführungen sind im Fall des § 39a I 2 WpÜG mit entsprechendem Inhalt ebenfalls für die Vorzugsaktionäre zu machen.

bb) Angemessenheit bei Erreichen der 90%-Schwelle

Erreicht der Bieter die 90%-Schwelle aus § 39a III 3 WpÜG, greift die widerlegliche Angemessenheitsvermutung ein mit der Folge, dass eine Beweislastumkehr zu seinen Gunsten stattfindet. Da also die im Rahmen des vorausgehenden öffentlichen Übernahmeangebots gezahlte Gegenleistung als angemessene Abfindung anzusehen ist, hat grundsätzlich nicht der Bieter Ausführungen zur Angemessenheit zu machen, sondern es obliegt vielmehr den Minderheitsaktionären, die Vermutung bei behaupteter Unangemessenheit zu entkräften.

Es genügt daher, dass der Bieter das Erreichen der Schwelle darlegt. Ausreichend hierfür ist eine Bestätigung des das Angebot begleitenden Wertpapierdienstleistungsunternehmens, aus der hervorgeht, wie viele Aktien unter der entsprechenden ISIN im Rahmen der Annahme des öffentlichen Übernahmeangebots bis zum Ablauf der Annahmefrist umgebucht wurden. Die Annahmequote lässt sich dann im Verhältnis zu den vom Angebot betroffenen Aktien errechnen. In der Beratungspraxis stellt sich nun die Frage, ob dennoch Ausführungen zur Angemessenheit gemacht werden sollten, um möglichen Einwendungen der Minderheitsaktionäre vorsorglich zu begegnen. Dafür besteht aber schon deshalb kein Anlass, weil ein etwaiges Aktionärsvorbringen noch im Verfahrensverlauf entkräftet werden kann. Insofern sollte sich der Antrag darauf beschränken, das Erreichen der 90%-Schwelle darzulegen.

---

[696] Dies ist nach ständiger Rechtsprechung des BVerfG bereits deswegen unerlässlich, weil der Aktionär denjenigen Wert erhalten muss, den er bei einer freien Deinvestitionsentscheidung (zum Zeitpunkt des Squeeze-Out) erhalten würde, vgl. oben S. 87 ff.

f) Publizität des Ausschlussverlangens

Gemäß § 39b II WpÜG ist der Ausschlussantrag in den Gesellschaftsblättern bekannt zu machen. Weder das Gesetz selbst noch die Regierungsbegründung geben einen Hinweis darauf, ob es sich um die Gesellschaftsblätter des übernehmenden Unternehmens oder des Zielunternehmens handelt. Da die Regelung aber gewährleisten soll, dass die betroffenen Aktionäre informiert werden und sie die Möglichkeit erhalten, sich am Verfahren zu beteiligen[697], können nur die Gesellschaftsblätter der Zielgesellschaft gemeint sein. Damit sollte bereits bei Antragstellung darauf hingewiesen werden, ob neben der zwingend (§§ 25 S. 1, 23 V 1 AktG) zu erfolgenden Veröffentlichung im elektronischen Bundesanzeiger weitere Gesellschaftsblätter in der Satzung der Zielgesellschaft benannt sind (§ 25 S.2 AktG).

g) Beibringung von Sicherheiten

Schließlich stellt sich die Frage, ob im Rahmen der Antragstellung Sicherheiten zur Erfüllung der Abfindungsansprüche der Minderheitsaktionäre beigebracht werden müssen[698]. Ein rechtsvergleichender Blick auf § 327b III AktG zeigt, dass im Rahmen des aktienrechtlichen Squeeze-Out auf eine Besicherung der Abfindung nicht verzichtet wird: Der Hauptaktionär hat dem Vorstand der Gesellschaft vor Einberufung der Hauptversammlung die Erklärung eines Kreditinstituts zu übermitteln, mit der dieses erklärt, bei Ausfall des Hauptaktionärs den ausscheidenden Aktionären die zugesicherte Abfindung zu zahlen (sog. Bankgarantie[699]). Wenn auch die Rechtsnatur im Einzelnen streitig ist[700], besteht Einigkeit dahingehend, dass ein unmittelbarer Anspruch gegen das Kreditinstitut bestehen soll. Die Bonität des Kreditinstituts und damit die Sicherheit der ausscheidenden Aktionäre auf Erhalt der Abfindung werden dadurch gewährleistet, dass nur solche Kreditinstitute in Frage kommen, die nach § 32 I KWG in Deutschland zugelassen sind. Die Bankgarantie muss in der Höhe der Summe der im Ausschlussverlangen des Hauptaktionärs bestimmten Abfindung aller Minderheitsaktionäre entsprechen[701].

Eine ähnliche Regelung könnte in Erweiterung des Wortlauts des § 39b WpÜG auch beim übernahmerechtlichen Squeeze-Out erforderlich sein. Nach Art. 15 V ÜbRL haben die Mitgliedstaaten sicherzustellen, „dass eine angemessene Abfindung *garantiert* wird“. Gemäß § 39a I 1 WpÜG werden die Aktien der Minderheitsaktionäre nur gegen *Gewährung* einer *angemessenen Abfindung* auf den Bieter übertragen. Ist

697 BT-Drs. 16/1003, S. 22.

698 Dafür und zur gleichzeitigen Verzinsung des Abfindungsanspruchs im Rahmen der §§ 39a f. WpÜG: *Santelmann* in: Steinmeyer/Häger, § 39a WpÜG, Rn. 12 f.; *Austmann/Mennicke*, NZG 2004, 846, 851; *Hopt/Mülbert/Kumpan*, AG 2005, 109, 117.

699 BR-Drs. 574/01, S. 184.

700 *Grzimek* in: Geibel/Süßmann, § 327b AktG, Rn. 43; *Hasselbach* in: KölnKommWpÜG, § 327b AktG, Rn. 30.

701 *BGH*, AG 2005, 921.

dem Antrag des Bieters auf Übertragung der Aktien stattgegeben worden, ist er durch den Ausschlussbeschluss verpflichtet, die festgesetzte Abfindung zu gewähren. Es stellt sich aber die Frage, wie der Postulation sowohl der ÜbRL als auch des § 39a I WpÜG nach einer angemessenen Abfindung nachgekommen werden kann, wenn der Bieter nicht in der Lage ist, diese aufzubringen. Die Aktionäre, deren Aktien bereits mit Rechtskraft des Übertragungsbeschlusses auf den Bieter übergegangen sind und die somit vorleistungspflichtig[702] sind, würden dann keine volle wirtschaftliche Entschädigung für den Verlust ihres Anteilseigentums erhalten. In diesem Fall wäre aber nicht den vom BVerfG formulierten Anforderungen an den Ausschluss von Minderheitsaktionären Genüge getan, so dass die Frage der Besicherung der Abfindung eine verfassungsrechtliche ist.

aa) Übertragung der Grundsätze des § 327b III AktG

α) Verfassungskonforme Auslegung oder Analogieschluss?

Die Durchsetzbarkeit des Abfindungsanspruchs gegen den Bieter kann aus verschiedenen Gründen zweifelhaft sein. Erstens kann der Bieter ein ausländisches Rechtssubjekt sein, so dass eine möglicherweise im Wege der Zwangsvollstreckung durchzusetzende Befriedigung der Aktionäre erfolglos bleiben könnte. Zu denken ist in diesem Zusammenhang insbesondere an sog. „offshore"-Gesellschaften[703] mit Sitz außerhalb der EU. Zweitens besteht die Möglichkeit, dass ein zur Durchführung des öffentlichen Übernahmeangebots und des nachfolgenden Squeeze-Out aufgebautes Erwerbsvehikel nicht über ausreichende finanzielle Mittel verfügt, um die Abfindung zahlen zu können. Dies kann z.B. der Fall sein bei einer lediglich mit dem gesetzlichen Mindestkapital ausgestatten GmbH, die im Übernahmeverfahren formell als Bieter aufgetreten ist und deren Stammkapital im Fall ihrer Zahlungsunfähigkeit bei großen Abfindungssummen kaum ausreichen wird. Schließlich sind die Aktionäre bei einem übernahmerechtlichen Squeeze-Out stärker gefährdet als bei einem Ausschluss nach den §§ 327a ff. AktG, denn wegen der hohen Kosten für die Durchführung einer öffentlichen Übernahme ist nicht ausgeschlossen, dass eine Fehlkalkulation des Bieters vorliegt, und er durch derartig massive Belastungen in die Insolvenz fällt. In jedem dieser Fälle wird die Durchsetzung des Abfindungsanspruchs entweder erheblich erschwert oder sogar vollständig verhindert. Dies hätte zur Folge, dass die Zahlung einer angemessenen Abfindung nicht gewährleistet ist, und somit weder die Vorgaben der Richtlinie, noch diejenigen des § 39a I WpÜG oder der Rechtsprechung des BVerfG erfüllt sind[704].

---

702 *Grzimek* in: Geibel/Süßmann, § 327b AktG, Rn. 37; *Habersack* in: Emmerich/Habersack, KonzernR, § 327b AktG, Rn. 11.

703 *Meilicke* weist dazu pointiert auf den „Hauptaktionär aus Zimbabwe" hin (AG 2007, 261, 263), *Heidel* spricht im Gesetzgebungsverfahren von „Briefkastengesellschaften mit Sitz in der Karibik" (*Heidel*, Gutachten, S. 27).

704 *Austmann/Mennicke*, NZG 2004, 846, 851; *Hopt/Mülbert/Kumpan*, AG 2005, 109, 117; *Hasselbach*, ZGR 2005, 387, 412; *Heidel*, Gutachten, S. 25 ff.

Zur Vermeidung dieses europa- und verfassungswidrigen Zustands bietet es sich an, auf das für das Ausschlussverfahren nach den §§ 327a ff. AktG bewährte Institut der Bankgarantie zurückzugreifen. Systematisch kommt zunächst eine europarechts- bzw. verfassungskonforme Auslegung des § 39b WpÜG dahingehend in Betracht, dass das über den Ausschlussantrag befindende LG Frankfurt a.M. während des Ausschlussverfahrens bei Zweifeln an der Realisierbarkeit des Abfindungsanspruchs die Beibringung einer Bankgarantie fordern kann[705]. Vorzugswürdiger erscheint aber die Lösung, das gleiche Ziel in analoger Anwendung von Finanzierungsvorschriften, namentlich entweder des § 13 I 2 WpÜG oder des § 327b III[706] AktG zu erreichen. Zum einen kann damit grundsätzlich auf die zu diesen Vorschriften entwickelte Rechtsprechung zurückgegriffen und so ein hohes Maß an Rechtssicherheit und Praxistauglichkeit erreicht werden. Das würde bedeuten, dass z.B. etwaige Form- und Inhaltsfragen von vornherein geklärt sind, während dies bei einer verfassungskonformen Auslegung mit der abstrakten Forderung nach einer Bankgarantie nicht gewährleistet wäre. Zum anderen sollte die Gewährleistung eines Kreditinstituts nicht nur bei aufkommenden Zweifeln an der Bonität des Bieters während des Verfahrens, sondern grundsätzlich gefordert werden, weil eine mögliche Insolvenz erst nach rechtskräftigem Ausschlussbeschluss entstehen kann und die Aktionäre auch in diesem Fall abgesichert sein müssen.

β) Analoge Anwendung des § 13 I 2 WpÜG oder des § 327b III AktG?

Für die analoge Anwendung des § 13 I 2 WpÜG spricht zunächst dessen systematische Stellung im Übernahmerecht und die damit gegebene Nähe zu den §§ 39a ff. WpÜG. Inhaltlich sichert § 13 I 2 WpÜG den (Bar-)Abfindungsanspruch für die das öffentliche Übernahmeangebot annehmenden Aktionäre ab[707]. Eine Ausdehnung der Vorschrift auf die Besicherung des als Annex zu selbigem Übernahmeangebot gestalteten Squeeze-Out liegt damit ebenfalls nahe. Dennoch passt die Vorschrift der Sache nach nicht vollständig auf die Besicherung des übernahmerechtlichen Squeeze-Out: § 13 I 2 WpÜG betrifft die Besicherung nach einer freiwilligen Annahme des Übernahmeangebots und nicht die Besicherung nach einem Zwangsausschluss der Aktionäre. Dog-

---

705 *Santelmann* in: Steinmeyer/Häger, § 39a WpÜG, Rn. 12 f.

706 Der Vorwurf der Verfassungswidrigkeit des § 327b III AktG kann spätestens seit den Entscheidungen über die Verfassungsmäßigkeit der §§ 327a ff. AktG in der Praxis nicht mehr erhoben werden (*BVerfG*, BB 2007, 1515; *BGH*, BB 2005, 2651), er ist aber auch ungerechtfertigt. Dem in Anfechtungsklagen regelmäßig vorgetragenen Argument, selbst Banken könnten in die Insolvenz fallen, so dass im Falle der gleichzeitigen Insolvenz des Hauptaktionärs die Aktionäre ihren verfassungsrechtlich gesicherten Anspruch auf eine volle wirtschaftliche Entschädigung nicht erhielten, erteilt der BGH eine Absage: Eine Insolvenzgefahr besteht bei öffentlich-rechtlichen Banken wegen der Gewährträgerhaftung nicht und ist auch bei anderen Kreditinstituten sehr gering (*BGH*, aaO, 2562). Außerdem, so ergänzt das *BVerfG*, erforderten die Artt. 1 III, 20 III GG nicht, dass der Gesetzgeber Vorkehrungen gegen jedes denkbare Risiko des Wirtschaftslebens treffe (*BVerfG*, aaO, 1517).

707 Dazu ausführlich und mit kritischen Anmerkungen *Noack* in: FS Hadding 2004, S. 991, 992 ff.; s. auch *Singhof/Weber*, WM 2002, 1158 m.w.N.

matisch wird ein Abfindungsanspruch abgesichert und nicht „die vollständige Erfüllung des Angebots“ gewährleistet. Schließlich richtet sich die Finanzierungsbestätigung zumindest mittelbar an die BaFin, die bei Nichtvorliegen der Voraussetzungen des § 13 WpÜG das Angebot im Rahmen ihrer präventiven Kontrolle zu untersagen hat (§ 15 I Nr.2 WpÜG).

Näher liegt daher eine analoge Anwendung des § 327b III AktG, der inhaltlich fast vollständig auf die ungeregelte Situation bei §§ 39a, 39b WpÜG passt, weil er den Abfindungsanspruch der durch den Squeeze-Out verdrängten Aktionärsminderheit durch die (Garantie-)Erklärung eines Kreditinstituts absichert. Die oben aufgezeigten Unterschiede zwischen dem verbandsrechtlichen und dem übernahmerechtlichen Ausschlussverfahren stehen einem Analogieschluss nicht im Wege, weil es sich bei § 327b III AktG nicht um eine gesellschaftsrechtlich geprägte Vorschrift, sondern eher um eine Verfahrensvorschrift handelt, die die Zahlung einer vollen wirtschaftlichen Entschädigung garantieren und so die Verfassungsmäßigkeit des Ausschlusses absichern soll. Jedoch ist eine Übertragung dieser Vorschrift insoweit zu modifizieren, als § 327b III AktG hinsichtlich des Vorliegens der Bankgarantie auf einen Zeitpunkt vor der Hauptversammlung abstellt. Weil das Erfordernis eines konstitutiven Hauptversammlungsbeschlusses beim übernahmerechtlichen Squeeze-Out nicht besteht, muss ein anderer Zeitpunkt verbindlich bestimmt werden. Da konstitutiv für den Ausschluss nach §§ 39a, 39b WpÜG der gerichtliche Beschluss ist, ist systemimmanent zu fordern, dass die Gewährleistung bereits vor Beginn des Ausschlussverfahrens vorliegt. Dem Bieter ist also aufzugeben, bei Antragstellung mit den übrigen Unterlagen eine Bankgarantie zu übermitteln. Sollte er dies versäumen, ist das Verfahren bis zur Vorlage einer entsprechenden Erklärung auszusetzen.

§ 327b III AktG ist damit geeignet, die fehlende Absicherung des Abfindungsanspruchs aus § 39a I 1 WpÜG zu gewährleisten. Die erforderlichen Voraussetzungen einer Analogie liegen vor: Es besteht eine planwidrige Regelungslücke, weil ohne eine zusätzliche Absicherung des Abfindungsanspruchs ein Verstoß gegen Europarecht und deutsches Verfassungsrecht vorläge und nicht davon ausgegangen werden kann, dass der Gesetzgeber diesen Zustand herbeiführen wollte. Der Gesetzgeber hat sich im Verfahren nicht inhaltlich mit der Besicherung des Abfindungsanspruchs in Form einer Bankgarantie oder eines ähnlichen Instruments auseinandergesetzt. Eine vergleichbare Interessenlage besteht, weil sowohl im originären wie auch im analogen Anwendungsbereich des § 327b III AktG der Abfindungsanspruch nach einem Squeeze-Out abgesichert werden soll[708].

bb) Höhe der Absicherung

Wendet man § 327b III AktG analog an, stellt sich die Folgefrage, in welcher Höhe Sicherheiten für die Abfindung der Aktionäre geleistet werden müssen. Der Wortlaut

[708] Im Ergebnis auch *Hopt/Mülbert/Kumpan*, AG 2005, 109, 117.

der Vorschrift bezieht sich ausdrücklich auf die Besicherung „der *festgelegten* Barabfindung“, also die Summe der Abfindungszahlungen an alle ausscheidenden Aktionäre. Beim übernahmerechtlichen Squeeze-Out fehlt es aber gerade an einer *Festlegung* der Barabfindung durch den Bieter. Die Höhe der Abfindung findet ihren Bezugspunkt vielmehr in der Höhe der Gegenleistung für das vorausgehende Übernahme- oder Pflichtangebot. Wird die Angemessenheitsvermutung des § 39a III 3 WpÜG widerlegt oder wird eine 90%-Annahmequote nicht erreicht, ist zunächst eine Unternehmensbewertung durchzuführen[709]. Da dies erst im Ausschlussverfahren selbst stattfinden kann, die Bankgarantie aber bereits vor Einleitung des Ausschlussverfahrens beizubringen ist, ist zur Ermittlung der Mindesthöhe der Garantie ebenfalls auf das öffentliche Übernahmeverfahren abzustellen. Diese errechnet sich dann durch die Multiplikation der Anzahl der außenstehenden, auszuschließenden Aktionäre mit der Höhe des für sie geltenden Barpreises aus dem Übernahmeangebot. Wurden im vorausgehenden Übernahmeangebot ausschließlich Aktien des Bieters angeboten, ist deren Barwert entsprechend § 31 II WpÜG zu ermitteln, um die Mindesthöhe der Bankgarantie bestimmen zu können.

In der Literatur wird zurückgehend auf einen Vorschlag von *Meilicke*[710] vertreten[711], dies sei aus verfassungsrechtlichen Gesichtspunkten unzureichend. Wenn lediglich der im Ausschlussverlangen bestimmte Umfang der Abfindung von der Bankgarantie gedeckt werde, sei eine volle wirtschaftliche Entschädigung i.S.d. Art. 14 GG auch nur in dieser Höhe gewährleistet. Werde jedoch die Abfindung in einem Spruchverfahren –was nach hier vertretener Ansicht auch im Rahmen der §§ 39a f. WpÜG möglich ist– erhöht, sei der Aktionär bei einer späteren Insolvenz des Ausschließenden nicht hinreichend geschützt und könne seinen Abfindungsergänzungsanspruch gegen diesen nicht mehr voll durchsetzen. Die Frage ist letztendlich, ob der ausscheidende Aktionär gegen eine Insolvenz des Bieters nach Abschluss des Ausschlussverfahrens wirtschaftlich geschützt sein muss und ob aus verfassungsrechtlichen Gesichtspunkten der Umfang des § 327b III AktG (analog) entgegen dem Wortlaut auf die „insgesamt geschuldete“[712] Abfindung zu erweitern ist.

Dies ist aus verschiedenen Gründen zu verneinen. Gegen eine derartige Auslegung spricht zunächst die praktische Erwägung, dass der Ausgang eines Spruchverfahrens ungewiss ist und sich nicht abschätzen lässt, ob und in welchem Maße die Gerichte eine Erhöhung der Abfindung vornehmen[713]. Da sich auch eine Höchstgrenze nicht mit Sicherheit feststellen lässt, müsste die Bankgarantie der Höhe nach praktisch unbe-

709 Vgl. oben S. 144 ff.

710 *Meilicke*, DB 2001, 2387, 2389.

711 *LG Frankfurt a.M.*, NZG 2004, 672; *Steinmeyer/Häger* (1. Auflage), § 327f AktG, Rn. 23.

712 *Meilicke*, DB 2001, 2387, 2389.

713 Vgl. die Ergebnisse der empirischen Studie oben S. 94, in der Erhöhungen um bis zu 1100% dokumentiert sind.

schränkt sein[714]. Gerade bei Squeeze-Outs mit großen Anteilsvolumina und hohen Abfindungssummen werden Banken aber aufgrund des nicht kalkulierbaren Risikos nur wenig Bereitschaft zeigen, eine solche Sicherung zu erbringen und im Insolvenzfall persönlicher Schuldner des Abfindungserhöhungsanspruches zu sein. Eine Besicherung in unklarer Höhe ist demnach nicht oder höchstens zu unverhältnismäßigen Konditionen (unverhältnismäßig hohe Avalzinsen oder Umfang der Sicherheiten) möglich. Die Kosten zur Beibringung einer solchen Garantie, insbesondere über die Dauer eines möglicherweise jahrelangen Spruchverfahrens, wären dem Bieter aber nicht zuzumuten. Eine unlimitierte Erfüllungsgarantie widerspricht außerdem dem für die Bankenpraxis erforderlichen Grundsatz der Rechtssicherheit[715].

Daneben muss die von *Meilicke* zugrunde gelegte Prämisse infrage gestellt werden, ob ein möglicher Abfindungserhöhungsanspruch in einem Spruch- oder einem gerichtlichen Ausschlussverfahren tatsächlich von der vom BVerfG formulierten Forderung nach einer vollen wirtschaftlichen Entschädigung umfasst ist und somit durch die Besicherung verhindert werden soll, dass der Schuldner während des Spruchverfahrens zahlungsunfähig wird. Einer solchen Auslegung haben sowohl das BVerfG als auch der BGH eine Absage erteilt. Der BGH führt aus, es sei allgemeines Gläubigerrisiko, dass der Schuldner des Erhöhungsanspruchs in Vermögensverfall gerate[716]. Das BVerfG stellt fest, dass der Gesetzgeber nicht gehalten sei, Vorkehrungen gegen jedes erdenkliche wirtschaftliche Risiko zu treffen[717].

Überträgt man diesen Grundsatz auf die Absicherung der Bankgarantie zum übernahmerechtlichen Squeeze-Out, wäre der verfassungsrechtliche Auftrag erfüllt: Um dem Ausschlussantrag des Bieters stattgeben zu können, muss das Landgericht Frankfurt a.M. von der Angemessenheit der Abfindung überzeugt sein, weil es diesen ansonsten abweisen bzw. dem Bieter aufgeben müsste, die Abfindung zu erhöhen. Eine Bankgarantie in einer Höhe, die nach Ansicht des Gerichts eine angemessene Abfindung für alle ausscheidenden Aktionäre darstellt, ist damit nach der Rechtssprechung des BVerfG verfassungsrechtlich unbedenklich. Dies steht auch nicht im Widerspruch zu der Forderung, dass wegen einer möglichen Unangemessenheit der Abfindung die Angemessenheitsvermutung des § 39a III 3 WpÜG als widerlegliche Vermutung ausgestaltet werden muss. Denn nur bei der Bemessung der Höhe der Garantie darf sich der Gesetzgeber auf einen abstrakten Regelfall verlassen[718], dies gilt nicht für die Überprüfbarkeit der Abfindung, die immer dem vollen wirtschaftlichen Gegenwert der Beteiligung zu entsprechen hat[719]. Der Gesetzgeber war damit nach der Rechtssprechung des BVerfG nicht durch Art. 14 GG dazu verpflichtet, die Höhe der Bankgaran-

714 Zur Zulässigkeit von Höchstbetragsgarantien: *Grzimek* in: Geibel/Süßmann, § 327b AktG, Rn. 42; *Dißars/Kocher*, NZG 2004, 856; *Schüppen/Tretter* in: FrankfKommWpÜG, § 327b AktG, Rn. 31; *Fleischer* in: GroßKommAktG, § 327b AktG, Rn. 31.

715 *Hasselbach* in: KölnKommWpÜG, § 327b AktG, Rn. 31.

716 *BGH*, BB 2005, 2651, 2652.

717 *BVerfG*, BB 2007, 1515, 1516f.

718 *BVerfG*, BB 2007, 1515, 1517.

719 *BVerfGE* 14, 263 (Feldmühle).

tie auch auf den Abfindungserhöhungsanspruch zu erstrecken. Eine solche Erweiterung des § 327b III AktG analog wäre aus den genannten Praxisproblemen nicht sinnvoll.

cc) Ergebnis zur Absicherung des Abfindungsanspruchs

Eine Absicherung des Abfindungsanspruchs aus § 39a I 1 WpÜG ist erforderlich, um die Rechte der ausscheidenden Aktionäre auch in Fällen durchsetzen zu können, in denen der Bieter die Abfindungszahlungen nicht (mehr) erbringen kann. Die Bankgarantie ist ein erprobtes und bewährtes Sicherungsinstrument. Sie ist aus § 327b III AktG herzuleiten, weil diese Vorschrift die größte inhaltliche Nähe zum übernahmerechtlichen Squeeze-Out aufweist. Der Höhe nach ist eine Beschränkung der Garantie auf einen Wert zulässig, der sich aus der Höhe der im Übernahmeangebot angebotenen Abfindung pro Aktie, multipliziert mit der Anzahl der bieterfremden Aktien, berechnet. Die Absicherung einer möglichen Erhöhung der Abfindung im Ausschlussverfahren ist weder verfassungsrechtlich erforderlich noch sinnvoll. Eine entsprechende Erklärung ist bereits bei Antragstellung einzureichen.

h) Nachweis bezüglich der Mitteilungspflichten

Nicht erforderlich, aber in der Praxis empfehlenswert ist ein Nachweis des Bieters, dass er der Mitteilungspflicht aus § 23 I 1 Nr. 4, 2 WpÜG nachgekommen ist. Dazu genügt der Nachweis, dass eine entsprechende Mitteilung im Internet und im elektronischen Bundesanzeiger ergangen und die BaFin über das Erreichen der Beteiligungshöhe unterrichtet worden ist. Hat der Bieter eine Ad-hoc-Mitteilung nach § 15 WpHG veröffentlicht, ist auch diese beizulegen.

i) Zusätzliche Erfordernisse im Fall des § 39a I 2 WpÜG

Will der Bieter auch die Vorzugsaktionäre ausschließen, genügt schon aus Gründen der Prozessökonomie ein Antrag. Stellt der Bieter dennoch zwei separate Anträge, können diese vom Gericht zu einem Verfahren zusammengefasst werden, § 147 ZPO ist im echten Streitverfahren entsprechend anwendbar[720]. Will man, wie in § 39a I 2 WpÜG geschehen, den Ausschluss von Vorzugsaktionären nur dann als zulässig ansehen, wenn der Bieter zuvor die Voraussetzungen des § 39a I 1 WpÜG erreicht hat, so genügt ein Nachweis des Depotauszuges, aus dem sich neben den oben beschriebenen Voraussetzung für den Ausschluss der stimmberechtigten Aktionäre ergibt, in welchem Umfang dem Bieter Vorzugsaktien gehören. Aus dem Depotauszug über die stimmberechtigten und demjenigen über die stimmrechtslosen Wertpapiere ergibt sich im Verhältnis zu dem durch den Handelsregisterauszug belegten Grundkapital der

[720] *BayObLGZ* 1977, 226.

Zielgesellschaft die erforderliche Anteilsbeteiligung des Bieters. Ähnliches gilt, wenn man wie hier vertreten (auch) ein isoliertes Ausschlussrecht der Vorzugsaktionäre annimmt. Dann ergibt sich die erforderliche Anteilsbeteiligung von 95% der stimmrechtslosen Aktien schon aus dem Depotauszug der entsprechenden Wertpapiere im Verhältnis zum Grundkapital.

6. Durchführung des Ausschlussverfahrens

a) Bekanntmachung des Antrages bei Ausschlussberechtigung

Auch wenn der Bieter bei Antragstellung seine Ausschlussberechtigung nicht in ausreichender Weise nachweist, kann das Gericht den Antrag nicht ohne weiteres als unzulässig abweisen. Eine Abweisung wegen eines mangelbehafteten Antrags widerspricht dem in diesem Fall geltenden Amtsermittlungsgrundsatz auch im echten Streitverfahren mit seiner erhöhten Beibringungslast[721]. Das Gericht hat vielmehr, ggf. im Wege einer Zwischenverfügung, den Bieter auf den Mangel aufmerksam zu machen und ihm unter Setzung einer angemessenen Frist aufzugeben, diesen zu beseitigen. § 139 I 2, II, III, IV 1 ZPO ist insoweit entsprechend anwendbar[722]. Dies muss, wenn auch nicht Tatbestandsvoraussetzung im eigentlichen Sinne, nach hier vertretener Auffassung auch für die Mitteilungspflicht nach §§ 23 I 1 Nr. 4, 14 WpÜG gelten, da es sonst zu Schwierigkeiten im Rahmen des Sell-Out Rechts aus § 39c WpÜG kommen kann[723].

Ist der Ausschlussantrag ausreichend substantiiert, hat das Landgericht die Antragstellung des Bieters im elektronischen Bundesanzeiger (§ 39b II WpÜG i.V.m. § 25 AktG) und ggf. in den weiteren im Ausschlussantrag bezeichneten Gesellschaftsblättern der Zielgesellschaft bekannt zu machen. Mit der Bekanntmachung der Antragstellung[724] läuft die Monatsfrist des § 39b III 2 WpÜG, vor deren Ablauf der Ausschlussbeschluss nicht ergehen darf. Wegen der möglicherweise unterschiedlichen Veröffentlichungszeitpunkte in den Gesellschaftsblättern ist der Wortlaut des § 39b III 2 WpÜG dahingehend zu erweitern, dass auch die Veröffentlichung in den übrigen Gesellschaftsblättern der Zielgesellschaft maßgeblich ist, damit die außenstehenden Aktionäre hinreichende Möglichkeiten haben, sich über den Ausschlussantrag des Bieters zu informieren. Maßgeblich für den Fristbeginn ist damit die zeitlich jüngste Veröffentlichung in den Gesellschaftsblättern.

Die Frist soll den Minderheitsaktionären Gelegenheit geben, sich am Verfahren zu beteiligen. Aus diesem Grund erscheint es sinnvoll, über die reine Bekanntmachung des Ausschlussverlangens hinaus darauf hinzuweisen, dass Stellungnahmen zum Ver-

---

721 *OLG Jena*, Rpfleger 1994, 26; *Schmidt* in: Keidel/Kuntze/Winkler, § 12 FGG, Rn. 57.

722 *BayObLG*, DB 1985, 1223, 1224; *Schmidt* in: Keidel/Kuntze/Winkler, § 12 FGG, Rn. 57.

723 Vgl. Fn. 691.

724 Im Bereich „Wertpapiererwerb und Übernahme" des elektronischen Bundesanzeiger vergehen nach Auskunft der Bundesanzeiger Verlagsgesellschaft mbH ab Antragstellung der Veröffentlichung bis zur Bekanntmachung maximal drei Werktage.

fahren vom Landgericht entgegengenommen werden und unter welchem Aktenzeichen diese zu erfolgen haben. Außerdem ist eine angemessene Frist für den Eingang von Stellungnahmen zu setzen, um das Ausschlussverfahren nicht unnötig zu verzögern. Eine Frist von einem Monat wird im Regelfall angemessen sein.

b) Verfahrensbeteiligte: Beteiligten- und Verfahrensfähigkeit

Das FGG definiert anders als die ZPO keinen eigenständigen Beteiligten- bzw. Parteibegriff. Dies rechtfertigt aber –trotz der grundsätzlichen subsidiären Anwendung der ZPO– noch nicht eine allgemeine übergreifende Anwendung der §§ 50 ff. ZPO, da sich der Parteibegriff aus allgemeinen Erwägungen des FG-Verfahrens herleitet[725]. Beteiligte im echten Streitverfahren ist jede Person, deren Rechte und Pflichten durch die Regelung der Angelegenheit unmittelbar betroffen werden können[726], unabhängig davon, ob sie sich tatsächlich am Verfahren beteiligt[727] (sog. materieller Beteiligtenbegriff). Ebenfalls beteiligt ist jeder, der zur Wahrung seiner Interessen im Verfahren auftritt oder vom Gericht gehört wird[728] (sog. formeller Beteiligtenbegriff). Beteiligte sind damit in erster Linie der Bieter und die auszuschließenden Minderheitsaktionäre, da das Eigentum an den Aktien und die damit verbundenen Mitgliedschafts- und Vermögensrechte durch den stattgebenden Beschluss den Minderheitsaktionären entzogen und auf den Bieter übertragen werden. Da ein stattgebender Ausschlussbeschluss auch gegenüber denjenigen Aktionären Rechtswirkung entfaltet, die sich am Verfahren nicht beteiligt haben und demnach auch nicht gehört wurden, werden auch sie vom materiellen Beteiligtenbegriff umfasst. Die formelle Beteiligung ist insbesondere für die Zielgesellschaft und für diejenigen Aktionäre von Bedeutung, deren Anteile nicht im Eigentum des Bieters stehen, deren Aktien vom Ausschluss aber gleichwohl nicht betroffen sind, also in erster Linie solche Aktien, die dem Bieter über § 39b II WpÜG, § 16 IV AktG zugerechnet werden.

Die Beteiligtenfähigkeit (Parteifähigkeit), also die Fähigkeit, sich am Verfahren zu beteiligen, entspricht im echten Streitverfahren derjenigen der ZPO, so dass grundsätzlich jede rechtsfähige Person beteiligtenfähig ist. Führt eine ausländische natürliche oder juristische Person das Ausschlussverfahren durch, richtet sich die Beteiligtenfähigkeit gemäß Art. 7 I 1 EGBGB grundsätzlich nach dem Recht ihres Heimatstaates bzw. des Staates, in dem sie ihren tatsächlichen Verwaltungssitz hat[729]. Handelt es sich um eine EU-ausländische Gesellschaft, ist sie schon nach deutschem Recht beteiligtenfähig[730]. Die Fähigkeit, Verfahrenshandlungen auszuüben (Verfahrensfähigkeit), richtet sich nach der Geschäftsfähigkeit der Beteiligten[731], bei ausländischen Personen ge-

[725] Unstreitig, vgl. *von König* in: Jansen, § 13 FGG, Rn. 2 m.w.N; *Habscheid*, § 15 FGG, Rn. 12.
[726] *Bumiller/Winkler*, vor § 13 FGG, Rn. 2.
[727] *BayObLG*, FGPrax 2004, 64 f.; *BayObLG*, BayObLGZ 1998, 160, 163 f.
[728] *Bumiller/Winkler*, vor § 13 FGG, Rn. 3.
[729] *Bumiller/Winkler*, vor § 13 FGG, Rn. 12.
[730] *BGH*, NZG 2002, 1009 f.; *BayObLG*, AG 2003, 430.
[731] *BayObLG*, Rpfleger 1989, 360; *Bassenge* in: Bassenge/Herbst/Roth, § 12 FGG, Rn. 34.

nügt auch eine Verfahrensfähigkeit nach deutschem Recht analog § 55 ZPO[732]. Die Beteiligten können sich gemäß § 13 FGG vertreten lassen, ein Anwaltszwang besteht trotz des Verfahrens vor dem Landgericht grundsätzlich nicht[733].

Eine entsprechend strenge Anwendung dieser Grundsätze führt dazu, dass im Fall eines beabsichtigten Ausschlusses nur der Stammaktionäre eine Verfahrensbeteiligung der Vorzugsaktionäre nicht in Betracht kommt. Eine Auffassung in der Literatur[734] will hingegen auch Vorzugsaktionäre mit einbeziehen, weil die Vereinigung des gesamten stimmberechtigten Kapitals in einer Hand auch deren Interessen berühre. Außerdem stehe die sofortige Beschwerde gemäß § 39b IV 3 WpÜG „den" übrigen Aktionären zu. Das Gesetz differenziere damit zwischen „den übrigen Aktionären" und „den betroffenen Aktionären" mit der Folge, dass auch den vom Squeeze-Out nicht betroffenen Aktionären die Beschwerde und damit als Minus die Verfahrensbeteiligung zustehen müsse.

Dem kann jedoch aus mehreren Gründen nicht gefolgt werden: Erstens ist für eine Beteiligung im Verfahren nur eine unmittelbare Betroffenheit in eigenen Rechten ausreichend, ein daneben möglicherweise berührtes Interesse genügt nicht. Die Vorzugsaktionäre behalten ihr Aktieneigentum und die aus ihrer Anteilsbeteiligung erwachsenden Rechte. Eine unmittelbare Betroffenheit im Sinne einer direkten Einwirkung des gerichtlichen Beschlusses auf behauptete Rechte kommt damit nicht in Frage. Zweitens ist die vorgenommene Wortlautdifferenzierung sachlich unrichtig. Das Gesetz spricht nicht von den „betroffenen *Aktionären*", sondern von dem „vom Angebot betroffenen *Grundkapital*". Eine Differenzierung wird nicht zwischen den Vorzugs- und den Stammaktionären getroffen, sondern vielmehr zwischen dem bietereigenen und dem bieterfremden Grundkapital. Ein Angebot allein an die Stammaktionäre wäre nicht zulässig, weil sich ein öffentliches Erwerbsangebot an alle Aktionäre der Zielgesellschaft richten muss; beim nachfolgenden Squeeze-Out ist eine Differenzierung hingegen gesetzlich verankert. Das Gesetz nimmt somit keine Unterscheidung zwischen den „betroffenen Aktionären" und den „übrigen Aktionären" vor. Daher lässt sich auch aus der Beschwerdebefugnis der „übrigen Aktionäre" nicht ableiten, dass ein größerer Aktionärskreis gemeint sei als diejenigen, deren Anteile durch den Beschluss übergehen sollen. Sollen also nur die Stammaktionäre aus der Gesellschaft ausgeschlossen werden, sind Vorzugsaktionäre am Verfahren nur beteiligungsfähig, wenn sie vom Gericht hinzugezogen werden; auch dann sind sie nur formell Beteiligte. Sie sind nicht beschwerde- oder zustellungsberechtigt[735]. Weil zwischen dem bietereigenen und bieterfremden Grundkapital unterschieden wird, fallen diejenigen Anteile

[732] *Bumiller/Winkler*, vor § 13 FGG, Rn. 18.

[733] *OLG Düsseldorf*, AG 1995, 86; *Bumiller/Winkler*, § 13 FGG, Rn. 8; *Semler* weist in MünchKommAktG, § 99 AktG, Rn. 7 allerdings zutreffend darauf hin, dass sich das Ermessen der Beteiligten, einen Anwalt hinzuzuziehen, bei Anwendbarkeit bestimmter Sorgfaltspflichten (z.B. § 93 AktG) erheblich reduzieren kann.

[734] *Heidel/Lochner* in: Heidel-HdbKMR, § 39b WpÜG, Rn. 9.

[735] Vgl. dazu noch unten, S. 213 ff.

bzw. Anteilseigner nicht unter die „übrigen" Aktionäre, die dem Bieter gemäß § 39a II WpÜG zugerechnet werden.

c) Zwingendes Erfordernis einer mündlichen Verhandlung?

In verfahrensrechtlicher Hinsicht stellt sich außerdem die Frage, ob vom Gericht eine mündliche Verhandlung anzuberaumen ist. Dieses Problem ist überraschend in den Mittelpunkt des ersten übernahmerechtlichen Squeeze-Out Verfahrens gerückt. So wurde vor Rücknahme der sofortigen Beschwerden gegen den Ausschlussbeschluss des LG Frankfurt a.M.[736] durch den zuständigen Wertpapiererwerbs- und Übernahmesenat des OLG Frankfurt a.M. intern diskutiert, ob es im erstinstanzlichen Verfahren einer mündlichen Verhandlung bedurft hätte und ob nicht schon auf diesem Grund der Ausschlussbeschluss aufzuheben sei. In der Literatur wird insbesondere von *Heidel/Lochner* vertreten, dass entsprechend §§ 327e, 319 VI 3 AktG regelmäßig mündlich zu verhandeln sei, insbesondere, weil der Entzug des Aktieneigentums einen tief greifenden Eingriff in die Rechte der Minderheitsaktionäre darstelle[737]. Von anderer Seite wird deutlich zurückhaltender formuliert[738]. Richtig ist zwar, dass das echte Streitverfahren regelmäßig durch einen Interessengegensatz der Beteiligten geprägt ist und damit einem Streitverfahren der ZPO nahe steht, in dem der Mündlichkeitsgrundsatz herrscht[739], also Entscheidungsgrundlage nur sein kann, was Gegenstand der mündlichen Verhandlung war. Da es sich aber gerade nicht um ein Verfahren nach der ZPO handelt, lässt sich das Erfordernis einer mündlichen Verhandlung auch nicht im Sinne einer Regel/Ausnahme-Situation auf das echte Streitverfahren übertragen. Im Gegensatz zu anderen Verfahren ist eine mündliche Verhandlung im Verfahren nach dem FGG gerade keine Prozessmaxime[740]. Es ist vielmehr Sache des Gesetzgebers zu entscheiden, auf welche Weise rechtliches Gehör gewährt werden soll[741], die Beschwerdeführer haben keinen Anspruch darauf, dass das rechtliche Gehör gerade im Wege einer mündlichen Verhandlung gewährt wird[742].

Die Durchführung einer mündlichen Verhandlung von der Schwere des Eingriffs in die Rechte der Betroffenen abhängig zu machen, überzeugt deswegen nicht. Zwar muss bei einer (behaupteten) Rechtsverletzung rechtliches Gehör gewährt werden, der Gesetzgeber bzw. die Gerichte haben jedoch einen Ermessensspielraum bezüglich des anzuwendenden Verfahrens. Insofern stützen weder Wortlaut noch Systematik des Gesetzes die Gegenansicht. Eine entsprechende Anwendbarkeit des §§ 327e, 319 VI 3

---

[736] *LG Frankfurt a.M.*, Beschluss vom 2.8.2007, Az. 3-5 O 138/07, dazu ausführlich unten S. 213 ff.
[737] *Heidel/Lochner* in: Heidel-HdbKMR, § 39b WpÜG, Rn. 13.
[738] *Santelmann* in: Steinmeyer/Häger, § 39b WpÜG, Rn. 18 f.: „Dies gilt auch dann, wenn *ausnahmsweise* eine mündliche Verhandlung durchgeführt wurde" (Rn. 19) „Das Gericht *kann* eine mündliche Verhandlung anberaumen." (Rn. 18).
[739] *Meyer-Holz* in: Keidel/Kuntze/Winkler, Vorb. §§ 8 – 18 FGG, Rn. 10.
[740] Anders z.B. im Verfahren vor den Sozialgerichten, vgl. *Keller* in: Meyer-Ladewig/Keller/Leitherer, § 62 SGG, Rn. 6a.
[741] *BVerfGE* 36, 85; *Schmidt* in: Keidel/Kuntze/Winkler, § 12 FGG, Rn. 152.
[742] *BVerfGE* 89, 381, 391; *BVerfG*, NJW 1982, 2368; *BVerwG*, NJW 1982, 1579, 1582.

AktG lässt sich nicht annehmen. Denn der Verweis in § 327e AktG auf die Vorschriften der Eingliederung liegt in der Nähe des aktienrechtlichen Squeeze-Out zu den §§ 319 ff. AktG begründet und dient deswegen nicht als Vorbild für die §§ 39a, 39b WpÜG. Außerdem ist der Gesetzgeber in seiner Konzeption des übernahmerechtlichen Squeeze-Out von einem gesellschaftsrechtlichen Institut abgewichen hin zu einem kapitalmarktrechtlichen Verfahren[743]; der Gesetzgeber hat sich damit bewusst gegen eine Übertragung speziell der Verfahrensgrundsätze der §§ 327a ff. AktG ausgesprochen und hat das Ausschlussverfahren vielmehr an § 99 AktG orientiert. Eine systematische Übertragbarkeit des § 319 VI 3 AktG, der ein Verzicht auf eine mündliche Verhandlung nur in den seltenen Fällen[744] zulässt, in denen eine Verzögerung ganz erhebliche Nachteilt für die Gesellschafter mit sich bringen würde, lässt sich somit nicht erkennen.

Aber auch ein Vergleich mit § 99 AktG führt zu dem Schluss, dass § 39b WpÜG niedrigere Anforderungen an eine mündliche Verhandlung stellt als sein Verfahrensvorbild. Denn während § 99 II 2 AktG dem Gericht die Pflicht auferlegt, alle Mitglieder des Vorstands, des Aufsichtsrats, Betriebsräte, Sprecherausschüsse und Vertreter von Spitzenorganisationen anzuhören, fehlt ein entsprechender Hinweis im Rahmen von § 39b II WpÜG, der ebenfalls um eine Anhörungspflicht z.B. des Vorstandes und Aufsichtsrats der Zielgesellschaft, des Betriebsrates oder Vertretern der BaFin hätte erweitert werden können. Zwar kann eine entsprechende Anhörung auch im Rahmen des § 99 II AktG schriftlich erfolgen, jedoch ist gerade aufgrund derartig vieler Verfahrensbeteiligter mit unterschiedlichen Interessen die mündliche Verhandlung in der Praxis die einzig sinnvolle Alternative. Im Verfahren nach § 39b WpÜG stehen sich in der durchaus begrüßenswerten Konzeption des Gesetzgebers grundsätzlich nur der Bieter und solche Minderheitsaktionäre gegenüber, die mit den Ausschlussmodalitäten nicht einverstanden sind. Ein mündliches Verfahren als Regel statuieren zu wollen, wird dem Charakter des § 39b WpÜG damit nicht gerecht. Von diesen Erwägungen abgesehen hat auch das BVerfG im Edscha-Beschluss die Rüge eines Beschwerdeführers wegen der vom Oberlandesgericht unterlassenen mündlichen Verhandlung für unzulässig erachtet[745].

Es ist vielmehr eine Abwägung des Gerichts erforderlich, ob das Verfahren einen Konflikt zwischen den Aktionären erwarten lässt, und in welchem Umfang dieser ausgetragen werden wird. In der Bekanntmachung des Ausschlussantrags wird den Aktionären eine angemessene Frist gesetzt, in der sie sich am Verfahren beteiligen können, indem sie dem Gericht Stellungnahmen zum Verfahren übermitteln. Ist nach Ablauf der Frist nur eine geringe oder gar keine[746] Beteiligung von Aktionären festzustellen, ist eine mündliche Verhandlung nicht angezeigt. Auch wenn das Vorbringen der Akti-

[743] Die kapitalmarktrechtliche Prägung des Ausschlussverfahrens erlaubt jedoch keine –auch keine analoge- Anwendung der §§ 41 IV 1, 54 I 1 WpÜG, da diese nur auf Verfahren gegen Verfügungen der BaFin zugeschnitten sind.

[744] *Grunewald* in: MünchKommAktG, § 319 AktG, Rn. 33.

[745] *BVerfG*, NZG 2007, 587, 588 (Edscha).

[746] Vgl. dazu unten das Verfahren um die Schuler AG, S. 213 ff.

onäre unerheblich für den Ausgang des Verfahrens oder völlig sachfremd ist oder wenn eine weitere Sachaufklärung unnötig ist[747], kann auf eine mündliche Verhandlung verzichtet werden. Stellt sich allerdings heraus, dass das Verfahren allein aufgrund der Beteiligung einen großen Umfang annimmt, und sind darüber hinaus Tatsachen- und Rechtsfragen ungeklärt, wird das Ermessen des Gerichts[748] im Regelfall dahingehend reduziert sein, dass es eine mündliche Verhandlung anzuberaumen hat, schon um das rechtliche Gehör der Verfahrensbeteiligten gewährleisten und prozessökonomisch gestalten zu können. Daraus ergibt sich aber auch, dass im Verfahren nach § 39b WpÜG nicht regelmäßig mündlich zu verhandeln ist[749].

d) Entscheidung des Gerichts

Über den Antrag des Bieters kann entschieden werden, sobald der entscheidungserhebliche Sachverhalt nach Überzeugung des Gerichts hinreichend geklärt und die zur Verfügung stehenden Beweise ausgeschöpft worden sind[750]. Das Gericht muss also davon überzeugt sein, dass der Bieter ausschlussberechtigt ist und den Minderheitsaktionären eine angemessene, rechtlich abgesicherte Abfindung anbietet. Hinsichtlich der Höhe der Abfindung sei nochmals betont, dass das Gericht im Gegensatz zum Spruchverfahren beim aktienrechtlichen Squeeze-Out zuvor nicht die Möglichkeit hat, eigenmächtig eine Abfindungshöhe zu bestimmen oder die angebotene Abfindung gegen den Willen des Bieters zu erhöhen. Vielmehr hat es im Rahmen des Ausschlussverfahrens darauf hinzuwirken, dass eine angemessene Abfindung festgesetzt wird und kann dem Bieter unter Androhung der Abweisung des Antrags nahe legen, die Abfindung zu erhöhen. Ist der Bieter nicht bereit, eine Abfindung in vorgeschlagener Höhe zu zahlen, kann er zu jeder Zeit vor der Entscheidung des Gerichts seinen Antrag zurückziehen[751]. Andernfalls hat das Gericht den Antrag abzuweisen. Kann der Bieter neben den weiteren Ausschlussvoraussetzung die Angemessenheit der Abfindung darlegen, hat das Gericht der Entscheidung stattzugeben, ein Ermessensspielraum besteht mit Ausnahme der wohl seltenen Missbrauchsfälle nicht.

Lagen bei Antragstellung die Voraussetzungen des § 39a IV 2 WpÜG vor, so muss der Bieter darlegen, dass die Annahme des Angebots in einer Höhe vollzogen ist, dass er die dingliche Berechtigung in Höhe von 95% des stimmberechtigten Grundkapitals erreicht hat. Das Gericht kann damit nur über den Antrag entscheiden, wenn es sich versichert hat, dass z.B. keine kartellbehördlichen Verfahren die Ausschlussposition des Bieters rückwirkend vernichten können. Der dingliche Vollzug muss gemäß § 39b III 2 WpÜG *glaubhaft gemacht* werden. Dem erkennenden Gericht muss zur Glaub-

---

[747] *BGH*, JR 1983, 286, mit Anmerkung *Görgens*, JR 1983, 287.
[748] *Santelmann* in: Steinmeyer/Häger, § 39b WpÜG, Rn. 18.
[749] A.A. *Heidel/Lochner* in: Heidel-HdbKMR, § 39b WpÜG, Rn. 13.
[750] *Santelmann* in: Steinmeyer/Häger, § 39b WpÜG, Rn. 11.
[751] *Schmidt* in: Keidel/Kuntze/Winkler, § 12 FGG, Rn. 39.

haftmachung die erhebliche Wahrscheinlichkeit des Sachverhalts vermittelt werden[752]. Das Erfordernis der Glaubhaftmachung wurde zu Unrecht kritisiert: So führen *Heidel/Lochner* an, der ursprüngliche Wortlaut der Norm, der es erforderte, „den Erwerb der Ausschlussmehrheit darzulegen und zu beweisen“, sei einzig vereinbar mit den Grundsätzen des FGG. Damit unterliege der Gesetzgeber aber offenbar dem Irrtum, dass im Verfahren nach dem FGG die Glaubhaftmachung genügen würde; richtigerweise sei aber allein der Beweis zur vollen Überzeugung des Gerichts ausreichend[753]. Dies ist insoweit richtig, als auch im echten Streitverfahren die Parteien im Rahmen des faktisch geltenden Dispositionsgrundsatzes das Gericht voll überzeugen müssen[754]. Eine Ausnahme von diesem Grundsatz gilt aber dann, wenn das Gesetz ausdrücklich eine Glaubhaftmachung anordnet[755]. Die Autoren verkennen, dass das Gesetz schärfere oder mildere Anforderungen an die Darlegungslast im FG-Verfahren anordnen kann, und nicht etwa der umgekehrte Fall zutrifft.

Die vorstehenden Grundsätze gelten für den gleichzeitigen Ausschluss der Vorzugsaktionäre gemäß § 39a I 2 WpÜG entsprechend.

Die Entscheidung darf ausweislich § 39b III 2 WpÜG erst einen Monat nach Bekanntmachung der Antragstellung im elektronischen Bundesanzeiger bzw. nach hier vertretener Auffassung nach der zeitlich letzten Bekanntmachung in den Gesellschaftsblättern[756] ergehen. Wegen der hier vorgeschlagenen, in die Bekanntmachungen einzufügenden Frist für die Übermittlung von Stellungnahmen zum Verfahren[757] wird in der Praxis kein Ausschlussbeschluss vor Ablauf der Monatsfrist ergehen.

Liegen alle Ausschlussvoraussetzungen vor, entscheidet das Gericht durch mit Gründen versehenen Beschluss (§ 39a III 1 WpÜG); dies gilt auch dann, wenn eine mündliche Verhandlung durchgeführt wurde, es ergeht auch dann kein Urteil[758]. Der Beschluss ist zu begründen, um der Beschwerdeinstanz die rechtliche Überprüfung des erstinstanzlichen Ausschlussverfahrens zu ermöglichen[759].

---

752 *BGHZ* 8, 183, 185; *OLG Frankfurt a.M.*, Rpfleger 1993, 115; *Schmidt* in: Keidel/Kuntze/Winkler, § 15 FGG, Rn. 69, diese Frage ist von aktuellem Belang: Im ersten Ausschlussverfahren nach § 39a WpÜG (vgl. unten S. 204 ff.) erging ein Hinweis der erkennenden Kammer, dass ein Nachweis in einfacher Kopie nicht ausreichend sei.

753 *Heidel/Lochner* in: Heidel-HdbKMR, § 39b WpÜG, Rn. 16.

754 *Schmidt* in: Keidel/Kuntze/Winkler, § 12 FGG, Rn. 208.

755 *Schmidt* in: Keidel/Kuntze/Winkler, § 15 FGG, Rn. 68 f.

756 Vgl. oben, S. 195 f..

757 Vgl. oben, S. 195 ff.

758 Dazu und ausführlich zu der Entscheidung und den Entscheidungsgründen *Santelmann* in Steinmeyer/Häger, § 39b WpÜG, Rn. 19 ff.

759 *Santelmann* in: Steinmeyer/Häger, § 39b WpÜG, Rn. 21.

e) Rechtskraft, Zustellung des Beschlusses und Bekanntmachung

Abweichend von § 16 I FGG, nach dem eine gerichtliche Verfügung mit Bekanntmachung wirksam wird, bestimmt § 39b V 1 WpÜG, dass der Ausschlussbeschluss erst mit Eintritt der formellen Rechtskraft wirksam wird. Der Beschluss wird also erst dann wirksam, wenn innerhalb der zweiwöchigen Beschwerdefrist des § 22 I 1 FGG keine sofortige Beschwerde eingelegt wurde. Der Beschluss gilt gemäß § 39b V 2 WpÜG für und gegen alle Aktionäre. Diese Wirkung *inter omnes* führt dazu, dass mit Rechtskraft der Entscheidung alle vom Ausschluss erfassten Aktien auf den Bieter übergehen, unabhängig von der Beteiligung der betroffenen Aktionäre am Verfahren. Dies führt umgekehrt dazu, dass eine erfolgreiche Beschwerde innerhalb der Frist des § 22 I 1 FGG einen Aktienübergang auch derjenigen Aktionäre verhindert, die nicht am Beschwerdeverfahren beteiligt waren.

Die Entscheidung ist gemäß § 39b IV 1 WpÜG dem Antragsteller, der Zielgesellschaft und den übrigen Aktionären der Gesellschaft, sofern diese im Beschlussverfahren angehört wurden, zuzustellen. Mit den übrigen Aktionären sind aber nur diejenigen Minderheitsaktionäre gemeint, die auch materiell verfahrensbeteiligt sind und im Ausschlussverfahren gehört wurden. Die Zustellung erfolgt also nicht bei materiell Verfahrensbeteiligten ohne aktive Beteiligung am Beschlussverfahren, und auch nicht bei lediglich formell Beteiligten, weil die Entscheidung nicht unmittelbar gegen sie wirkt. Somit können Zustellungsempfänger weder diejenigen Aktionäre sein, deren Aktien dem Bieter über § 39a II WpÜG zugerechnet werden, noch Vorzugsaktionäre, wenn lediglich die stimmberechtigten Aktionäre ausgeschlossen werden sollen.

Für die zustellungsberechtigten Verfahrensbeteiligten beginnt mit der Zustellung die Frist, innerhalb der sie sofortige Beschwerde gegen den Ausschlussbeschluss zum OLG Frankfurt a.M. (§ 39b III 4 WpÜG) einlegen können. Wegen der Verknüpfung der Zustellung mit dem Beginn der Beschwerdefrist sind über § 16 II 1 FGG für die Zustellung die Vorschriften der ZPO (§§ 208 – 213a) anwendbar. Eine fehlerhafte Zustellung führt zur Hemmung des Fristablaufs bis zu deren Heilung[760]. Die Frist beträgt gemäß § 22 I 1 FGG zwei Wochen, zu deren Berechnung neben § 17 II FGG[761] über § 17 I FGG die §§ 187ff. BGB anwendbar sind[762].

Weil gemäß § 39b IV 3 WpÜG die sofortige Beschwerde allen „übrigen" Minderheitsaktionären zusteht, muss der Ausschlussbeschluss auch denjenigen Aktionären gegenüber publiziert werden, denen der Beschluss nicht zugestellt wurde. Hierunter sind –in entsprechender Anwendung der oben herausgearbeiteten Grundsätze– nur diejenigen Aktionäre zu verstehen, die materiell Verfahrensberechtigte sind und sich nicht am Verfahren beteiligt haben, also alle Minderheitsaktionäre, die nicht selbst im

760 *BayObLG*, MDR 1984, 153.

761 *Sternal* in: Keidel/Kuntze/Winkler, § 22 FGG, Rn. 26.

762 Es bedarf dieser Vorschrift neben § 193 BGB deswegen, weil § 193 BGB nur auf rechtsgeschäftliche Fristen anwendbar ist, vgl. *Palm* in: Erman, § 193 BGB, Rn. 2; *Henrich* in: Bamberger/Roth, § 193 BGB, Rn. 3; *Grothe* in: MünchKommBGB, § 193 BGB, Rn. 6.

Verfahren gehört wurden. Die erforderliche Publizität wird durch die Bekanntmachung in den Gesellschaftsblättern der Zielgesellschaft erreicht. Die Frist beginnt nach hier vertretener Ansicht wie schon im Falle des § 39a III 2 WpÜG erst mit der zeitlich letzten Veröffentlichung in den benannten Gesellschaftsblättern. Ab diesem Zeitpunkt gelten wie im Rahmen der Zustellung die §§ 22 I, 17 II, I FGG, §§ 187 ff. BGB.

7. Beschwerdeverfahren vor dem Oberlandesgericht

a) Zulässigkeit

Die sofortige Beschwerde zum OLG ist zulässig, wenn sie form- und fristgerecht von einem oder mehreren Beschwerdeberechtigten erhoben wird. Beschwerdebefugt sind gemäß § 39b IV 3 WpÜG der Antragsteller und die übrigen Aktionäre der Zielgesellschaft. Der Antragsteller ist allerdings nur insoweit beschwerdebefugt, als sein Ausschlussantrag vom Landgericht als unzulässig oder unbegründet abgewiesen worden ist. Eine Beschwerdeberechtigung besteht im Fall eines stattgebenden Beschlusses nicht, auch dann nicht, wenn der Bieter die im Ausschlussantrag bestimmte Höhe der Abfindung für unverhältnismäßig hält. Denn im Gegensatz zum gesellschaftsrechtlichen Spruchverfahren kann das Gericht im Verfahren nach § 39b WpÜG den Bieter nicht zu einer nach dessen Empfinden zu hohen Abfindungszahlung zu zwingen: Der Bieter hat jederzeit die Möglichkeit, seinen Ausschlussantrag zurückzunehmen und auf diesem Wege einer zu hohen Abfindungszahlung zu entgehen. Insofern wird in der Nichtrücknahme des Ausschlussantrags eine zumindest konkludente Zustimmung zur Höhe der Abfindung zu sehen sein. Die zur Beschwerdebefugnis erforderliche negative Betroffenheit im Sinne einer materiellen Beschwer[763] wird einer auf die Unverhältnismäßigkeit der Abfindung gestützten sofortigen Beschwerde demnach fehlen. Im Fall der Zurückweisung des Ausschlussantrages sind die Aktionäre nicht antragsbefugt (§ 20 II FGG).

Im Falle eines erstinstanzlich stattgebenden Beschlusses sind die „übrigen Aktionäre“ der Gesellschaft beschwerdebefugt. Mit dieser Bezeichnung nimmt das Gesetz eine Abgrenzung zwischen dem Bieter und den Minderheitsaktionären vor („Antragsteller und übrige Aktionäre“). Daraus lässt sich anders als zuweilen behauptet[764] jedoch nicht ableiten, dass eine Beschwerdebefugnis auch den Vorzugsaktionären zustehen soll, wenn der Bieter mit dem Squeeze-Out nur die Stammaktionäre ausschließen will: In diesem Fall werden unmittelbar durch den Gerichtsbeschluss keine Rechte der Vorzugsaktionäre nachteilig verändert. Eine Beschwerdeberechtigung im Sinne des § 39b IV 3 WpÜG, § 20 I FGG besteht nicht. Die Formulierung „übrige Aktionäre“ lässt vielmehr darauf schließen, dass der Gesetzgeber mit § 39b IV 3 WpÜG sowohl den Ausschluss nur der Stammaktionäre als auch den Ausschluss aller Minderheitsaktionäre regeln wollte und keine komplizierte Differenzierung beider Fälle vorgenommen

---

[763] *Kahl* in: Keidel/Kuntze/Winkler, § 20 FGG, Rn. 12.

[764] *Heidel/Lochner* in: Heidel-HdbKMR, § 39b WpÜG, Rn. 24.

hat. Nur dieses Ergebnis verträgt sich mit der Regierungsbegründung[765], die davon spricht, das beschwerdebefugt alle „betroffenen" Aktionäre der Zielgesellschaft seien, wobei damit im entsprechenden Kontext nur diejenigen Aktionäre gemeint sein können, deren Anteile durch die Entscheidung des LG auf den Bieter übertragen werden. Dies sind bei Nichtvorliegen der Voraussetzungen des § 39a I 2 WpÜG aber allein die Stammaktionäre.

Die sofortige Beschwerde muss schriftlich, elektronisch[766] oder zu Protokoll der Geschäftsstelle des Beschwerdegerichts oder desjenigen Gerichts eingelegt werden, dessen Verfügung angefochten werden soll, vgl. § 21 II 1 FGG. Die Beschwerde kann daher sowohl beim OLG selbst wie auch beim LG eingelegt werden. Ein Anwaltszwang besteht auch bei der sofortigen Beschwerde nicht; abweichend von § 29 I 2 FGG, der eine Sondervorschrift für die weitere Beschwerde darstellt[767], und § 99 III 4 AktG ist auch die Unterzeichnung der Beschwerdeschrift durch einen Anwalt nicht erforderlich[768]. Eine Abweichung von den genannten Vorschriften rechtfertigt sich dadurch, dass die sofortige Beschwerde aus § 39b WpÜG nicht nach revisionsrechtlichen Grundsätzen erfolgt, sondern eine umfassende und eigenständige Tatsachenüberprüfung durchgeführt wird[769].

b) Aufschiebende Wirkung

Entgegen dem Grundsatz des § 24 FGG hat eine zulässige sofortige Beschwerde gemäß § 39b III 3, V 1 WpÜG, § 16 I FGG aufschiebende Wirkung. Aus der erstinstanzlichen Entscheidung erwachsen somit bis zum Abschluss des Beschwerdeverfahrens keinerlei Rechtswirkungen. Diese gesetzliche Anordnung der aufschiebenden Wirkung wurde im Gesetzgebungsverfahren kritisiert. Es wurde vorgebracht, die Transaktionssicherheit würde durch die zeitliche Verzögerung beeinträchtigt, und die Schnelligkeit, die durch den Verzicht auf einen Hauptversammlungsbeschluss erreicht werden sollte, würde teilweise aufgehoben[770].

Wenn man jedoch ein Verfahren mit mindestens zwei Instanzen auch aus verfassungsrechtlichen Gesichtspunkten für erforderlich hält, gebietet gerade die Transaktionssicherheit einen Suspensiveffekt. Gingen mit der erstinstanzlichen Entscheidung alle betroffenen Aktien auf den Bieter über, wäre dieser aus praxisnahen Erwägungen trotzdem an einer Verfügungsmöglichkeit über diese Anteile gehindert. Denn sollte das OLG nach möglicherweise monatelanger Dauer des Beschwerdeverfahrens den Ausschlussbeschluss des LG aufheben, wären die aus dem Squeeze-Out erwachsenden

---

765 BT-Drs. 16/1003, S. 22.

766 § 21 II 2 FGG, § 130a ZPO; vgl. zu den Voraussetzungen vgl. oben S. 162.

767 *Zimmermann* in: Keidel/Kuntze/Winkler, § 13 FGG, Rn. 10.

768 Vgl. auch *Santelmann* in: Steinmeyer/Häger, § 39b WpÜG, Rn. 22.

769 Dazu auch *Ammon* in: Heidel-HdbKMR, § 99 AktG, Rn. 9, 12.

770 *Hopt/Mülbert/Kumpan*, AG 2005, 109, 117 f.; *BDI*, Gutachten, S. 5, allerdings mit dem Vorschlag einer Auslagerung möglicher Bewertungsrügen in ein eigenständiges Spruchverfahren.

Rechtsfolgen kaum wieder rückgängig zu machen: So ist fraglich, ob und unter welchen Voraussetzungen bereits geschaffene Tatsachen wieder verändert werden könnten, ob beispielsweise ein auf den Ausschluss folgendes Delisting den Bieter dazu verpflichten würde, die Aktien wieder an der Börse zu handeln. Auch wäre ein vollständiger Verkauf der 100%igen Anteilsbeteiligung des Bieters an einen Dritten nur unter großem Aufwand rückabwickelbar. Die Transaktionssicherheit spricht demnach gerade dafür, einen Ausschlussbeschluss erst bei Rechtskraft wirksam werden zu lassen, und damit für den Suspensiveffekt des § 39b III 3 WpÜG.

c) Beschwerdeverfahren

Das Beschwerdegericht kann das Vorliegen der Ausschlussvoraussetzungen umfassend prüfen und ist nicht an die Feststellungen des LG gebunden (§ 23 FGG). Es handelt sich nicht um ein revisionsrechtliches Verfahren, sondern um eine zweite Tatsacheninstanz. Hierin liegt ein entscheidender Unterschied zu der Vorbildnorm des § 99 AktG, ausweislich dessen Abs. 3 S. 3 die Beschwerde nur auf die Verletzung eines Rechts gestützt werden kann, also eine Rechtsbeschwerde ist, für die die vom LG getroffenen Tatsachenfeststellungen bindend sind. Die Konzentration auf Rechtsbeschwerden im aktienrechtlichen Statusverfahren wird damit begründet, dass es kein Bedürfnis für eine zweite Tatsacheninstanz gebe, weil Tatsachen unstreitig seien[771]. Gleiches dürfte im Ergebnis auch für das Verfahren nach § 39b WpÜG gelten. Tatsachen wie z.B. die Ausschlussberechtigung des Bieters oder das Erreichen einer für die widerlegliche Vermutung des § 39a III 3 WpÜG erforderlichen Annahmequote lassen sich durch Depotauszüge bzw. Auszüge aus dem Handelsregister nachweisen, so dass in dieser Hinsicht kaum Schwierigkeiten entstehen dürften. Von der Rechtsbeschwerde erfasst werden Verstöße gegen Verfahrensvorschriften und Verstöße gegen das materielle Recht[772]. Außerdem gilt die Bindungswirkung der Feststellungen des LG dann nicht, wenn verfahrensrechtlich zulässige und begründete Bedenken gegen die Feststellungen der Vorinstanz bestehen und wenn tatsächliche Feststellungen aktenwidrig erfolgt sind. Insofern wäre eine Reduktion des Beschwerdeverfahrens auf eine Rechtsbeschwerde ausreichend gewesen, um die Rechte der Beteiligten abzusichern. Andererseits ist aber gerade wegen der geringen Relevanz von Tatsachenfragen und der Verweisung jeglicher Bewertungsrügen in das Spruchverfahren nicht davon auszugehen, dass Tatsachenfeststellungen das Beschwerdeverfahren spürbar verzögern werden. Entsprechend § 327f 1 AktG darf die Beschwerde aber nicht darauf gestützt werden, dass im Ausschlussverfahren eine der Art nach falsche oder eine zu niedrige Abfindung festgesetzt wurde[773].

Ebenfalls abweichend vom Verfahrensvorbild des § 99 AktG schreibt § 39b WpÜG im Beschwerdeverfahren keine Divergenzvorlagenpflicht zum BGH vor[774]. Will das

---

771 *Semler* in: MünchKommAktG, § 99 AktG, Rn. 42.
772 *Ammon* in: Heidel-HdbKMR, § 99 AktG, Rn. 12.
773 *Austmann/Mennicke*, NZG 2004, 846, 854.
774 *Santelmann* in: Steinmeyer/Häger, § 39b WpÜG, Rn. 33.

OLG also von der Rechtssprechung anderer Oberlandesgerichte abweichen, muss es die Beschwerde nicht dem BGH zur Entscheidung vorlegen. Auch wenn die §§ 39a, 39b WpÜG ein eigenständiges Ausschlussverfahren regeln, kann es jedenfalls bei Detailsachverhalten durchaus vorkommen, dass beispielsweise Zurechnungs- oder Missbrauchsfragen von anderen Oberlandesgerichten im Rahmen des aktienrechtlichen Squeeze-Out bereits entschieden worden sind. Insofern könnte man erwägen, ob eine Vorlagepflicht erforderlich ist. Davon abgesehen, dass eine entsprechende Herleitung dogmatisch schwierig wäre, weil eine analoge Anwendung des § 99 III 6 AktG mangels planwidriger Regelungslücke nicht in Frage kommt, und § 28 II FGG grundsätzlich nur für die weitere Beschwerde gilt, besteht auch sachlich kein Bedürfnis nach einer Vorlagepflicht: Ihr Zweck ist es, eine einheitliche Rechtsprechung zu gewährleisten[775]. Betrachtet man den übernahmerechtlichen Squeeze-Out als in sich geschlossenes Institut, so ist die Einheitlichkeit der Rechtsprechung indes schon dadurch gewährleistet, dass es bundesweit nur eine Beschwerdeinstanz gibt. Selbst wenn das Gericht z.B. von der Rechtsprechung eines anderen OLG zu den §§ 327a ff. AktG abweichen wollte, ist eine homogene Rechtsprechung in jedem Fall des übernahmerechtlichen Squeeze-Out schon durch die Verfahrenskonzentration gewährleistet. Eine Divergenzvorlagepflicht ist dafür nicht erforderlich.

Gemäß § 39b III 5 WpÜG ist die weitere Beschwerde (und auch die außerordentliche Beschwerde[776]) ausgeschlossen. Die Entscheidung wird deshalb gemäß § 26 S. 1 FGG sofort wirksam. Einer ausdrücklichen Anordnung nach § 26 S. 2 FGG bedarf es dazu nicht.

Die materielle Beteiligtenfähigkeit im Verfahren nach § 39b III 3 WpÜG entspricht derjenigen im erstinstanzlichen Verfahren. Das Gericht kann als formell Beteiligte diejenigen Personen laden, von denen es sich Aufklärung der rechtserheblichen Tatsachen verspricht. Eine mündliche Verhandlung kann anberaumt werden. Auch insofern gelten grundsätzlich die zum landgerichtlichen Verfahren gemachten Ausführungen ent-

---

775 *Meyer-Holz* in: Keidel/Kuntze/Winkler, § 28 FGG, Rn. 2.

776 Nach ständiger Rechtsprechung des *BGH* konnte ein Beschluss, der nach gesetzlichen Vorschriften rechtskräftig und damit unangreifbar geworden war, mit einer (weiteren) außerordentlichen Beschwerde angegriffen werden, sofern der Beschluss mit wesentlichen Rechtsstaatsprinzipien unvereinbar war (vgl. *BGHZ* 119, 372 LS 1 und 373 ff.; *BGH*, WM 1990, 782, 783 f.; *BGH*, NJW-RR 1994, 1212). Davon abgesehen, dass der Anwendungsbereich eng begrenzt und selbst die Verletzung rechtlichen Gehörs oder die Missachtung wesentlicher Verfahrensvorschriften grundsätzlich nicht ausreichend ist, besteht in großem Maße Rechtsunsicherheit über die Anwendbarkeit dieses Instituts: Der BGH hat gestützt auf die Neufassung der Rechtsbeschwerde aus § 574 ZPO die außerordentliche Beschwerde für ausgeschlossen erklärt (vgl. *BGHZ* 150, 133). In der Gesetzesbegründung zur Einführung des neuen § 29a FGG wurde allerdings darauf hingewiesen, dass die außerordentliche Beschwerde durch diese Vorschrift nicht ausgeschlossen sein soll (vgl. BT-Drs. 15/3706, S. 14). Ob es sich dabei nur um ein Redaktionsversehen handelt oder der Gesetzgeber die außerordentliche Beschwerde weiterhin für anwendbar hält, wurde noch nicht geklärt. Wegen dieser Unsicherheiten und der geringen Relevanz bleibt die außerordentliche Beschwerde in dieser Arbeit im Weiteren unbehandelt.

sprechend; wird jedoch mit der sofortigen Beschwerde ausschließlich eine Gesetzesverletzung gerügt, ist eine mündliche Verhandlung im Zweifel nicht erforderlich.

d) Publizität des Beschwerdebeschlusses

Eine dem § 39b IV 1, 2 WpÜG vergleichbare Regelung zur Zustellung der Entscheidung und Bekanntmachung in den Gesellschaftsblättern fehlt. Weil eine Eintragung ins Handelsregister selbst aber nach hier vertretener Ansicht nicht zulässig ist[777], muss die notwendige und vom Gesetzgeber gewollte[778] Publizität auf anderem Wege erreicht werden. Am sinnvollsten erscheint es deshalb, zunächst den Wortlaut des § 39b IV 1 WpÜG nach seinem Sinn und Zweck in der Weise zu erweitern, dass auch die mit Gründen versehene (§ 25 FGG) Entscheidung des OLG den materiell Verfahrensbeteiligten und der Zielgesellschaft zugestellt wird.

Entsprechend den Erwägungen zum landgerichtlichen Beschluss gilt damit Folgendes: Im Fall einer Beschwerde durch den Bieter wird die Entscheidung dem Bieter und den im Beschwerdeverfahren gehörten Aktionären zugestellt, nicht aber den Anteilseignern, die sich nur am erstinstanzlichen Verfahren beteiligt hatten. Im Fall einer Beschwerde durch einen oder mehrere Aktionäre sind ebenfalls nur zustellungsberechtigt die beteiligten Aktionäre und der Bieter.

In erweiterter Auslegung des § 39b IV 2 WpÜG ist die Entscheidung ohne Gründe in den Gesellschaftsblättern der Zielgesellschaft zu veröffentlichen, also jedenfalls durch das Gericht zum elektronischen Handelsregister anzumelden.

8. Rechtsfolge der gerichtlichen Entscheidung

a) Übergang der Mitgliedschaft

Die Rechtsfolgen der gerichtlichen Entscheidung (§ 39b V WpÜG) entsprechen überwiegend denjenigen des aktienrechtlichen Squeeze-Out, dort § 327e III AktG. Eine vertiefte Darstellung erfolgt deshalb nur insoweit, als es Unterschiede zwischen beiden Instituten gibt.

Konstitutiv für den Übergang der Aktien ist im Gegensatz zu den §§ 327a ff. AktG nicht der Handelsregistereintrag, sondern der rechtskräftige Ausschlussbeschluss. Daher war es bereits nach der gesetzlichen Konzeption nicht erforderlich, über § 20 II UmwG analog die Bestandskraft des Aktienübergangs zu regeln[779], da diese bereits durch den rechtskräftigen gerichtlichen Beschluss eintritt. Mit diesem gehen gemäß § 39b V 3 WpÜG die vom Squeeze-Out erfassten „Aktien" kraft Gesetzes auf den Bie-

[777] Dazu sogleich unten S. 209 f.

[778] BT-Drs. 16/1003, S. 22 f.

[779] A.A. *Austmann/Mennicke*, NZG 2004, 846, 853 im Hinblick auf ein durch die BaFin begleitetes Ausschlussverfahren und unter Verweis auf DAV-Handelsrechtsausschuss, NZG 2001, 1003, 1008.

ter über. *Santelmann* weist zu Recht darauf hin[780], dass abweichend vom Wortlaut damit nicht etwa die Aktienurkunden oder das Eigentum an diesen gemeint ist, sondern allein die „Mitgliedschaften", oder besser: die daraus erwachsenden Vermögens- und Herrschaftsrechte. Erfasst werden die Aktien der „übrigen Aktionäre"; das bedeutet, dass nur die Mitgliedschaften der bieterfremden Minderheitsaktionäre übergehen und nicht etwa diejenigen, die dem Bieter über § 39a II WpÜG zuzurechnen sind[781].

Sind Aktienurkunden ausgegeben, wird das durch sie verkörperte Mitgliedschaftsrecht durch den Anspruch auf Verschaffung einer angemessenen Abfindung (also Aktien des Bieters oder Zahlung der Abfindungssumme) ausgewechselt und durch die Urkunde verbrieft (§ 39b V 4 WpÜG)[782]. Ohne diese ausdrückliche Regelung würden die Aktienurkunden mit dem Übergang der Mitgliedschaft ihre Eigenschaft als Inhaber- und Orderpapiere verlieren und von Gesetzes wegen gemäß § 952 II BGB Eigentum des Bieters werden[783]. Der Anspruch wird mit Rechtskraft des Ausschlussbeschlusses fällig und ist mit jährlich zwei Prozentpunkten über dem geltenden Basiszinssatz gemäß § 247 BGB zu verzinsen[784]. Der Bieter erwirbt die Aktien lastenfrei; etwaige dingliche Rechte Dritter an der Mitgliedschaft setzen sich analog § 1287 BGB am Abfindungsanspruch fort, während eine Belastung an der Aktienurkunde selbst zunächst an dieser bestehen bleibt und sich, sobald die Abfindung geleistet wurde, ebenfalls gemäß § 1287 BGB analog am Abfindungsanspruch fortsetzt[785]. Die Minderheitsaktionäre müssen das Eigentum an den Aktienurkunden nur Zug-um-Zug gegen die Gewährung der Abfindung übertragen. In der Übergabe der Aktienurkunden durch den Minderheitsaktionär und die entsprechende Abfindungsleistung des Bieters

---

780 *Santelmann* in: Steinmeyer/Häger, § 39b WpÜG, Rn. 40.

781 A.A. *Santelmann* in: Steinmeyer/Häger, § 39b WpÜG, Rn. 41; hier zeigt sich die Geschlossenheit der in dieser Arbeit vertretenen Definition des Begriffs „übrige Aktionäre": Vom Squeeze-Out erfasst sind nur bieterfremde Anteile; deren Inhaber sind aber auch nur materiell beteiligtenfähig (vgl. dazu S. 196 ff. oben).

782 Gleiches gilt für den Fall der Ausgabe von Zwischenscheinen, § 8 II AktG, vgl. *Grzimek* in: Geibel/Süßmann, § 327e AktG, Rn. 28.

783 Zum aktienrechtlichen Squeeze-Out: *Hüffer*, § 327e AktG, Rn. 4; *Grzimek* in: Geibel/Süßmann, § 327e AktG, Rn. 28.

784 Der Anspruch verjährt gemäß § 195 BGB nach drei Jahren, wobei der Verjährungsbeginn sich nach § 199 I BGB richtet, also mit Ablauf des Jahres beginnt, in dem der Ausschlussbeschluss des Gerichts rechtskräftig geworden ist; die Frist unmittelbar mit der Zustellung bzw. der Veröffentlichung der gerichtlichen Entscheidung in den Gesellschaftsblättern als konstitutierender Akt beginnen zu lassen (so für die §§ 327a ff. AktG auf den Eintrag in das Handelsregister abstellend *Hasselbach* in: KölnKommWpÜG, § 327b AktG, Rn. 15) ist problematisch, weil es dafür an einer gesetzlichen Grundlage fehlt und somit besser auf die allgemeinen zivilrechtlichen Vorschriften ausgewichen werden sollte. Will man -wie hier vertreten- den Streit über die Höhe der Abfindung in ein gesondertes Spruchverfahren verlagern, ist während des Spruchverfahrens die Verjährung entsprechend § 204 I Nr. 1, II BGB für alle Minderheitsaktionäre gehemmt (umstr., einschränkend *Schüppen/Tretter* in: FrankfKommWpÜG, § 327b AktG, Rn. 24; *Polte/Weber/Kaisershot-Abdmoulah*, AG 2007, 690, 694; wie hier *Koppensteiner* in: KölnKommAktG, § 320e AktG, Rn. 20; *Fleischer* in: GroßKommAktG, § 327b AktG, Rn. 23).

785 *Grzimek* in: Geibel/Süßmann, § 327e AktG, Rn. 27.

ist eine konkludente Übereignungserklärung des Aktionärs zu sehen, einer (analogen) Anwendung des § 797 BGB bedarf es insoweit nicht[786].

Bei börsennotierten Gesellschaften fehlt es jedoch in aller Regel an einer physischen Verbriefung der Aktien. Vielmehr wird eine sog. Globalurkunde bei einer Clearing-Stelle, bei der die gegenseitigen Verbindlichkeiten der Geschäftsbankendepots zentral verrechnet werden, verbucht[787]. Die Clearing-Stelle führt im Wege einer Girosammelverwahrung Depotkonten für die einzelnen Banken, die wiederum die Depots der Anteilseigner verwalten. Um Einigung und Übergabe der Aktienurkunden zu ersetzen, bucht die Clearing-Stelle die Wertpapiere der Minderheitsaktionäre auf ein Sammelkonto um. Dieses Sammelkonto wird regelmäßig von derjenigen Bank geführt, welche die Bankgarantie nach § 327b III AktG analog beigebracht hat[788]. Mit Verbuchung der Wertpapiere im Sammelkonto werden diese in das Wertpapierdepot des Bieters umgebucht. Haben die Aktionäre als Abfindung eine Barzahlung gewählt, wird der entsprechende Betrag von der Depotbank des Bieters an diese ausgezahlt. Ist der Bieter eine börsennotierte Gesellschaft und hat als Abfindung gesellschaftseigene Wertpapiere angeboten, werden diese über die Clearing-Stelle in das Wertpapierdepot der Aktionäre umgebucht[789]. Ähnlich wie bei verbrieften Anteilsbeteiligungen ist auch auf diesem Weg eine Abwicklung Zug-um-Zug gewährleistet, um die tatsächliche Abfindung der Aktionäre absichern zu können.

Im (bei börsennotierten Gesellschaften seltenen) Fall der Ausgabe von Aktienurkunden kann der Bieter nach Leistung der Barabfindung die noch nicht in seinem Besitz befindlichen effektiven Stücke gemäß § 73 AktG für kraftlos erklären lassen, vor Leistung der Abfindung jedenfalls auf Aushändigung und Übereignung klagen. Die Rechtslage entspricht derjenigen beim aktienrechtlichen Squeeze-Out[790].

b) Eintragung in das Handelsregister?

Gemäß § 39b V 5 WpÜG hat der Vorstand der Zielgesellschaft die rechtskräftige Entscheidung unverzüglich –also ohne schuldhaftes Zögern[791]– zum Handelsregister einzureichen. Ausweislich der Regierungsbegründung „dient die Eintragung in das Han-

---

[786] So wohl auch *Santelmann* in: Steinmeyer/Häger, § 39b WpÜG, Rn. 45, allerdings unter Verweis auf § 792 S. 2 BGB; an dieser Stelle sei auf die in der Praxis noch weitgehend ungeklärte steuerrechtliche Behandlung einer „Anteilsübertragung" im Wege eines Squeeze-Out hingewiesen. Dazu unter Berücksichtigung sowohl der Perspektive der Minderheitsaktionäre als auch des Bieters: *Tischbirek* in: Baums/Thoma, Einleitung, Rn. 3.71 ff.

[787] Vgl. dazu *Bayer* in: MünchKommAktG, § 68 AktG, Rn. 5 ff.; *Gößmann/Klanten* in: Schimanski/Bunte/Lwowski, § 72, Rn. 71 f.; zur Legitimation der Aktionäre in diesem Fall *Noack/Zetzsche*, AG 2002, 651, insb. 654.

[788] Vgl. zur Notwendigkeit der Beibringung einer Bankgarantie oben S. 195 ff.

[789] Zu diesem Vorgang ausführlich *Polte/Weber/Kaisershot-Abdmoulah*, AG 2007, 690, 691.

[790] Zur Vertiefung statt vieler: *Fleischer* in: GroßKommAktG, § 327e AktG, Rn. 49; *Hasselbach* in: KölnKommWpÜG, § 327e AktG, Rn. 25.

[791] Vgl. § 121 I 1 BGB.

delsregister nach Satz 5 der Publizität und Rechtssicherheit"[792]. Diese Regelung wirft zusammen mit der amtlichen Begründung jedoch Fragen auf. So fehlt es an einer gesetzlichen Anordnung zur Eintragung in das Handelsregister. Im Gegensatz zu § 327e I 1 AktG, der den Vorstand verpflichtet, „den Übertragungsbeschluss zur *Eintragung* in das Handelsregister *anzumelden*", spricht § 39b V 5 WpÜG nur von der „*Einreichung*", was angesichts der Formulierung in anderen aktienrechtlichen Vorschriften gegen eine Eintragung spricht[793]. Problematisch hieran ist, dass eintragungspflichtig nur solche Tatsachen sind, die ausdrücklich im Gesetz angeordnet sind[794], woran es hier ausweislich des Wortlautes fehlt. Daneben sind Tatsachen ohne ausdrückliche gesetzliche Anordnung nur in sehr eingeschränktem Rahmen eintragungsfähig. Eine solche Eintragungsfähigkeit ist nach der Rechtsprechung nur dann zu bejahen, wenn eine Analogie zu einer bestehenden, die Eintragung anordnenden Vorschrift möglich ist oder die Rechtsfortbildung eine Eintragung gebietet[795]; jedenfalls ist insofern Zurückhaltung geboten[796]. Eine Eintragung soll im Ergebnis nur möglich sein, wenn diese im Interesse des Rechtsverkehrs dringend geboten und unumgänglich ist. Die Sicherheit des Rechtsverkehrs muss diese unabweisbar machen, was nur der Fall ist, wenn die Eintragung konstitutiv für die Wirksamkeit der Tatsache ist[797].

Konstitutiv für den Übergang der Mitgliedschaften ist jedoch der rechtskräftige Ausschlussbeschluss. Insofern besteht nach dem Wortlaut des Gesetzes keine Möglichkeit, den Squeeze-Out einzutragen. Es wurde daher vorgeschlagen, den Ausschlussbeschluss zu den für die Zielgesellschaft geführten Registerakten nach § 8 II HRV zu geben[798]. Dieser Auffassung ist zuzustimmen. Auch ohne tatsächliche Eintragung in das Handelsregister wird man auf diesem Weg dem Wortlaut der Norm („zum Register einreichen") gerecht, ohne die Grenzen der Eintragungsfähigkeit von Tatsachen zu überspannen. Diese Auslegung steht auch nicht dem Wunsch des Gesetzgebers nach Publizität und Rechtssicherheit des Ausschlussbeschlusses entgegen, weil der Gerichtsbeschluss selbst bereits diese Anforderungen erfüllt (dazu sogleich).

Heidel/Lochner plädieren dagegen dafür, bis zur Beseitigung dieses „offensichtlichen Redaktionsfehlers" eine Eintragungspflicht analog § 327e AktG herzuleiten und das Registergericht über diese Vorschrift zur Eintragung zu verpflichten. Außerdem sei die Zielgesellschaft analog § 14 I Nr. 3, § 1 Nr. 3 SpruchG verpflichtet, die rechtskräftige Entscheidung bekannt zu machen[799]. Eine solche Analogie ist aber problematisch: So erscheint es fraglich, ob darüber die strengen Voraussetzungen an eine Eintragungsfähigkeit übergangen werden können, schließlich lässt der BGH eine Eintra-

---

792 BT-Drs. 16/1003, S. 23.

793 U.a. bei den §§ 42, 99 V 3, 106, 130 V, 145 VI 3 AktG geht der Gesetzgeber davon aus, dass mit einer „Einreichung" gerade keine Eintragung stattfinden soll.

794 *Hopt* in: Baumbach/Hopt, § 8 HGB, Rn. 5 unter Verweis auf *RGZ* 132, 140.

795 *BGH*, AG 1992, 192, 193 f.; *BGH*, AG 1998, 137.

796 *BGHZ* 105, 343; *Koller/Roth/Morck*, § 8 HGB, Rn. 8.

797 *Krafka* in: MünchKommHGB, § 8 HGB, Rn. 32; *Hopt* in: Baumbach/Hopt, § 8 HGB, Rn. 5.

798 *Süßmann* in: Geibel/Süßmann, § 39b WpÜG, Rn. 9; *Santelmann* in: Steinmeyer/Häger, § 39b WpÜG, Rn. 49.

799 *Heidel/Lochner* in: Heidel-HdbKMR, § 39b WpÜG, Rn. 30.

gungspflicht über Analogie nur im Fall konstitutiver Eintragungen zu. Weil die Eintragung keine konstitutive Wirkung entfaltet, ist auch ein vergleichbares Bedürfnis nach Rechtssicherheit entsprechend der Interessenlage beim aktienrechtlichen Squeeze-Out nicht gegeben. Außerdem ist eine Analogiebildung unnötig: Will man die Vorschrift tatsächlich nahe am Wortlaut auslegen und dabei den Wunsch des Gesetzgebers nach Publizität und Rechtssicherheit respektieren, ist festzustellen, dass die erforderliche Rechtssicherheit bereits durch die Konzeption des Ausschlussverfahrens gegeben ist, mit dessen rechtskräftigem Abschluss der Übergang der Aktien nicht mehr angreifbar ist.

Durch die hier vertretene Ansicht, dass nicht nur der Beschluss des Landgerichts, sondern darüber hinaus entsprechend § 39b IV 2 WpÜG auch die Entscheidung des Oberlandesgerichts in den Gesellschaftsblättern zu veröffentlichen ist, wird der Ausschluss unmittelbar mit demjenigen Akt, der ihm in konstitutiver Weise Wirksamkeit verschafft, publiziert. Das Ergebnis von *Heidel/Lochner* wird somit auch ohne die Verwendung zweier zweifelhafter[800] Analogien erreicht. Durch diese Vorgehensweise wird nicht nur der Wortlaut des § 39b V 5 beachtet, sondern auch dem in der Regierungsbegründung genannten Zweck nachgekommen.

Die Einreichung des Ausschlussbeschlusses zu den Registerakten durch den Vorstand muss in vertretungsberechtigter Zahl erfolgen. Dazu sollte vom Landgericht ein Rechtskraftzeugnis ausgestellt werden, um die Rechtskraft des Ausschlussbeschlusses auch formell gegenüber dem Handelsregister belegen zu können.

c) Delisting

Spätestens mit dem rechtskräftigen Übergang der Aktien auf den Bieter und damit die Vereinigung aller verbrieften Mitgliedschaften ist ein Börsenhandel der Wertpapiere nicht mehr möglich, weil die Zulassung zum Börsenhandel auch von der Börsenfähigkeit des verbrieften Rechts abhängt. In der Literatur ist bislang noch nicht abschließend geklärt, auf welchem Wege die Börsennotierung endet. Die wohl noch herrschende Auffassung geht davon aus, dass die Zulassungsstelle die Zulassung der Wertpapiere zum Handel am regulierten Markt widerrufen kann bzw. muss, weil ein ordnungsgemäßer Handel auf Dauer nicht mehr gewährleistet ist und die Geschäftsführung der Gesellschaft die Notierung eingestellt hat (§ 39 I 1. Var.)[801]. Die stärker werdende Gegenauffassung geht zumindest im Fall des Squeeze-Out von einer Erledigung der Börsenzulassung *ipso iure* aus, weil sich die Börsenzulassung als begünsti-

---

[800] Auch die zweite Analogie über § 14 I 3 SpruchG i.V.m. § 1 Nr. 3 SpruchG wirkt konstruiert; denn es geht ja gerade nicht um die Festsetzung der Abfindungshöhe, die im Streitfall ohnehin über ein gesondertes Spruchverfahren erzielt wird, sondern um die Publizität des für den Aktienübergang konstitutiven Aktes.

[801] *Schanz*, § 18, II., Rn. 15; *Heidelbach* in: SchwarkKMRK, § 38 BörsG, Rn. 51; *Both*, S. 56; wohl auch *Heidel/Lochner* in: Heidel-HdbKMR, § 327e AktG, Rn. 12; zu den *Going-Private*-Techniken vgl. *Schwichtenberg*, DStR 2001, 2075.

gender Verwaltungsakt[802] erledigt habe (§ 43 II 5. Var. VwVfG bzw. die entsprechenden Verwaltungsverfahrensgesetze der Länder)[803]. In der Praxis ist es allerdings üblich, einen formlosen Antrag auf Widerruf der Notierung zu stellen (vgl. § 39 II BörsG). Im Fall des übernahmerechtlichen Squeeze-Out empfiehlt es sich daher, nach Rechtskraft des Ausschlussantrages bzw. mit der Erlangung des Rechtskraftzeugnisses einen Antrag auf Widerruf der Notierung bei den notierenden Börsen zu stellen.

d) Mitteilung an das Handelsregister nach § 42 AktG

Gemäß § 42 AktG hat ein Aktionär, der allein oder neben der Gesellschaft alle Aktien hält, eine unverzügliche Mitteilung an das Handelsregister zu machen und Angaben zur Person zum Handelsregister einzureichen. Eine entsprechende Pflicht besteht auch bei nachträglicher Veränderung der Aktionärsstruktur[804]. Im Fall des übernahmerechtlichen Squeeze-Out entsteht eine solche Einpersonen-Gesellschaft mit rechtskräftigem Ausschlussbeschluss. Hat die Gesellschaft Vorzugsaktien ausgegeben, ist der Anwendungsbereich nur eröffnet, wenn der Bieter auch die Vorzugsaktionäre nach § 39a I 2 WpÜG ausschließt. Eine Einpersonen-Gesellschaft liegt aber dann nicht vor, wenn der Bieter nicht alleine, sondern über die Zurechnungsnorm des § 39a II WpÜG mit Dritten das gesamte Grundkapital hält. § 16 IV AktG ist auf § 42 AktG nicht anzuwenden, weil es für eine solche Zurechnung einer ausdrücklichen gesetzlichen Grundlage wie in §§ 20 I 2, 21 I 2, 328 I 3 AktG bedurft hätte[805]. Ausschließlich in dem Fall, dass der Bieter alleiniger Aktionär (ggf. neben der Gesellschaft selbst) ist, wäre der Anwendungsbereich des § 42 AktG eröffnet. Fraglich ist allerdings, ob eine Mitteilung erforderlich ist, da sich bereits aus dem gerichtlichen Übertragungsbeschluss in dem für die Gesellschaft geführten Aktenbestand ergibt, dass Minderheitsaktionäre in der Gesellschaft nicht mehr vorhanden sind, und eine Mitteilung damit entbehrlich sein könnte. Sieht man allerdings mit *Hüffer* die Mitteilung nach § 42 AktG als Informationsquelle für die Öffentlichkeit über den Charakter der Zielgesellschaft als Einpersonen-Gesellschaft mit der Folge, dass auch ein späterer Eintritt neuer, zusätzlicher Gesellschafter mitgeteilt werden muss[806], wird man von einer Mitteilungspflicht ausgehen müssen: Denn andernfalls würde die Existenz der Mitteilung nach § 39b V 5 WpÜG den Schluss nahe legen, dass es sich um eine Einpersonen-Gesellschaft handele, obwohl der Bieter möglicherweise in der Zwischenzeit neue Gesellschafter aufgenommen hat. Bis zur Klärung dieser Frage wird man jedenfalls in der Beratungspraxis davon auszugehen haben, dass der Vorstand eine entsprechende Mitteilung zum Han-

---

802 *Kümpel*, Rn. 17.745.

803 *Fleischer* in: GroßKommAktG, § 327e AktG, Rn. 60; für eine Erledigung *ipso iure*: *Adolff/Tieves*, BB 2003, 797, 805; *Deilmann/Lorenz*, § 16, Rn. 13; *Pluskat*, FinBetrieb 2002, 592, 593; *dies*., BKR 2007, 54, 55; *Schäfer/Eckhold* in: Marsch-Barner/Schäfer, § 63, Rn. 15; *Groß*, ZHR 2001, 141, 150.

804 *Pentz* in: MünchKommAktG, § 42 AktG, Rn. 5.

805 *Hüffer*, § 42 AktG, Rn. 4; *Pentz* in: MünchKommAktG, § 42 AktG, Rn. 5; *Blanke*, BB 1994, 1505, 1506; *Höhfeld* in: Heidel-HdbKMR, § 42 AktG, Rn. 5; a.A.: *Hoffmann-Becking*, ZIP 1995, 1, 3; *Lutter*, AG 1994, 429, 433f.

806 *Hüffer*, § 42 AktG, Rn. 5; a.A.: *Hasselbach* in: KölnKommWpÜG, § 327e AktG, Rn. 17.

delsregister einzureichen hat. Wie im Fall des § 39b V 5 WpÜG hat diese unverzüglich und in vertretungsberechtigter Zahl zu erfolgen. Die Mitteilung wird wie schon der Ausschlussbeschluss nach § 8 II HRV zum Aktenbestand genommen. In der Praxis empfiehlt sich eine Einreichung zusammen mit dem rechtskräftigen Ausschlussbeschluss.

F. Erste Verfahren nach §§ 39a, 39b WpÜG: Schuler AG[807] und Nord LB

Knapp ein Jahr nach Inkrafttreten der §§ 39a, 39b WpÜG ging der erste Ausschlussantrag bei der zuständigen 5. Kammer für Handelssachen am LG Frankfurt a.M. ein. Wie noch zu zeigen sein wird, lag dem Verfahren eine eher ungewöhnliche Tatbestandskonstellation zugrunde, so dass das Gericht nur wenige Gelegenheiten hatte, auf die umstrittenen Fragen zum übernahmerechtlichen Squeeze-Out einzugehen. Das gesamte Verfahren, das der Verfasser im Wege der Akteneinsicht und durch ausführliche Gespräche mit den befassten Richtern begleiten durfte, war einerseits von einer gewissen Unsicherheit, andererseits von großer Spannung im Umgang mit dem neuen Ausschlussinstitut geprägt.

I. Verfahren um die Schuler AG

1. Sachverhalt

Die Müller Weingarten AG ist eine deutsche Aktiengesellschaft mit Sitz in Weingarten, die als Maschinen- und Anlagenhersteller vor allem im Bereich des Automobilbaus als Zulieferer tätig ist. Vor Durchführung des Squeeze-Out betrug ihr Grundkapital rund € 21 Mio. Dieses war eingeteilt in 8.400.000 Stückaktien, wovon 4.800.000 Aktien an den Börsen in München und Stuttgart notiert waren. Die Schuler AG, eine im Anlagenbau international tätige deutsche börsennotierte Aktiengesellschaft, beabsichtigte, die wirtschaftlich angeschlagene Müller Weingarten AG vollständig zu übernehmen und in den Konzernverbund aufzunehmen. Mit Vertrag vom 27. März 2007 kaufte die Schuler AG, die bislang nicht an der Müller Weingarten AG beteiligt war, von der Metzler Beteiligungsgesellschaft mbH ein Aktienpaket von 5.416.740 Aktien, das sich aus 1.848.000 nicht börsennotierten und 3.568.740 börsennotierten Aktien zusammensetzte. Der dingliche Vollzug wurde in der Weise vereinbart, dass die Schuler AG mit Abschluss des Kaufvertrages am 27. März Eigentümerin sämtlicher nicht börsennotierter Anteile und 672.000 börsennotierter Aktien wurde, also 30% der Stimmrechte an der Müller Weingarten AG hielt. Dementsprechend veröffentlichte sie ihren Kontrollerwerb am 27. März 2007 gemäß §§ 35 I 1, 10 III 1 WpÜG. Das Eigentum der vom Paketkaufvertrag umfassten übrigen 2.896.740 Stückaktien ging zum 2. April auf die Schuler AG über, die damit eine Gesamtbeteiligung an der Müller Weingarten AG in Höhe von 64,485% aufwies. Am 17. April veröffentlichte die Schuler AG gemäß §§ 35 II, 14 II, III WpÜG ein Pflichtangebot an alle übrigen Aktionäre zum Erwerb aller von diesen gehaltenen 2.983.260 Stückaktien der Müller Weingarten AG zum Preis von € 15,74 je Aktie. Die Angebotsfrist betrug vier Wochen; das Angebot wurde in Höhe von 2.686.850 Aktien angenommen, was einer Annahmequote von 90,064% entspricht. Nach Ablauf der Angebotsfrist hielt die Schuler AG somit 96,47% an der Müller Weingarten AG. Die Schuler AG veröffentlichte am 11. Mai 2007 entsprechende Mitteilungen nach § 23 I Nr. 1, Nr. 4 WpÜG und

[807] Vgl. dazu auch *Kießling*, DB:SR 2007, 295.

stellte unter dem 15. Mai einen Antrag auf Übertragung der übrigen stimmberechtigten Aktien nach § 39a WpÜG.

2. Verfahren

Unter dem 29. Juni 2007 veröffentlichte das Landgericht Frankfurt a.M. im elektronischen Bundesanzeiger eine Mitteilung hinsichtlich des Ausschlussantrages der Schuler AG. Diese enthält das Aktenzeichen, das Datum des Ausschlussantrages und die Höhe der festgelegten Abfindung. Nachdem die Monatsfrist des § 39b III 2 WpÜG abgelaufen war und sich innerhalb dieser Frist kein Minderheitsaktionär an dem Verfahren beteiligt hatte, erging am 2. August 2007 der Ausschlussbeschluss[808]. Dessen Tenor lautet:

„Die stimmberechtigten Stückaktien der Müller Weingarten AG [*Anm.: es folgen ISIN- und WKN-Nummern*], die nicht bereits der Schuler AG gehören, werden gegen Gewährung einer Abfindung in Höhe von EUR 15,74 auf die Schuler AG übertragen.
Die gerichtlichen Kosten des Verfahrens hat die Antragstellerin zu tragen.
Außergerichtliche Kosten werden nicht erstattet.
Der Gegenstandswert wird auf EUR 4.665.493,-- festgesetzt.“

Unter dem Datum des 13. August 2007 wurden der Ausschlussbeschluss und das Aktenzeichen des Verfahrens im elektronischen Bundesanzeiger veröffentlicht.

Binnen zwei Wochen nach dieser Veröffentlichung und damit innerhalb der zulässigen Beschwerdefrist nach § 22 I 1 FGG gingen beim LG Frankfurt a.M. zwei sofortige Beschwerden von Gesellschaften ein, hinter denen als „Berufskläger“ bekannte Aktionäre standen. In beiden Fällen wurde die sofortige Beschwerde aber nicht begründet, so dass eine inhaltliche Befassung des Beschwerdegerichts mit den Vorträgen der Beschwerdeführer nicht erfolgen konnte. Vor Ablauf der Begründungsfrist wurden die sofortigen Beschwerden zurückgenommen, so dass der Ausschlussbeschluss des Landgerichts rechtskräftig wurde.

Auf Antrag wurde der Schuler AG vom LG Frankfurt a.M. ein Rechtskraftzeugnis erteilt, das vom Handelsregister des Amtsgerichts Ulm zusammen mit dem Ausschlussbeschluss zu den für die Müller Weingarten AG geführten Akten gegeben wurde. Die Eintragungsfähigkeit des Beschlusses wurde vom Registergericht abgelehnt.

3. Bewertung

Das Verfahren um die Schuler AG war in mehrfacher Hinsicht ungewöhnlich. Das Erreichen der Annahmequote des § 39a III 3 WpÜG, die fehlende Beteiligung von

---

[808] *LG Frankfurt a.M.*, Beschluss vom 2.8.2007, Az. 3-5 O 138/07.

Minderheitsaktionären und die Rücknahme der gegen den Ausschluss gerichteten sofortigen Beschwerden haben zu einem schnellen und unkomplizierten Verfahren geführt, werden aber in der Praxis in dieser Konstellation kaum der Regelfall sein. Einerseits wurde durch das nur knapp zwei Monate dauernde Verfahren die Attraktivität des übernahmerechtlichen Squeeze-Out unter den gegebenen Voraussetzungen deutlich. Andererseits wäre es wünschenswert gewesen, wenn das zuständige LG und gegebenenfalls auch das OLG Gelegenheit bekommen hätten, in ausführlicher Weise Stellung zu den umstrittenen Fragen der §§ 39a f. WpÜG beziehen zu können. Neben verschiedenen Verfahrensfragen bleibt damit die größte Unsicherheit bei der Behandlung der Angemessenheitsvermutung im Rahmen der Abfindung und den Bewertungsfragen bei Nichterreichen der Annahmequote bestehen. Allerdings scheinen –soviel sei aus den Gesprächen mit den Vorsitzenden preiszugeben erlaubt– sowohl das LG als auch das OLG dazu zu tendieren, die in dieser Arbeit dazu vorgeschlagenen Lösungen zu vertreten. Folgen die Gerichte der Ansicht, dass es sich um eine widerlegliche Vermutung handelt, wird daneben abzuwarten sein, ob in Zukunft bei Widerlegung der Vermutung bzw. bei Nichterreichen der Annahmequote ein gesondertes Spruchverfahren eröffnet werden wird. Gehen die Gerichte hingegen von der Unwiderleglichkeit der Vermutung aus, wird es nach rechtskräftigem Ausschlussbeschluss nicht lange dauern, bis ein vom Ausschluss betroffener Minderheitsaktionär Verfassungsbeschwerde wegen Verletzung des Art. 14 GG erheben wird.

IV. Verfahren um die Nord LB

1. Sachverhalt

Mit Veröffentlichung unter dem 5. Dezember 2007 hat die Norddeutsche Landesbank - Girozentrale – (NordLB) ein freiwilliges öffentliches Übernahmeangebot für die Aktien der Deutschen Hypothekenbank Actien-Gesellschaft (Deutsche Hypo) abgegeben. Die angebotene Gegenleistung betrug 36,09 EUR. Bei Ablauf der Annahmefrist am 2. Januar 2008 und der Weiteren Annahmefrist nach § 16 II WpÜG am 21. Januar 2008 hatten die Aktionäre der Deutschen Hypo das Übernahmeangebot für insgesamt 13.098.931 Aktien angenommen. Weil weder die Bieterin noch mit ihr gemeinsam handelnde Personen bei Abgabe des Angebots Aktien des *targets* hielten, belief sich die relevante Annahmequote bei einer Gesamtzahl von 13.440.000 ausgegebenen Aktien bereits zu diesem Zeitpunkt auf 98,13%. Daneben erwarb die Nord LB außerhalb des Angebots weitere 34.853 Aktien im Wege bilateraler Käufe, so dass sie schließlich knapp 98,39% der stimmrechtsvermittelnden Stückaktien der Deutschen Hypo hielt. Vorzugsaktien waren von der Deutschen Hypo nicht ausgegeben worden.

Am 15. Januar 2008 stellte die Nord LB beim Landgericht Frankfurt a.M. folgenden Antrag:

„1. Die stimmberechtigten, auf den Inhaber lautenden, nennwertlosen Stückaktien der Deutsche Hypothekenbank (Actien-Gesellschaft) [*Anm.: es folgen ISIN- und WKN-Nummern*], die nicht bereits der Norddeutsche Landesbank - Girozentrale - gehören, werden gegen Gewährung einer Abfindung in Höhe von € 36,09 je Stückaktie auf die Norddeutsche Landesbank - Girozentrale - übertragen.

2. Es wird festgestellt, dass sich die Abfindung je nennwertlose Stückaktie der Deutsche Hypothekenbank (Actien-Gesellschaft) [*Anm.: es folgen ISIN- und WKN-Nummern*], die nicht bereits der Norddeutsche Landesbank - Girozentrale - gehören, gemäß Satz 1 ermäßigt um den Betrag, der zwischen dem Tag des Eingangs dieses Antrages beim Landgericht Frankfurt und der Rechtskraft der Entscheidung gemäß § 39b, Abs. 5 WpÜG in Abwicklung eines Hauptversammlungsbeschlusses der Deutschen Hypothekenbank (Actien-Gesellschaft) über die Verwendung des Bilanzgewinns als Dividende an die Inhaber der nennwertlosen Stückaktien verteilt (gezahlt) wird."

2. Bewertung

Wie schon im Verfahren um die Schuler AG findet sich auch hier eine Besonderheit: Weil die Bieterin vor Abgabe des Übernahmeangebots weder selbst noch im Wege des § 39a II WpÜG Anteile am *target* hielt und das Angebot in Höhe von 98,39% des Grundkapitals angenommen wurde, entsprach auch die Annahmequote nach § 39a III 3 WpÜG 98,39%. Somit wird die widerlegliche Vermutung ausgelöst mit der Folge, dass die verbleibenden Minderheitsaktionäre im Ausschlussverfahren darlegen müssen, warum der im Übernahmeverfahren gezahlte Preis keine angemessene Abfindung gemäß § 39a I 1, III WpÜG sei.

Bei Drucklegung dieser Arbeit war das Verfahren noch nicht abgeschlossen. Folgendes zeichnet sich aber bereits ab: Erstens scheinen Bieter nur dann auf den übernahmerechtlichen Squeeze-Out zurückgreifen zu wollen, wenn sie die Angemessenheitsvermutung nach § 39a III 3 WpÜG erreicht haben. So gab es Äußerungen aus dem Beraterkreis der Bieterin, dass man keinen übernahmerechtlichen Squeeze-Out durchgeführt hätte, wäre die Annahmequote nicht erreicht worden. Es sei nämlich nicht sinnvoll, sich auf die Unwägbarkeiten einzulassen, die sich zwangsweise aus dem Verfehlen der Annahmequote ergäben. Vielmehr hätte man in diesem Fall auf die umständlichere, aber größtenteils geklärte Alternative nach den §§ 327a ff. AktG zurückgegriffen. Zweitens wird abzuwarten sein, wie das Gericht den zweiten Antragsteil behandelt, mit dem festgestellt werden soll, dass sich die Abfindung um die Ausschüttung des Dividendenbetrags vermindert. Ob es ein solches Vorgehen für zulässig erachtet, ist zumindest ungewiss.

G. Schluss

I. Kurze Zusammenfassung der wesentlichen Ergebnisse

Die in dieser Untersuchung erarbeiteten Ergebnisse lassen sich wie folgt knapp zusammenfassen:

1. Der übernahmerechtliche Squeeze-Out war bereits auf europäischer Ebene ein hochumstrittenes Projekt. Die Umsetzung in deutsches Recht wirft ebenfalls Fragen auf und lässt an entscheidenden Stellen Regelungen vermissen. Die §§ 39a f. WpÜG unterscheiden sich maßgeblich vom Institut des aktienrechtlichen Squeeze-Out nach den §§ 327a ff. AktG, die eigenständige Umsetzung im WpÜG ist daher zu begrüßen, dies auch, weil andernfalls komplizierte Querverweise ins WpÜG hätten vorgenommen werden müssen.

2. Bezüglich der Ausschlussvoraussetzungen ist zu bemerken, dass die Erhöhung der erforderlichen Ausschlussmehrheit von 90% auf 95% des stimmberechtigten Kapitals sinnvoll war, weil dies jedenfalls verfassungsrechtlichen Vorgaben genügt und insbesondere bei börsennotierten Gesellschaften, auf die der Anwendungsbereich der § 39a f. WpÜG beschränkt ist, sicherstellt, dass nur eine kleine Restminderheit ausgeschlossen wird. Die Wahl des „kontinentaleuropäischen Konzepts“ nach Art. 15 II 2 lit. a) ÜbRL ist angebracht. Tatbestandlich hätte es nahe gelegen, den Anwendungsbereich des § 39a I 1 WpÜG auch auf Aufstockungsangebote zu erweitern, weil sonst unnötigerweise Bieter ausgeklammert werden, die bereits eine Kontrollbeteiligung von mehr als 30% am Zielunternehmen halten. Die damit verbundenen Schwierigkeiten können jedoch durch bestimmte Ausgestaltungen des Aufstockungsangebots vermieden werden.

3. Die Einführung eines gattungsbezogenen Ausschlusses ist richtig, da ansonsten Vorzugsaktionäre ohne Rücksicht auf ihre Beteiligungshöhe hätten ausgeschlossen werden können. Es wurde nachgewiesen, dass bei Anwendung des bestehenden Konzepts Probleme auftreten können, die durch die Einführung eines isolierten Ausschlussrechts für Vorzugsaktionäre zu lösen sind.

4. Der Bieter kann die erforderliche Ausschlussmehrheit durch das Halten von Aktien oder durch die Zurechnung der Anteile von Dritten erreichen. Dabei ist die Anknüpfung an § 16 IV AktG durch § 39a II WpÜG im Gegensatz zu einem Verweis auf § 30 WpÜG sinnvoll. Daneben kann die Anteilsbeteiligung z.B. durch bilaterale Paketerwerbe oder *irrevocable undertakings* (nur) in engem zeitlichem Zusammenhang erhöht werden, nämlich höchstens bis sechs Wochen nach Ablauf der Annahmefrist. Die zu den §§ 327a ff. AktG diskutierten „Missbrauchsfälle“ zur Erhöhung der Anteilsbeteiligung sind wegen der Ausgestaltung der Ausschlussvoraussetzungen der §§ 39a f. WpÜG nicht auf den übernahmerechtlichen Squeeze-Out übertragbar. Einzig Fragen zur Wertpapier-

leihe und zur unmittelbaren Aufnahme neuer Gesellschafter haben auch hier Bedeutung, sind aber zulässig.

5. Die Abfindung der auszuschließenden Aktionäre ist das Kernproblem der §§ 39a f. WpÜG. Hinsichtlich der Art der Abfindung gab es für die Einführung des § 39a III 2 WpÜG und der damit verbundenen Wahlmöglichkeit einer Geldleistung keinen Grund, vielmehr wäre die Abfindung allein an der Art der Gegenleistung des vorausgehenden öffentlichen Übernahmeangebots auszurichten gewesen. Das Wahlrecht nach § 39a III 2 WpÜG liegt bei den Aktionären. Hinsichtlich der Höhe der Abfindung ist vor allem die Ausgestaltung der Angemessenheitsvermutung nach § 39a III 3 WpÜG problematisch. Die Prüfung der verschiedenen Sprachfassungen der Mitgliedstaaten und der ihnen zugrunde liegenden Erwägungen der Expertengruppe hat ergeben, dass es sich –anders als vom deutschen Gesetzgeber umgesetzt– um eine widerlegliche Vermutung handelt. Zwar war der Gesetzgeber europarechtlich zur Umsetzung in Form einer unwiderleglichen Vermutung berechtigt, diese verletzt aber das verfassungsrechtlich geschützte Eigentumsrecht der Minderheitsaktionäre: Erstens kann aus verschiedenen Erwägungen nicht ausgeschlossen werden, dass Abfindungen gezahlt werden, die nicht der vom BVerfG geforderten vollen wirtschaftlichen Entschädigung entsprechen, wie eine empirische Untersuchung von Spruchverfahren der letzten vier Jahre belegt. Dies wäre nur dann unbedenklich, wenn die Höhe der Abfindung gerichtlich überprüft werden könnte, was im Rahmen einer unwiderleglichen Vermutung jedoch ausgeschlossen ist. Auch ein Markttest durch eine erreichte Annahmequote stellt keine ausreichende Prüfung der Abfindung auf ihre Angemessenheit dar. Die Angemessenheit kann nur im Rahmen einer gerichtlichen Kontrolle sichergestellt werden. Diese Verletzung der verfassungsrechtlichen Kriterien ist im Hinblick auf die Umsetzung von Richtlinienvorgaben entgegen der Ansicht des Gesetzgebers am Grundgesetz zu messen, weil der Gesetzgeber seinen zulässigerweise genutzten Umsetzungsspielraum an deutschem Verfassungsrecht ausrichten muss. Schließlich hat eine rechtsvergleichende Analyse der Umsetzung des Art. 15 ÜbRL ergeben, dass sich die große Mehrheit der übrigen Mitgliedstaaten für eine widerlegliche Angemessenheitsvermutung entschieden hat.

6. Die Vermutungsregelung des § 39a III 3 WpÜG ist als widerlegliche Vermutung zu interpretieren. Als Maßstab für die Anforderungen an eine Widerlegung der Vermutung lässt sich § 4 II 2 Nr. 4 SpruchG heranziehen. Wird die Vermutung widerlegt, entspräche es nicht dem Sinn und Zweck eines kapitalmarktrechtlich geprägten und zügigen Squeeze-Out Verfahrens, Streitigkeiten über die Höhe der Abfindung im Ausschlussverfahren zu belassen. Diese sind vielmehr in ein eigenständiges Spruchverfahren auszulagern. Eine analoge Anwendung der Vorschriften des SpruchG ist möglich und sinnvoll. Eine Ausdehnung des Markttests auch auf Pflichtangebote ist wegen der einheitlichen Preisregeln

im deutschen Recht konsequent, ein vollständiger Verzicht auf einen solchen Test wäre europarechtlich unzulässig.

7. Die Ausschlussfrist beginnt richtigerweise erst nach Ablauf etwaiger Fristverlängerungen nach den §§ 16, 21 und 22 WpÜG. Die Notwendigkeit einer vorrangigen Anwendung des übernahmerechtlichen Squeeze-Out gegenüber den §§ 327a ff. AktG (§ 39a VI WpÜG) besteht nicht.

8. Die Ausgestaltung des Ausschlussverfahrens ist zu begrüßen. Ein diesem vorgeschalteter Übertragungsanspruch des Bieters ist wegen dessen zu erwartender Erfolglosigkeit nicht erforderlich. Gegen einen legitimierenden Hauptversammlungsbeschluss sprechen die negativen Erfahrungen mit Berufsklägern im Rahmen der §§ 327a ff. AktG. Ein Übertragungsakt seitens der BaFin brächte gegenüber der Übertragung im Wege eines Gerichtsbeschlusses keine Vorteile. Das Erfordernis eines Hauptversammlungsbeschlusses für die Einleitung des Ausschlussverfahrens lässt sich weder aus dogmatischen Gesichtspunkten, noch aus dem Informationsbedürfnis der Aktionäre herleiten.

9. Die Konzentration des Ausschlussverfahrens an einem Gerichtsstandort ist sinnvoll. Die Einleitung des Verfahrens erfolgt durch einen Antrag des Bieters, in dem er seine Ausschlussberechtigung nachweist und daneben eine dem § 327b III AktG entsprechende Bankgarantie übermittelt, weil andernfalls die Zahlung einer angemessenen Abfindung an die Minderheitsaktionäre nicht garantiert werden kann. Die Bankgarantie muss sich nicht auf eine mögliche Erhöhung der Abfindung im Spruchverfahren erstrecken.

10. Das Verfahren ist ein echtes Streitverfahren nach dem FGG, so dass der Amtsermittlungsgrundsatz zu großen Teilen von der Beibringungsmaxime der ZPO verdrängt ist. Fragen der Beteiligten- und Verfahrensfähigkeit richten sich überwiegend nach den entsprechenden Vorschriften der ZPO soweit § 39b WpÜG nichts anderes bestimmt. Eine mündliche Verhandlung ist nicht in jedem Fall erforderlich, rechtliches Gehör kann auch im schriftlichen Verfahren gewährt werden. Es ist zu begrüßen, dass das Beschwerdeverfahren aufschiebende Wirkung entfaltet, hierdurch wird die Transaktionssicherheit gewährleistet. Eine weitere außerordentliche Beschwerde zum BGH ist angesichts der Einführung des § 29a FGG wohl auszuschließen.

11. Eine Eintragung des Übertragungsbeschlusses in das Handelsregister ist unzulässig. Vielmehr ist die Entscheidung zu den für die Zielgesellschaft geführten Registerakten zu nehmen.

12. Das erste Ausschlussverfahren nach § 39a f. WpÜG um die Schuler AG war von gewissen Unsicherheiten geprägt, konnte im Ergebnis aber zügig durchgeführt werden. Allerdings war die Schnelligkeit des Squeeze-Out auch auf die ungewöhnliche Ausgangslage, namentlich die fehlende Beteiligung der Aktio-

näre zurückzuführen. Es steht nicht zu erwarten, dass kommende Ausschlussverfahren ebenso schnell und unproblematisch abgeschlossen werden können. So wird das Gericht im Verfahren um die Nord LB Gelegenheit haben, die noch offenen Rechtsfragen umfänglich zu beantworten. Unabhängig davon, wie diese Entscheidung ausfallen wird, ist ein Beschwerdeverfahren zum OLG Frankfurt a.M. wahrscheinlich.

II. Fazit

Die Untersuchungsaufgabe lautete auf eine vollständige Aufarbeitung des übernahmerechtlichen Squeeze-Out nach den §§ 39a f. WpÜG. Es fällt nicht leicht, einen abschließenden Strich unter die Untersuchung zu ziehen und ein eindeutiges Fazit abzugeben: Auf der einen Seite stehen klare europäische Richtlinienvorgaben, die einen Rahmen bilden, ohne durch überflüssige Bestimmungen die Gesetzgebungsverfahren auf nationaler Ebene einzuschränken. Diese Vorgaben ermächtigen die Gesetzgeber, ein sinnvolles, wirkungsstarkes und effizientes Ausschlussverfahren zu gestalten, das Europa auf dem Weg zu einem *level playing field* des Übernahmerechts ein großes Stück weiterbringen könnte. Auf der anderen Seite steht eine in Teilen verunglückte, verfassungswidrige Regelung im WpÜG. Eigentlich müsste das Fazit deshalb lauten: Der gesetzgeberische Versuch ist gescheitert. Eine derartige Aussage wäre aber zu undifferenziert.

Die grundsätzliche, insbesondere die verfahrensrechtliche, Ausgestaltung des übernahmerechtlichen Squeeze-Out ist gelungen. So ist zunächst zu begrüßen, dass mit den §§ 39a f. WpÜG ein durchweg kapitalmarktrechtlich geprägtes Institut geschaffen wurde, das losgelöst von den Regelungen der §§ 327a ff. AktG besteht. Im Besonderen ist der Verzicht auf die Notwendigkeit eines Hauptversammlungsbeschlusses zu erwähnen, so dass Berufsklägern nicht noch ein weiteres Feld eröffnet wird, um sich durch missbräuchliche Anfechtungsklagen auf Kosten der beklagten Gesellschaft und damit auch ihrer Aktionäre zu bereichern. Dabei ist vor allem bemerkenswert, dass der Gesetzgeber mit dem an das aktienrechtliche Statusverfahren angelehnten gerichtlichen Ausschlussbeschluss einen Weg gegangen ist, der zuvor in der Literatur als geeignetes Ausschlussverfahren praktisch nicht diskutiert wurde. In diesem Zusammenhang ist weiterhin positiv zu erwähnen, dass die Verfahren vor dem LG Frankfurt a.M. konzentriert sind, so dass nicht (wie beim aktienrechtlichen Squeeze-Out) eine Fülle von Detailfragen zwischen den zuständigen Land- oder Oberlandesgerichten umstritten bleibt.

Hinsichtlich der eigentlichen Ausschlussvoraussetzungen aus § 39a WpÜG ist das Bild allerdings gespalten. Einerseits ist der Gesetzgeber eng an den Vorgaben der Richtlinie geblieben und hat anders als bei vormaligen Richtlinienumsetzungen nicht einen „deutschen Weg“ gewählt, indem er die Ausschlussvoraussetzungen deutlich zugunsten der Minderheitsaktionäre aufgeweicht hätte. Die Anhebung der erforderlichen Ausschlussmehrheit von 90% auf 95% des stimmberechtigten Grundkapitals ist in dieser Hinsicht allerdings trotz der Eigenständigkeit der § 39a f. WpÜG wegen des erzielten Gleichlaufs mit den §§ 327a ff. AktG und der Sicherheit, dass eine solche Ausschlussmehrheit verfassungsrechtlichen Voraussetzungen genügt, zu begrüßen.

Missglückt sind dagegen die Regelungen zur Abfindung. Richtig ist zwar, dass der übernahmerechtliche Squeeze-Out in einem Spannungsverhältnis zwischen Kapitalmarkt- und Aktien(konzern)recht liegt und gerade die verfassungsrechtliche Problematik des Zwangsausschlusses von Aktionären dieses Verhältnis zusätzlich erschwert. Dennoch ist erstaunlich, dass der Gesetzgeber eindringliche Stimmen aus Literatur und Praxis und sogar die Warnungen des Bundesrates missachtet hat, die auf Regelungslücken in der derzeitigen Fassung hinwiesen. Im Einzelnen ist hierbei zu kritisieren, dass keine Vorschriften erarbeitet wurden, auf welche Weise die Abfindung zu bestimmen ist, wenn die Vermutungsregelung des § 39a III 3 WpÜG keine Anwendung findet. Dies ist insbesondere deshalb unverständlich, weil zu erwarten ist, dass das Erzielen der notwendigen Annahmequote eher der Ausnahmefall bleiben wird. Der Gesetzgeber hat die in diesem Punkt durchaus sinnvollen Anregungen des Bundesrats vollständig abgelehnt, ohne Gegenvorschläge für den Umgang mit diesem Problem zu entwickeln. Weiterhin ist festzustellen, dass die Frage nach der (Un-)Widerleglichkeit der Angemessenheitsvermutung bestenfalls am Rande beachtet wurde. Die Regierungsbegründung beschränkt sich darauf, die Ausführungen des DAV-Gutachtens zum Gesetzesentwurf zusammenzufassen, ohne die Rechtsprechung des BVerfG zu hinterfragen, die sie selbst zitiert. Dies verwundert umso mehr, als kaum fünf Jahre zuvor mit § 327b I 3 AktG-RegE 2001 eine ähnliche Regelung aufgrund verfassungsrechtlicher Bedenken verworfen wurde. Das Ziel des Gesetzgebers, ein im Vergleich zum aktienrechtlichen Squeeze-Out zügiges Instrument zum Ausschluss der Aktionäre zu schaffen, ist legitim und im Ergebnis zu begrüßen. Es wird auch nicht verkannt, dass die strengen Vorgaben des BVerfG bei der Umsetzung dieses Vorhabens Schwierigkeiten bereiten. Dabei darf jedoch nicht vergessen werden, dass sich die gewünschte Schnelligkeit und Unkompliziertheit des Verfahrens den verfassungsrechtlichen Grundsätzen unterzuordnen hat. Da dies nur teilweise gelungen ist, muss der Gesetzgeber sich den –in der jüngsten Literatur stärker werdenden– Vorwurf gefallen lassen, die Umsetzung der Richtlinienvorgaben sei auch im Hinblick auf deutsches Verfassungsrecht fehlerhaft.

Wie wird es also mit dem übernahmerechtlichen Squeeze-Out weitergehen? Das hängt von mehreren Faktoren ab. Zunächst bleibt abzuwarten, wie das Landgericht Frankfurt a.M. Verfahren behandeln wird, die nicht so außergewöhnlich unproblematisch abgeschlossen werden können, wie dasjenige um die Schuler AG. Insbesondere darf man auf den Umgang mit der Angemessenheitsvermutung des § 39a III 3 WpÜG gespannt sein[809]. Äußerungen der befassten Richter deuten darauf hin, dass sie die hier vertretene Auffassung einer widerleglichen Vermutung teilen werden. Damit ist zwar das Problem der Verfassungswidrigkeit aus dem Wege geräumt, nicht aber die Frage

809 Auch *Fleischer* stellt fest, dass die Attraktivität des übernahmerechtlichen Ausschlussverfahrens maßgeblich von der Behandlung der Abfindungsfragen abhängt, vgl. GroßKommAktG, Vor §§ 327a – f AktG, Rn. 29; *Deilmann* sieht in NZG 2007, 721, 724 die Gefahr, dass der übernahmerechtliche Squeeze-Out in seiner jetzigen Form wenig Akzeptanz in der Praxis finden wird.

geklärt, wie in diesem Fall und in Konstellationen, in denen die erforderliche Quote von 90% nicht erreicht wird, vorzugehen ist. Die Richter stehen vor der Entscheidung, sich teilweise über den Willen des Gesetzgebers hinwegzusetzen und jegliche Bewertungsfragen in ein eigenständiges, vom Ausschlussverfahren getrenntes Spruchverfahren zu verlagern oder aber das Ausschlussverfahren durch eine eigenständige Unternehmensbewertung in die Länge ziehen zu müssen. Die Akzeptanz des übernahmerechtlichen Squeeze-Out in der Praxis wird maßgeblich von Umgang und Verlauf der ersten Verfahren abhängen. Der Gesetzgeber ist gefordert, die Unsicherheit im Umgang mit den Bewertungsfragen zu beenden und Anpassungen an den §§ 39a f. WpÜG vorzunehmen. Bei dieser Gelegenheit könnten die Besicherung der Abfindung, die Einführung eines isolierten Ausschlussrechts von Vorzugsaktionären und weitere, in dieser Arbeit angesprochene Verbesserungsvorschläge aufgenommen werden.

Bleiben die Regelungen mittelfristig unverändert bestehen, wird sich der Anwendungsbereich des übernahmerechtlichen Squeeze-Out auf Sonderkonstellationen wie im Fall der Schuler AG reduzieren. Die aufgeworfenen Fragen müssen möglichst zügig vom Gesetzgeber oder den Gerichten geklärt werden, weil die Praxis sich sonst wegen der Unwägbarkeiten kaum auf das Risiko einlassen wird, derart unbekanntes Terrain zu betreten. Eher wird man Rückgriff nehmen auf die §§ 327a ff. AktG, die ein zwar zähes, aber in den Einzelheiten überwiegend geklärtes Verfahren erwarten lassen. Eine solche Entwicklung wäre bedauerlich, weil ein übernahmerechtlich geprägter Squeeze-Out aufgrund der flexiblen Richtlinienvorgaben enormes Potential hat, ein gut handhabbares Ausschlussinstrument zu werden, was insbesondere in Anbetracht der auch durch das UMAG noch nicht zufriedenstellend gelösten Probleme mit dem aktienrechtlichen Squeeze-Out von Bedeutung ist. Für die Zukunft bleibt zu hoffen, dass Diskussionen in der Wissenschaft wie in der Praxis Lösungen für noch offene Fragen bringen, die zu Veränderungen der §§ 39a. f. WpÜG führen werden, so dass sich dann möglicherweise ein positiveres Fazit ziehen lässt. Die Entwicklung des übernahmerechtlichen Squeeze-Out bleibt jedenfalls spannend.

H. Anhang

I. Ausgestaltung der §§ 39a, 39b WpÜG nach hier vertretener Auffassung

Abschließend sollen die in dieser Arbeit vertretenen Auffassungen als Neuformulierung für die Ausgestaltung der Ausschlussvoraussetzungen dargestellt werden. Die §§ 39a, 39b WpÜG könnten demnach wie folgt lauten:

§ 39a WpÜG: Ausschluss der übrigen Aktionäre

(1) Nach einem Übernahme- oder Pflichtangebot sind dem Bieter, dem Aktien der Zielgesellschaft in Höhe von mindestens 95 Prozent des stimmberechtigten Grundkapitals gehören, auf seinen Antrag die übrigen stimmberechtigten Aktien gegen Gewährung einer angemessenen Abfindung durch Gerichtsbeschluss zu übertragen. Sind Vorzugsaktien ausgegeben, sind dem Bieter, dem nach einem Übernahme- oder Pflichtangebot Aktien in Höhe von 95 Prozent des stimmrechtslosen Grundkapitals gehören, auf Antrag die übrigen Vorzugsaktien zu übertragen. Liegen die Voraussetzungen des Satzes 1 vor, sind die Vorzugsaktien auch dann auf den Bieter zu übertragen, wenn ihm zugleich Aktien in Höhe von 95 Prozent des Grundkapitals gehören.

(2) Für die Feststellung der erforderlichen Beteiligungshöhe nach Absatz 1 gilt § 16 Abs. 2 und Abs. 4 des Aktiengesetzes entsprechend.

(3) Die Art der Abfindung hat der Gegenleistung des Übernahme- oder Pflichtangebots zu entsprechen. Die im Rahmen eines Übernahme- oder Pflichtangebots gewährte Gegenleistung ist als angemessene Abfindung anzusehen, wenn der Bieter auf Grund des Angebots Aktien in Höhe von mindestens 90 Prozent des vom Angebot betroffenen Grundkapitals erworben hat. Satz 2 gilt nicht, wenn die Aktionäre konkrete Einwendungen gegen die Angemessenheit der Abfindung erheben können. Die Annahmequote ist für stimmberechtigte Aktien und stimmrechtslose Aktien getrennt zu ermitteln. Ist die Abfindung nicht angemessen, gilt das Gesetz über das Gesellschaftsrechtliche Spruchverfahren mit der Maßgabe, dass ausschließlich zuständig das Landgericht Frankfurt am Main ist.

(4) Ein Antrag auf Übertragung der Aktien nach Absatz 1 muss innerhalb von drei Monaten nach Ablauf der Annahmefrist gestellt werden. Der Bieter kann den Antrag stellen, wenn das Übernahme- oder Pflichtangebot in einem Umfang angenommen worden ist, dass ihm beim späteren Vollzug des Angebots Aktien in Höhe des zum Ausschluss mindestens erforderlichen Anteils am stimmberechtigten oder am gesamten Grundkapital der Zielgesellschaft gehören werden. Mit der Antragstellung hat der Bieter die Erklärung eines im Geltungsbereich dieses Gesetzes zum Geschäftsbetrieb befugten Kreditinstituts zu übermitteln, durch die das Kreditinstitut die Gewährleistung für die Erfüllung der Verpflichtung des Bieters übernimmt, den Minderheitsaktionären nach rechtskräftiger Entscheidung unverzüglich die im Beschluss festgesetzte Abfindung für die betroffenen Aktien zu zahlen. Die Abfindung ist von dem in § 39b

Absatz 4 Satz 2 bezeichneten Zeitpunkt an mit jährlich 2 vom Hundert über dem jeweiligen Basiszinssatz nach § 247 des Bürgerlichen Gesetzbuchs zu verzinsen.

(5) Über den Antrag entscheidet ausschließlich das Landgericht Frankfurt am Main. Im Übrigen gilt § 66 Abs. 2 entsprechend.

§ 39b WpÜG: Ausschlussverfahren

(1) Auf das Verfahren für den Ausschluss nach § 39a ist das Gesetz über die Angelegenheiten der freiwilligen Gerichtsbarkeit anzuwenden, soweit in den Absätzen 2 bis 5 nichts anderes bestimmt ist.

(2) Das Landgericht hat den Antrag auf Ausschluss nach § 39a in den Gesellschaftsblättern bekannt zu machen.

(3) Das Landgericht entscheidet durch einen mit Gründen versehenen Beschluss. Der Beschluss darf frühestens einen Monat seit Bekanntmachung der Antragstellung im elektronischen Bundesanzeiger und erst dann ergehen, wenn der Bieter glaubhaft gemacht hat, dass ihm Aktien in Höhe des zum Ausschluss mindestens erforderlichen Anteils am stimmberechtigten oder am gesamten Grundkapital der Zielgesellschaft gehören. Gegen die Entscheidung des Landgerichts findet die sofortige Beschwerde statt. Die sofortige Beschwerde hat aufschiebende Wirkung. Über sie entscheidet das Oberlandesgericht Frankfurt am Main. Die weitere Beschwerde ist ausgeschlossen.

(4) Das Landgericht hat seine Entscheidung dem Antragsteller und der Zielgesellschaft sowie den übrigen Aktionären der Gesellschaft, sofern diese im Beschlussverfahren angehört wurden, zuzustellen. Es hat die Entscheidung ferner ohne Gründe in den Gesellschaftsblättern bekannt zu geben. Die Beschwerde steht dem Antragsteller und den übrigen Aktionären der Zielgesellschaft zu. Die Beschwerdefrist beginnt mit der Bekanntmachung im elektronischen Bundesanzeiger, für den Antragsteller und für die übrigen Aktionäre, denen die Entscheidung zugestellt wurde, jedoch nicht vor Zustellung der Entscheidung.

(5) Die Entscheidung ist erst mit Rechtskraft wirksam. Sie wirkt für und gegen alle Aktionäre. Mit rechtskräftiger Entscheidung gehen alle Aktien der übrigen Aktionäre auf den zum Ausschluss berechtigten Aktionär über. Sind über diese Aktien Aktienurkunden ausgegeben, so verbriefen sie bis zu ihrer Aushändigung nur den Anspruch auf eine angemessene Abfindung. Der Vorstand der Zielgesellschaft hat die rechtskräftige Entscheidung zu den für die Gesellschaft geführten Akten einzureichen.

(6) Für die Kosten des Verfahrens gilt die Kostenordnung. Für das Verfahren des ersten Rechtszugs wird das Vierfache der vollen Gebühr erhoben. Für den zweiten

Rechtszug wird die gleiche Gebühr erhoben; dies gilt auch dann, wenn die Beschwerde Erfolg hat. Wird der Antrag oder die Beschwerde vor Ablauf des Tages zurückgenommen, an dem die Entscheidung der Geschäftsstelle übermittelt wird, so ermäßigt sich die Gebühr nach Satz 2 auf die Hälfte. Als Geschäftswert ist der Betrag anzunehmen, der dem Wert aller Aktien entspricht, auf die sich der Ausschluss bezieht; er beträgt mindestens 200 000 und höchstens 7,5 Millionen Euro. Maßgeblicher Zeitpunkt für die Bestimmung des Wertes ist der Zeitpunkt der Antragstellung. Schuldner der Gerichtskosten ist nur der Antragsteller. Das Gericht ordnet an, dass die Kosten der Antragsgegner, die zur zweckentsprechenden Erledigung der Angelegenheit notwendig waren, ganz oder zum Teil vom Antragsteller zu erstatten sind, wenn dies der Billigkeit entspricht.

II. Datentabelle für die empirische Studie

Im Rahmen der empirischen Untersuchung oben wurden folgende Daten verwandt, die der Übersichtlichkeit halber in Tabellenform dargestellt werden. Aufgelistet sind 84 Verfahren im Zeitraum vom 3. Juni 2003 bis zum 7. Dezember 2007. Dabei bezeichnet die Spalte „Gesellschaft" dasjenige Unternehmen, unter dessen Namen entweder die Bekanntmachung im elektronischen Bundesanzeiger erfolgte oder welches die betreffende Maßnahme durchgeführt hat (z.B. als Hauptaktionär bei einem Squeeze-Out nach den §§ 327a ff. AktG oder als Hauptgesellschaft im Rahmen von Eingliederungen nach den §§ 319 ff. AktG). „Datum" bezeichnet den Tag, an dem der im Spruchverfahren ergangene Beschluss entweder im elektronischen Bundesanzeiger veröffentlicht oder anderweitig publiziert wurde. „Abfindung" meint die ursprünglich vorgesehene oder beschlossene Abfindung in Euro, während „Endbetrag" die Höhe der Abfindung in Euro bezeichnet, die den Aktionären im Spruchverfahren zugesprochen wurde. „Untersch." bezeichnet den Unterschied im Verhältnis zwischen Abfindung und Endbetrag (z.B. bedeutet „200%" eine Verdoppelung der ursprünglich vorgesehenen Abfindung im Spruchverfahren); wie alle zu dieser Untersuchung verwandten Prozentangaben sind auch diese auf ganze Zahlen auf- bzw. abgerundet. „Art" meint die Maßnahme, die ursächlich für die Abfindungszahlung geworden ist: „SQO" bedeutet dabei ein Squeeze-Out nach den §§ 327a ff. AktG, „EINGL" Eingliederungen nach §§ 319 ff. AktG und „BGAV" Beherrschungs- und Gewinnabführungsverträge gemäß den §§ 291 ff. AktG. Die Kennzeichnung „(V)" hinter der Bezeichnung der Maßnahme zeigt an, dass das Spruchverfahren durch Vergleich beendet wurde.

Gesellschaft	Datum	Abfindung	Endbetrag	Untersch.	Art
Berlinhaus Service OHG	07.12.2007	1750,00	2000,00	114%	SQO (V)
Swiss Re Germany Holding GmbH	30.11.2007	610,00	695,00	114%	EINGL

Comarco Holding GmbH	16.11.2007	4,05	4,50	111%	SQO (V)
DGAG Dt. Grundvermögen AG	24.10.2007	28,00	34,50	123%	SQO (V)
Deutsche Bank Lübeck AG	13.09.2007	1351,47	1650,00	122%	SQO (V)
Swiss Re Germany Holding GmbH	31.08.2007	Zurückgewiesen			EINGL (V)
Creaton AG	24.08.2007	23,47	28,17	120%	EINGL (V)
Glamox Licht GmbH	14.08.2007	160,00	180,00	112%	SQO (V)
Microlog Logistics AG	14.08.2007	10,60	11,00	104%	SQO (V)
Tarkett Holding GmbH	31.07.2007	19,50	33,35	172%	EINGL
Harman / Becker Automotive GmbH	30.07.2007	5,29	5,38	102%	SQO
ADM Beteiligungsgesellschaft mbH	27.07.2007	5,22	16,13	309%	BGAV
SCA Hygiene Products AG	27.07.2007	143,67	231,60	161%	BGAV
AXA S.A.	12.07.2007	134,54	144,68	108%	SQO (V)
AXA S.A.	12.07.2007	134,54	146,24	109%	SQO (V)
AXA S.A.	12.07.2007	2042,01	2297,32	113%	SQO (V)
Axa Konzern AG	11.07.2007	62,80	67,65	108%	SQO (V)
Axa Konzern AG	11.07.2007	57,94	61,54	106%	SQO (V)
Brain Force Holding AG	28.06.2007	11,00	16,27	148%	SQO (V)
John Deere-Lanz Verwaltungs-AG	27.06.2007	230,08	238,68	104%	SQO
Erste Suse Verwaltungs GmbH	26.06.2007	19,00	23,50	124%	BGAV (V)
Erste Suse Verwaltungs GmbH	26.06.2007	21,17	23,50	111%	SQO (V)
Gerling Allgem. Versicherungs-AG	21.05.2007	5,47	8,00	146%	SQO (V)
Sensus Metering Systems GmbH	21.05.2007	Zurückgewiesen			SQO

Jil Sander AG	13.04.2007	347,94	360,00	103%	SQO (V)
Karstadt GmbH	12.04.2007	6,30	7,50	119%	SQO (V)
Viacom Holdings Germany LLC	05.04.2007	12,65	14,00	111%	SQO (V)
Karlsruher Lebensversicherung AG	29.03.2007	1.203,98	1427,49	119%	SQO (V)
Swiss Re Germany Holding GmbH	07.03.2007	216,79	303,40	140%	BGAV
Swiss Re Germany Holding GmbH	07.03.2007	255,65	303,40	119%	BGAV
P-D Interglas Technologies AG	19.02.2007	3,37	4,30	128%	SQO
Littelfuse Holding GmbH	15.02.2007	24,69	32,50	132%	SQO
Rieter Spinnereimaschinenbau AG	02.02.2007	141,81	169,31	119%	SQO (V)
Bremer Woll-Kämmerei AG	15.01.2007	2,55	2,58	101%	SQO (V)
Celanese AG	12.01.2007	66,19	67,39	102%	SQO (V)
WERU AG	21.12.2006	53,48	63,48	119%	SQO (V)
Siemens AG	06.11.2006	Zurückgewiesen			SQO
E.on AG	12.10.2006	63,36	79,50	125%	SQO (V)
Degussa AG	19.09.2006	42,66	45,11	106%	BGAV (V)
Degussa AG	19.09.2006	42,66	45,11	106%	SQO (V)
EnBW Regional AG	19.09.2006	46,00	58,02	126%	BGAV (V)
debitel Konzernfinanzierungs GmbH	07.08.2006	11,79	14,50	123%	SQO (V)
Schickedanz Pensions-Verwaltungs- GmbH & Co. KG	21.07.2006	Zurückgewiesen			SQO
tecis Finanzdienstleistungen AG	02.06.2006	31,50	32,50	103%	SQO (V)
BVA AG	05.04.2006	500,00	644,17	129%	SQO (V)
Falke Bank AG	23.02.2006	130,09	175,09	135%	SQO (V)

Deutz AG	27.01.2006	35,00	65,00	186%	SQO (V)
Ford-Werke GmbH	25.10.2005	640,00	738,00	115%	SQO (V)
SLS Services GmbH	17.10.2005	192,00	270,00	140%	SQO (V)
Gelita AG	15.07.2005	190,00	270,00	142%	SQO
Akzo Nobel GmbH	12.07.2005	7,50	25,73	343%	SQO (V)
Kiekert AG	07.07.2005	64,45	74,45	116%	BGAV (V)
Martin Yale Industries, Inc.	04.07.2005	5,25	6,85	130%	SQO (V)
Viacom Holdings Germany LLC	23.06.2005	12,65	13,65	108%	SQO (V)
WERU Aktiengesellschaft	23.06.2005	220,00	240,00	109%	BGAV (V)
Wirtgen Beteiligungsges. mbH	03.06.2005	126,25	160,00	127%	SQO (V)
Hirschbrauerei AG	03.05.2005	75,00	150,00	200%	SQO (V)
CNH Baumaschinen GmbH	02.05.2005	Zurückgewiesen			SQO
Revell GmbH & Co. KG	03.02.2005	156,99	210,00	134%	SQO (V)
GAH Beteiligungs AG	24.01.2005	76,00	145,00	191%	SQO
Nexans Deutschland GmbH	21.01.2005	42,29	281,21	665%	SQO (V)
Agima AG für Immobilien-Anlage	29.12.2004	27,41	70,00	255%	SQO (V)
KHS Maschinen- u. Anlagenbau AG	07.12.2004	89,98	102,17	114%	BGAV
Tech Data Europe GmbH	19.11.2004	481,00	730,00	152%	SQO (V)
Table Top Alliances GmbH	21.10.2004	155,00	1280,00	826%	SQO (V)
F. X. Meiller Beteiligungs-GmbH	08.10.2004	31,00	45,00	145%	BGAV (V)
Converium Rückversicherung AG	05.10.2004	1912,10	2300,00	120%	SQO (V)
Hageda Aktiengesellschaft	24.09.2004	76,69	109,42	143%	BGAV (V)

SCOR Deutschland Rück-vers.-AG	24.09.2004	150,00	170,00	113%	SQO (V)
Thuega AG	10.09.2004	320,74	370,74	116%	SQO (V)
Königsbacher Brauerei AG	12.08.2004	360,00	476,50	132%	BGAV (V)
Königsbacher Brauerei AG	12.08.2004	360,00	390	108%	SQO (V)
M-real Zanders GmbH	23.07.2004	80,00	97,50	122%	SQO (V)
M-real Zanders GmbH	23.07.2004	85,94	102,94	120%	SQO (V)
Viacom Holdings Germa-ny LLC	23.07.2004	639,11	920	144%	SQO (V)
Schott Desag AG	20.06.2004	196,37	233,04	119%	SQO (V)
E.on Energie AG	27.04.2004	27,64	32,53	118%	BGAV (V)
E.on Energie AG	27.04.2004	375,67	450,00	120%	SQO (V)
Brauhaus zur Garde AG	01.04.2004	294,00	347,68	118%	SQO (V)
Vereinigte Filzfabriken AG	20.10.2003	36,40	436,90	1200%	BGAV
Werhahn & Nauen	19.09.2003	550,92	580,92	105%	BGAV
Goldschmidt AG	10.09.2003	23,40	31,00	132%	BGAV (V)
AMB Generali Holding AG	10.06.2003	323,00	372,00	115%	BGAV (V)
BVA AG	03.06.2003	500,00	520,00	104%	BGAV (V)

I. Literaturverzeichnis

Adolff, Johannes / Tieves, Johannes	Über den rechten Umgang mit einem entschlusslosen Gesetzgeber: Die aktienrechtliche Lösung des BGH für den Rückzug von der Börse, BB 2003, 797
Alcock, Alistair / Birds, John / Gale, Steve	Companies Act 2006, The New Law, Jordans Publishing, Bristol 2007
Alexandropoulou, Antigoni	Die rechtliche Behandlung von Options- und Umtauschrechten im Rahmen eines Squeeze-out, Dissertation Universität München, Verlag Nomos, Baden-Baden 2006
Althuber, Franz / Krüger, Astrid	Squeeze-out in Österreich, AG 2007, 194
Altmeppen, Holger	Anmerkung zu BGH, ZIP 2004, 993 („Gelantine I") und BGH, ZIP 2004, 1001 („Gelantine II"), ZIP 2004, 999
Altmeppen, Holger	Neutralitätspflicht und Pflichtangebot, ZIP 2001, 1073
Armbrüster, Christian	Eigentumsschutz im Kapitalgesellschaftsrecht - Auswirkungen der Judikatur des BVerfG zur Lebensversicherung, ZGR 2006, 683
Arndt, Hans-Wolfgang	Europarecht, 8. Auflage, Uni-Taschenbücher Verlag, Stuttgart 2006
Arnold, Michael	Übernahmerichtlinie-Umsetzungsgesetz: Squeeze-out künftig ohne HV möglich, AG-Report 2006, R224
Assmann, Heinz-Dieter / Pötzsch, Thorsten / Schneider, Uwe H. (Hrsg.)	Kommentar zum WpÜG, Verlag Otto Schmidt, Köln 2005 (zitiert: *Bearbeiter* in: Assmann/Pötzsch/Schneider)
Assmann, Heinz-Dieter / Schütze, Rolf A. (Hrsg.)	Handbuch des Kapitalanlagerechts, 3. Auflage, Verlag C.H. Beck, München 2007 (zitiert: *Bearbeiter* in: Assmann/Schütze)

Austmann, Andreas / Mennicke, Petra	Übernahmerechtlicher Squeeze-out und Sell-out, NZG 2004, 846
Bak, Jacek	Aktienrecht zwischen Markt und Staat: Eine ökonomische Kritik des Prinzips der Satzungsstrenge, Dissertation Universität Hamburg, Deutscher-Universitätsverlag, Wiesbaden 2003
Bamberger, Heinz / Roth, Herbert (Hrsg.)	Kommentar zum BGB, 2. Auflage, Verlag C.H. Beck, München 2007 (zitiert: *Bearbeiter* in: Bamberger/Roth)
Bassenge, Peter / Herbst, Gerhard / Roth, Herbert (Hrsg.)	Kommentar zum FGG und zum RPflG, 9. Auflage, Verlag C.F. Müller, Heidelberg 2001 (zitiert: *Bearbeiter* in: Bassenge/Herbst/Roth)
Baumbach, Adolf / Hopt, Klaus J. (Hrsg.)	Kommentar zum HGB, 32. Auflage, Verlag C.H. Beck, München 2006 (zitiert: *Bearbeiter* in: Baumbach/Hopt)
Baums, Philip A.	Ausschluss von Minderheitsaktionären nach §§ 327a ff. AktG n.F. – Einzelfragen, WM 2001, 1843
Baums, Philip A.	Ausschluss von Minderheitsaktionären, Dissertation Universität Greifswald, Verlag Peter Lang, Frankfurt am Main 2001 (zitiert: *Baums*, Diss.)
Baums, Theodor	Empfiehlt sich eine Neuregelung des aktienrechtlichen Anfechtungs- und Organhaftungsrechts, insbesondere der Klagemöglichkeiten von Aktionären? Gutachten F für den 63. Deutschen Juristentag, Band I – Gutachten, 144
Baums, Theodor / Cahn, Andreas	Die Umsetzung der Übernahmerichtlinie in Europa - Institute for Law and Finance Series, Verlag de Gruyter, Berlin 2006
Baums, Theodor / Keinath, Astrid / Gajek, Daniel	Fortschritte bei Klagen gegen Hauptversammlungsbeschlüsse? Eine empirische Studie, ZIP 2007, 1629
Baums, Theodor / Thoma, Georg F. (Hrsg.)	Kommentar zum WpÜG, Loseblatt, Letzte Ergänzung Mai 2007 (2. Lieferung), RWS-Verlag, Köln 2004 (zitiert: *Bearbeiter* in: Baums/Thoma)

Bayer, Walter	Aktuelle Entwicklungen im Europäischen Gesellschaftsrecht, BB 2004, 1
Bayer, Walter / Stange, Kristian	Aktienrecht in Zahlen – Ausschluss von Minderheitsaktionären seit 2002, AG-R 2007, R320
Bayer, Walter / Schmidt, Jessica	Aktienrecht in Zahlen – „Going european" continues – die Zahl der SE steigt weiter, AG-R 2008, R31
Behrens, Peter	Rechtspolitische Grundsatzfragen zu einer europäischen Regelung für Übernahmeangebote, ZGR 1975, 433
Bernau, Timo	Die Befreiung vom Pflichtangebot nach § 37 WpÜG, WM 2004, 809
Besau, Sascha Hein-Josef	Das Pflichtangebot nach §§ 35 ff. WpÜG als Rechtsfolge von Verschmelzungen und Spaltungen, Dissertation Universität Köln, Eul Verlag, Lohmar 2006
Bilda, Klaus	Zur Dauer der Spruchstellenverfahren, NZG 2000, 296
Blanke, Gernot	Private Aktiengesellschaft und Deregulierung des Aktienrechts - Zu den Änderungen des Aktienrechts durch das Gesetz für kleine Aktiengesellschaften und zur Deregulierung des Aktienrechts, BB 1994, 1505
Böckmann, Tobias / Kießling, Arne	Möglichkeiten der BaFin zur Beendigung von Übernahmeschlachten nach dem WpÜG, DB 2007, 1796
Böswald, Tobias / Figlin, German	Rückzugsmöglichkeiten ausländischer Kapitalgesellschaften vom US-amerikanischen Eigenkapitalmarkt, AG 2006, 66
Bolte, Christian	Squeeze-Out: Eröffnung neuer Umgehungstatbestände durch die 327a ff. AktG?, DB 2001, 2587
Both, Hendrik	Delisting - eine Analyse der kapitalmarktrechtlichen und gesellschaftsrechtlichen Voraussetzungen des vollständigen Rückzugs von den deutschen Wertpapierbörsen, Dissertation Universität Köln, Verlag Roderer, Regensburg 2006

Bredow, Günther M. / Liebscher, Finn-Michael	Befreiung vom Pflichtangebot nach WpÜG bei Selbstverpflichtung zur Durchführung eines Squeeze-out, DB 2003, 1368
Briesemeister, Lothar / König, Renate (Hrsg.)	Jansen, Kommentar zum FGG, 3. Auflage, Verlag de Gruyter, Berlin 2006 (zitiert: *Bearbeiter* in: Jansen)
Buchta, Jens / Ott, Kai-Peter	Problembereiche des Squeeze-Out, DB 2005, 990
Buchta, Jens / Sasse, Marc	Freigabeverfahren bei Anfechtungsklagen gegen Squeeze-out-Beschlüsse, DStR 2004, 958
Büchel, Helmut	Neuordnung des Spruchverfahrens, NZG 2003, 793
Buck-Heeb, Petra	Kapitalmarktrecht, Verlag C.F. Müller, Heidelberg 2006
Bumiller, Ursula / Winkler, Karl	Kommentar zum FGG, 8. Auflage, Verlag C.H. Beck, München 2006
Bungert, Hartwin	Urteilsbesprechung zu BVerfG, BB 2007, 1515 („Edscha"), BB 2007, 1518
Bungert, Hartwin	Urteilsbesprechung zu BGH BB 2005, 2651, BB 2005, 2652
Bungert, Hartwin / Mennicke, Petra	BB-Gesetzgebungsreport: Das Spruchverfahrensneuordnungsgesetz, BB 2003, 2021
Bürgers, Tobias Körber, Torsten (Hrsg.)	Heidelberger Kommentar zum AktG, Verlag C.F. Müller, Heidelberg 2007 (zitiert: *Bearbeiter* in: HeidelbKommAktG)
Cahn, Andreas	Eigene Aktien und gegenseitige Beteiligungen, ILF Working Papers, WP050 08/2006, abrufbar im Internet unter der Adresse: http://www.ilf-frankfurt.de/ILF_Working_Papers.100.0.html
Claussen, Carsten P.	Bank- und Börsenrecht, 3. Auflage, Verlag C.H. Beck, München 2002

Dauner-Lieb, Barbara / Lamandini, Marco	Der neue Kommissionsvorschlag einer EU-Übernahmericht-linie - Stellungnahme der Gutachter des EU-Parlaments, BB 2003, 265
Dausend, Käthe Ch.	Pflichtangebot gemäß §§ 35 ff. WpÜG und Negative Eigentumsfreiheit, Dissertation Universität Köln, Cuvillier Verlag, Göttingen 2007
Dauses, Manfred A.	Eine Lanze für Solange III, EuZW 1997, 705
Deilmann, Barbara	Aktienrechtlicher versus übernahmerechtlicher Squeeze-out, NZG 2007, 721
Deilmann, Barbara / Lorenz, Manuel	Die börsennotierte Aktiengesellschaft, Verlag C.H. Beck, München 2005
Diekmann, Hans	Änderungen im Wertpapiererwerbs- und Übernahmegesetz anlässlich der Umsetzung der EU-Übernahmerichtlinie in das deutsche Recht, NJW 2007, 17
Dißars, Björn-Axel / Kocher, Dirk	Der Deckungsumfang der Banksicherheit im Squeeze-out-Verfahren, NZG 2004, 856
Dörfler, Wolfgang / Gahler, Wolfgang / Unterstraßer, Stefan / Wirichs, Robert	Probleme bei der Wertermittlung von Abfindungsangeboten, BB 1994, 156
Drygala, Tim	Die Vorschläge der SLIM-Arbeitsgruppe zur Vereinfachung des europäischen Gesellschaftsrechts, AG 2001, 291
Duve, Christian / Basak, Denis	Ungeahnte Unterstützung für aktive Aktionäre - wie das UMAG Finanzinvestoren hilft, BB 2006, 1345
Ehricke, Ulrich / Ekkenga, Jens / Oechsler, Jürgen (Hrsg.)	Kommentar zum WpÜG, Verlag C.H. Beck, München 2003 (zitiert: *Bearbeiter* in: Ehricke/Ekkenga/Oechsler)
Ehricke, Ulrich / Roth, Markus	Squeeze-out im geplanten deutschen Übernahmerecht, DStR 2001, 1120
Eidenmüller, Horst	Private Equity, Leverage und die Effizienz des Gläubigerschutzrechts, ZHR 2007, 644

Eidenmüller, Horst	Kapitalgesellschaftsrecht im Spiegel der ökonomischen Theorie, JZ 2001, 1041
Ekkenga, Jens	Das neue WpHG: Beflissene Umsetzung des Gemeinschaftsrechts oder Niedergang der nationales Gesetzgebungskultur oder beides?, BB 2007, vor 1905, I
Ekkenga, Jens / Hofschroer, Josef	Das Wertpapiererwerbs- und Übernahmegesetz (Teil II), DStR 2002, 768
Emmerich, Volker / Habersack, Mathias (Hrsg.)	Aktien- und GmbH-Konzernrecht, 5. Auflage, Verlag C.H. Beck, München 2008 (zitiert: *Bearbeiter* in: Emmerich/Habersack, KonzernR)
Emmerich, Volker Habersack, Mathias	Konzernrecht, 8. Auflage 2005, C.H. Beck München
Fischer zu Cramburg, Ralf	Übernahmen I: Umsetzung der Europäischen Richtlinie: Kommission beklagt protektionistische Tendenzen, NZG 2007, 298
Fleischer, Holger	Das neue Recht des Squeeze out, ZGR 2002, 757
Fleischer, Holger	Grundfragen der ökonomischen Theorie im Gesellschafts- und Kapitalmarktrecht, ZGR 2001, 1
Forster, Karl-Heinz / Grunewald, Barbara / Lutter, Marcus / Semler, Johannes	Aktien- und Bilanzrecht, Festschrift für Bruno Kropff zum 72. Geburtstag, IDW Verlag 1997
Friedl, Markus J	Die Rechte von Bezugsrechtsinhabern beim Squeeze-out im Vergleich zu den Rechten der Minderheitsaktionäre, Der Konzern 2004, 309
Fuhrmann, Lambertus / Simon, Stefan	Der Ausschluss von Minderheitsaktionären – Gestaltungsüberlegungen zur neuen Squeeze-out-Gesetzgebung, WM 2002, 1211
Gahlen Bernhard / Hesse, Helmut / Ramser, Hans-Jürgen	Finanzmärkte, Verlag Mohr Siebeck, Tübingen 1997 (zitiert: *Bearbeiter* in: Gahlen/Hesse/Ramser)

Gall, Mario / Winner, Martin	Die Preisbildung im österreichischen Übernahme- und Squeeze-out-Recht, M&A-Rev 2007, 213
Gampenrieder, Peter	Squeeze-out: Die Verbindung von Trennungseffekt und angemessener Abfindung – Überlegungen auch aus empirischer Sicht, WPg 2003, 481
Gehling, Christian / Heldt, Cordula / Roye, Claudia	Squeeze Out, Recht und Praxis, Studie des Deutschen Aktieninstituts, Heft 39, abrufbar im Internet unter http://www.dai.de/internet/dai/dai-2-0.nsf/ dai_publikationen.htm
Geibel, Stephan / Süßmann, Rainer (Hrsg.)	Kommentar zum WpÜG, 2. Auflage (im Erscheinen), Verlag C.H. Beck, München 2008 – *die Angaben zu den Randnummern bezieh- en sich auf das Manuskript, wesentliche Abweichungen zu der End- fassung sind aber nicht zu erwarten.* (zitiert: *Bearbeiter* in: Geibel/Süßmann)
Geibel, Stephan / Süßmann, Rainer (Hrsg.)	Kommentar zum WpÜG, 1. Auflage, Verlag C.H. Beck, München 2002 (zitiert: *Bearbeiter* in: Geibel/Süßmann, 1. Auflg.)
Gesmann-Nuissl, Dagmar	Die neuen Squeeze-out-Regeln im Aktiengesetz, WM 2002, 1205
Glade, Achim / Haak, Andreas M. / Hellich, Peter	Die Umsetzung der Übernahmerichtlinie in das deutsche Recht, Teil I, Der Konzern 2004, 455 und Teil II, Der Konzern 2004, 515
Götz, Philipp / Holzborn, Timo	Die Aktienrechtsreform durch das Gesetz für Unternehmensintegrität und Modernisierung des Anfechtungsrechts – UMAG, WM 2006, 157
Groß, Wolfgang	Rechtsprobleme des Delisting, ZHR 2001, 141
Grunewald, Barbara	Die neue Squeeze-out-Regelung, ZIP 2002, 18
Haarmann, Wilhelm / Schüppen, Matthias (Hrsg.)	Frankfurter Kommentar zum WpÜG, 2. Auflage, Verlag Recht und Wirtschaft, Frankfurt am Main 2005 (zitiert: *Bearbeiter* in: FrankfKommWpÜG)

Habersack, Mathias	Auf der Suche nach dem gerechten Preis - Überlegungen zu § 31 WpÜG, ZIP 2003, 1123
Habersack, Mathias	Der Finanzplatz Deutschland und die Rechte der Aktionäre, ZIP 2001, 1230
Habscheid, Walther J. (Hrsg.)	Kommentar zum FGG, 7. Auflage, Verlag C.H. Beck, München 1983 (zitiert: *Bearbeiter* in: Habscheid)
Halm, Dirk	„Squeeze-Out" heute und morgen: Eine Bestandsaufnahme nach dem künftigen Übernahmerecht, NZG 2000, 1162
Hamann, Axel	Minderheitenschutz beim Squeeze-out-Beschluss – Materielle Rechtmäßigkeitskontrolle des gemäß § 327a Abs. 1 S. 1 AktG zu fassenden Hauptversammlungsbeschlusses, Dissertation Universität Köln, Verlag Otto Schmidt, Köln 2003
Hanau, Hans	Der Bestandsschutz der Mitgliedschaft anlässlich der Einführung des „Squeeze Out" im Aktienrecht - Zur Verfassungsmäßigkeit des Zwangsausschlusses, NZG 2002, 1040
Handelsrechtsausschuss des DAV e.V.	Zum RefE des BMF für ein Gesetz zur Regelung von öffentlichen Angeboten zum Erwerb von Wertpapieren und von Unternehmensübernahmen, NZG 2001, 420
Harbarth, Stephan	Kontrollerlangung und Pflichtangebot, ZIP 2002, 321
Harrer, Herbert	Mitarbeiterbeteiligungen und Stock-Option-Pläne, 2. Auflage, Verlag C.H. Beck, München 2004
Hartmann, Peter	Baumbach/Lauterbach/Albers/Hartmann, Kommentar zur ZPO, 66. Auflage, Verlag C.H. Beck, München 2007
Hasselbach, Kai	Das Andienungsrecht von Minderheitsaktionären nach der EU-Übernahmerichtlinie, ZGR 2005, 387
Hecker, Renate	Regulierung von Unternehmensübernahmen und Konzernrecht, Habilitationsschrift Universität Würzburg, Deutscher Universitätsverlag, Wiesbaden 1999

Heidel, Thomas (Hrsg.)	Aktienrecht und Kapitalmarktrecht, Kommentar und Handbuch, 2. Auflage, Verlag Nomos, Baden-Baden 2007 (zitiert: *Bearbeiter* in: Heidel-HdbKMR)
Heidel, Thomas / Lochner, Daniel	Der übernahmerechtliche Squeeze- und Sell-out gemäß §§ 39a ff. WpÜG, Der Konzern 2006, 653
Heidel, Thomas / Lochner, Daniel	Verfassungswidrigkeit der Squeeze-out-Regelungen der umzusetzenden EU-Übernahmerichtlinie, DB 2005, 2564
Heidel, Thomas / Lochner, Daniel	Squeeze-out ohne hinreichenden Eigentumsschutz, DB 2001, 2031
Herrmann, Christoph	Richtlinienumsetzung durch die Rechtsprechung, Dissertation Universität Bayreuth, Verlag Duncker & Humblot, Berlin 2003
Hirte, Heribert / v. Bülow, Christoph (Hrsg.)	Kölner Kommentar zum WpÜG, mit AngebVO und §§ 327a – 327f AktG, Verlag Heymanns, Köln 2003 (zitiert: *Bearbeiter* in: KölnKommWpÜG)
Hoffmann-Becking, Michael (Hrsg.)	Münchner Handbuch des Gesellschaftsrechts, Band 4: Aktiengesellschaft, 3. Auflage, Verlag C.H. Beck, München 2007 (zitiert: *Bearbeiter* in: MünchHdbGesR)
Hoffmann-Becking, Michael	Gesetz zur kleinen AG - unwesentliche Randkorrekturen oder grundlegende Reform?, ZIP 1995, 1
Hofmann, Ruth / Hofmann, Gerda (Hrsg.)	Kommentar zum Grunderwerbsteuergesetz, 8. Auflage, NWB-Verlag, Herne 2004 (zitiert: *Bearbeiter* in: Hofmann/Hofmann)
Holzborn, Timo / Peschke, Thomas	Europäische Neutralitätspflicht und Übernahme Squeeze-Out - Die Implementierung der Übernahmerichtlinie im WpÜG, BKR 2007, 101
Hommel, Michael / Pauly, Denise / Nagelschmitt, Sabine	IDW ES 1 – Neuerungen beim objektivierten Unternehmenswert, BB 2007, 2728

Hommelhoff, Peter / Hopt, Klaus J. / Lutter, Marcus	Forum Europaeum Konzernrecht – Konzernrecht für Europa, ZGR 1998, 672
Hommelhoff, Peter / Rawert, Peter / Schmidt, Karsten	Festschrift für Hans-Joachim Priester, Verlag Otto Schmidt, Köln 2007 (zitiert: *Bearbeiter* in: FS Priester)
Hopt, Klaus J. / Mülbert, Peter O. / Kumpan, Christoph	Reformbedarf im Übernahmerecht, AG 2005, 109
Hopt, Klaus-J. / Wiedemann, Herbert (Hrsg.)	Großkommentar zum AktG, 4. Auflage, Verlag de Gruyter, Berlin 2007 (zitiert: *Bearbeiter* in: GroßKommAktG)
Hüffer, Uwe	Kommentar zum AktG, 7. Auflage, Verlag C.H. Beck, München 2006
Jahn, Joachim	UMAG: Das Aus für „räuberische Aktionäre" oder neues Erpressungspotenzial?, BB 2005, 5
Johannsen-Roth, Tim / Illert, Staffan	Paketerwerbe und öffentliche Übernahmeangebote im Lichte des neuen übernahmerechtlichen Squeeze out nach § 39a WpÜG, ZIP 2006, 2157
Kallmeyer, Harald	Die Mängel des Übernahmekodex der Börsensachverständigenkommission, ZHR 1997, 435
Kalss, Susanne / Zollner, Johannes	Der Gesellschafterausschluss nach GesAusG, UmwG und SpaltG, Kommentierung, Manz'sche Verlags- u. Universitätsbuchhandlung, Wien 2007
van Kann, Jürgen / Just, Clemens	Der Regierungsentwurf zur Umsetzung der europäischen Übernahmerichtlinie, DStR 2006, 328
Keidel, Thoedor / Kuntze, Joachim / Winkler, Karl (Hrsg.)	Kommentar zum Gesetz über die Angelegenheiten der freiwilligen Gerichtsbarkeit (FGG), 15. Auflage, Verlag C.H. Beck, München 2003 (zitiert: *Bearbeiter* in: Keidel/Kuntze/Winkler)

Keller, Erhard / Plassmann, Clemens / v. Falck, Andreas	Festschrift für Winfried Tilmann zum 65. Geburtstag, Carl Heymanns Verlag, Köln 2003
Keul, Thomas	Anfechtungsklage und Überwindung der Registersperre im Rahmen eines Squeeze-Out, ZIP 2003, 566
Kiem, Roger	Das neue Übernahmegesetz: Squeeze-Out, in: Henze, Hartwig/Hoffmann-Becking; Michael (Hrsg.), Gesellschaftsrecht 2001, RWS Forum 20, 329
Kießling, Arne	Übernahmerechtlicher Squeeze-Out: Erster Praxistest, DB:SR 2007, 295
Kindler, Peter / Horstmann, Hendrik	Die EU-Übernahmerichtlinie - Ein „europäischer" Kompromiss, DStR 2004, 866
Kleindiek, Dieter	Funktion und Geltungsanspruch des Pflichtangebots nach dem WpÜG, ZGR 2002, 546
Klemm, Reinhardt	Verbesserungspotenziale im deutschen Übernahmerecht, NZG 2007, 281
Kluth, Winfried	Abschaffung von Mehrstimmrechtsaktien verfassungswidrig?, ZIP 1997, 1217
Koenig, Christian / Haratsch, Andreas / Pechstein, Matthias	Europarecht, 5. Auflage, Verlag Mohr Siebeck, Tübingen 2006
Koller, Ingo / Roth, Wulf-Henning Morck, Winfried	Kommentar zum HGB, 6. Auflage, Verlag C.H. Beck, München 2007
Kort, Michael	Das rechtliche und wirtschaftliche Aktieneigentum beim Wertpapierdarlehen, WM 2006, 2149
Kort, Michael	Kein Erfordernis der Aufstellung und Auslegung eines Konzernabschlusses beim Squeeze-out (§ 327c III Nr. 2 AktG), NZG 2006, 604
Kort, Michael	Hauptaktionär nach § 327a I S. 1 AktG mittels Wertpapierdarlehen, AG 2006, 557

Kossmann, Alfred	Ausschluß („Freeze-out") von Aktionären gegen Barabfindung, NZG 1999, 1198
Kossmann, Alfred / Horz, Sebastian	Außerbörslicher Paketerwerb und befreiendes Übernahmeangebot nach § 35 III WpÜG, NZG 2006, 481
Krause, Hartmut	BB-Europareport: Die EU-Übernahmerichtlinie - Anpassungsbedarf im Wertpapiererwerbs- und Übernahmegesetz, BB 2004, 113
Krause, Hartmut	Der Kommissionsvorschlag für die Revitalisierung einer EU-Übernahmerichtlinie, BB 2002, 2341
Krause, Hartmut	Das obligatorische Übernahmeangebot, Dissertation Universität München, Nomos Verlag, 1996 (zitiert: *Krause*, Diss.)
Kreuder, Thomas	Praxisfragen zur Zulässigkeit einer Verfassungsbeschwerde, NJW 2001, 1243
Krieger, Gerd	Squeeze-Out nach neuem Recht: Überblick und Zweifelsfragen, BB 2002, 53
Kropff, Bruno / Semler, Johannes (Hrsg.)	Münchner Kommentar zum AktG, 2. Auflage, Verlag C.H. Beck, München 2004 (zitiert: *Bearbeiter* in: MünchKommAktG)
Kümpel, Siegfried	Bank- und Kapitalmarktrecht, 3. Auflage, Verlag Otto Schmidt, Köln 2004
Kuthe, Thorsten	BB-Gesetzgebungsreport: Die Fortsetzung der Aktienrechtsreform durch den Entwurf eines Gesetzes zur Unternehmensintegrität und Modernisierung des Anfechtungsrechts, BB 2004, 449
Lamb, Jochen / Schluck-Amend, Alexandra	Neuregelung des Spruchverfahrens durch das Spruchverfahrensneuordnungsgesetz, DB 2003, 1259
Land, Volker / Hasselbach, Kai	Das neue deutsche Übernahmegesetz, DB 2000, 1747

Liebscher, Thomas	Ungeschriebene Hauptversammlungszuständigkeiten im Lichte von Holzmüller, Macrotron und Gelantine, ZGR 2005, 1
Linnerz, Markus	Zu den Beteiligungs- und Rechtsschutzmöglichkeiten des Anteilseigners bei einer überhöhten Kompensation im Spruchverfahren, ZIP 2007, 662
Loritz, Karl-Georg / Wagner, Klaus-R.	Das „Zwangsübernahmeangebot" der EG-Takeover-Richtlinie aus verfassungsrechtlicher Sicht, WM 1991, 709
Lutter, Marcus	Gesellschaftsrecht und Kapitalmarkt, Festschrift für Wolfgang Zöllner 1998, 363 (zitiert: *Lutter* in: FS Zöllner)
Lutter, Marcus	Das neue „Gesetz für kleine Aktiengesellschaften und zur Deregulierung des Aktienrechts", AG 1994, 429
Lutter, Marcus / Bezzenberger, Tilman	Für eine Reform des Spruchverfahrens im Aktien- und Umwandlungsrecht, AG 2000, 433
Manz, Gerhard / Mayer, Barbara / Schröder, Albert (Hrsg.)	Europäische Aktiengesellschaft SE - Handkommentar, Verlag Nomos, Baden-Baden 2005 (zitiert: *Bearbeiter* in: Manz/Mayer/Schröder)
Markwardt, Karsten	Squeeze-out: Anfechtungsrisiken in "Missbrauchsfällen", BB 2004, 277
Marsch-Barner, Reinhard Schäfer, Frank A. (Hrsg.)	Handbuch börsennotierte AG – Aktien- und Kapitalmarktrecht, Verlag C.H. Beck, München 2005 (zitiert: *Bearbeiter* in: Marsch-Barner/Schäfer)
Martens, Klaus-Peter	Die rechtliche Behandlung von Options- und Wandlungsrechten anlässlich der Eingliederung der verpflichteten Gesellschaft, AG 1992, 209
Maslo, Armin	Zurechnungstatbestände und Gestaltungsmöglichkeiten zur Bildung eines Hauptaktionärs beim Ausschluss von Minderheitsaktionären (Squeeze-out), NZG 2004, 163
Mattes, Sabine / Graf von Maldeghem, Maximilian	Unternehmensbewertung beim Squeeze-Out, BKR 2003, 531

Mauerer, Christian	Squeeze-out und die Unternehmensbewertung - eine Darstellung des Squeeze-out und der Barabfindung aus finanzökonomischer und juristischer Sicht, Verlag Müller, Saarbrücken 2006
Maul, Silja	Die EU-Übernahmerichtlinie - ausgewählte Fragen, NZG 2005, 151
Maul, Silja / Muffat, Daniéle	Die EU-Übernahmerichtlinie - Inhalt und Umsetzung in nationales Recht, AG 2004, 221 (Teil I) und AG 2004, 306 (Teil II)
Mayson, Stephen W./ French, Derek / Ryan, Christopher L	Mayson, French & Ryan on Company Law, 24. Auflage, Oxford University Press, Oxford 2007
Mayson, Stephen W./ French, Derek / Ryan, Christopher L.	Mayson, French & Ryan on Company Law, 17. Auflage 2000, Blackstone, London
Meilicke, Wienand	Zur Verfassungsmäßigkeit der Squeeze-out-Regelungen – insbesondere in der Insolvenz des Hauptaktionärs, AG 2007, 261
Meilicke, Wienand	Insolvenzsicherung für die Abfindung außenstehender Aktionäre, DB 2001, 2387
Meilicke, Wienand / Heidel, Thomas	Das neue Spruchverfahren in der gerichtlichen Praxis, DB 2003, 2267
Merkt, Hanno / Binder, Jens-Hinrich	Änderungen im Übernahmerecht nach Umsetzung der EG-Übernahmerichtlinie: Das deutsche Umsetzungsgesetz und verbleibende Problemfelder, BB 2006, 1285
Merkt, Hanno / Göthel, Stephan R.	US-amerikanisches Gesellschaftsrecht, 2. Auflage 2006, Verlag Recht und Wirtschaft, Frankfurt am Main
Merkt, Hanno / Göthel, Stephan R.	US-amerikanisches Gesellschaftsrecht, 1. Auflage 1991, Verlag Recht und Wirtschaft, Frankfurt am Main
Mertens, Kai	Der Auskauf von Minderheitsaktionären in gemeinschaftlich beherrschten Unternehmen, AG 2002, 377

Meyer, André — Der englische Companies Act 2006 – Stand der Inkraftsetzung, RIW 2007, 645

Meyer, Andreas — Änderungen im WpÜG durch die Umsetzung der EU-Übernahmerichtlinie, WM 2006, 1135

Meyer-Ladewig, Jens / Keller, Wolfgang / Leiterer, Stephan — Kommentar zum Sozialgerichtsgesetz (SGG), 8. Auflage, Verlag C.H. Beck, München 2005

Möller, Andreas / Pötzsch, Thorsten — Das neue Übernahmerecht – Der Regierungsentwurf vom 11. Juli 2001, ZIP 2001, 1256

Möllers, Thomas M.J. — Ad-hoc-Publizität - Handbuch der Rechte und Pflichten von börsennotierten Unternehmen und Kapitalanlegern, Verlag C.H. Beck, München 2003

Morse, Geoffrey / Davies, Paul — Palmer's Company Law, Annotated Guide to the Companies Act 2006, Thomson, Sweet & Maxwell, London 2007

Mülbert, Peter O. — Umsetzungsfragen der Übernahmerichtlinie - erheblicher Änderungsbedarf bei den heutigen Vorschriften des WpÜG, NZG 2004, 633

Mülbert, Peter O. — Übernahmerecht zwischen Kapitalmarktrecht und Aktien(konzern)recht - die konzeptionelle Schwachstelle des RegE WpÜG, ZIP 2001, 1221

Nelle, Andreas — Stimmrechtszurechnung und Pflichtangebot nach Umsetzung der Übernahmerichtlinie, ZIP 2006, 2057

Neye, Hans-Werner — Der Vorschlag 2002 einer Takeover-Richtlinie, NZG 2002, 1144

Noack, Ulrich — Die Anfechtungsklage sollte erst ab 1%-Beteiligung möglich sein, BB 2007, Die Erste Seite, vor 1681, I

Noack, Ulrich — Fragen der Finanzierungsbestätigung des Wertpapierdienstleistungsunternehmens, Festschrift für Walther Hadding zum 70. Geburtstag, S. 991, Verlag de Gruyter, Berlin 2004
(zitiert: *Noack* in: FS Hadding 2004)

Noack, Ulrich	Entwicklungen im Aktienrecht 1999/2000, Deutsches Aktieninstitut 1999, abrufbar im Internet unter der Adresse http://www.dai.de/internet/dai/dai-2-0.nsf/dai_publikationen.htm (zitiert: *Noack*, AktR)
Noack, Ulrich	Urteilsbesprechung zu BGH, NZG 1998, 304 („Siemens/Nixdorf“), EWiR 1998, 483
Noack, Ulrich	Gesellschaftervereinbarungen in Kapitalgesellschaften, Habilitation Universität Tübingen, Verlag Mohr Siebeck, Tübingen 1994
Noack, Ulrich / Zetzsche, Dirk	Die Informationsanfechtung nach der Neufassung des § 243 Abs. 4 AktG, ZHR 2006, 218
Noack, Ulrich / Zetzsche, Dirk	Die Legitimation der Aktionäre bei Globalaktien und Depotverbuchung – Der Frankfurter Vorschlag für eine Reform des § 123 AktG, AG 2002, 651
Nobel, Peter / Drenckhan, Helke	Ein deutscher und europäischer Blick auf Unternehmensübernahmen in der Schweiz, WM 2006, 1129
von Oertzen, Christian / Zens, Michael	Der bewertungsrechtliche Paketzuschlag, DStR 2005, 1040
Ogorek, Markus	Urteilsbesprechung zu BVerfG WM 2007, 1884, EWiR 2007, 673
Ott, Nicolas	Der übernahmerechtliche Squeeze-out gemäß §§ 39a f. WpÜG, WM 2008, 384
Paefgen, Walter G.	Zum Zwangsausschluss im neuen Übernahmerecht, WM 2007, 765
Paefgen, Walter G.	Der neue übernahmerechtliche Squeeze-out – die bessere Alternative?, Festschrift für Harm Peter Westermann zum 70. Geburtstag, Verlag Otto Schmidt, Köln 2008 (zitiert: *Paefgen* in: FS Westermann)
Picot, Gerhard	Übernahmerechtlicher vs. Aktienrechtlicher Squeeze-Out, M&A-Rev. 2006, III

Pluskat, Sorika — Nicht missbräuchliche Gestaltungen zur Erlangung der Beteiligungshöhe beim Squeeze-out, NZG 2007, 725

Pluskat, Sorika — Das kalte Delisting, BKR 2007, 54

Pluskat, Sorika — Das vollständige Delisting im Spannungsfeld von Gesellschafts- und Kapitalmarktrecht, FinBetrieb 2002, 592

Polte, Marcel / Weber, Eobert / Kaisershot-Abdmoulah, Heidi — Verjährung des Barabfindungs- und Zinsanspruchs beim Squeeze-out, AG 2007, 690

Posegga, Sandra — Squeeze-out – Unter besonderer Berücksichtigung möglicher Missbrauchsfälle sowie der Besonderheiten der Bemessung der Barabfindung, Dissertation Universität Bochum, Verlag Peter Lang, Frankfurt am Main 2006

Priester, Hans-Joachim — Neue Entwicklungen im Recht der Hauptversammlung - UMAG und jüngste Rechtsprechung, DNotZ 2006, 403

Raiser, Thomas / Veil, Rüdiger — Recht der Kapitalgesellschaften, ein Handbuch für Praxis und Wissenschaft; Aktiengesellschaft, Kommanditgesellschaft auf Aktien, Gesellschaft mit beschränkter Haftung, Kapitalgesellschaft & Co., Umwandlungsrecht, Konzernrecht, internationales Gesellschaftsrecht, 4. Auflage, Verlag Vahlen, München 2006

Rathausky, Uwe — Squeeze-out in Deutschland: Eine Empirische Untersuchung zu Anfechtungsklagen und Spruchverfahren, AG-Report 2004, R24

Rauscher, Thomas / Wax, Peter / Wenzel, Joachim (Hrsg.) — Münchener Kommentar zur ZPO, 3. Auflage, Verlag C.H. Beck, München 2008 (zitiert: *Bearbeiter* in: MünchKommZPO)

Reichold, Klaus / Hüßtege, Rainer (Hrsg.) — Thomas/Putzo, Kommentar zur ZPO, 28. Auflage, Verlag C.H. Beck, München 2007 (zitiert: *Bearbeiter* in: Thomas/Putzo)

Reister, Timo — Steuerliche Neuregelung der Wertpapierleihe, DB-S:R 2007, 180

Rengeling, Hans-Werner (Hrsg.)	Handbuch des Rechtsschutzes in der Europäischen Union, 2. Auflage, Verlag C.H. Beck, München 2003 (zitiert: *Bearbeiter* in: HdbRSEU)
v. Riegen, Arend	Rechtsverbindliche Zusagen zur Annahme von Übernahmeangeboten (sog. „irrevocable undertakings"), ZHR 2003, 702
Riegger, Bodo / Wasmann, Dirk (Hrsg.)	Kölner Kommentar zum Spruchverfahrensgesetz, Verlag Heymanns, Köln 2005 (zitiert: *Bearbeiter* in: KölnKommSpruchG)
Rößler, Gernot J.	Squeeze Out – Rechtsfragen und Probleme einer Neuerung des deutschen Aktienrechts mit Ausblick ins Übernahmerecht, Dissertation HU Berlin, Verlag Peter Lang, Frankfurt am Main 2007
Roth, Wulf-Henning	Die richtlinienkonforme Auslegung, EWS 2005, 285
Rühland, Philipp	Der übernahmerechtliche Squeeze-out im Regierungsentwurf des Übernahmerichtlinie-Umsetzungsgesetzes - Ökonomisch sinnvoll, aber nicht vollständig mit höherrangigem Recht vereinbar, NZG 2006, 401
Rühland, Philipp	Der Ausschluss von Minderheitsaktionären aus der Aktiengesellschaft (Squeeze-out), Dissertation Universität Hamburg, Nomos Verlag, Baden-Baden 2003
Rühland, Philipp	Der squeezeout nach dem RefE zum Wertpapiererwerbs- und Übernahmegesetz vom 12. 3. 2001, NZG 2001, 448
Rühland, Philipp	Die Abfindung von aus der Aktiengesellschaft ausgeschlossenen Minderheitsaktionären, WM 2000, 1884
Säcker, Franz-Jürgen (Hrsg.)	Münchener Kommentar zum BGB, 4. Auflage, Verlag C.H. Beck, München 2001 (zitiert: *Bearbeiter* in: MünchKommBGB)
Saenger, Ingo (Hrsg.)	Handkommentar zur ZPO, 2. Auflage, Verlag Nomos, Baden-Baden 2007 (zitiert: *Bearbeiter* in: HKZPO)
Schanz, Kay-Michael	Börseneinführung – Recht und Praxis des Börsengangs, Verlag C.H. Beck, München 2002

Schiessl, Maximilian	Ist das deutsche Aktienrecht kapitalmarkttauglich?, AG 1999, 442
Schimansky, Herbet / Bunte, Hermann-Josef / Lwowski, Hans-Jürgen (Hsrg.)	Bankrechts-Handbuch, 3. Auflage, Verlag C.H. Beck, München 2007 (zitiert: *Bearbeiter* in: Schimansky/Bunte/Lwowski)
Schlitt, Michael / Seiler, Oliver / Singhof, Bernd	Aktuelle Rechtsfragen und Gestaltungsmöglichkeiten im Zusammenhang mit Wandelschuldverschreibungen, AG 2003, 254
Schmidt, Karsten	Macrotron oder: weitere Ausdifferenzierung des Aktionärsschutzes durch den BGH, NZG 2003, 601
Schmidt, Karsten	Gesellschaftsrecht, 4. Auflage, Verlag Heymanns, Köln 2002 (zitiert: *Schmidt*, GesR)
Schmidt, Karsten (Hrsg.)	Münchner Kommentar zum HGB, 2. Auflage, Verlag C.H. Beck, München 2005 (zitiert: *Bearbeiter* in: MünchKommHGB)
Schmidt, Karsten / Lutter, Marcus (Hrsg.)	Kommentar zum AktG, Verlag Otto Schmidt, Köln 2008 (zitiert: *Bearbeiter* in: Schmidt/Lutter)
Schmidt-Gerdts, Matthias	Wertpapierleihe bald ohne Stimmrecht?, DB-S:R 2007, 180
Schneider, Uwe H.	Acting in Concert: Vereinbarung oder Abstimmung über Ausübung von Stimmrechten?, ZGR 2007, 440
Schneider, Uwe H.	Alternative Geldgeber oder Eigenkapitalräuber? –Die sieben Halbwahrheiten über die „neuen Investoren“, AG 2006, 577
Schubert, Werner / Hommelhoff, Peter (Hrsg.)	100 Jahre modernes Aktienrecht, ZGR 1985, Sonderheft 4 (zitiert: *Bearbeiter* in: Schubert/Hommelhoff)
Schüppen, Matthias	WpÜG-Reform: Alles Europa, oder was?, BB 2006, 165

Schwark, Eberhard (Hrsg.) — Kapitalmarktrechts-Kommentar, 3. Auflage, Verlag C.H. Beck, München 2004 (zitiert: *Bearbeiter* in: SchwarkKMRK)

Schwichtenberg, Jörg — Going Private und Squeezeouts in Deutschland, DStR 2001, 2075

Schwintowski, David — Räuberische Aktionäre: Konsequenzen der empirischen Forschung, DB 2007, 1695

Schwintowski, Hans-Peter / Schäfer, Frank A. (Hrsg.) — Bankrecht. Commercial Banking, Investment Banking, 2. Auflage, Verlag Heymanns, Köln 2003 (zitiert: *Bearbeiter* in: Schwintoski/Schäfer)

Seibert, Ulrich — Berufsopponenten - Anfechtungsklage - Freigabeverfahren - Haftungsklage: Das UMAG, eine Rechtsfolgenanalyse, NZG 2007, 841

Seibt, Christoph H. / Heiser, Kristian J. — Analyse des Übernahmerichtlinie-Umsetzungsgesetzes (Regierungsentwurf), AG 2006, 301

Seibt, Christoph H. / Heiser, Kristian J. — Analyse der EU-Übernahmerichtlinie und Hinweise für eine Reform des deutschen Übernahmerechts, ZGR 2005, 201

Seibt, Christoph H. / Heiser, Kristian J. — Der neue Vorschlag einer EU-Übernahmerichtlinie und das deutsche Übernahmerecht, ZIP 2002, 2193

Seuffert, Gabriel — Der Schutz des Aktieneigentums nach Art. 14 GG und seine Auswirkungen im Zusammenhang mit dem Ausschluss von Minderheitsaktionären gemäß §§ 327a ff. AktG unter Berücksichtigung schweizerischen und US-amerikanischen Rechts, Dissertation Universität Chemnitz, Verlag Hemmer/Wüst, Würzburg 2005

Sieger, Jürgen J. / Hasselbach, Kai — Wertpapierdarlehen – Zurechnungsfragen im Aktien-, Wertpapierhandels- und Übernahmerecht, WM 2004, 1370

Sieger, Jürgen J. / Hasselbach, Kai — Der Ausschluss von Minderheitsaktionären nach den neuen §§ 327a ff. AktG., ZGR 2002, 128

Sieger, Jürgen J. / Hasselbach, Kai	Ausschluss von Minderheitsaktionären (Squeeze-out) im ausländischen Recht, NZG 2001, 926
Siepe, Günter / Dörschell, Andreas / Schulte, Jörn	Der neue IDW Standard: Grundsätze zur Durchführung von Unternehmensbewertungen (IDW S 1), WPg 2000, 946
Simon, Stefan (Hrsg.)	Kommentar zum SpruchG, Verlag C.H. Beck, München 2007 (zitiert: *Bearbeiter* in: Simon)
Simon, Stefan	Entwicklungen im WpÜG, Der Konzern 2006, 12
Singhof, Bernd/ Weber, Christian	Bestätigung der Finanzierungsmaßnahmen und Barabfindungsgewährleistung nach dem Wertpapiererwerbs- und Übernahmegesetz, WM 2002, 1158
Skog, Rolf	The New Swedish Companies Act, AG 2006, 238
Spindler, Gerald / Stilz, Eberhard (Hrsg.)	Kommentar zum AktG, Verlag C.H. Beck, München 2007 (zitiert: *Bearbeiter* in: Spindler/Stilz)
Steinbeiß-Winkelmann, Christine	Überlange Gerichtsverfahren - der Ruf nach dem Gesetzgeber, ZRP 2007, 177
Steiner, Udo	Der Richter als Ersatzgesetzgeber - Richterliche Normenkontrolle - Erfahrungen und Erkenntnisse, NJW 2001, 2919
Steinhauer, Carsten	Der Börsenpreis als Bewertungsgrundlage für den Abfindungsanspruch von Aktionären, AG 1999, 299
Streit, Georg	Urteilsbesprechung zu BGHZ 153, 47 („Macrotron"), ZIP 2003, 392
Thaeter, Ralf / Barth, Daniel	RefE eines Wertpapiererwerbs- und Übernahmegesetzes, NZG 2001, 545
Thaeter, Ralf / Brandi, Timm Oliver	Öffentliche Übernahmen - Recht und Praxis der Übernahme börsennotierter Unternehmen, Verlag C.H. Beck, München 2003

Thoma, Georg F.	Das Wertpapiererwerbs- und Übernahmegesetz im Überblick, NZG 2002, 105
Thoma, Georg F.	Der neue Übernahmekodex der Börsensachverständigenkommission, ZIP 1996, 1725
Torggler, Ulrich	Zur sog. materiellen Beschlusskontrolle, GeS 2006, 58 (Teil 1) und 109 (Teil 2)
Torwegge, Christoph	UK Company Law Reform Bill - Think Small First!, GmbHR 2006, 919
Tretzmüller-Szauer, Christine	Squeeze-out-Regelungen im Entwurf zum Übernahmerichtlinie-Umsetzungsgesetz, AG-Report 2006, R83
Ulmer, Peter (Hrsg.)	Münchner Kommentar zum BGB, 4. Auflage, Verlag C.H. Beck, München 2004 (zitiert: *Bearbeiter* in: MünchKommBGB)
Umbach, Dieter C. / Clemens, Thomas / Dollinger, Franz-Wilhelm (Hrsg.)	Heidelberger Kommentar zum BVerfGG, 2. Auflage, Verlag C.F. Müller, Heidelberg 2005 (zitiert: *Bearbeiter* in: Umbach/Clemens/Dollinger)
Vetter, Eberhard	Squeeze-Out in Deutschland – Anmerkungen zum Diskussionsentwurf eines gesetzlichen Ausschlusses von Minderheitsaktionären, ZIP 2000, 1817
Vetter, Eberhard	Squeeze-out nur durch Hauptversammlungsbeschluss?, DB 2001, 743
Vetter, Eberhard	Squeeze-out - Der Ausschluss der Minderheitsaktionäre aus der Aktiengesellschaft nach den §§ 327a-327f AktG, AG 2002, 176
Wasmann, Dirk	Bewegung im Börsenkurs: Kippt die "Dreimonats"-Rechtsprechung?, BB 2007, 681
Wasmann, Dirk / Gayk, Thorsten	SEEG und IDW ES 1 n. F.: Neues im Spruchverfahren, BB 2005, 955

Wastl, Ulrich — Der Handel mit größeren Aktienpaketen börsennotierter Unternehmen - Eine Bestandsaufnahme aus primär aktien-, börsen- und kapitalmarktrechtlicher Sicht, NZG 2000, 505

Weißhaupt, Frank — Modernisierung des Informationsmängelrechts in der Aktiengesellschaft nach dem UMAG-Regierungsentwurf – Versuch einer kritischen Systematisierung, WM 2004, 705

Wenger, Ekkehard / Hecker, Renate — Übernahme- und Abfindungsregeln am deutschen Aktienmarkt - Eine kritische Bestandsaufnahme im internationalen Vergleich, ifo Studien - Zeitschrift für empirische Wirtschaftsforschung 1995, 51

Wenger, Ekkehard/ Kaserer, Christoph/ Hecker, Renate — Konzernbildung und Ausschluss von Minderheiten im neuen Übernahmerecht: Eine verpasste Chance für einen marktorientierten Minderheitenausschluss, ZBB 2001, 317

Westermann, Harm Peter (Hrsg.) — Erman, Kommentar zum BGB, 11. Auflage, Verlag Otto Schmidt, Köln 2004
(zitiert: *Bearbeiter* in: Erman)

Widmann, Siegfried / Mayer, Dieter (Hrsg.) — Umwandlungsrecht, insbesondere Kommentar zum UmwG, Loseblatt, Letzte Ergänzung Februar 2007 (93. Lieferung), Verlag Stollfuss, Bonn 2007
(zitiert: *Bearbeiter* in: Widmann/Mayer)

Wiesbrock, Michael R. — Erfordernis eines Pflichtangebots nach dem Wertpapiererwerbs- und Übernahmegesetz bei gleichzeitigem Vorliegen der Voraussetzungen eines Squeeze-out? DB 2003, 2584

Wiesner, Peter M. — Die neue Übernahmerichtlinie und die Folgen, ZIP 2004, 343

Wilsing, Hans-Ulrich / Kruse, Tobias — Zur Behandlung bedingter Aktienbezugsrechte beim Squeeze-out, ZIP 2002, 1465

Wilsing, Hans-Ulrich / Markus Ogorek — Kurzkommentar zu LG Frankfurt a.M., Beschluss vom 2. August 2007, Az. 3-5 O 138/07, EWiR 2007, 763

Winter, Jaap	Bericht der Hochrangigen Gruppe von Experten auf dem Gebiet des Gesellschaftsrechts über die Abwicklung von Übernahmeangeboten vom 10. Januar 2002, abrufbar im Internet unter den Adressen: http://ec.europa.eu/internal_market/company/docs/takeoverbids/ 2002-01-hlg-report_de.pdf (deutsch) und http://ec.europa.eu/internal_market/company/docs/takeoverbids/ 2002-01-hlg-report_en.pdf (englisch) (zitiert: *Winter-Report*; die Angabe „S." bezeichnet die betreffende Seite in der deutschen Fassung des *Report*, die Angabe „p." (*page*) die betreffende Seite in der englischen Fassung)
Winter, Michael / Nießen, Tobias	Amtsermittlung und Beibringung im Spruchverfahren, NZG 2007, 13
Wirth/Arnold	Anfechtungsklagen gegen Squeeze-Out, AG 2002, 503
Wittgens, Jonas	Begründung des Antrags auf Einleitung eines Spruchverfahrens - Anmerkung zu den Beschlüssen des OLG Frankfurt a.M. vom 4.1. 2006, 11.1.2007 und 6.3.2007, NZG 2007, 853
Wittgens, Jonas / Redeke, Julian	Zu aktuellen Fragen der Unternehmensbewertung im Spruchverfahren, ZIP 2007, 2015
Wittuhn/Giermann	Gestaltungsmöglichkeiten beim Squeeze-Out, MDR 2003, 372
Zöllner, Wolfgang	Regelungsspielräume im Schuldvertragsrecht, AcP 1996, 1
Zöllner, Wolfgang	Zu Schranken und Wirkung von Stimmbindungsverträgen, insbesondere in der GmbH, ZHR 1991, 168
Zöllner, Wolfgang / Noack, Ulrich (Hrsg.)	Kölner Kommentar zum AktG, 3. Auflage, Verlag Heymanns, Köln 2004 (zitiert: *Bearbeiter* in: KölnKommAktG)
Zöllner, Wolfgang / Noack, Ulrich	Zulässigkeitsgrenzen des gesetzgeberischen Eingriffs in Gesellschafterrechte, AG 1991, 157

Stellungnahmen zu Gesetzgebungsverfahren:

Folgende Institute, Verbände, Interessengruppen und Sachverständige haben im Gesetzgebungsprozess zum Übernahmerichtlinie-Umsetzungsgesetz Stellungnahmen abgegeben, die im Internet unter folgender Adresse abrufbar sind:

http://www.bundestag.de/ausschuesse/a07/anhoerungen/016/Stellungnahmen/index.html

- Allianz AG Repräsentanz Berlin, (zitiert: *Allianz*, Gutachten, S.)
- Gemeinsame Stellungnahme des Bundesverbandes der Deutschen Industrie (BDI), der Bundesvereinigung der Deutschen Arbeitgeberverbände (BDA), des Deutschen Industrie- und Handelskammertages (DIHK) und der Deutschen Versicherer (GDV), (zitiert: *BDI*, Gutachten, S.)
- Deutscher Gewerkschaftsbund (DGB), (zitiert: *DGB*, Gutachten, S.)
- Dr. Michael Hoffmann Becking (Hengeler Mueller), (zitiert: *Hengeler*, Gutachten, S.)
- Dr. Thomas Heidel (Meilicke, Hoffmann & Partner), (zitiert: *Heidel*, Gutachten, S.)
- Deutsche Schutzvereinigung für Wertpapierbesitz (DSW), (zitiert: *DSW*, Gutachten, S.)
- Institut der Wirtschaftsprüfer in Deutschland (IDW), (nicht zitiert)
- Prof. Dr. Hanno Merkt, (zitiert: *Merkt*, Gutachten, S.)
- Prof. Dr. Heinz-J. Bontrup, (zitiert: *Bontrup*, Gutachten, S.)
- Prof. Dr. Mathias Habersack, (nicht zitiert)
- Zentraler Kreditausschuss (ZKA), (zitiert: *ZKA*, Gutachten, S.)

J. Abkürzungsverzeichnis

(Z) = gibt an, dass es sich um eine Fachzeitschrift handelt

a.A.	andere Ansicht / abweichende Ansicht
a.a.O.	am angegebenen Ort
AB	Aktiebolagslagen (*schwedisches Aktiengesetzbuch*)
ABl. EU, L	Amtsblatt der Europäischen Union, Rechtsvorschriften
ABl. EU, C	Amtsblatt der Europäischen Union, Mitteilungen und Bekanntmachungen
Abs.	Absatz
AcP	Archiv für die civilistische Praxis (Z)
a.E.	am Ende
a.F.	alte(r) Fassung
AktG	Aktiengesetzbuch
AktG-E	Gesetzesentwurf zum Aktiengesetzbuch
AG	Aktiengesellschaft / Amtsgericht / Die Aktiengesellschaft (Z)
AG-R	Rechtssprechungsreport aus Die Aktiengesellschaft (Z)
allg.M.	allgemeine Meinung
AMF	Autorité des Marchés Financiers (*Französische Finanzaufsicht*)
Anm	Anmerkung
Art.	Artikel
Artt.	Artikel (Plural)
Aufl.	Auflage
Az.	Aktenzeichen
BayObLG	Bayerisches Oberstes Landesgericht
BaFin	Bundesanstalt für Finanzdienstleistungsaufsicht
BB	Betriebsberater (Z)
BDI	Bundesverband der Deutschen Industrie e.V.
bearb.	bearbeitet(e)
BGB	Bürgerliches Gesetzbuch
BGBl.	Bundesgesetzblatt
BGH	Bundesgerichtshof
BGHSt	Entscheidungen des Bundesgerichtshofs in Strafsachen

BGHZ.......................... Entscheidungen des Bundesgerichtshofs in Zivilsachen
BKR .... Zeitschrift für Bank- und Kapitalmarktrecht (Z)
BörsG .... Börsengesetz
BR .... Bundesrat
BT .... Bundestag
B.v. .... Beschluss vom
BVerfG .... Bundesverfassungsgericht
BVerfGE .... Entscheidungssammlung des Bundesverfassungsgerichts
BVerwGE .... Entscheidungssammlung des Bundesverwaltungsgerichts
CA .... companies act 2006 (*Englisches Gesetzbuch über die Gesellschaften*)
CA 1985 .... companies act 1985 (*Fassung des englischen companies acts von 1985 mit Änderungen und Nachträgen*)
CC .... city code on mergers and acquisitions (*Englischer Verhaltenskodex*

bei Unternehmensübernahmen)
Chap. .... Chapter (*Kapitel*)
DAV .... Deutscher Anwaltverein e.V.
DAX .... Deutscher Aktienindex
DB .... Der Betrieb (Z)
DB-S:R .... Der Betrieb: Status Recht (Z)
DCF .... Discounted Cash Flow (*Bewertungsmethode bei Unternehmensbewertungen*)
ders. .... derselbe
dies. .... dieselbe / dieselben
Drs. .... Drucksache
DStR .... Deutsches Steuerrecht (Z)
DSW .... Deutsche Schutzvereinigung für Wertpapierbesitz e.V.
EGAktG .... Einführungsgesetz zum Aktiengesetzbuch
EGMR .... Europäischer Gerichtshof für Menschenrechte
EGV .... Vertrag der Europäischen Gemeinschaft
Einl. .... Einleitung
EuGH .... Europäischer Gerichtshof
EuZW .... Europäische Zeitschrift für Wirtschaftsrecht (Z)

EWR	Europäischer Wirtschaftsraum
EWS	Europäisches Wirtschafts- und Steuerrecht (Z)
FAZ	Frankfurter Allgemeine Zeitung
FinBetrieb	Finanzbetrieb (Z)
FinDAG	Gesetz über die Bundesanstalt für Finanzdienstleistungsaufsicht (Finanzdienstleistungsaufsichtsgesetz)
FGG	Gesetz über die Angelegenheiten der freiwilligen Gerichtsbarkeit
FG-Verfahren	gerichtliches Verfahren in Angelegenheiten der freiwilligen Gerichtsbarkeit
Fn.	Fußnote
FS	Festschrift
GbR	Gesellschaft bürgerlichen Rechts
GeS	Zeitschrift für Gesellschafts- und Steuerrecht (Österreich) (Z)
GesAusG	österreichisches Gesellschafter-Ausschlussgesetz
GG	Grundgesetz
GmbH	Gesellschaft mit beschränkter Haftung
GmbHR	GmbH Rundschau (Z)
GrEStG	Grunderwerbsteuergesetz
h.M.	herrschende Meinung
Hrsg.	Herausgeber
HRV	Handelsregisterverordnung
HS	Halbsatz
ibid.	ibidem (*ebenda*)
i.d.F.	in der Fassung
IDW	Institut der Wirtschaftsprüfer in Deutschland e.V.
IDW S 1	Grundsätze zur Durchführung von Unternehmensbewertungen (*Bewertungsstandard für Unternehmensbewertungen*)
ifo	ifo Studien - Zeitschrift für empirische Wirtschaftsforschung (Z)
i.H.v	in Höhe von
i.S.d.	im Sinne des/der

ISIN	International Security Identification Number (*Wertpapierkennnummer nach ISO)*
JZ	Juristenzeitung (Z)
KapMuG	Gesetz über Musterverfahren in kapitalmarktrechtlichen Streitigkeiten
KGaA	Kommanditgesellschaft auf Aktien
KMR	Kapitalmarktrecht
KonTraG	Gesetz zur Kontrolle und Transparenz im Unternehmensbereich
Konzern	Der Konzern (Z)
KWG	Kreditwesengesetz
LG	Landgericht
li. Sp.	linke Spalte
lit.	litera (Buchstabe)
LS	Leitsatz Nr.
ltd.	limited (*englische Kapitalgesellschaft*)
M&A-Rev	M&A-Review (Z)
m.w.N.	mit weiteren / weiterführenden Nachweisen
n.F.	neue Fassung
Nr.	Nummer
Nrn.	Nummern
NJW	Neue Juristische Wochenschrift (Z)
NZG	Neue Zeitschrift für Gesellschaftsrecht (Z)
öBGBl.	österreichisches Bundesgesetzblatt
OLG	Oberlandesgericht
p.	page (*Seite*)
PLC	Public Limited Company (Aktiengesellschaft britischen Rechts)
Re	in re (*betreffend*)
RegAMF	Règlement générale de l'AMF (*Verbindliche Regelungen der AMF*)
RegE	Regierungsentwurf
re. Sp.	rechte Spalte
RIW	Recht der Internationalen Wirtschaft (Z)

RGZ	Entscheidungssammlung des Reichsgerichts in Zivilsachen
RL	Richtlinie
Rn.	Randnummer
Rpfleger	Der Deutsche Rechtspfleger (Z)
Rspr.	Rechtsprechung
SE	Societas Europaea (Europäische Aktiengesellschaft)
SEA	Securtities Exchange Act 1934 (*US-amerikanisches Börsenrecht*)
Sec.	Section (*Absatz*)
SEC	Securities and Exchange Commission (*Börsenaufsichtsbehörde für US-Börsen*)
SFS	Svensk[a] författningssamling (*Schwedische Gesetzessammlung*)
SGG	Sozialgerichtsgesetz
SpruchG	Gesetz über das gesellschaftsrechtliche Spruchverfahren
StGB	Strafgesetzbuch
Tz.	Teilziffer
ÜbG	österreichisches Übernahmegesetz
ÜbRL	Richtlinie 2004/25/EG des Europäischen Parlaments und des Rates vom 21. April 2004 betreffend Übernahmeangebote (Übernahmerichtlinie)
ÜbRL 2002	Vorschlag für eine Richtlinie des Europäischen Parlaments und des Rates betreffend Übernahmeangebote vom 2.10.2002 (Übernahmerichtlinie in der Fassung des Jahres 2002)
UMAG	Gesetz zur Unternehmensintegrität und Modernisierung des Anfechtungsrechts
UmwG	Umwandlungsgesetz
Unterabs.	Unterabsatz
USD	US-amerikanische Dollar
U.v	Urteil vom
Vorb.	Vorbemerkung zu
VwVfG	Verwaltungsverfahrensgesetz des Bundes
WKN	Wertpapierkennnummer

WM	Wertpapiermitteilungen, WM Zeitschrift für Wirtschafts- und Bankrecht
WPg	Die Wirtschaftsprüfung (Z)
WpHG	Gesetz über den Wertpapierhandel
WpÜG	Wertpapiererwerbs- und Übernahmegesetz
WpÜG-AngVO	Verordnung über den Inhalt der Angebotsunterlage, die Gegenleistung bei Übernahmeangeboten und Pflichtangeboten und die Befreiung von der Verpflichtung zur Veröffentlichung und zur Abgabe eines Angebots (Angebotsverordnung zum WpÜG)
WpÜG-AnwVO	Verordnung über die Anwendbarkeit von Vorschriften betreffend Angebote im Sinne des § 1 Abs. 2 und 3 des Wertpapiererwerbs- und Übernahmegesetzes (WpÜG-Anwendbarkeitsverordnung)
WpÜG-E	Entwurf des Wertpapiererwerbs- und Übernahmegesetz
ZBB	Zeitschrift für Bankrecht und Bankbetriebswirtschaft (Z)
ZGR	Zeitschrift für Unternehmens- und Gesellschaftsrecht (Z)
ZHR	Zeitschrift für das gesamte Handelsrecht und Wirtschaftsrecht (Z)
ZIP	Zeitschrift für Wirtschaftsrecht und Insolvenzpraxis (Z)
ZPO	Zivilprozessordnung
ZRP	Zeitschrift für Rechtspolitik (Z)

Schriftenreihe zum Gesellschafts- und Kapitalmarktrecht

Herausgegeben von Lutz Michalski,
Axel Jäger und Klaus-Rudolf Wagner

Band 1 Volker Schulenburg: Bankenhaftung bei geschlossenen Immobilienfonds. Zugleich eine Untersuchung der Wissenszurechnung im Konzern. 2002.

Band 2 Jan Wittenberg: Der Bestandsschutz von Arbeitsverhältnissen im Umwandlungsrecht. 2002.

Band 3 Christian A. Eichner: Management-Buy-Out-Gestaltungen beim Konzern-Spin-Off. Unter besonderer Berücksichtigung der Unternehmenssteuerreform. 2002.

Band 4 Thomas Wunsch: Tracking Stocks - Geschäftsbereichsbezogene Gewinnbeteiligungen bei Aktiengesellschaften. Eine systematische gesellschafts- und steuerrechtliche Betrachtung. 2002.

Band 5 Jan Blumentritt: Die privatrechtlich organisierte Börse. Ein Beitrag zur Diskussion um die Neuordnung des Börsenwesens. 2003.

Band 6 Michael Grüner: Die Beendigung von Gewinnabführungs- und Beherrschungsverträgen. 2003.

Band 7 Holger Pittroff: Die Zurechnung von Stimmrechten gemäß § 30 WpÜG. 2004.

Band 8 Wolfgang Höhn: Ausgewählte Probleme bei Lock-up Agreements. 2004.

Band 9 Gunter Reiff: Gesellschaftsrechtliche Aspekte des regulären Delistings. 2004.

Band 10 Christoph Radke: Die Entsprechenserklärung zum Deutschen Corporate Governance Kodex nach § 161 AktG. Grundlagen und Haftungsfragen. 2004.

Band 11 Gordon Geiser: Gesellschaftsorganisation und Gesellschaftsinnenrecht virtueller Unternehmen. 2004.

Band 12 Gero F. Pfeiffer: Die Kommanditgesellschaft auf Aktien als Beteiligte eines Beherrschungsvertrags und einer Eingliederung. Ein Beitrag zum Konzernrecht einer hybriden Rechtsform. 2005.

Band 13 Markus Rasner: Die Pflichten der Zielgesellschaft bei unfreundlichen Übernahmeangeboten nach dem neuen deutschen WpÜG. Unter besonderer Berücksichtigung europäischer und US-amerikanischer Übernahmeregelungen sowie der Konzeption des Gemeinsamen Entwurfs einer EU-Übernahmerichtlinie. 2005.

Band 14 Julia Kraft: Die Europäisierung der deutschen Mitbestimmung durch das SE-Beteiligungsgesetz. Eine europa- und verfassungsrechtliche Analyse der Richtlinienumsetzung 2001/86/EG zur Ergänzung des Statuts der Europäischen Gesellschaft hinsichtlich der Beteiligung der Arbeitnehmer. 2005.

Band 15 Tobias A. Heinrich: Kapitalmarktrechtliche Transparenzbestimmungen und die Offenlegung von Beteiligungsverhältnissen. Eine rechtsvergleichende Untersuchung des europäischen, deutschen, englischen und US-amerikanischen Rechts. 2006.

Band 16 Hendrik Mielke: Die Rechtsstellung der Verfahrensbeteiligten im gesellschaftsrechtlichen Spruchverfahren. 2006.

Band 17 Florian Mahler: Rechtsgeschäftliche Verfügungen über sonder- und sammelverwahrte Wertpapiere des Kapitalmarktes. 2006.

Band 18 Ines Tauscher: Der Anwendungsbereich der §§ 293a–293g Abs. 1, 2 S. 1, Abs. 3 AktG. In einstufigen vertraglichen Unternehmensverbindungen. 2007.

Band 19 Wolfgang Böh: Die Aufklärungspflicht einer Bank bei der Finanzierung einer Beteiligung an einem geschlossenen Immobilienfonds. 2007.

Band 20 Angela Koch: Die Abkehr von der „bilanziellen Betrachtungsweise" und ihre Auswirkungen auf die Existenzvernichtungshaftung. 2007.

Band 21 Markus Käppler: Die Rücknahme von Erwerbs- und Übernahmeangeboten nach dem WpÜG. 2008.

Band 22 Lars M. Laeger: Deutsch-amerikanisches Internationales Gesellschaftsrecht. Festschreibung der Gründungstheorie durch den deutsch-amerikanischen Freundschaftsvertrag? 2008.

Band 23 Wolf Rainer Bussian: Due Diligence bei Pakettransaktionen. Zur Rechtsstellung des Vorstands zwischen Auskunftsanspruch der Aktionäre, Insiderverboten und Datenschutz. 2008.

Band 24 Arne Kießling: Der übernahmerechtliche Squeeze-out gemäß §§ 39a, 39b WpÜG. Analyse eines neuen Instituts zum Ausschluss von Minderheitsaktionären. 2008.

www.peterlang.de

FSC
www.fsc.org
MIX
Papier | Fördert gute Waldnutzung
FSC® C083411

Kolibri 360 GmbH
Ferdinand-Jühlke-Straße 7
99095 Erfurt, Deutschland
produktsicherheit@kolibri360.de

Druck:
CPI Druckdienstleistungen GmbH
im Auftrag der
Kolibri 360 GmbH
Ferdinand-Jühlke-Str. 7
99095 Erfurt